应用型本科市场营销专业精品系列规划教材

现代市场调查与预测

主　编　万　华　唐　羽
副主编　公丕国　卢　晶
　　　　张宏志　李　嵩
参　编　王剑平　聂　磊
　　　　桑叶斯　曲家惠

北京理工大学出版社
BEIJING INSTITUTE OF TECHNOLOGY PRESS

内容简介

本书以市场调查过程为主线，全面、系统、深入浅出地阐述了市场调查与预测的基本概念、基本原理，着重介绍了市场调查与预测的基本方法、技巧以及现代化的市场调查与预测技术。

本书共13章，分别为导论、市场调查概述、市场调查策划、市场调查组织方式、市场调查资料收集方法、市场调查资料的整理与分析、市场调查报告的撰写、大数据分析简介、市场预测、定性预测法、时间序列预测法、回归分析预测法、马尔柯夫预测法。

本书可作为应用型本科院校市场营销专业的教材，也可作为相关从业人员的参考资料。

版权专有　侵权必究

图书在版编目（CIP）数据

现代市场调查与预测/万华，唐羽主编．—北京：北京理工大学出版社，2018.6（2022.8重印）

ISBN 978-7-5682-5790-9

Ⅰ.①现… Ⅱ.①万… ②唐… Ⅲ.①市场调查—高等学校—教材 ②市场预测—高等学校—教材 Ⅳ.①F713.52

中国版本图书馆CIP数据核字（2018）第136389号

出版发行 /	北京理工大学出版社有限责任公司
社　　址 /	北京市海淀区中关村南大街5号
邮　　编 /	100081
电　　话 /	（010）68914775（总编室）
	（010）82562903（教材售后服务热线）
	（010）68948351（其他图书服务热线）
网　　址 /	http：//www.bitpress.com.cn
经　　销 /	全国各地新华书店
印　　刷 /	北京紫瑞利印刷有限公司
开　　本 /	787毫米×1092毫米　1/16
印　　张 /	16
字　　数 /	428千字
版　　次 /	2018年6月第1版　2022年8月第3次印刷
定　　价 /	44.00元

责任编辑 / 陆世立
文案编辑 / 赵　轩
责任校对 / 黄拾三
责任印制 / 李志强

图书出现印装质量问题，请拨打售后服务热线，本社负责调换

前　言

随着我国经济的持续、快速发展，市场环境已经发生了深刻变化，企业面临着全球经济一体化及信息技术迅猛发展、市场竞争日趋白热化的新环境。在这样的背景下，市场调查与预测教材如何与时俱进、如何适应社会经济的发展、如何提高学生的知识转化能力，便成为专业教育工作者必须应对的挑战。为了满足教学改革和人才培养模式变革的需要，实现市场调查理论与实践的有效结合，编者编写了这本教材。

"现代市场调查与预测技术"是一门融入现代技术手段的实践性很强的课程，它是经济管理类专业的核心课程之一，既要求学生掌握市场调查与预测的基本理论知识，又要求学生掌握现代化的操作技能。学生只有具备广博的相关学科知识，多进行实践，才能不断增长才干，提高能力，真正掌握并用好市场调查与预测这门现代技术。

本书涵盖了工商管理类专业课程所应掌握的基本知识点、基本理论和基本技能。每章开头有明确的知识目标和能力目标，使学生能够在学习过程中目标明确，有的放矢；同时设置了引导案例，导入要介绍的内容，以增强学生学习的趣味性。章中还穿插了案例链接。每章后都附有本章小结、复习思考题和案例分析，以便学生对每章内容有一个总体的认识与理解，既便于学生学习，又有利于教师组织课堂教学。

本书是由具有多年教学经验的教师共同编写完成的。精品课程负责人万华教授和唐羽博士组织团队中的公丕国博士、卢晶博士、张宏志博士、曲家惠博士、王剑平老师、聂磊老师、桑叶斯老师、李嵩老师编写。本书是编者多年教学成果的积累，是集体智慧的结晶。

本书编写过程中参考和引用了国内外相关教材、论著中的资料和案例，其中有些资料来自网站，在此一并表示衷心的感谢。

由于编者水平有限，书中难免存在不足和疏漏之处，诚望同行专家和读者批评指正。

编　者
2018 年 3 月

目 录

第一章　导论 (1)
- 第一节　市场调查与预测的兴起和发展 (2)
- 第二节　市场调查与预测的功能和作用 (3)
- 第三节　市场调查与市场预测的关系 (5)
- 第四节　市场调查与预测在市场经济中的地位 (6)

第二章　市场调查概述 (10)
- 第一节　市场调查的产生与发展历程 (11)
- 第二节　市场调查的含义、特征与作用 (13)
- 第三节　市场调查的类型与内容 (15)
- 第四节　市场调查的原则与程序 (19)

第三章　市场调查策划 (23)
- 第一节　市场调查组织 (24)
- 第二节　市场调查方案设计 (32)
- 第三节　问卷设计 (35)

第四章　市场调查组织方式 (47)
- 第一节　市场调查方式分类 (48)
- 第二节　抽样技术方案设计 (54)
- 第三节　调查误差 (58)

第五章　市场调查资料收集方法 (63)
- 第一节　文案调查法 (64)
- 第二节　实地调查法 (68)
- 第三节　网络调查法 (78)

第六章　市场调查资料的整理与分析 (82)
- 第一节　市场调查资料的整理 (83)
- 第二节　市场调查资料的分析 (89)

· 1 ·

第七章 市场调查报告的撰写 (94)
第一节 市场调查报告的基本格式要求 (95)
第二节 市场调查报告的内容与撰写技巧 (99)

第八章 大数据分析简介 (105)
第一节 大数据简介 (106)
第二节 大数据分析 (118)
第三节 大数据的应用 (123)

第九章 市场预测 (130)
第一节 市场预测概述 (131)
第二节 市场预测的内容与分类 (133)
第三节 市场预测的原理、要求和程序 (137)
第四节 数据的初步处理 (140)

第十章 定性预测法 (144)
第一节 定性预测法的含义及特点 (145)
第二节 主观概率法 (146)
第三节 专家意见预测法 (149)
第四节 推销人员估计法 (153)
第五节 用户调查法 (155)

第十一章 时间序列预测法 (157)
第一节 时间序列预测法概述 (158)
第二节 简单平均预测法 (160)
第三节 移动平均预测法 (166)
第四节 指数平滑预测法 (174)
第五节 趋势外推预测法 (184)
第六节 季节变动预测法 (197)

第十二章 回归分析预测法 (214)
第一节 回归分析概述 (215)
第二节 一元线性回归分析法 (217)
第三节 多元线性回归分析法 (226)
第四节 非线性回归分析法 (228)

第十三章 马尔柯夫预测法 (233)
第一节 马尔柯夫预测法概述 (234)
第二节 马尔柯夫预测法的最简单类型 (236)
第三节 市场占有率预测 (238)
第四节 期望利润预测 (243)

参考文献 (249)

第一章

导 论

★知识目标

通过本章的学习,在了解市场调查与预测学科兴起与发展的基础上,掌握学科特点,掌握市场调查与预测的功能、作用及它们之间的区别与联系;正确理解市场调查与预测"火热"起来的原因;熟悉市场调查、预测、决策三者之间的关系,为学习市场调查和市场预测的理论与方法奠定基础。

★能力目标

通过本章的学习,培养获取、处理、分析和运用市场信息的能力;借助现代科技手段和方法,挖掘市场运行规律、探测市场发展趋势的能力。

★引导案例

泛美航空公司忽视市场调查与预测的后果

泛美航空公司是美国航线最长、历史最久的航空企业巨头,也是美国国家航空公司的象征。在其60余年的发展历程中,泛美航空公司从全美第三大航空公司,拥有职工人数达3万多人,130多架各种型号的飞机,航线遍布50多个国家、120多个城市的大型航空企业,最终败落,一蹶不振,只能以破产倒闭而告终,其结局令人深思。那么,是什么导致了泛美航空公司的败落呢?

一个企业的兴衰成败,往往与决策者有极为密切的关系,泛美航空公司的败落,根源在于其总裁艾克尔。他只凭直觉,无视市场需求,无视市场调查与预测,是造成泛美航空公司悲惨命运的最主要原因。

早在20世纪70年代,泛美航空公司就开始着手淘汰陈旧且耗油量大的波音707客机。当时,市场上并没有与波音707的载客量及续航能力相当的机种。泛美航空公司的决策者们没有咨询专家的意见,也没有进行调查预测,只是主观地做一些粗略比较后,就选择了美国一家公司的L1105—500型飞机。然而,随后的事实证明,这是一个错误的选择。该类机型由于油耗大,单位飞行成本高,使泛美航空公司的竞争力大打折扣。而后不久,美国那家公司又停止了这类机型的生产,于是L1105—500型飞机的维修成了问题,只能在几年后再次被淘汰。

这次决策，给人们带来的思考是沉重的，它让人们认识到了市场调查与预测对于企业是何等重要，领导人的决策对企业成败是何等关键。

泛美航空公司的悲惨遭遇不是偶然的，是不做市场调查与预测的必然结果。而市场调查与预测恰恰是营销环节中不可或缺的一项工作。泛美航空公司完全脱离了市场，只是在简单比较、粗略对比之后，就凭直觉做出选用L1105—500型飞机的决定。事实证明，这种机型存在很多缺陷，使成本费用骤然上升。可见，忽视市场调查与预测只会把企业引入歧途。

市场调查与预测是企业获得市场信息的重要工具和改善营销状况的基础手段，是伴随市场经济的发展和完善而兴起的，是适应微观企业管理和宏观经济管理的需要而发展起来的。市场调查与预测是综合运用社会科学和自然科学的相互关系原理，依据系统原理，借助现代科技手段和方法，挖掘市场运行规律，探测市场发展趋势的应用科学。

第一节 市场调查与预测的兴起和发展

市场调查与预测是伴随商品生产和商品交换的发展而产生并发展起来的。由于商品生产和商品交换的范围和作用不同，在商品经济的不同发展时期，人们对市场调查与预测的认识及实践活动，也是由浅入深、由经验积累向科学分析发展起来的。

一、市场调查与预测的兴起

市场调查与预测的实践活动可追溯到商品经济发展的初期，而市场调查与预测作为一门应用学科，应该说是生产力发展的一个阶段产物，人们普遍认为它是现代工业发展的产物，具体而言，是20世纪初首先在美国发展起来的。

据史料记载，最早的市场调查与预测行为出现在距今2 600多年前的古希腊。"预言家"泰勒斯（Thales）根据大量调查资料和气象知识，大胆预测本地的油橄榄将会大获丰收，于是他事先购买了附近两个城市的榨油机使用权，待油橄榄丰收季节到来再高价出售。由于泰勒斯成功的市场调查与预测，他把握了市场贱买贵卖时机，获得了丰厚报酬。

我国史书也记载了2 000多年前的春秋战国时期许多市场调查与预测的著名人物，如计然、范蠡、端木赐和白圭等。

二、市场调查与预测的发展

17世纪出现的工业革命，使西方资本主义市场经济得到较快发展，商品经济发展迅猛。到20世纪初，资本主义进入垄断阶段，一方面，市场规模迅速扩大，跨国经营使市场范围进一步拓展，商品更新速度加快，商品生命周期逐渐缩短，供求关系愈加复杂；另一方面，各国之间、各企业之间的市场竞争日趋激烈，经济危机的影响日益加剧。市场开始由卖方市场向买方市场转变。为了解和掌握市场信息，取得竞争中的有利地位，对商品生产者和经营者来说，必须采取科学有效的市场调查与预测方法，及时掌握目标市场消费者的购买能力、偏好和购买行为等，探明市场需求量，调整企业经营策略，赢得市场竞争主动性，使企业立于不败之地。因此，市场调查与预测这门应用学科在此背景下逐步发展起来，并在市场经济建设中发挥着越来越重要的作用。

★ 案例链接 1-1

"跨界"前的市场调查与预测

2017年,进入中国36周年的百事可乐与迈入12周年的QQ空间,进行品牌联合营销。一个是全球范围内年轻人挚爱的饮料品牌,一个是承载超过6亿用户青春记忆的社交平台。在此次品牌联合行动中,两大品牌化身文学家普鲁斯特,给年轻人抛出一个问题:"你最想抓住哪一刻?"两大品牌之所以共同选择这个问题作为营销主题,是因为"青春百事正现在",也因为只有每一刻都活得如视频所言"出色、疯狂、固执、放肆、爱冒险、二次元、认真、张扬、不顾一切、痛快、没有极限也未完待续",这才是"放肆青春"。百事可乐和QQ空间的"跨界"合作和前期的市场调查与预测是分不开的。经过全面深入的市场调查,百事可乐发现QQ空间和自己的品牌文化与内涵契合,都在用心思考如何以优质的内容感染年轻人,如何用自身的品牌积淀引领年轻人的态度。由此可见,"跨界"联合不仅仅在于产品的联合,更在于品牌文化、内涵等更深层面的联合。

这一案例表明,一个企业要想在激烈的市场竞争中生存与发展,就应充分、有效地了解市场,迅速、准确、可靠地掌握市场信息,发现市场需求,并通过优质的产品、服务乃至丰富完善的市场营销活动及时满足消费者需求。而市场信息的获得途径就是市场调查,企业只有投入一定的人力、物力、财力,采取科学的方法,开展专门的市场调查活动,对市场进行系统的分析与研究,才有可能走向成功。

第二节　市场调查与预测的功能和作用

一、市场调查与预测的功能

1. 信息功能

信息功能是市场调查与预测的基本功能,即市场调查与预测的主体为了达到一定的目的,采用一定的方法和手段,收集、加工各种市场信息以及相关的营销环境信息。按现代信息论,各种市场信息和环境信息是客观存在的,有市场存在,就必然会有各种市场信息随着市场的发展变化而不断生成。同样,各种营销环境信息也会不断生成。企业从事市场营销活动,必须充分占有相关的各种市场信息和环境信息,作为决策和开展营销活动的依据。但是,市场信息和环境信息不会自动到达营销人员手中,市场调查与预测是企业获取信息的基本手段和途径。

2. 认识功能

认识功能是市场调查与预测的另一项基本功能。正确认识客观事物的前提是充分占有并正确理解有关信息。在人们没有占有或不完全占有信息的情况下,必然会在对客观事物的认识上存在不确定性。对市场及其营销环境的认识具有同样的状况。由于市场及其环境的复杂性和多变性,人们对其认识总会或多或少地带有不确定性。这种不确定性的存在将影响市场营销活动的正常进行,所以,消除营销主体对市场、营销环境及其本身状况的不确定性是开展市场营销的必要条件。市场调查与预测所得的信息将有效地消除营销主体认识的不确定性,使其正确认识自己开展营销活动所面临的内外部条件。

3. 沟通功能

沟通功能是市场调查与预测的延伸功能,即市场营销主体与社会公众之间进行信息的互相传输、交换,实现意见的沟通。从表面上看,市场调查与预测活动表现为市场调查与预测主体向有关社会组织或公众获取信息,但信息学告诉人们,任何信息活动都是双向的。事实上,在市场调查与预测过程中,调查与预测主体不断向被调查者传输各种信息,同时又获得各种信息,这是一种交互式信息沟通过程,其实现双方意见的交换,实现市场营销各方的相互了解、相互协调,从而保证营销活动能在和谐的氛围中正常进行。

4. 反馈和调节功能

反馈和调节功能是市场调查与预测的另一个延伸功能,即市场调查与预测主体在市场调查与预测的过程中获取信息,通过加工处理与反馈,指导和调节营销活动。市场调查与预测本身不是目的,获取信息并不意味着市场调查与预测活动的终结。通过市场调查与预测获取的各类相关信息,还必须进行必要的加工处理,成为有用的信息,且真正的价值在于信息的反馈,其使各类信息成为企业营销活动的依据,能有效地指导和调节营销活动。

二、市场调查与预测的作用

1. 有利于企业进行正确的市场定位

市场定位是以对内外部条件分析为基础的,其本身也要以市场调查与预测提供的信息为依据。如果离开了市场调查与预测,那对企业内外部条件的分析就只能是一种盲目的主观想象。所以,市场调查与预测开展得越好,越有利于企业进行正确的市场定位。

2. 有利于企业制定正确的市场营销战略

制定营销战略与进行市场定位一样,必须了解和掌握市场及其营销因素(即营销环境)的基本状况及其发展趋势,了解和掌握企业自身的经营资源、活动范围与营销战略。显然,确定正确的市场营销战略必须以市场调查与预测为基础。

3. 有利于企业实行正确的产品开发和产品策略

实行正确的产品开发和产品策略,关键是正确地掌握消费者的需求特点,尤其是目标市场消费者的需求特点,把握市场消费的趋势,了解产品的生命周期,了解其他企业的产品开发、产品策略以及资源、科技发展等情况。通过市场调查与预测,企业能有效获取上述市场信息,为企业实行正确的产品开发和产品策略提供可靠的依据。

4. 有利于企业实行正确的产品定价和价格策略

实行正确的产品定价和价格策略,除了需要考虑企业的定价目标、成本因素外,还必须充分考虑商品的供求关系,消费需求的类型、数量,购买力总量和购买水平,消费习惯和偏好,竞争与垄断的格局,政府干预,产品特征,通货膨胀,相关与连带产品的价格等诸多因素。通过市场调查与预测,企业能充分了解上述各类信息,为实行正确的产品定价和选择价格策略提供保证。

5. 有利于企业正确选择销售渠道和渠道策略

选择销售渠道和渠道策略,除了要考虑历史因素、产品因素外,还必须充分考虑顾客特点、销售区域、竞争、中间商、国家政策、法律以及交通运输等多种因素。通过市场调查与预测,企业可以获得上述各类信息,正确选择销售渠道和渠道策略。

6. 有利于企业有效开展促销活动

不管是运用人员推销、营业推广、广告宣传、公共关系中的哪种促销手段,都必须掌握充分的市场信息。市场调查与预测能为企业提供开展促销活动的各类信息,促进促销活动的有效开展。

总之,企业的整个市场营销活动均以市场信息为依据和条件,市场调查与预测对市场营销的全过程、各个环节、各个方面均具有十分重要的作用。

第三节　市场调查与市场预测的关系

市场调查与市场预测是市场研究的两个重要的部分，并形成了一门新兴的学科。但市场调查与市场预测是两个既有联系又有区别的概念。

一、市场调查与市场预测的联系

1. 市场调查可以为市场预测提供研究方向

企业在经营管理活动中需要研究和解决的问题很多，通过市场调查可以发现问题的症结所在，从而能为问题的解决和做出决策提供信息支持，同时也可发现需要做进一步预测研究或可行性研究的课题，即为市场预测提供课题和研究方向，帮助市场研究者、经营管理者确定市场预测的目标。

2. 市场调查可以为市场预测提供信息

企业在进行市场预测时，必须对市场信息进行科学分析，从中找出规律性的东西，才能得出较为准确的预测结论。而市场调查获得的大量信息资料正是市场预测的资料来源，这些资料为市场预测模型的建立与求解提供了大量历史数据和现实数据，也可为定性预测提供大量基础性的预测分析依据，从而有助于取得较准确的预测结果。

3. 市场调查方法可以丰富和充实预测技术

市场调查方法主要应用于信息的获取和处理，有的还可直接应用于市场预测分析，即预测性调查研究。市场预测的一些方法也是在市场调查方法的基础上充实、提高而形成的。例如，预测中的"专家意见法"就是吸收了市场调查的方法，经过反复实践而形成的，既简便适用，又避免了结果的不确定性和离散性。有些简单的市场调查方法，如问卷填表法、访问座谈法等，若在内容中加进预测项目，同样可以得到准确的预测结果。

4. 市场预测的结论可用市场调查来验证和修订

市场预测不是凭空臆想的，而是建立在认识和把握客观规律的基础之上的一种预见与推断，是在科学理论指导下做出的有一定科学根据的推断。市场预测的结论正确与否，最终要由市场发展的实践来检验。因此，市场调查不仅能够检验事先所做出的预测结果，还能够分析、论证预测成功或失误的原因，总结经验教训，不断提高市场预测的水平。另外，在做出预测以后，也可以通过市场调查获得新的信息，对预测结果进行修正。

二、市场调查与市场预测的区别

（一）研究的侧重点不同

市场调查与市场预测虽然都可研究市场上的供求关系及其影响因素，但市场调查侧重于市场现状和历史的研究，是一种描述性研究，目的是了解市场客观实际的情况，弄清事实真相，获取市场信息；市场预测则侧重于市场未来的研究，是一种预测性研究，着重探讨市场供求关系的发展趋势及各种影响因素，目的是对未来的市场做出推断和估计。

（二）研究的结果不同

市场调查与市场预测的最终目的都是通过对市场的研究，为各种决策提供依据。但市场调查所获得的结果是反映市场的各种数据和资料，涉及的内容比市场预测要广泛得多，因而既可作为市场预测的依据和资料，也可直接为管理部门决策提供依据。而市场预测所获得的结果是关于未来市场发展的预测报告，是一种有一定科学根据的假定，主要为制订未来的发展计划或规划提供预测性的决策依据。

（三）研究的过程和方法不同

市场调查是获取、处理和分析市场信息的过程，市场预测是利用市场信息进行信息深加工和做出预测结论的推断过程。从研究方法来看，市场调查的方法多属于了解情况、认识市场、获取信息的研究；市场预测的方法则多是建立在定性分析基础上的定量测算，许多方面需要运用数学方法和建立预测模型进行预测分析与推断。

总之，市场调查与市场预测是市场研究的两个重要环节，市场调查与市场预测既有区别又有联系，市场调查比市场预测的范围和作用要更为广泛，市场调查是市场预测的基础，市场预测是市场调查的拓展和延伸。

第四节　市场调查与预测在市场经济中的地位

近年来，随着我国市场经济体制的逐步完善，市场调查与预测深入发展到各个领域，并在各行各业中显现其重要性。市场调查与预测迅速发展起来，在市场经济中的地位也日益提高。

一、市场调查与预测"火热"起来的原因

市场调查与预测作为一门独立的应用性、综合性学科，是市场经济发展到一定阶段的产物，是市场调查与预测实践活动的理论概括和提炼。市场调查与预测在我国能够迅速"火热"起来的原因主要有以下六个方面。

（1）市场买卖关系发生了变化。在商品经济短缺时代，生产者生产什么商品就卖什么商品，计划性很强，卖方市场占主导地位，消费者对商品只是被动购买，无所选择。随着市场的进一步发展，商品丰富起来，出现商品过剩，因为商品过剩使得企业资金周转困难，甚至出现企业倒闭现象，市场买卖关系悄悄发生质的变化，由卖方市场转为买方市场，迫使生产企业去调查研究和预测买方市场的运行特点、规律及其市场营销策略，以满足消费者的需求。

（2）市场竞争的日益激烈。市场经济的发展，一个很明显的事实是企业在竞争中胜者为王、败者为寇。企业要谋求市场份额，应付竞争对手，必须对目标市场的竞争者状况进行不间断的调查研究，预测市场发生变化对企业与竞争者的利弊，寻求竞争优势，制定竞争策略，才能立于不败之地。

（3）市场地理边界的扩展。随着世界市场的进一步开放，全球经济一体化格局已形成。企业为了生存和发展，参与世界市场角逐，必须对国内、国际目标市场进行长期调查研究与科学预测，不断获取市场信息，为企业市场经营决策提供信息依据。

（4）消费者需求差异化。消费者需求的多样化和多变性，促使企业不断获取市场信息，以决定为谁生产、生产什么、生产多少、何时何地生产、如何进行市场营销等决策问题。

（5）企业管理决策科学化、民主化的要求。企业管理决策的科学化、民主化要求决策者了解和掌握目标市场大量信息，这些信息只有通过市场调查才能取得实际资料，只有通过市场预测才能获得科学决策的依据，因此，企业的管理决策，必须依赖市场调查与预测。

（6）市场调查与预测理论发展的需要。市场调查与预测实践活动在客观上要求进行理论概

括和提炼，不断创新和发展，以满足市场发展新需求，为市场调查与预测提供更高的理论指导。因此，市场调查与预测产生的原因也可以说是其理论的发展和完善。

二、市场调查与预测产生的学科特点

市场调查与预测是一门研究市场信息的获取、处理、分析和运用的实践性与综合性很强的学科，它主要具有以下特点：

（1）以市场信息为研究对象。对市场信息的研究，包括市场信息的获取、处理、分析和运用等要素和环节。市场调查与预测并不是研究市场本身，而是研究市场现象的信息方面，通过信息来认识市场，把握市场运行的规律，为管理决策提供信息支持。

（2）以市场学、经济学、管理学为理论基础。市场调查与预测要求熟悉市场现象和市场经济理论。因此，必须以市场学、经济学、管理学为理论基础。从学科归属上看，市场调查与预测应该归属于管理科学，即信息管理科学的一个分支。

（3）以统计学为方法论基础。市场调查的各种方式方法大多源于统计学中的统计调查方式方法，市场调查数据的处理和分析，往往需要运用统计整理和统计分析的多种方法，市场预测模型的建立和运用，也需要运用统计学的知识和方法。因此，市场调查与预测的方法论基础是统计学。

（4）市场调查与预测是一门实践性、综合性很强的学科。市场调查与预测既要阐明市场研究的方法论，又要阐明市场研究方法的具体应用，其理论基础和方法论基础涉及多门学科，其技术手段涉及调查技术、预测技术、计算机技术等。因此，市场调查与预测是一门实践性、综合性很强的学科。

三、市场调查与预测在企业经营决策中的作用

（一）市场调查与预测贯穿企业整个经营过程始终

在企业市场营销活动中，在做出经营决策之前，必须对目标市场进行有目的的调查研究，并根据企业内、外部环境和调查获取的相关资料，经过分析研究，依据科学预测方法，对目标市场未来状况做出判断，再根据预测结果对目标市场进行再调查与分析预测，反复不断，最终做出科学判断，制定实施方案，以实现企业经营目标。

由此可见，市场调查与预测和企业经营决策是紧密相连的，具有举足轻重的作用，贯穿企业整个经营过程始终。

★ 案例链接1-2

吉利公司把"刮毛刀"推销给女性

男人长胡子，因而要刮胡子；女人不长胡子，自然也就不必刮胡子。然而，美国的吉利公司却把"刮毛刀"推销给女人，居然大获成功。

吉利公司创建于1901年，其产品因使男人刮胡子变得方便、舒适、安全而大受欢迎。进入20世纪70年代，吉利公司的销售额已达20亿美元，成为世界著名的跨国公司。然而，吉利公司的领导者并不以此为满足，而是想方设法继续拓展市场，争取更多用户。就在1974年，公司提出开发面向妇女的专用"刮毛刀"。

这一决策看似荒谬，却是建立在坚实可靠的市场调查基础之上的。

吉利公司先用一年的时间进行了广泛的市场调查，发现在美国30岁以上的妇女中，有65%

的人为保持美好形象，要定期去除腿毛和腋毛。这些妇女，除使用电动刮胡刀和褪毛剂之外，主要靠购买各种男用刮胡刀来去除腿毛和腋毛，她们一年在这方面的花费高达7 500万美元。相比之下，美国妇女一年花在眉笔和眼影上的费用仅有6 300万美元，染发剂仅有5 500万美元。毫无疑问，这是一个极有潜力的市场。

根据市场调查结果，吉利公司精心设计了新产品，它的刀头部分和男用刮胡刀并无两样，采用一次性使用的双层刀片，但是刀架则采用了色彩鲜艳的塑料，并将握柄改为弧形以利于妇女使用，握柄上还印压了一朵雏菊图案。这样一来，新产品立即显示出了女性的特点。

为了使雏菊刮毛刀迅速占领市场，吉利公司还拟定了几种不同的"定位观念"到女性消费者中征求意见。这些定位观念包括：突出刮毛刀的"双刀刮毛"，突出其创造性的"完全适合女性需求"，强调价格的"不到50美分"，以及表明产品使用安全的"不伤玉腿"等。

最后，公司根据多数女性消费者的意见，选择"不伤玉腿"作为推销时突出的重点，刊登广告进行宣传。结果，雏菊刮毛刀一炮打响，迅速畅销全球。

这个案例说明，市场调查研究是经营决策的前提，只有充分认识市场，了解市场需求，对市场做出科学的分析判断，决策才具有针对性，从而拓展市场，使企业兴旺发达。

（二）市场预测是企业经营决策的前提和保证

市场预测与决策是既密切联系又相互区别的两种经营管理过程的活动。市场预测属于认识的范畴，通过市场预测可以更清楚地了解未来市场的变化情况，它从方法论上研究市场发展的客观规律，研究如何提高预见的科学性、准确性。市场预测不是目的，而是实现决策的一种手段，为决策提供服务，即为确定合理的目标和选择实现决策目标的方法提供科学依据。市场决策是经营管理的核心，因为经营管理需要围绕市场进行，而决策得好坏关系到企业的未来。决策是为企业生存发展过程中存在的问题来研究对策，即如何最合适、最科学地在时机、成本、收益三者之间进行分析、比较和选择，进而进行组织实施。决策不仅属于认识的范畴，而且属于实践的范畴。通过预测，决策者能够开阔自己的视野，增强对决策问题的认识，给最终的决策提供更多科学依据。预测通过对各种可能出现的情况提出各种不同的应对方案给决策者，决策者通过预测方案做出相应的决策。一般而言，预测结果的准确性越高，决策目标和方案选择的依据越可靠。所以，从整体上讲，市场预测是管理决策过程的重要组成部分，是科学决策的前提和保证。

简而言之，市场预测是对未来的市场营销活动做出陈述，决策是对未来的市场营销活动做出决定；市场预测侧重于对未来市场的发展变化进行科学的分析，提出多种预测方案，决策则侧重于对多种预测方案进行评价，进而选择最佳预测方案。

★案例链接1-3

罐头厂与天气

某年春天刚过，一家罐头材料厂加足马力生产做易拉罐用特质铝皮。这一年雨季特别长，已经是7月初了，还是陆续不断地下着暴雨。厂长果断下令，将特质铝皮的生产量减少2/3。原来，厂长根据气象预测，当年高温时短，易拉罐销量会大大减少，特质铝皮势必降价。后来，该厂果然因此减少了损失。次年初夏，雨季仍然很长，但厂长得知，气象专家对这年夏季气候的预测是炎热异常，于是下令大量生产。当年7月中旬到8月中旬持续高温，清凉饮料销量猛增，易拉罐用特质铝皮成了紧缺货，价格上涨了2倍，该厂获得了可观的效益。

本章小结

市场调查与预测是一门研究市场信息的获取、处理、分析和运用的实践性与综合性很强的学科。它对市场营销的全过程、各个环节、各个方面均具有十分重要的作用。市场调查与预测的基本功能包括信息功能和认识功能，此外还有两个延伸功能：沟通功能、反馈和调节功能。市场调查与预测以市场信息为研究对象；以市场学、经济学、管理学为理论基础；以统计学为方法论基础；它是一门实践性、综合性很强的学科。市场调查与市场预测的关系是既密切联系又相互区别。

总之，市场调查与预测是企业获得市场信息的重要工具和改善营销状况的基础手段，是伴随市场经济的发展和完善而兴起的，是适应微观企业管理和宏观经济管理的需要而发展起来的。市场调查与预测是综合运用社会科学和自然科学的相互关系原理，依据系统原理，借助现代科技手段和方法，挖掘市场运行规律，探测市场发展趋势的应用科学。

复习思考题

1. 简述市场调查与预测的兴起与发展。
2. 市场调查与预测的功能有哪些？
3. 为什么要进行市场调查与预测？
4. 简述市场调查与预测的联系和区别。
5. 简述市场调查与预测"火热"的原因。
6. 简述市场调查与预测的学科特点。

案例分析

Levi's 的分类市场调查与预测

Levi's（李维斯）是美国著名的牛仔裤品牌。在160多年的历史中，Levi's从美国流行到全世界，并成为全球各地男女老少都能接受的时装，奠定了其在牛仔界的卓越地位。Levi's的成功与其分类市场调查与预测密不可分。该公司设有专门负责市场调查与预测的机构，调查时运用统计学、行为学、心理学、市场学的知识和手段，按不同国别或地区分析研究消费者的心理差异和需求差别，分析研究不同国别或地区的经济情况的变化、环境的影响、市场竞争和时尚趋势等，并据此制订公司的服装生产和销售计划。例如，Levi's曾根据市场调查，了解到美国青年喜欢合身、耐穿、价廉和时髦的衣着，Levi's将这四个要素作为产品的主要目标，因此该公司的产品在美国青年市场中长期占有较大的份额。此外，Levi's通过市场调查，了解到许多美国年轻女性喜欢穿男裤，于是公司精心设计并推出了适合女性需要的牛仔裤和便装裤，使该公司的女性服装的销售额不断增长。再如，20世纪90年代，Levi's开发亚洲市场。通过市场调查，Levi's针对亚洲年轻人既受到文化的限制又想追求个性和自由的特点，将品牌个性定义为款式新颖、阳刚之气、性感倍增、自由轻松、富有个性、美国特色等，结合数次广告宣传，使其产品在亚洲年轻人群中得以成功定位。

虽然国际服装市场竞争激烈，但是Levi's靠分类市场调查与预测所得的信息，确保了经营决策的正确性，使公司在长期的市场竞争中立于不败之地。

问题：Levi's的分类市场调查与预测对你有何启示？

第二章

市场调查概述

★ 知识目标

通过本章的学习，了解市场调查的产生和我国市场调查的发展现状，以及现代信息技术下市场调查的新发展；正确理解市场调查的含义、特征和作用；熟悉市场调查的内容和类型；掌握市场调查的原则与程序。

★ 能力目标

通过本章的学习，培养市场调查原则运用和程序化运作的专业技能以及在特定业务情境中分析问题、解决问题的能力。

★ 引导案例

市场调查帮助"孩之宝"成功打入中国市场

美国的"孩之宝"（Hasbro）是一家世界级的品牌娱乐公司，旗下包括国内消费者耳熟能详的变形金刚、培乐多、小马宝莉等。为了在中国市场上推销变形金刚，"孩之宝"曾经在中国进行了长达一年多的市场调查。然后得出结论：变形金刚这种玩具虽然价格较高，但中国独生子女的父母舍得投资，这种玩具在中国的大城市会有广阔的市场。于是，1987年年底"孩之宝"公司先将一套《变形金刚》动画片无偿地送给广州、上海、北京等大城市的电视台播放。动画片成了不花钱的广告系列片，在众多孩子心中打下了深深的烙印。随后，变形金刚从屏幕中走出来，"孩之宝"公司趁势将变形金刚投入中国市场，孩子们像着了魔似的涌向商场和摊点。

市场调查在企业的营销活动中扮演着十分重要的角色。美国市场营销学家菲利浦·科特勒说过："真正的市场营销人员所要采取的第一个步骤，就是要进行市场调查。"市场调查是企业市场营销活动的起点，是进行营销决策的依据，也是开拓市场和发展市场的前提。因此，企业要进行市场营销活动，必须先进行市场调查。

第一节 市场调查的产生与发展历程

市场经济是一个复杂、多变的过程，要认识市场变化的规律性，就必须通过市场调查获得市场的各种信息资料，并加以整理、分析得到有用的市场信息。市场调查作为一种经商之道和经营手段，是伴随市场经营活动的产生而出现的。

一、市场调查的产生

1. 萌芽期：20 世纪前

有正式记载的为制定营销决策而开展的第一次系统的市场调查是 1879 年由广告代理商艾尔做的。该调查的主要对象是本地官员，目的是了解他们对谷物生产的期望水平，以便为农业设备制造者制订一项广告计划。第二次系统的市场调查是在 19 世纪末 20 世纪初由杜邦公司做的，它对推销人员提交的有关顾客特征的报告进行了系统的整理。1895 年，学院研究者开始进入市场调查领域。明尼苏达大学的一名心理学教授哈洛·盖尔使用邮寄问卷调查方法研究广告，他邮寄了 200 份问卷，最后收回 20 份，回收率为 10%。随后，美国西北大学的怀特·斯考特将实验法和心理测量法运用到广告实践中。

2. 建立期：20 世纪初—20 世纪 30 年代

1911 年，当时最大的出版商柯蒂斯公司成立商业调查部，这是最早在企业中设立的企业市场调查部，首任经理是被称为市场调查先驱的佩林。这个调查部不仅为本企业服务，还为其他企业提供市场调查服务，如对农具市场和 100 个大城市的主要百货商店进行过调查，在当时被称为一流的调查组织。柯蒂斯公司的成功，使得越来越多的企业开始建立市场调查部。美国橡胶公司于 1915 年成立商业调查部。斯韦夫特公司于 1917 年成立商业调查部，其首任主管是耶鲁大学的一位博士。

1929—1939 年美国政府和有关地方工商团体共同配合，对全美进行了一次商业普查，这次普查被称为美国市场调查工作的一个里程碑。这次调查揭示了美国市场结构全部情况，此后规定每隔 5 年定期举行一次调查，以观察市场变动的规律。后来，这种普查改称商业普查，至今仍定期举行。

3. 巩固提高期：20 世纪 30 年代末—20 世纪 50 年代初

20 世纪 30 年代以后，随着心理学家的加入，以及统计方法在市场调查领域的应用和突破，使得市场调查的方法得以丰富，市场调查结果更加科学可信，市场调查范围进一步扩大。与此同时，市场调查理论也得到了较快的发展。1937 年，由美国市场营销协会组织专家集体编写的出版物《市场调查技术》问世。同年，布朗的《市场调查与分析》出版，该书成为一本被广泛使用的有关市场调查的教材。市场调查逐渐成为一门新兴的学科，并带动了市场调查业的兴起。1948 年，美国有 200 多家专门从事市场调查的公司，仅尼尔逊公司一家的营业额就超过 4 000 万美元。

4. 快速发展期：20 世纪 50 年代至今

自 20 世纪 50 年代以来，随着电子计算机的问世及其在市场调查中的广泛应用，市场调查进入一个快速发展时期。依据统计方法进行的市场细分研究和消费者动机研究出现了。尼尔逊公司采用统计方法计算出收看电视和电视广告的观众总数，并根据不同年龄、性别、家庭状况对访问对象进行交叉分析，使得不同消费者对问题回答的差异性显现出来。

更为重要的是，20世纪60年代初计算机的快速发展，使得调查数据的分析、储存和提取能力大大提高，使市场调查业成为一个具有发展前景的新兴产业，产生了如尼尔逊公司、兰德公司、斯坦福德公司等一批著名的调查公司。

二、现代信息技术下市场调查的新发展

1. 市场调查投入不断加大

市场如战场，市场竞争越来越激烈，企业利用市场调查为预测和决策服务的频率大为提高，在市场调查上的投入也大大增加。一些大公司的调查经费占公司全部销售额的1%~3%。20世纪90年代，美国电话电报公司用于市场调查的费用高达3.47亿美元，比贝尔实验用于基础研究的经费还高出一大截。

2. 市场调查方法更加先进

随着计算机和网络的出现，市场调查形成一个以计算机为中心的网络系统，其最大特点是：在市场资料的收集、整理和分析的各个阶段都可以实现计算机化，从而提高了调查效率和准确性。自20世纪90年代以来，市场调查方法发展的一个主要趋势是大力应用信息技术，如通过安装在超市的账单扫描器收集市场信息，用微机和移动式终端来分析资料，应用多媒体技术进行电话访谈和利用互联网进行网上市场调查等。

有关机构曾经做过统计：通过电子邮件发出400份调查问卷，收回160份只需要3个小时。而从前，通过邮寄完成这样的工作量至少需要几天甚至是几周的时间。利用互联网进行网上调查的另一个好处是费用低廉，据测算，其调查成本仅仅是电话调查成本的1/3。

3. 市场调查已趋向产业化

市场调查已经趋向产业化，成为一个新兴的由市场调查供应者和需求者组成的市场化的服务产业。在市场调查供应者中，市场调查公司是专门化水平最高、最重要的市场调查供应者。一个国家市场调查公司的数量和质量，是衡量一国市场调查发展水平的主要标志。据统计，荷兰有500多个调查机构，英国伦敦有60多个商业调查机构，可以提供全方位服务。

三、我国市场调查的发展现状

市场调查在我国发展缓慢。中华人民共和国成立以后，中央政府和地方政府都设立了统计机构，对国民经济、社会发展等资料进行全面收集、整理和分析，并在20世纪50年代组建了城市抽样调查队伍，以了解城市职工生活状况及市场变动情况。但长期以来，我国比较忽视市场信息的价值，市场信息作为产业形式发展起步很晚，整个社会对市场信息的商品属性及其价值的认识程度不高。

我国市场调查是在20世纪80年代中期产生的，由于出现得很晚，企业领导市场意识淡薄，加上市场调查的教育和宣传工作开展得不够，另外，作为市场调查主体的市场调查人员，其知识水平、政策水平、工作能力等方面存在很大的差异，因此导致市场调查需求量很小。

随着20世纪90年代我国经济开始向市场化方向发展，一批外资和国内私营市场调查公司开始在市场经济进程中涌现，并为企业提供规范化咨询服务。经过5年左右的发展，一部分按市场规律运作的调查公司脱颖而出，如"零点调查""盖洛普（中国）咨询""华南国际市场研究""慧聪信息""浩辰商务"等。这些信息咨询与市场调查公司以其高质量的专业化服务赢得了市场，并在竞争中逐步站稳了脚跟。

第二节　市场调查的含义、特征与作用

一、市场调查的含义

市场调查，就是运用科学的方法，系统地收集、记录、整理和分析有关市场的信息资料，从而了解市场发展变化的现状和趋势，为市场预测和经营决策提供科学依据的过程。

市场调查的整个过程就像一个高明的医生通过望、闻、问、切的手段，了解病情，收集病人的有关资料。其中"望"就好比市场调查的观察法；"问"就好比市场调查的询问法；"闻"与"切"就好比市场调查的实验法。综合应用各种调查方法，了解病情，分析病因，为预测病情发展，为设计最佳的治疗方案提供依据。没有调查就没有发言权，没有深入地开展市场调查，没有充分地掌握市场信息就无法预测市场发展变化的客观规律性，也就无法为企业经营决策提供科学依据。

二、市场调查的特征

作为企业经营活动的基础，市场调查执行着自己的特殊职能和任务，它具有如下特征：

1. 市场调查具有较强的针对性

市场调查的针对性是由企业经营活动的目的性决定的。市场调查工作不但费时、费力，而且还有费用的支出。因此，市场调查在保证达到市场调查要求的前提下，要尽量节约费用，不能盲目进行，即企业必须根据所要生产或经营的产品（或服务）进行市场调查。这里应该避免的是，一些企业未对本企业的实际情况做充分和科学的分析，就借用别人的市场调查结果或市场上某些现象表现出来的某种信息做出生产经营的决策，这种做法虽然省时省力，但要冒很大的风险，在市场竞争激烈的情况下，可能招致经营失败。

市场调查既要针对产品，也要针对竞争对手进行，因为竞争已经成为企业经营战略的重要组成部分，要想在竞争中取胜，就必须了解竞争者的实力和优势，从而确定企业的竞争是采取直接对抗还是退避迂回的策略。

2. 市场调查具有普遍性

在激烈的市场竞争中，市场调查工作不能只停留在生产或经营活动以前的阶段进行，而应该在生产和经营整个过程中，在售前、售中、售后的各个阶段都需要进行市场调查，收集一切可以为企业所用的信息资料，从而对决策随时进行修正，使企业能够适应市场不断变化的形势。同时，市场调查活动也是发现潜在市场的有效方法，对开拓新的市场领域有积极作用。

以第二次世界大战后世界经济发展最快的日本为例。日本在考虑打入和渗透美国市场时，由于对美国国内市场了解甚少，于是开展了"疯狂的情报收集活动"，而当他们成功地进入了美国市场以后，仍然大规模地进行情报的收集和市场调查工作，并在决策中充分利用获取的情报，从而保住了已占有的市场份额。由此可见，多方面、经常性地收集、积累情报，是一个企业立于不败之地的非常重要的前提，也是市场调查在动态的市场中所必须执行的职能。

3. 市场调查具有科学性

市场调查是为企业决策而进行的重要活动。为减少市场调查的盲目性和人力、财力、物力的浪费，对所需要收集的资料和信息必须进行事先的科学规划。例如，采用何种调查方式，问卷如

何拟定，调查对象该有哪些等。为了使企业能够最准确获得反映市场情况的资料和信息，而又不增加费用开支，在调查内容的确定上就要考虑那些影响程度最大的因素，并将诸多的因素合理搭配，以最简洁明了而又易应答的方式呈现给调查对象。总之，就是要采用科学的方法和手段来完成整个市场调查的活动过程。

4. 市场调查结果具有不确定性

市场调查根据调查内容的不同可采用不同的方式，但由于被调查者的心理状态常常会有变化，从而增加了对市场调查结果进行分析的难度。如果市场调查人员只是根据那些可以找到的有关销售方面的统计数字来研究问题，所得出的结果有时会与实际相差甚远，就不能为企业的经营决策提供有价值的资料。即使考虑到了消费者的心理因素，但因顾客现场购买时对商品的选择与被调查时有意识地回答问题时的心理状态有所不同，也会使调查结果与实际有所偏差。

例如，有些市场调查人员发现，当他们向被调查者询问洗发水的有关问题时，得到的回答肯定是洗发水最重要的是能够把头发洗干净并具有护理头发的功能；但当市场调查人员把货样拿给人们看时，却有很多人总是先闻一闻有没有香味。又如，在美国，长期以来肥皂制造商弄不清楚粉红色香皂是否受欢迎，因为每当把不同颜色的香皂摆在人们面前时，他们总是指着粉红色的那块，但是在商场里粉红色的香皂却很少成为热门货。

这些现象就是调查结果的不确定性，它常常会使市场调查人员感到无所适从。在工业品的市场调查中，由于工业品的特殊用途，这种不确定性并不明显；但在日用消费品的调查中，由于消费者的心理状态会随个人消费习惯、消费环境以及商品本身的多样性而不断变化，这种不确定性常常表现得很明显。这时市场调查人员不仅要"听其言"，而且要"观其行"，否则，调查结果就会出现很大的误差。

5. 市场调查具有时效性

市场是开放、动态的，会随时间的变化而变化，随经济的发展而不断发展。例如，随着国家经济政策的调整，市场会发生相应的变化。一定时期的流行产品一时会无人问津，而滞销商品有可能在一定时期以后成为新的畅销产品。市场调查是在一定时间范围内进行的，它所反映的只是某一特定时期的信息和情况，在一定时期内具有时效性，但在过一段时间后又会出现新情况、新问题，就会使以前的调查结果滞后于市场的发展。此时如果仍沿用过去市场调查的结论，只会使企业延误大好时机，陷入困难的境地。又如当电视机的生产能力已经超过需求量，但还未在市场上表现出来时，若仍以过去的"电视机生产供不应求"的结论作为决策依据，盲目引进国外设备或扩大生产能力，其结果肯定是产品的大量积压；若此时能加强市场调查，了解消费者需求的变化，根据消费者的需求变化来改进电视机的性能、规格、款式，并在此基础上研究开发消费者期望的新产品，就会使电视机销售情况大大改观。

三、市场调查的作用

1. 市场调查为企业经营决策提供依据

"没有调查就没有发言权"，同样，对于一个真正意义上的企业来讲，要占领市场并获得预期效果，必须依赖于行之有效的经营决策。而行之有效的经营决策要以科学的市场预测为前提条件，这就必须以做好市场调查、及时掌握市场信息为基础。因而，从一定意义上讲，市场调查是市场预测、经营决策过程中必不可少的一部分，是企业经营决策的前提。经营决策决定了企业的经营方向和目标，它的正确与否，直接关系到企业的成功与失败，因此，瞄准市场，使生产或经营的产品符合消费者的需要是经营决策中首先需要解决的问题。

2. 市场调查有助于企业开拓市场、开发新产品

任何产品都不会在现有的市场上永远保持销售旺势,要想扩大影响,继续盈利,就不能把希望只寄托在一个有限的地区范围内。当一种产品在某个特定市场上未达到饱和状态时,企业就应开始着眼于更远的地区辐射,这已经成为非常迫切的问题了。通过市场调查,企业不仅可以了解其他地区对产品的需求,甚至可以了解到国外市场的需求状况,使企业掌握该向哪些地区发展、有无发展余地等有用信息,从而决定下一步的经营战略。

3. 市场调查有利于企业在竞争中占据有利地位

"人无我有,人有我转"的经营策略是每一个企业应对市场竞争的有效方法。知己知彼才能与竞争对手进行较量,通过调查能摸清竞争对手占有市场的情况以及竞争产品受欢迎的原因。要想达到在竞争中取胜的目的,就必须掌握竞争对手的经营策略、产品优势、经营力量、促销手段及未来的发展意图等。企业面对的可能是一个竞争对手,也可能是多个竞争对手,是采取以实力相拼的策略还是避开竞争另觅新径的策略,要根据调查结果并结合企业实际做出决策。在竞争中占据有利地位,并不一定非要进行直接面对面的竞争,因为直接竞争的损耗将会很大。因此,通过市场调查,了解对手的情况,就可以在竞争中发挥自己的长处,或针对竞争者的弱点,突出自身的特色,吸引消费者选择本企业的产品。一旦决策错误,竞争的失败不仅表现为市场占有率的减少,也意味着对手的进一步强大,因此,市场调查对企业在竞争中取胜意义重大。

★ 案例链接 2-1

洛杉矶的世纪城市医院的成功之举

当美国绝大多数医院积极削减经营成本并降低费用时,位于洛杉矶的世纪城市医院却开办了它的豪华世纪病房,提供高档次的私人膳宿服务。这个举动是建立在广泛市场调查的基础之上的。调查结果表明:50%的当地高收入者习惯于享受好的膳宿条件,而且非常看重隐私和个人空间。因此,世纪城市医院的这项决策使它赢得一个高收益的市场份额。

第三节 市场调查的类型与内容

一、市场调查的类型

根据不同的分类方法,市场调查可以分为不同的类型。

(一)狭义市场调查与广义市场调查

按市场调查的范围分类,市场调查可以分为狭义市场调查与广义市场调查。其中,狭义市场调查是指对市场的生产性消费需求和生活性消费需求所进行的调查。这类市场调查,主要包括市场商品供应量、销售量及其变化的状态,还包括商品流通渠道的运、销、存等一系列市场营销运作的调查。广义市场调查是指在狭义市场调查基础上,从商品使用价值角度与消费角度所进行的产品分析,包括对产品的性能、形状、规格、质量、价格等进行的调查分析。

(二)消费者市场调查与生产者市场调查

按市场商品消费的目的分类,市场调查可以分为消费者市场调查与生产者市场调查。其中,

消费者市场调查是指以满足个人生活需要为目的的商品供应、销售、购买与使用的调查。生产者市场调查是指为满足加工制造等生产性活动需要而形成的生产资料市场的调查。无论是生产企业还是商业企业，都必须以消费者为中心，重视消费者市场的调查，把企业经营活动与市场联系起来，寻求发展机会，形成良好的市场机制。

（三）批发市场调查与零售市场调查

按商品流通领域的环节分类，市场调查可以分为批发市场调查与零售市场调查。无论是批发市场还是零售市场都是中间市场，其购销活动一头连着生产者，另一头连着消费者。批发市场调查是对商品从生产领域输送到流通领域过程中所发生的交易批量、批次、金额以及批发风险等进行调查。零售市场是上连众多批发商业企业，下连广大消费者并直接服务于消费者的市场，故对其调查尤为重要。

（四）探测性市场调查、描述性市场调查、因果性市场调查与预测性市场调查

根据市场调查的要求和目的，市场调查可分为探测性市场调查、描述性市场调查、因果性市场调查和预测性市场调查。

1. 探测性市场调查

探测性市场调查又称初步调查。它是调查者对所出现的问题不知道症结所在，心中无数，无法确定要调查哪些内容而进行的简单调查。例如，市场产品销路不畅，问题可能出在产品质量和功能上，也可能是价格、渠道、促销措施、竞争、需求变化等原因。但究竟是什么问题，无法确定，这时，宜采用走访、座谈收集资料等方法，初步了解情况，发现问题所在，为正式深入调查扫清障碍，做好准备。这种初步调查，方法要尽量简单，时间要短，着重发现问题是关键。例如，某公司近一段时期销售额持续下降，公司不明白产生这一问题的症结：是市场已经饱和、广告宣传不利、销售价格偏高，还是消费者偏好改变？要找到销售额下降的问题症结，就可采用探测性市场调查。

2. 描述性市场调查

描述性市场调查是市场调查的主要形式。在对问题已有初步了解的情况下，采用询问、观察、实验等方法，了解问题的详细情况，通过对市场客观资料的收集、整理、分析，认识市场问题的特征，为解决问题提供依据。这种调查主要是对市场信息资料，如企业生产经营记录、会计资料、统计报表、外部环境资料、客户资料等进行系统收集，全面分析，如实反映，描述市场变化过程，为决策提供依据。

3. 因果性市场调查

因果性市场调查是为了挖掘市场某一问题的原因与结果之间的关系而进行的专题调查。市场不断变化，直接影响着企业经营成果。有结果就有原因，因果性市场调查就是侧重了解市场变化莫测原因的调查。市场各种现象是互相联系的，但这种联系并不一定都是确定性的因果关系。因果性市场调查旨在发现、寻找经济现象之间的因果联系，从而了解解决问题从何处着手，进而做出科学的经营决策。因果性市场调查强调调查方法的科学性，有关市场变量的选择要考虑它们的相关性，出现时间的先后顺序，以及量化的因果关系模式。例如，要调查"消费者为什么喜欢购买海尔牌电冰箱"，这是结果，必然有它背后的原因（产品质量好、服务质量高等）。对这类问题的调查就属于因果性市场调查。

4. 预测性市场调查

预测性市场调查是通过收集、整理和分析历史资料与现在的各种市场情报资料，运用数学方法估计未来时期对某种产品的需求量及其未来发展趋势。其目的在于切实掌握市场机会，制

订有效的营销计划。这种调查主要用于对潜在需求的调查、对未来营销变化的调查和市场销售预测等。

（五）经常性市场调查、定期市场调查与临时性市场调查

按调查的时间划分，市场调查可分为经常性市场调查、定期市场调查和临时性市场调查。

1. 经常性市场调查

经常性市场调查是指企业在市场营销活动中，需要随时根据市场变化，不断地做出经营管理决策，为了科学决策的要求，需要掌握必要的市场信息，由此也就要经常开展市场调查。按照企业管理、经营决策的要求，每次调查的时间、内容一般都是不固定的。

2. 定期市场调查

定期市场调查是指企业针对市场情况和经营决策的要求，按时间定期所做的市场调查。它的形式有月末调查、季末调查、年终调查等。通过定期调查，可以分析研究一定时间内企业经营活动的内外部情况，科学地认识市场环境，定期按计划指导经营活动。

3. 临时性市场调查

临时性市场调查又称一次性调查。它是企业投资开发新产品、开拓新的市场、建立新的经营机构或者根据市场某些特殊情况而开展的临时性的市场调查。这种调查主要了解市场的基本情况，如市场范围、规模、交通条件和竞争对手等，一般来说，这类信息变化不十分频繁，在一定时间内具有相对稳定性。而这些情况又是开展经营活动的前提，所以，针对其做临时性市场调查，将市场基本情况的信息存入"管理档案"，是十分必要的。

（六）市场调查还可以按产品层次、空间层次等分为不同的类型

按产品层次可以分为不同商品市场的调查。例如，可以分为日用工业品市场调查、食品副食品市场调查等。每类商品还可以分为不同的小类，如日用工业品市场调查中可分为服装、鞋帽、家电、钟表、百货、针织等商品的市场调查；每种商品市场调查又能够细分为不同消费档次、商品品种的市场调查，如服装市场可分为高档服装、中档服装、大众服装市场的调查，中档服装市场调查又可分为女装、男装、童装市场的调查。另外，还有不同季节不同品种的商品市场调查等。

按空间层次可以分为全国性市场调查、区域性市场调查和地区性市场调查，以及国际商品市场调查。从地区性上，市场调查又可以分为农村市场调查、城市市场调查等。

二、市场调查的内容

市场调查的内容主要由企业不可控因素的调查和企业可控因素的调查两个部分组成。

（一）企业不可控因素的调查

企业不可控因素主要是影响企业营销活动的外部环境因素，包括消费者、市场需求、市场竞争和宏观环境等。

1. 消费者调查

消费者是购买、使用企业产品的人。消费者是企业无法控制的，但他们影响着企业的营销活动，没有一个现代企业敢于忽视消费者。消费者调查，是企业的一项基础性工作，也是一项常规性工作。消费者调查一般包括：消费者构成调查；消费者购买动机调查；消费者购买行为特征调查；消费者获得产品信息的途径调查；消费者使用产品的行为特征调查；消费者使用产品后的评价调查等。

2. 市场需求调查

市场需求就是市场机会，掌握当前市场需求和潜在需求及其变化趋势的信息，是企业营销决策的前提。市场需求调查一般包括：市场需求总量调查；市场需求结构调查；市场需求的影响因素调查；市场未满足需求的调查等。

3. 市场竞争调查

面对异常激烈的市场竞争，企业仅仅了解消费者的需求是不够的，还必须了解自己的竞争对手。在"发现并满足消费者需求"的市场营销观念已经被企业广泛接受的今天，不研究竞争者的战略和策略而要取得竞争优势是不可能的。从某种意义上说，了解竞争者是现代企业最重要的事情，是企业选择营销战略和策略的先决条件。对竞争者的调查主要包括：竞争者的市场地位调查；竞争者的营销目标调查；竞争者的营销策略调查；竞争者的竞争反应模式调查等。

4. 宏观环境调查

企业的营销活动始终处于复杂多变的市场营销环境中，市场营销环境包括宏观环境和微观环境。市场营销环境尤其是宏观环境，是企业不能控制的营销因素。企业经营的优劣成败，就在于是否能不断地调整自己的经营战略和策略，主动适应环境的变化，抓住环境提供的市场机会，避免环境变化带来的威胁。因此，建立企业预警系统，调查和监测环境的细微变化，提高企业对环境的应变能力，就显得特别重要。宏观环境调查包括：政策法律环境调查；科技环境调查；人口环境调查；自然环境调查等。

（二）企业可控因素的调查

在营销活动中，有许多因素是企业可以控制的，这些因素主要是影响企业营销活动的企业内部因素，其可以归纳成四大类：产品、价格、分销渠道和促销。对这四大类因素的调查是企业可控因素调查的主要内容。

1. 产品调查

产品调查就是企业收集消费者对本企业产品的评价和偏好信息，以评估产品满足需求的状况，其核心是产品的适用性。在现代以市场为导向的营销观念中，产品是一个整体概念，是一个多要素的组合体，包括产品的概念、实体、品牌形象、产品包装、售后服务等。这些都在调查范围内。

2. 价格调查

产品价格是企业可控因素中最活跃、最敏感、最难以有效控制的因素。企业为产品所规定的价格是否适当，关系到产品的销售量、市场占有率与利润的大小及产品与企业形象的好坏等。然而，定价又不完全是企业单方面决定的，它还涉及消费者和经销商的利益，受到他们以及市场供求状况、竞争产品价格及其他各种社会环境因素的影响和制约。因此，企业在为产品定价或调整价格之前，进行价格调查是完全必要的。价格调查包括：产品需求性质与价格弹性调查；消费者价值感受调查；竞争产品价格调查；成本调查等。

此外，价格调查还有不少项目，如国家的价格法规和政策、国内外经济形势和金融形势、汇率和利率的高低等，企业可以根据实际需要确定具体调查项目。

3. 分销渠道调查

在商品经济中，由于生产和消费相分离而产生的空间矛盾、时间矛盾、产品品种数量矛盾、价格矛盾、所有权矛盾等是由分销渠道及其成员来解决的，因此，企业设计好能适应自己的产品特点、生产情况和市场情况的分销渠道，选择好合适的渠道成员，组建好分销渠道和有效地管理好自己的分销渠道是实现企业营销目标的必要途径。分销渠道调查一般包括：渠道类型调查；渠道成员调查；渠道管理情况调查等。

4. 促销调查

促销就是企业采用广告、人员推销、营业推广和公共关系等方式将产品或服务的有关信息传递给消费者，从而引起他们的注意，激发他们的兴趣，刺激他们的需求，促进他们的购买。在现代竞争激烈的市场环境中，促销活动是企业营销活动中的一个重要组成部分。促销调查包括：广告效果调查；人员推销调查；营业推广效果调查；公众舆论调查；企业形象调查；公关活动效果调查等。

第四节　市场调查的原则与程序

坚持和遵循市场调查的原则和程序，是做好市场调查工作的基础。因此，任何企业无论在何时、何地从事市场调查，都要遵守一定的调查原则，安排好调查的程序。

一、市场调查的原则

一般来说，在进行市场调查时应遵循以下原则。

1. 坚持实事求是的原则

坚持实事求是是指市场调查要尊重事实，反对弄虚作假；要客观全面，防止主观片面；要以实践为准，不唯书、不唯上。只有坚持实事求是的原则，才能真正发挥市场调查的应有作用。

2. 坚持准确、及时、全面、系统的原则

准确是指各项调查资料必须真实、准确、符合实际。如果调查资料不准确，将直接影响市场预测的科学合理性，最终导致决策的失误。及时是指按调查工作计划的进度要求，及时开展调查，及时汇总统计，及时形成调查结论，及时提供给有关部门使用。全面是指调查所收集的资料内容全面、完整，要求调查的各项目都不缺、不漏、不重，能全面反映调查主体的全貌。系统是指市场调查的各项资料满足并符合其内在相互联系，数据结构协调一致，分析深入，结论科学可信。

3. 坚持深入反馈的原则

市场调查是一项艰苦细致的工作。要把握市场的脉搏，要揭示市场内在的错综复杂的联系，要认识市场变化的本质规律，必须深入市场，要从市场收集第一手资料，要深入再深入，要不怕吃苦，不怕流汗，不怕麻烦，不怕打击，要敢于说真话、办实事。同时，市场调查不能一蹴而就，要反复实践，不断反馈，不断总结。

4. 坚持勤俭节约的原则

市场调查是要付出代价并发生各种调查成本费用的。但要尽量节约调查经费，要力争用最少的费用取得最佳的调查效果，要提倡少花钱、多办事、办好事的精神，勤俭节约，做好市场调查。

二、市场调查的程序

市场调查一般由以下几个步骤组成。

（一）确定问题与假设

市场调查的首要步骤便是清楚地界定所要调查的问题与范围，并确定调查的用途与假设前提。如果对问题的说明含糊不清，或对所要研究的问题做了错误的界定，则调查所得的结果将无法协助企业制定正确的决策。因此，在开始进行调查之前，应先明确以下几点。

1. 调查目的

调查目的即调查的主题。要先确定市场调查应调查研究些什么问题,达到什么目的。有些调查是属于多目的的,属于比较广泛性的市场调查。例如,某一服饰公司拟推出设计较为新颖的服饰,除了需要调查一般对象的式样喜好程度和购买潜力外,同时希望了解该服饰的配饰设计是否理想,则此项调查目的(主题)包括多层意义,在整体的计划中必须都列入考虑。

2. 调查范围

问题及调查目的的确定,基本上决定了调查范围。就调查的内容而言,调查范围是指调查项目;就调查方法而言,调查范围则指抽样范围或调查对象。此处所指的调查范围是广义的,包括调查哪些项目以及调查对象的范围等。

3. 假设问题的设定

在问题确定之后,市场调查人员往往必须针对某些问题寻求其假设因素,以便从这些假设因素中找出影响问题症结的特定因素,将其作为设定调查主题的依据。上述这些步骤即可构成假设问题的设定。

4. 情势分析

在市场调查的过程中,观察市场环境,发掘问题所实施的步骤称为情势分析。它一方面收集与分析企业内部的记录以及各种有关的次级资料,另一方面访问企业内外对有关问题有丰富知识与经验的人士。情势分析通常可提供足够的资讯,协助调查研究人员与企业主管共同界定所要研究的问题。

5. 非正式调查

非正式调查是正式调查的前哨。非正式调查为了获得正确性与广泛性的答案结果,一方面与情势分析的结果相对照,另一方面可与消费者、零售业者、批发业者等直接面谈,听听他们对产品与市场动态的看法。这些被访问者的选择,不必依据统计上严密的抽样条件,可先由较少者开始,逐渐扩增至可获得满意的结果。由于此种调查为非正式的,通常不用正式的问卷,也不准备录音机,尽量使被访问者无拘无束、自由自在地发表意见。也因为如此,非正式调查通常不将调查结果列成表格或统计报告。另外,如果有好几个人一起参与非正式调查工作,则各人可就访问结果提出简单的报告并互相讨论。

在进行非正式调查时,有时也将企业内部相关的主管、销售人员或广告代理者等,列入面谈的对象。如果这种探索性的研究已满足决策需要,则研究调查工作可到此为止,无须再做进一步的调查。否则将继续进行下面的工作。

(二)拟订调查计划

拟订调查计划是在确定问题与假设之后所要进行的阶段,且是整个市场调查过程中最重要的阶段,因此必须按部就班地执行,这样才能确保整个调查工作的顺利进行,所获得的结果才可能具有准确性。一般而言,完整的调查计划其内容必须包含下列项目。

(1) 确定最后调查的特定目的与范围。

(2) 确定所需资料的种类。

(3) 确认资料的来源。

(4) 准备收集资料的表格。

(5) 确定所需的调查人员。

(6) 确定所需的费用。

(7) 确定所需的时间与日程。

(8) 说明抽样计划。

调查计划的拟定，一般可按如下步骤实施：确定调查的目的；确定资料的种类与来源；确定收集资料的方法，设计收集资料的工具与表格；抽样设计；预试；编制预算与时间估计。

（三）收集资料

收集资料指的根据调查计划中的抽样设计进行抽样，并依据调查计划中所提出的资料收集的方法实地去收集各种资料。在实地收集资料时，对访问员或实验人员的甄选、训练及监督等都应特别重视。如果这些资料收集人员未能按照调查计划去实地收集资料，则可能使得整个市场调查作业失去价值。不管调查计划如何周详细密，在实地收集资料时，都会发生一些预料不到的问题。因此，在实地收集资料期间，必须经常核查、监督及训练资料收集人员，并与他们保持密切联系。

（四）整理与分析资料

整理与分析资料主要包括以下几项。

1. 整理初级资料

资料收集完成之后，便是整理资料。首先需审查初级资料，将不合逻辑、可疑或显然不正确的部分剔除，补充不完整的资料，统一数量的单位，适当地分类，并加以编辑，供编表用。

2. 证实样本的有效性

企业主管经常怀疑市场调查中样本的真实性，因此调查人员若能证实样本的有效性或可靠性，也会增加企业主管对调查结果的信心。

证实样本有效性的方法有以下两种。

（1）利用随机抽样法。依此法可估计样本本身的统计误差。

（2）利用配额式抽样法。先决定样本是否够大，即样本的稳定性如何，然后与其他来源相对照，以查看样本的代表性。

3. 编表与制图

编表与制图是将调查结果做好资料分类，然后绘成简单有用的图表，以便分析与利用。目前编表的工作都可以用计算机处理，既省时又省力，且所制作出来的图表整齐美观。

4. 资料分析

资料分析可用文字说明，也可用图表解释。此外，资料分析都采用统计方法，计算一些统计数据并进行推论，并由此进行详尽且深入的分析，进而解释分析的结果。

（五）撰写调查报告

市场调查程序的最后一个阶段便是根据所得出的调查结果，赋予其意义（解释结果），并据以撰写调查报告，提出有关解决问题的建议或结论。

本章小结

市场调查，就是运用科学的方法，系统地收集、记录、整理和分析有关市场的信息资料，从而了解市场发展变化的现状和趋势，为市场预测和经营决策提供科学依据的过程。市场调查具有较强的针对性、普遍性、科学性、不确定性和时效性的特征。市场调查的作用体现在为企业经营决策提供依据；有助于企业开拓市场，开发新产品；有利于企业在竞争中占据有利地位。

按照不同的分类方法，市场调查可以分为狭义市场调查与广义市场调查；消费者市场调查与生产者市场调查；批发市场调查与零售市场调查；探测性市场调查、描述性市场调查、因果性市场调查与预测性市场调查；经常性市场调查、定期市场调查和临时性市场调查；另外，市场调查还可以按产品层次、空间层次等区分不同的类型。市场调查的内容分为企业不可控因素和可控因素两个方面。企业不可控因素主要是影响企业营销活动的外部环境因素,包括消费者、市场需求、市场竞争和宏观环境等。企业可控因素主要是影响企业营销活动的企业内部因素,可以归纳成四大类:产品、价格、分销渠道和促销。对这四大类因素的调查是企业可控因素调查的主要内容。

市场调查要依据一定的原则,主要包括:坚持实事求是的原则;坚持准确、及时、全面、系统的原则;坚持深入反馈的原则;坚持勤俭节约的原则。同时市场调查要按照一定的程序来进行。一般来说,市场调查有五个步骤,即确定问题与假设;拟订调查计划;收集资料;整理与分析资料;撰写调查报告。

复习思考题

1. 简述市场调查的产生与发展。
2. 中国市场调查的发展现状如何?
3. 简述市场调查的含义及特征。
4. 市场调查的作用有哪些方面?
5. 市场调查的内容有哪些方面?
6. 市场调查的原则有哪些?
7. 什么是探测性市场调查、描述性市场调查、因果性市场调查和预测性市场调查?
8. 市场调查的程序分哪几个步骤?

案例分析

江崎糖业公司的成功之路

日本泡泡糖市场年销售额为740亿日元,其中大部分被劳特公司垄断。可谓江山唯劳特公司独坐,其他企业再想挤进泡泡糖市场谈何容易。但江崎糖业公司对此并不畏惧。该公司成立了市场开发班子,专门研究劳特公司的不足:第一,以成年人为对象的泡泡糖市场正在扩大,而劳特公司却仍旧把重点放在儿童泡泡糖市场上;第二,劳特公司的产品主要是果味型泡泡糖,而现在消费者的需求正在多样化;第三,劳特公司多年来一直生产单调的条板状泡泡糖,缺乏新型式样;第四,劳特公司的泡泡糖价格是60日元,顾客购买时需多花10日元的硬币,往往感到不便。通过调查分析,江崎糖业公司决定以成人泡泡糖市场为目标市场,并制订了相应的市场营销策略。不久便推出功能型泡泡糖四大产品:司机用泡泡糖,使用了浓度薄荷和天然牛黄,以强烈的刺激消除司机的困倦;交际用泡泡糖,可清洁口腔,祛除口臭;体育用泡泡糖,内含多种维生素,有益于消除疲劳;轻松型泡泡糖,通过添加叶绿素,可以改变人的不良情绪。江崎糖业公司精心设计了产品的包装和造型,价格定为50日元和100日元,避免了找零钱的麻烦。功能型泡泡糖问世后,像飓风一样席卷日本。江崎糖业公司不仅挤进了由劳特公司独霸的泡泡糖市场,而且占领了一定的市场份额,从0%猛升至25%,当年销售额达175亿日元。

问题:试分析江崎糖业公司是如何取得成功的。

第三章

市场调查策划

★ 知识目标

通过本章的学习，了解国内外各种市场调查组织机构的类型；掌握市场调查方案设计的程序和内容；熟悉调查问卷的设计原则；重点掌握市场调查问卷中问句与答案设计方法；灵活掌握问卷设计的技巧和应注意的问题；正确理解态度测量与态度测量表法的含义。

★ 能力目标

通过本章的学习，培养根据调查目标设计市场调查方案和确定市场调查内容的能力，以及运用问卷设计的技术和技巧来设计市场调查问卷的能力。

★ 引导案例

调查前期的准备工作不可忽视

当今世界，零售业老大沃尔玛领导潮流，殊不知，早于它半个多世纪的另一家公司凯马特也曾扮演过相同的角色，雄踞美国零售业多年。以1897年开办的一家便利店为雏形，凯马特早在1962年就在密歇根州的底特律市开设了第一家"打折店"，到20世纪70年代达到鼎盛时期。在之后的十几年里，凯马特一直稳坐美国零售业头把交椅。当时，所有业界同行都把凯马特视为"折扣营销模式"的鼻祖与楷模，设法研究它的经营思路。

但是到了20世纪80—90年代，凯马特放弃进一步发展令人羡慕的折扣营销。在没有进行全面充分的市场调查与预测、没有认清未来零售业发展新形势的情况下，凯马特贸然行动，把本应用于投资新技术、新设备、新地产和改善后勤体系的巨额资金，都用来大肆收购书店、体育用品店、办公用品店和家用商品店等，妄图通过多元化拓展，进一步带动利润增长。谁知由于经营不善，没过几年，上述业务就被全部售出，凯马特也开始出现亏损。而此时，沃尔玛已悄悄迎头赶上，大举进攻凯马特的优势领地，使得凯马特的市场份额不断缩减，经营决策更是连连失误，最终导致破产。

在激烈的市场竞争和瞬息万变的经济环境下，企业的任何一个重大的经营策略都需要事先进行广泛深入的市场调查。而在市场调查前，设计调查方案是必不可少的环节，决不可忽视。设计一个可行的调查方案，有助于企业进行科学的市场调查，获取充分有效的市场信息，帮助企业的决策层做出正确的决策。

市场调查策划就是为了保证市场调查的科学性和有效性而进行的，是市场调查的前期准备工作。本章通过对市场调查组织类型的介绍，阐明如何来建立有效的组织机构，并阐述如何通过调查策划过程来保证调查活动的有效进行，同时探讨市场调查问卷设计和态度测量等重要内容。

第一节 市场调查组织

市场调查作为经济活动中的一种群体活动，需要系统的组织和周密的计划，方能保证调查工作的顺利进行，从而取得预期的经济效果。所谓市场调查策划就是指在市场调查之前对调查过程中的各个方面进行全盘考虑和安排，包括如何建立调查组织、制订调查计划及实施调查活动的一系列筹划工作。

市场调查组织是实施市场调查活动的机构。建立市场调查组织是市场调查策划的内容之一，同时也是进行有效的市场调查的根本保证。

一、国内外市场调查组织概况

（一）国外市场调查组织

市场调查作为一种经济活动由来已久，但作为现代市场营销的基础进行有计划、有组织的市场调查却始于20世纪初期。当时随着生产力水平的提高，企业生产的产品数量越来越多，产品销售已成为广大企业极为关注的问题，即如何才能把产品顺利地销售出去。因此，市场调查成为营销管理的重要内容和有效工具，市场调查的个体行为因此逐步成为有组织的群体行为，开始成立必要的机构，配备专业人员从事市场调查。世界上第一个专业性的市场调查组织是美国柯蒂斯出版公司。1911年，该公司成立商业调查部，在进行大量市场调查的基础上，提出了许多有见解的市场调查理论与方法，成为市场调查学科的先驱。与此同时，美国其他一些公司也开始重视市场调查组织的建立，如杜邦公司、通用汽车公司、通用电气公司等都先后成立了专门的市场调查部门从事市场调查。第二次世界大战以后，市场调查机构发展成为社会中的一个重要行业，规模日益壮大。

（二）国内市场调查组织

中华人民共和国成立前，由于我国商品经济不发达，在相当一段时间内，我国既没有开展全国性的或大规模的市场调查，也没有形成专业性的市场调查组织。

中华人民共和国成立以后，为了适应国民经济有计划发展的需要，国家及各级政府相应建立了含有调查工作内容的统计机构，对宏观经济指数进行统计和分析，并高度重视社会经济方面的市场调查。但由于经济体制的限制，市场调查的作用没有体现出来。

总体来说，我国市场调查业起步于20世纪80年代末。1987年中国调研统计研究所诞生，这是我国第一家市场调查机构。20世纪90年代以来，市场调查业在我国得到了巨大发展，北京、上海和广州等国内较发达城市创建了一批商业性的专业市场调查公司。同时，国际上有影响力的跨国调查公司如"盖洛普""麦肯锡"等纷纷进入我国。这显示出我国市场调查业具有巨大的市场空间和发展潜力。

同时，在我国市场调查业的发展历程中，从无到有已经产生了一批颇具实力的本土化专业市场调查公司，如央视－索福瑞媒介研究有限公司、新生代市场监测机构有限公司、北京零点研究集团等商业性市场调查公司，其都已经成为行业内具有一定影响力和带动力的大型调查公司，并朝着大型化和综合化的方向发展。市场调查业的服务内容也从最初的以简单数据提供为主发展为专业化的市场调查与咨询研究报告。

我国市场调查行业虽然取得了一定的成绩，但还存在一定的不足。例如，市场调查业的服务主体参差不齐，少数大型的专业调查公司占据了绝大部分市场份额，多数小型的市场调查公司还处于摆脱生存危机阶段；各类市场调查机构缺乏具有足够专业素养和实践经验的从业人员，调查的设备、技术和手段相对落后；由于缺乏必要的法律规范和有效的管理措施，致使有些调查公司的业务运作很不规范等。这些与我国市场经济的发展并不相匹配。

随着全球一体化进程的加快，企业对市场调查机构的要求越来越高。我国市场调查机构应加强自身的建设和管理，并参照国际先进市场调查机构的经验，加快规范我国的市场调查工作，使市场调查在法制的轨道上运作。随着我国经济的高速发展，市场调查业必将迎来新的发展契机。

二、市场调查机构及类型

市场调查机构的类型大体可以分为两种：一种是企业外部的专业市场调查机构；另一种是企业内部自设的市场调查部门。

（一）专业市场调查机构

专业市场调查机构是独立于企业之外的调查机构。它可以受社会或者企业各方委托从事市场调查，并以此为获利手段。通常，规模小或者无力自设市场调查部门的企业会委托专业市场调查机构来进行市场调查。

1. 专业市场调查机构的类型

（1）专门从事市场调研业务的市场调研公司。这类调查机构在国外很多，它们的产生是社会分工日益专业化的表现，也是当今信息社会的必然产物。其主要有以下三种类型。

①综合性市场调查公司。这类公司专门收集各种市场信息，当有关单位和企业需要时，只需缴纳一定费用，就可随时获得所需资料。同时，它们也承接各种调查委托，具有涉及面广、综合性强的特点。

②咨询公司。这类公司一般是由资深的专家、学者和有丰富实践经验的人员组成的，为企业和单位进行诊断，充当顾问。这类公司在委托方进行咨询时，也要进行市场调查，对企业的咨询目标进行可行性分析。当然，它们也可接受企业或单位的委托，代理或参与调查设计和具体调查工作。

③广告公司的调查部门。广告公司为了制作出打动人心的广告，取得良好的广告效果，就要对市场环境和消费者进行调查。广告公司大多设立调查部门，经常大量地承接广告制作和市场调查工作。

（2）政府机构设立的调研部门。如国家、省、市级的统计部门、审计和工商行政管理部门等所设的调研机构，各专业管理机构和委员会下属的调研部门等也都可以归属为专业的市场调研机构。随着政府机构的功能转化，信息服务的功能越来越重要，政府机构下设的调研部门的地位越加显著。从某种意义上说，大专院校、研究部门以及学术团体等也可以认为是市场调研的专业机构。

（3）市场信息网络。市场信息网络是现代市场调查的一种新形式，也可算作一种新的特殊的市场调查机构。市场信息网络可分为宏观市场信息网络和微观市场信息网络两种。

宏观市场信息网络即中心市场信息网络，它是为整个市场服务的信息管理系统，是纵横交错、四通八达的市场信息网络系统的综合。微观市场信息网络又称基础市场信息网络，是以单个企业为典型代表的企业市场信息系统，它可为企业提供市场经营活动所需的各种信息。

★ 案例链接3-1

调查赢得成功

有一开发商拟定在深圳市某中心旺地投资一个商场，关于是应该经营百货，还是经营其他产业，公司开了无数次会议，各种创意漫天飞且各执一词，总经理不知应该听谁的好。此时，公司推广人员建议聘请专业公司介入。专业调查公司经过历时20天的辛勤工作，对中心地带做了严密的商圈调研，涉及客流、喜好、商圈的商业发展模式、业态类型、消费群构成等，最后确定将该商场定位为以销售、推广电子信息类产品为主，并围绕这一商业定位，推出一个"融购物、娱乐、宣传、休闲、教育为一体"的商业广场策划案，以"现代生活就是信息生活"为主题，展开了整体策划。方案一亮相，就得到上下一致认同，该商场按此方案推出试营业，反响极为热烈。

2. 专业市场调查机构的业务范围

专业市场调查机构的职能主要是为其客户提供调查服务，展开市场调查，收集并提供社会和企业所需要的各种数据、资料、信息、建议等，以达到特定的调查目的。具体来讲，专业市场调查机构的业务主要有以下四方面。

（1）承接市场调研项目。专业市场调查机构一般拥有各类专业人才，其调研员的社会交往与应变能力较强，调查经验比较丰富，有能力承接来自社会各方的委托，并能够较好地完成调研任务，调查结果真实可信、准确度较高，能承接的调研课题较广，调研项目也较多。

（2）提供市场咨询。专业市场调查机构在日常经营业务活动中积累了相当数量的研究成果，涉及不同的研究类型和研究领域，正是凭借这一雄厚的专业优势以及长期从事这一行业的经验，再结合宏观经济形势、政府政策倾向等，它可以为社会和企业提供如产品投放、营销网络、促销手段、实施与控制等市场营销体系方面的各类咨询服务，从而为企业进行科学决策与经营管理提供依据。

（3）提供市场资料。专业市场调查机构一般拥有稳定、高效的信息网络，订有各种专业报纸、杂志，定期采购各种统计年鉴、行业名录等工具书籍，加之日常市场调研的成果积累，所以它们掌握着大量的经归类整理的比较有时效性的现成资料与信息，这些现成资料与信息就成为它们为社会和企业服务的重要资源。

（4）进行业务培训。专业市场调查机构除自身拥有一定的专门人才外，一般都聘有专家学者、企业中高层主管为顾问，因此可以开展有关企业战略、市场营销、人力资源管理、商务沟通等领域的新知识、新政策、新经验方面的专项培训，从而为企业培养这些方面的管理人才。

★ 案例链接3-2

知名市场调查公司介绍

1. 麦肯锡咨询公司

麦肯锡公司成立于1926年，是国际知名的管理咨询公司，其遍布全球44个国家，拥有80

多家分公司。麦肯锡公司的一贯做法是：协助客户在经营绩效上取得积极的、持久的和重大的改进；同时建设分公司，使其能吸引、发展、激励和保留杰出人才。麦肯锡采取"公司一体"的合作伙伴关系制度，在全球拥有7 000多名咨询顾问。自1995年在北京设立分公司以来，麦肯锡大中华区公司在中国设有北京、上海、香港和台湾四家分公司。

2. AC尼尔森公司

AC尼尔森公司成立于1923年，是全球领先的市场研究、资讯和分析服务的提供者，服务对象包括消费品和服务行业，以及政府和社会机构。在全球100多个国家里，有超过9 000位客户依靠AC尼尔森公司认真负责的专业人士来测量竞争激烈的市场动态，以理解消费者的态度和行为，形成能促进销售和增加利润的高级分析性知识。

AC尼尔森公司总部位于美国纽约，并在伊利诺伊州的商堡（Schaumburg）、比利时的瓦韦尔（Wavre）、中国的北京、上海、香港、澳大利亚的悉尼、阿根廷的布宜诺斯艾利斯以及塞浦路斯的尼科西亚建立了区域业务中心。

3. 零点调查

零点研究咨询集团创立于1992年，是中国专业研究咨询市场的早期开拓者与当前领导者之一。其业务范围为市场调查、民意测验、政策性调查和内部管理调查。零点研究咨询集团运用现代社会调查手段、管理诊断和政策分析技术，融合多年来研究所积累的对中国市场运作和社会文化的深刻理解，组合旗下的"零点调查（专项市场研究）""前进策略（转型管理咨询）""指标数据（共享性社会群体消费文化研究）"和"远景投资（规范的投资项目选择与运作管理服务）"，侧重植根于大中华市场的杰出本土企业和国际化企业提供专业调查咨询服务。零点研究咨询集团依据国际惯例，通过持续的研发投入与国际服务机构合作和有力度的人力资源组合，成为兼容国际视野和本土经验的调研咨询的知名服务品牌。

（二）企业内部自设的市场调查部门

国外许多大的企业和组织，根据生产经营的需要，大多设立了专门的调查机构，市场调查已成为这类企业固定性、经常性的工作。例如，可口可乐公司设立了专门的市场调研部门，并由一个副经理负责管理。这个部门的工作人员有调查设计员、统计员、行为科学研究者等。

1. 企业市场调查部的设置

企业市场调查部的设置情况因企业规模和性质的不同而异。从规模来看，规模比较大的企业内部自设市场调查部的较多，其负责市场调查工作。从企业性质来看，消费资料制造业比生产资料制造业设置的市场调查部要多，尤其是与消费者生活密切相关的食品、服务、家电行业更为重视市场调查部的设置。例如，在美国，调查资料表明，在消费资料制造业中有46%的企业设置市场调查部，生产资料制造业中仅有10%的企业设置调查部。

2. 企业市场调查部的规模

市场调查部的规模大小不一，大的有员工几十人，小的仅有两三人，但市场调查部属于企业的组织管理系统，且往往是独立部门，它在业务上虽然需要与其他部门保持联系，但调查业务不受限制，在很多情况下，调查部与经济主管负责人有密切的联系。如果将调查业务安排在销售部，则很难发挥市场调查的应有作用。

3. 企业市场调查部的职能

（1）收集企业所需要的各类资料。决策层在制定战略或营销策略时，都需要依据一定的历史资料和现时资料，而这些资料需要调查机构长期地收集、整理、分析。

（2）制定调研方案，实施市场调查。制定调研方案、实施市场调查是企业市场调查机构的主要职能。一般而言,企业所做的市场调查是由专业市场调查机构组织实施的,但需要企业派遣调查人员直接或间接参与市场调查,负责调查可靠性的监督、调查工作和企业实际情况之间的协调衔接以及从整个调查过程中进行专业的学习等。

(3) 分析调查结果,提交调查报告。调查收集到的一系列现成的资料和数据,只是一些表面的现象,而隐藏在现象背后的本质的东西,才是决策者需要的。因此,需要对调查结论进行详细的分析总结,提出建设性的方案,供决策层进行科学决策使用。

4. 企业市场调查部的关键问题

(1) 市场调查部的经费来源。市场调查部的建立和调查活动的运作常常受到该部门经费的影响。市场调查部的经费一般有固定来源和变动来源两种。前者是企业根据调查部门的工作量定期支付一定的固定费用,这种费用来源比较稳定,但缺乏激励作用;后者源于企业年销售额的大小,即占年销售额的比例,这种费用来源方式对调查部门来说,有一定的激励作用,费用会因调查部的工作成果有所变化,但风险较大。如美国企业的市场调查费用一般为年销售额的15%。

(2) 市场调查部的人员构成。市场调查部的人数可视其业务情形而定,如果将调查工作委托专业调查机构办理,或调查工作简单,则部门人数较少即可,需要时可以临时雇用。如日本某大公司特约30~35岁的家庭主妇数百名,经过调查专业训练,一旦有调查任务时,可立即投入调查工作。规模较大的公司,市场调查部的人数可以多一些。

三、市场调查专业机构的选择

虽然许多大型企业都设立了自己的市场调查部门,但大多数企业还是没有条件和能力自设调研与预测部门或自组一套调研班子。然而,这并不是说这些企业就不需要做市场调研。实际上,即使是企业自设了调研部门也一样,当它自身的力量无法满足对市场信息的需求时,就需要委托市场调研公司来承担企业自己无法开展的调研工作了,特别是对于那些意欲打入国际市场的企业,都必须寻找一些目标市场所在地的市场调研机构对当地市场的供应、需求及流通渠道等进行深入调查,以利于确定市场策略。因此,对于如何选择市场调查机构、从哪里选择市场调查机构是任何一个企业都必须面对的课题。

(一) 选择市场调查机构的基本原则

选择一家优秀的市场调查公司如同寻找一个战略联盟伙伴,是一件十分细致的工作。不同的市场调查公司,其性质及行业对象均有所不同。因此,为追求有效的市场调查,企业在确定借助外部市场调查机构时一般要考虑以下五个方面。

(1) 调查机构的信誉。调查机构的信誉包括社会声誉、组织的稳定性、客户的评价、职业道德及服务态度等。具备良好素质的市场调查公司应该做到能准时和高质量地完成调查项目,具有良好的职业道德。

(2) 调查机构的业务能力。调查机构的业务能力包括专业人员应具有的操作能力和提供有价值的资料与营销观念的创新能力等。市场调查公司的人员一般分为专职和兼职两种。公司的研究人员、技术人员等应是专职人员;访问员、复核员、编码员、行业专家等一般是兼职人员。

(3) 调查机构的调查经验。一方面要考察市场调查公司成立的时间长短、发展经历、先后取得的调研成果、成功的典型案例等;另一方面还要考察公司主要从业人员的从业经验、服务年限、能否与客户很好地进行对话或交流、是否具有灵活性或可变性等。一般来说,资历较长、知名度较高、拥有从业经验较丰富的调查人员所在的调查公司是选择市场调查机构的主要条件。

(4) 调查机构的资源配置。调查机构的资源配置主要包括调查公司的人力资源配置是否合理、供市场调查使用的计算机设备、配套的软件包、专用电话设备、录音录像设备、通信工具、交通工具,以及调查公司拥有的社会资源等。

(5)调查公司的经费报价。调查公司的经费报价是选择市场调查机构的焦点,是决定合作与否的关键。因此,企业应了解调查经费的预算项目和定价标准。一般来说,最便宜的报价不一定是最好的,企业在招标时,既要比较报价,又要比较质量,才能得到有竞争力的投标。

(二)选择市场调查机构实施调查的优点

(1)无地理和语言上的障碍。专业市场调查机构专门从事调查预测工作,具备各方面人才,不受调查项目的地理和语言上的限制,因而便于获得所需的有关资料。

(2)节约成本。尽管委托专业市场调查机构进行调查与预测需支付一定的费用,但是同样的调查项目,如果由委托单位的人员自行调查与预测,则需要更多的时间和开支才能达到同样效果。专业调查机构有丰富的经验,可以以更高的效率、充实的资料和专业的设备等资源优势大大降低成本费用。

(3)具有客观性。专业市场调查机构在感情和事业上与项目本身或市场没有什么牵连,所以它们更能客观、冷静地对项目进行调查与预测,而本企业的调查机构和人员往往做不到这一点。另外,专业调查机构专门的训练、专业的知识、专业的设备更能减少各项调查与预测误差,使结论更为准确。

四、市场调查人员的选择与培训

市场调查是一项高智力性的工作,又是一项繁杂、辛苦的工作。所有各项工作最终均是由具体的人员承担和完成的。调研与预测人员本身的素质和条件,将直接决定市场调研活动的成败、优劣。因此,调查人员应具备一定的素质和条件,并能时常接受专业的培训。

(一)调查人员应具备的素质要求

调查人员作为现代经济管理人员,应具备一般经济管理人员均应具备的素养,包括政治思想素养、文化知识素养、经营管理素养、道德品格素养、性格风度素养等。除此之外,由于工作的特殊性,调查人员还需具备下列素质和条件。

1. 具有较高的职业道德修养

市场调查工作涉及的范围较广,在调查中会经常触及许多十分棘手和敏感的问题,会涉及不少单位和个人的切身利益,也会遇到影响调查正常进行的各种干预和阻挠。调查人员要做到实事求是,客观公正,具有强烈的社会责任感和事业感,不能以虚假的调查结果来迎合某些单位和个人的意思。

2. 要有高度的敏感性

由于市场调查人员要接触到各类人物和错综复杂的事物,要求其能根据不同的情况,灵活处置;又由于市场信息大多具有很强的时效性,转瞬即逝,因此必须及时处理。我国处于市场经济高速发展和改革时期,市场变化更快,因此,要求调查人员思想活跃、敏锐,能及时、正确地感应客观环境的变化,善于认识和接受新事物,不因循守旧、思想保守,不麻木不仁、闭目塞听。

3. 要有广博的知识、广泛的兴趣

市场调查工作的特性,要求调查人员的知识面广,兴趣广泛。作为专业性的调查人员,需要具有相关专业知识,如市场知识、消费行为知识、市场调研与预测知识,而且知识面要广,如果知识面窄、兴趣太专,必然会影响其事业和综合分析能力,不利于其与社会发生广泛的接触。

4. 要有较高的综合分析能力

市场调查的目的在于正确认识市场，了解各种经济现象及其本质。由于市场的复杂性，要求调查人员必须实行综合分析，善于从大量细小的、孤立的资料中，看出问题的实质、规律和趋势，从而正确地把握事物的全貌和本质，提供全面、准确、适用的市场信息。

5. 要为人诚恳

调查人员要给人亲切、自然和信任感；要善于与人交往，有良好的交际能力和语言表达能力。

6. 要掌握现代科学知识

调查人员要懂得现代信息科学的有关知识，掌握一定的信息处理技术和方法。

要使调查人员成为合格人才，一是在选用人员时要严格把关；二是对现有人员进行有针对性的严格培训，并把培训后仍不合格者调离；三是调查人员本人应加强学习，自觉提高自己的素养。

★案例链接3-3

考察人的角度选择

唐太宗所著的《帝范》中有一段经典论述："贵则观其所举，富则观其所养；居则观其所好，习则观其所言；穷则观其所不受，贱则观其所不为。"这是一种多角度的观察方法，它强调在人们地位、处境变化中，从观察人的举止、言谈、兴趣、修养和追求等方面，动态化地对人进行考察，这些方法，至今仍有借鉴价值。

考察人，是为了用好人。有这样一个故事：某公司董事长决定要找一位德才兼备的人来担任总经理，但连续来应征的几个人都没有通过董事长的"考试"。这天，一位三十来岁的留美博士前来应征，董事长却通知他凌晨三点去他家考试。于是这位年轻人凌晨三点就去按董事长家的门铃，却未见人来应门，一直到八点钟，董事长才让他进门。董事长拿出一张白纸说："请你写一个白饭的'白'字。"他写完了，却等不到下一题，疑惑地问："就这样吗？"董事长静静地看着他，回答："对！考完了！"年轻人觉得很奇怪，这是哪门子的考试啊？

第二天，董事长宣布这个年轻人通过了。他的解释是："一个年轻的博士，他的聪明与学问一定不是问题，所以我考其他更难的。"他接着说："首先，我考他牺牲的精神，我要他牺牲睡眠，凌晨三点来参加公司的应考，他做到了；我又考他的忍耐，要他空等五个小时，他也做到了；我又考他的脾气，看他是否能够不发飙，他也做到了；最后，我考他的谦虚，我考堂堂一个博士，五岁小孩都会写的字，他也肯写。一个人已有了博士学位，又有牺牲的精神、忍耐、好脾气、谦虚，这样德才兼备的人，还有什么好挑剔的呢？所以我决定任用他！"

现在企业选择人才、考察人才，要全面细致地考察，不仅要从能力、才华上考察，还要从德行、修养上考察。经再三考察后，因人因才任用。

（二）调查人员的培训

1. 政策法规和制度的培训

随着市场调查活动的不断发展和完善，国际和国内相继出台了有关法律法规，如我国国家统计局为规范涉外调查服务，制定了《涉外社会调查活动管理暂行办法》。此外，各个市场调查机构本身也有自己的一套内部管理方法，如保密制度、访问工作协议等。因此，作为市场调查员，对相关的法规、准则等都应该了解并严格执行，以保证所进行的调查工作合法有效。

2. 技能培训

技能培训包括基本技能培训和访问技巧培训两个方面。基本技能主要是指调查人员应具备的基本调查能力。例如，如何阅读、表达、观察、做记录，如何与人进行沟通，如何设计问卷，与受访者保持怎样的距离为宜等。访问技巧是指调查员在调查工作过程中，所采用的一系列技巧性活动。技能培训具体包括：①确认合格的被调查者技巧（包括筛选方法）；②入户的技巧；③营造和睦气氛的技巧；④安排和组织访问的技巧；⑤发问与追问技巧；⑥提高问卷回答率的技巧；⑦引导被访问者集中注意力而不离题的技巧；⑧保证回答者如实准确回答问题的技巧；⑨恰当结束访问的技巧。

上述技巧运用得好坏影响调查工作完成的时间与质量，调查员应在工作中不断提高这些技能。

3. 项目专项培训

由于不同的调研课题有各自不同的特殊情况，掌握了基本技能的调查员还必须进行专项培训，才能正式参与调查。专项培训主要包括与项目有关的基本专业知识、项目基本情况介绍、问卷分析、操作人员注意事项及模拟调查等。

（三）培训的方法

1. 集中讲授的方法

集中讲授的方法是目前培训中采用的主要方法，其方式一般是聘请有关专家、调查方案设计者等开设有针对性的培训班。例如，请有关市场调查专家讲授市场调查的基本理论与方法；请有丰富经验的调查人员面授调查技巧、经验；请企业主管人员讲解国家的经济形势和本企业生产经营情况等。这样的培训应该是经常性的，但应该注意突出重点、针对性强、讲求实效。

2. 模拟训练的方法

模拟训练的方法是一种由受训人员参加并具有一定真实感的训练方法。国外许多企业常常采用这种方法培养调查人员的市场敏感性和分析判断能力。一是通过扮演不同角色，即人为地制造一种调查环境，通过不同的角色扮演，进行一对一的模拟实际调查情况的训练过程；二是通过案例分析，即结合某个企业的实际案例进行分析，用以培养受训者处理各种情况的能力。采用这种方法，应事前做好充分准备，并在模拟时尽可能地将调查中可能遇到的困难和各种问题表现出来。这样，才能做到真正地锻炼并达到训练的效果。

3. 哈雷斯培训法

哈雷斯培训法是经济学家哈雷斯根据市场调查的经验提出的。他认为，对于调查人员，除了进行一般的调查知识的培训外，还应该针对市场调查人员的不同层次和不同要求，进行不同程度和不同内容的培训。在培训对象上，哈雷斯认为应该将受训者分为监督员与访问员，监督员是较高层次的调查人员，他们要召集和训练访问员，检查、指导访问员的工作并控制调查进度。由于监督员需要熟悉调查的每一个步骤，善于带领和训练访问员，因此需要对他们进行更为严格的全面训练。在培训方法上，哈雷斯认为应该主要采用书面训练法和口头训练法，前者是为了增加必要的知识，后者是为了提高应变能力。

综上所述，要成为一名优秀的市场调查人员，除了必须具备基本的素质以外，还应该注重实际调查能力的培养和锻炼，应该经常参与调查活动，尽量涉及多范围的调查，以丰富自己的实践经验和提升遇事的应变能力。

第二节 市场调查方案设计

一、市场调查方案设计的含义

市场调查方案设计,就是根据调查研究的目的和调查对象的性质,在进行实际调查之前,对调查工作总任务的各个方面和各阶段进行通盘考虑与统筹安排,以提出相应的调查实施方案,制定合理的工作程序。

市场调查的范围可大可小,但无论是大范围的调查工作,还是小范围的调查工作,都会涉及相互联系的各个方面和全部过程。这里所讲的调查工作的"各个方面",是指要考虑到调查所涉及的各个组成项目。例如,对某市超市竞争能力进行调查,就应将该市所有(或抽选出)超市的经营品种、质量、价格、服务信誉等方面作为一个整体,对各种既密切联系又相互区别的调查项目进行整体考虑,避免调查内容上出现重复和遗漏。

这里所说的"全过程",是指调查工作所需经历的各个阶段和环节,即调查资料的收集、整理和分析等。只有对此事先做出统一考虑和安排,才能保证调查工作有秩序、有步骤地顺利进行,减少调查误差,提高调查质量。

二、市场调查方案设计的内容

市场调查方案设计就是对调查工作各个方面和全过程的通盘考虑,包括整个调查工作过程的全部内容。调查方案是否科学、可行,是调查成败的关键。市场调查方案设计流程如图 3-1 所示。

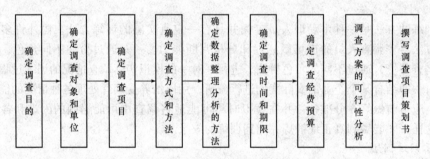

图 3-1 市场调查方案设计流程

(一)确定调查目的

市场调查方案设计的第一步就是在背景分析的前提下确定市场调查的目的,这是调查过程中最关键的一步。目的不同,调查的内容、调查的对象和调查的方法是不同的。对于接受委托的调查公司来说,当客户提出了调查的要求后,先要弄清楚以下三个问题。

(1)客户为什么要进行调查,即调查的意义。
(2)客户想通过调查获得什么信息,即调查的内容。
(3)客户利用已获得的信息做什么,即通过调查获得的信息能否解决客户面临的问题。

实践中,有时客户提出的目标不是很明确,这就要求调查研究人员与客户进行反复沟通,达成共识。在目前大多数市场调查中,一项调查的目标通常有好几个。人们常说:"对一个问题做出恰当定义等于解决了问题的一半。"所以,研究人员必须对每一个目标及相应要调查的问题做出一个清楚的定义。

(二)确定调查对象和单位

明确了调查目的之后,就要确定调查对象和单位,这主要是为了解决向谁调查和由谁来具体提供资料的问题。调查对象就是根据调查目的、任务确定调查的范围及所要调查的总体,它是由某些性质上相同的许多调查单位组成的。调查单位就是所要调查的社会经济现象总体中的个体,即调查对象中的每一个具体单位,它是调查实施中需要具体回答各个调查项目的承担者。

在确定调查对象和调查单位时,应该注意以下三个问题。

(1)由于市场现象具有复杂多变的特点,因此在许多情况下,调查对象也是比较复杂的,必须以科学的理论为指导,严格规定调查对象的含义,并划清它与其他有关现象的界限,以免造成调查实施时由于界限不清而发生的差错。例如,以城市职工为调查对象,就应明确职工的含义,划清城市职工与非城市职工、职工与居民等概念的界限。

(2)调查单位的确定取决于调查目的和对象。调查目的和对象变化了,调查单位也要随之改变。例如,要调查城市职工本人基本情况时,这时的调查单位就不再是每一户城市职工家庭,而是每一个城市职工了。

(3)不同的调查方式会产生不同的调查单位。如果采取普查方式,调查总体内所包括的全部单位都是调查单位;如果采取抽样调查方式(绝大多数情况),则用各种抽样方法抽出的样本单位是调查单位。因此,要明确地给出具体的抽样设计思路。

(三)确定调查项目

调查项目是指对调查单位所要调查的主要内容,确定调查项目就是要明确向被调查者了解什么问题,这也是问卷设计的前期工作。

在确定调查项目时,除要考虑调查目的和调查对象的特点外,还要注意以下几个问题。

(1)确定的调查项目应当既是调查任务所需,又是能够取得答案的;否则不应列入。

(2)项目的表达必须明确,要使答案具有确定的表示形式,如数字式、是否式或文字式等。否则,会使被调查者产生不同理解而得出不同的答案,造成汇总时的困难。

(3)确定调查项目应尽可能做到项目之间相互关联,使取得的资料相互对照,以便了解现象发生变化的原因、条件和后果,便于检查答案的准确性。

(4)调查项目的含义要明确、肯定,必要时可附以调查项目解释。

例如,某公司发现产品的销售量连续几个月下降,管理者想要了解究竟是什么原因造成的。可能的原因很多,如经济衰退、广告支出减少、消费者偏好转变、渠道不畅、竞争对手的营销策略改变等。对于这么多可能的原因,调查者应先通过探索性分析,通过收集第二手资料,或通过召开小组座谈会获取初步的信息、资料,探明问题后再做进一步的假设。

(四)确定调查方式和方法

在调查方案中,还要规定采用什么组织方式和方法取得调查资料。市场调查的方式有普查和抽样调查等。具体调查方法有文案法、访谈法、观察法和实验法等。在调查时,采用何种方式、方法不是固定统一的,而是取决于调查对象和调查任务。例如,在调查中,可对中、高收入阶层和普通工薪阶层采取分层随机抽样调查的方式;对于企事业单位,则采取非随机抽样调查的方式。在市场经济条件下,为准确、及时、全面地获得市场信息,尤其应注意多种调查方式的结合运用。

(五) 确定数据整理分析的方法

采用实地调查方法收集的原始资料大多是零散的、不系统的，只能反映事物的表象，无法深入研究事物的本质和规律性，这就要求对大量原始资料进行加工汇总，使之系统化、条理化。目前，这种资料处理工作一般可借助计算机进行，这在设计中也应给予考虑，包括确定是采用定性分析还是定量分析的方法；当定量分析时需采用何种操作程序以保证必要的运算速度、计算精度及特殊目的。

随着经济理论的发展和计算机的运用，越来越多的现代化统计分析手段可供人们在定量分析时选择，如回归分析、相关分析、聚类分析等。每种分析技术都有其自身的特点和适用性，因此，应根据调查的要求，选择最佳的分析方法并在方案中加以规定。

(六) 确定调查时间和期限

调查时间是调查资料所属的时间。如果所要调查的是时期现象，就要明确规定资料反映的是调查对象从何时起到何时止的资料；如果所要调查的是时点现象，就要明确规定统一的标准调查时点。

调查期限是规定调查工作的开始时间和结束时间。调查期限包括从调查方案设计到提交调查报告的整个工作进度，也包括各个阶段的起始时间，其目的是使调查工作能及时开展，按时完成。为了提供信息资料的时效性，在可能的情况下，调查期限应尽可能缩短。

(七) 确定调查经费预算

市场调查费用的多少通常视调查范围和难易程度而定。不管何种调查，费用问题总是十分重要和难以回避的，故对费用的估算也是调查方案设计的内容之一。在美国，单项小规模调查需要花费约5 000美元，大规模调查的花费会超过10万美元。在我国，小规模的调查一般花费几千元至上万元人民币，大规模的调查可能需要几十万元人民币。

(八) 调查方案的可行性分析

在对复杂社会经济现象所进行的调查中，所设计的方案通常不是唯一的，需要从多个方案中选出最优的方案。同时，调查方案的设计也不是一次就完成的，而要经过必要的可行性研究，对方案进行试点和修改。可行性分析是指对企业在现有的条件下，能否顺利地完成此项调查，并达到预期目的进行分析。可行性研究是科学决策的必经阶段，也是科学设计调查方案的重要步骤。因此，上述几步工作完成后，就要进行调查方案的可行性分析。对调查方案进行可行性分析一般使用逻辑分析法、经验判断法和预调查法等。

1. 逻辑分析法

逻辑分析法主要检查所设计的调查方案的内容是否符合逻辑。例如，某市高、中档商品房市场需求的调查，以调查对象为例，不符合逻辑的调查是调查对象中包含了没有经济收入的学生。

2. 经验判断法

经验判断法是组织一些具有丰富调查经验的人士，对设计出的调查方案加以初步研究和判断，以说明方案的可行性。例如，对中小学生教育软件的需求调查，就不要采用电话调查法。经验判断法能够节省人力和时间，在比较短的时间内做出结论。但这种方法也有一定的局限性，这主要是因为人的认识是有限的、有差异的，事物在不断发生变化，各种主、客观因素都会对人们判断的准确性产生影响。

3. 预调查法

预调查法是整个调查方案可行性研究中的一个十分重要的步骤，对于大规模市场调查来说尤为重要。通过预调查法，可以发现调查指标设计是否正确，哪些需要增加，哪些需要减少,哪些说明和规定需要修改和补充。预调查法可使调查方案的制订既科学合理又解决实际问题。

(九) 撰写调查项目策划书

通过可行性分析,证实此次调查能在预定的经费和时间下顺利完成时,组织开展调查的部门就可以向上级或公司相关部门提交市场调查项目策划书。调查项目策划书又称为项目建议书,还可以称为市场调查计划书。它包含市场调查过程的所有阶段。

调查项目策划书样式见表3-1。

表3-1 调查项目策划书

调查题目:	
调查单位:	
调查人员:	
调查负责人:	
日期:　年　月　日至　年　月　日	
(一) 调查背景和目的: (二) 调查内容: (三) 调查方式: (四) 调查对象: (五) 调查地点: (六) 经费估计:	
负责人审批意见: 财务审批意见:	申请人: 申请日期:　年　月　日

第三节 问卷设计

一、问卷与问卷设计的含义

问卷是一种以书面形式了解被调查对象的反映和看法,并以此获得资料和信息的载体。

问卷是为了达到研究目的和收集必要数据而设计好的一系列问题,是收集来自被调研对象信息的正式一览表。

问卷设计是依据调研的目的,开列所需了解的项目,并以一定的格式,将其有序地排列组合成调查问卷的活动过程。

问卷设计应包含了解问卷设计目标、明确问卷在何种访问方式下使用、选择问卷的形式、设计问句、设计问句结构、问句总体的组合等,最终形成科学合理、容易为调查者和被调查者所接受、符合调查要求、能有效获取所需信息资料的调查表。

二、问卷设计原则

毋庸置疑,问卷设计是一门学问,同时具有较强的艺术性。在设计问卷时要求设计者具有一定的技巧性、灵活性和创造性。虽然问卷类型、问卷内容各异,不同设计者也有不同的设计风格,但都需满足问卷设计的根本要求,即在一定成本下获取最小误差的有效数据。这一要求体现在问卷设计的基本原则上。

1. 功能性原则

功能性原则是问卷设计基本的原则,即实现问卷的基本功能,达到规范设计和满足调查客户需求的目的。这一原则具体表现在易执行、完整性、准确性和可行性等几方面。

2. 可靠性原则

可靠性原则是指作为数据收集工具的问卷,应保证数据在一定的条件下维持稳定性。具体来说,即由于调查者、被调查者和调查环境的不同,都可能引起数据波动,问卷应具有一定的稳健性,以减少这三方面对数据质量的影响。

3. 效率原则

在遵循功能性原则和可靠性原则的前提下,问卷设计应保证最大效率原则。简单地说,就是在保证获得同样信息的条件下,应选择最简洁的询问方式,以使问卷的长度、题量和难度最小,节省调查成本。一方面,在一定成本下,要使问卷尽量获取到全面、准确、有效的信息,但并不等于一味追求容量大、信息多,不要询问与本次调查目的无关的问题;另一方面,追求高效率并不简单等于低成本,一味节约成本可能会以数据准确性和可靠性降低为代价,反而造成低效率。

4. 可维护性原则

问卷设计往往不是一次性完成的,好的问卷需要经过反复修改和检验,待错误全部修正后,再正式开展大规模的调查。一份便于修正的问卷应当结构清晰,不同的调查项目之间有明确的界限,当一个项目的内容需要进行调整时,不会影响到问卷的其他部分。此外,注意问卷的可对比性和连续性。如果设计问卷时仅从本次调查出发,忽略问卷的标准化,数据口径不一,缺乏时间、空间和内容的可比性,将会极大地限制数据的利用价值。

三、问卷设计过程

问卷设计过程是一个创造性的过程,应该因人、因时、因条件制宜,但是这并不意味着可以随心所欲。调查过程必须遵循一个符合逻辑的顺序,经过长期的实践总结,人们总结出以下基本步骤。

1. 明确调研主题与所需的资料

市场调研项目委托人往往只给出一个大致的范围,但是委托人的调研意图对资料需求的层次和全面性以及调研报告的形式和观点表述具有很大的影响。设计问卷时,首先必须充分了解委托人的意图和要求,明确调研的主题,即在问卷设计之前准确把握这些问题。

设计问卷时,还必须明确需要收集哪些方面的材料,在拟订问卷以前,调研人员必须首先着手于比较容易的第二手资料的收集,而第一手资料是用以弥补第二手资料的不足和检验其准确性的。因此,问卷设计必须在掌握第二手资料的基础上,确定所需的通过书面形式得到的第一手资料的内容。而对于已掌握的第二手资料,除非需要进行证实,通常不必出现在问卷中,以保证整份问卷严谨和篇幅紧凑。

2. 明确调查对象的类型和特点

不同的调研项目具有不同的对象,不同的调查对象具有不同的特点。调查问卷必须针对具体调查对象的特点进行设计,才能保证问卷的合理性。因此,在正式进行问卷设计时应明确调查对象的类型,是企业还是个人,是生产商还是经销商,是现实消费者还是潜在消费者等。在明确调查对象类型的前提下,还必须充分掌握各对象的特点。

3. 明确数据收集的方法

明确所需获取的信息之后,研究人员需要决定怎样收集这些信息,明确数据收集的方法。在实际调查中,问卷主要用于询问调查。常用的调查形式包括访员访问调查、电话调查、邮寄调查和网络调查,具体见表3-2。

表3-2 常用的调查形式比较

调查形式	访员访问调查	电话调查	邮寄调查	网络调查
投入的人力	多且不易控制	较少且易于控制	少	少
费用	高	较少	少	少
调查周期	时间较长	时间短,易受控制	时间较长,不易控制	时间短,不易控制
调查对象	范围较广,适用性强	难以包含全部目标总体,但与调查样本联系方便,且不受样本分布区域的限制	调查对象要求有一定文字理解与表达能力,但不受样本分布区域的限制	难以包含全部目标总体,但不受样本分布区域的限制
回复率	较高	较低	低	低
数据质量	收集的数据较准确、可靠	减少了访问引起的非抽样误差,而且在调查过程中可以及时解决疑难问题	没有调查人员的指导,容易产生误答、错答、漏答	没有调查人员的指导,容易误答、错答、漏答
调查内容	适用于广泛的、较复杂的问题,不适用于某些敏感性问题	内容有限制	内容有限制,但可以用匿名方式调查一些敏感性问题	内容有限制,可用匿名方式调查一些敏感性问题
收集的资料	书面信息资料,在收集数据的同时了解实际情况	只有口头信息,难以深入探讨	只有书面信息,难以深入探讨	只有书面信息,难以深入探讨
其他		调查过程与数据编码、录入过程结合在一起		调查过程与数据编码、录入过程结合在一起

总的来说,访员访问调查由于调查内容广泛、数据准确、成功率高等优点,使用较普遍,但所需成本较高,调查周期较长。邮寄调查的调查对象分布广泛,可适用于规模较大、调查内容不甚复杂、对总体推算的精确度要求不高且总体成本构成比较单一的调查项目。电话调查随着电话普及率的迅速增长,适用面越来越宽。网络调查成本低、速度快,虽然难以保证数据质量,但使用频率越来越高,尤其适用于关于对专题信息的收集、对特定群体的调查,或者作为其他调查形式的补充。不同的调查形式各有利弊。例如,为得到较高质量的数据而选择访员访问调查,需要牺牲一定的时间与费用;而为了节省费用,选用邮寄调查或网络调查,得到的数据质量可能较低。在选择调查形式时,需要依据调查要求和客观条件进行权衡。

4. 问卷设计

在完成上述三个步骤之后，就可以进入问卷的设计阶段。问卷设计可以分为问句设计和问句编排两个子过程。这部分在本节后部分具体介绍。

5. 问卷评估与修订

问卷草拟成型后，可以由设计人员，也可以请具有丰富经验的专家对问卷进行初步评估。评估应该是全方位和深入仔细的，包括：①问卷与委托人的意图相吻合的程度；②问卷与所需信息资料的吻合程度；③问卷与调查对象类型、特点的适应程度；④问卷与调查形式的适应程度；⑤问卷的主题是否明确；⑥问卷是否太长、是否杂乱；⑦问卷中的问句是否合理；⑧问卷的编排是否合理；⑨问卷的形式，包括大小、形状、颜色、字体是否合理美观；⑩问卷的印制是否精良等。

经过评估，对发现的问题和不足，尽量给予解决，进行再设计或加以完善，形成比较正式的问卷初稿。

6. 获得各方认同

问卷初稿出来后，需要征求有关方面或人员的意见，获得他们的认同。首先，必须将问卷交给委托单位过目，听取他们的意见，以求全面表达委托人的调研意图。其次，需要呈送给公司的决策人员，包括总经理、营销经理审阅。最后，要给项目组的所有成员过目，尤其要注意征求问卷的实施者，询问调查人员的意见，获得他们的认同。

7. 预试与修订

问卷设计好以后，还有必要将问卷进行小范围的试验。可以在同事中或经挑选的普通用户当中进行试答。对问卷进行小组试验可以在这几方面产生作用：鉴定问卷是否能被调查对象充分理解；鉴定问卷内容是否充分反映了所需资料的内容；可能有助于提供多项选择问句的答案；可以确定访问所需的平均时间。

当然，小组试验也可以在对第一实验结果进行审定后再进行多次试验。对问卷进行必要的试验次数越多，所产生的效果也就越好。

经试验，可能会发现一些不足或需完善的地方，设计人员应加以改善和修订。

8. 印制

上述工作全部完成以后，即可制定一份正式调查所用的问卷，具体涉及制表、打印和印刷三个环节。

四、问句设计

所谓问句，一般的理解是指询问的句子。市场调研中构成问卷基本要素的问句，不仅指一般意义上提问用的句子，还包括将要记录的答案、计算机编号和说明怎样回答四个部分。

（一）问句的类型

1. 从问句的作用来划分

（1）心理调节性问句。心理调节性问句是能引起回答者兴趣，烘托合作气氛的问句。这类问句应是容易回答而又不太直接且口气和蔼的问题。由于在询问正式问题之前一般要设计一两个这类问题，因此又称其为前导性问题。例如，在调查对电子商务的看法之前，可问："现在许多人都在商谈电子商务，您注意到了吗？"

（2）过滤性问句。过滤性问句是逐步缩小提问范围，引导被调查者很自然地对所要调查的某一专门主题做出回答的问句形式。这种询问法，不是开门见山，单刀直入，而是采取投石问路、引水归渠的方法，一步一步地深入，最后引出被调查者对某个所要调查问句的实际想法。这种问句形式通常用于了解被调查者对回答有顾虑或者一时难以直接表达的问题。

(3) 试探性或启发性问句。试探性问句的作用是对一些敏感性或接近敏感性的问句探寻被访者是否愿意谈论，以减少阻力，争取配合。启发性问题是唤起被访者的回忆，以提高回答速度和准确性的问题。

(4) 背景性问句。背景性问句的实质是有关被访问者个人背景的问题，包括性别、民族、年龄、住址、职业、职务和文化水平等，有时还包括其心理状况的描述。这类问题对于后续的资料整理和分析是非常重要的。

(5) 实质性问句。实质性问句是指要调查的全部信息，是问卷的核心问句。从某种意义上说，上述的所有问题都是服务于实质性问句的，因为只有通过这类问句的询问才能达到调研的基本目的。因此，这类问句的数量也应是所占比重最大的。从实质性问句所涉及的内容来看，它包括事实性问题、行为性问题、动机性问题、态度性问题和预期性问题等。

2. 从问句间的联系来划分

(1) 系列性问句。系列性问句是指围绕一个调研项目逐步深入并开展的一组问句。例如，向被访问者出示一份《市场导报》，并询问以下几个问题。

①您是否阅读过这份报纸？（对回答"是"的，接着提问）

②您一周看几次？（在选项前打钩）

□7次　　□6次　　□5次　　□4次　　□3次　　□2次　　□1次

③您是从哪里得到的？

□自己订阅的　　□买的　　□借阅的（对回答"借阅的"，接着问）

④在哪里借阅的？

□单位图书馆/资料室　　□朋友　　□其他场合

(2) 非系列性问句。非系列性问句是指设计的各问句之间无递进关系，而是一种平行的关系。例如，关于评价某商场综合服务质量的问题，就属于非系列性问句。

①您认为该商场外观设计及商品橱窗的装饰：

A. 很好　　B. 较好　　C. 一般　　D. 不好　　E. 很不好

②您认为该商场的服务质量：

A. 很好　　B. 较好　　C. 一般　　D. 不好　　E. 很不好

③您认为该商场售货员的业务水平：

A. 很好　　B. 较好　　C. 一般　　D. 较差　　E. 很不好

……

(二) 问句的设计

1. 直接性问题、间接性问题和假设性问题

(1) 直接性问题。直接性问题是指在问卷中能够通过直接提问方式得到答案的问题。直接性问题通常给回答者一个明确的范围，所问的是个人基本情况或意见。例如，"您的年龄""您的职业""您最喜欢的洗发水是什么牌子的？"等，这些都可获得明确的答案。这种提问对统计分析比较方便，但遇到一些窘迫性问题时，采用这种提问方式，可能无法得到所需要的答案。

(2) 间接性问题。间接性问题是指那些不宜直接回答，而采用间接提问方式得到所需答案的问题。其通常是指那些被调查者因对所需回答的问题产生顾虑，不敢或不愿真实地表达意见的问题。调查者不应为得到直接的结果而强迫被调查者，使他们感到不愉快或难堪。这时，如果采用间接提问方式，使被调查者认为很多意见已被其他调查者提出来了，他所要做的只不过是

对这些意见加以评价罢了,这样,就能排除调查者和被调查者之间的某些障碍,使被调查者有可能对已得到的结论提出自己不带掩饰的意见。

例如,"您认为妇女权利是否应该得到保障?"大多数人都会回答,"是"或"不是"。而实际情况则表明许多人对妇女权利有不同的看法。如果改问:

"A. 有人认为妇女权利应该得到保障的问题应该得到重视。"

"B. 另一部分人认为妇女权利问题并不一定需要特别提出。"

您认为哪些看法更为正确?

对 A 种看法的意见:①完全同意;②有保留的同意;③不同意。

对 B 种看法的意见:①完全同意;②有保留的同意;③不同意。

(3) 假设性问题。假设性问题是通过假设某一情景或现象存在而向被调查者提出的问题。例如,"有人认为目前的电视广告过多,您的看法如何?""如果在购买汽车和住宅中您只能选择一种,您可能会选择哪种?"这些语句都属于假设性提问。

2. 开放性问题和封闭性问题

(1) 开放性问题。开放性问题是指所提出问题并不列出所有可能的答案,而是由被调查者自由作答的问题。开放性问题一般提问比较简单,回答比较真实,但结果难以做定量分析,在对其做定量分析时,通常是将回答进行分类。

(2) 封闭性问题。封闭性问题是指已事先设计了各种可能的答案的问题,被调查者只要或只能从中选定一个或几个现成答案的提问方式。封闭性问题由于答案标准化,不仅回答方便,而且易于进行各种统计处理和分析。但其缺点是回答者只能在规定的范围内被迫回答,无法反映其他各种有目的的、真实的想法。

3. 事实性问题、行为性问题、动机性问题、态度性问题

(1) 事实性问题。事实性问题是要求被调查者回答一些有关事实性的问题。例如,"您通常什么时候看电视?"这类问题的主要目的是获得有关事实性资料。因此,问题的定义必须清楚,使被调查者容易理解并回答。

通常在一份问卷的开头或结尾都要求回答者填写其个人资料,如职业、年龄、收入、家庭状况、教育程度、居住条件等,这些问题均为事实性问题,对此类问题进行调查,可为分类统计和分析提供资料。

(2) 行为性问题。行为性问题是对回答者的行为特征进行调查。例如,"您是否拥有某物?""您是否做过某事?"

(3) 动机性问题。动机性问题是为了解被调查者行为的原因或动机问题。例如,"为什么购买某物?""为什么做某事?"等。在提动机性问题时,应注意人们的行为可以是有意识动机,也可以是半意识动机或无意识动机产生的。对于前者,有时会因各种原因不愿真实回答;对于后两者,因回答者对自己的动机不十分清楚,也会造成回答的困难。

(4) 态度性问题。态度性问题是关于对回答者的态度、评价、意见等问题。例如,"您是否喜欢某牌子的自行车?"

以上是从不同的角度对各种问题所做的分类。应该注意的是,在实际调查中,几种类型的问题往往是结合使用的。在同一个问卷中,既有开放性问题,也有封闭性问题。甚至同一个问题中,也可将开放性问题与封闭性问题结合起来,组成结构式问题。例如,"您家里目前有空调吗?有或无;若有,是什么牌子的?"

同样,事实性问题可采取直接提问方式;对于回答者不愿直接回答的问题,也可以采取间接提问方式,问卷设计者可以根据具体情况选择不同的提问方式。

（三）问句的答案设计

在市场调查中，无论是何种类型的问题，都需要事先对问句答案进行设计。在设计答案时，可以根据具体情况采用不同的设计形式。

1. 二项选择法

二项选择法也称真伪法或二分法，是指提出的问题仅有两种答案可以选择，如"是"或"否"，"有"或"无"等。这两种答案是对立的、排斥的，被调查者的回答非此即彼，不能有更多的选择。例如，"您家里现在有吸尘器吗？"答案只能是"有"或"无"。

二项选择法的优点是易于理解和可迅速得到明确的答案，便于统计处理，分析也比较容易。但回答者没有进一步阐明理由的机会，难以反映被调查者意见与程度的差别，了解的情况也不够深入。这种方法，适用于互相排斥的两项择一式问题，以及询问较为简单的事实性问题。

2. 多项选择法

多项选择法是指所提出的问题事先预备好两个以上的答案，回答者可任选其中的一项或几项。

例如，"您喜欢下列哪一种牌号的牙膏？"（在您认为合适的□内画√）

中华□　芳草□　洁银□　康齿灵□　黑妹□

由于设计的答案不一定能表达出填表人所有的看法，所以在问题的最后通常可设"其他"项目，以便使被调查者表达自己的看法。

多项选择法的优点是比二项选择法的强制选择有所缓和，答案有一定的范围，也比较便于统计处理。但采用这种方法时，设计者要考虑以下两种情况：一是要考虑到全部可能出现的结果，以及答案可能出现的重复和遗漏；二是要注意选择答案的排列顺序。有些回答者常常喜欢选择第一个答案，从而使调查结果发生偏差。此外，答案较多，使回答者无从选择或产生厌烦。一般这种多项选择答案应控制在 8 个以内，当样本量有限时，多项选择易使结果分散，缺乏说服力。

3. 顺位法

顺位法是出若干项目，由回答者按重要性决定先后顺序。顺位法主要有两种：一种是对全部答案排序；另一种是只对其中的某些答案排序，究竟采用何种方法，应由调查者来决定。具体排列顺序，则由回答者根据自己所喜欢的事物和认识事物的程度等进行排序。例如：

您选购空调的主要条件是（请将所给答案按重要顺序1，2，3…填写在□中）

价格便宜□　外形美观□　维修方便□　牌子有名□　噪声低□　制冷效果好□　其他□

顺位法便于被调查者对其意见、动机、感觉等做衡量和比较性的表达，也便于对调查结果加以统计。但调查项目不宜过多，过多则容易分散，很难顺位，同时所询问的排列顺序也可能对被调查者产生某种暗示影响。这种方法适用于对要求答案有先后顺序的问题。

4. 回忆法

回忆法是指通过回忆，了解被调查者对不同商品质量、品牌等方面印象的强弱。例如，"请您举出最近在电视广告中出现的电冰箱有哪些牌号？"调查时可根据被调查者所回忆牌号的先后和快慢以及各种牌号被回忆的频率进行分析研究。

5. 比较法

比较法是采用对比提问方式，要求被调查者做出肯定回答的方法。例如：

请比较下列不同牌号的饮料，哪种更好喝？（请您在认为好喝的牌号后的□中画√）

黄山□　天府□　奥林□　非常可乐□　可口可乐□　百事可乐□

比较法适用于对质量和效用等问题做出评价。应用比较法要考虑被调查者对所要回答问题中的商品品牌等项目是否相当熟悉，否则将会导致空项发生。

6. 自由回答法

自由回答法是指提问时可自由提出问题，回答者可以自由发表意见，并无已经拟定好的答案。例如，"您觉得软包装饮料有哪些优缺点？""您认为应该如何改进电视广告？"等。

自由回答法的优点是涉及面广，灵活性大，回答者可充分发表意见，可为调查者收集到某种意料之外的资料，拉近问者和答者之间的距离，迅速营造一种调查气氛；其缺点是由于回答者提供答案的想法和角度不同，因此在答案分类时往往会出现困难，资料较难整理，还可能因回答者表达能力的差异形成调查偏差。同时，由于时间关系或缺乏心理准备，被调查者往往放弃回答或答非所问，因此，此种问题不宜过多。自由回答法适用于那些不能预期答案或不能限定答案范围的问题。

7. 过滤法

过滤法又称"漏斗法"，是指最初提出的是离调查主题较远的广泛性问题，再根据被调查者回答的情况，逐渐缩小提问范围，最后有目的地引向要调查的某个专题性问题。这种方法询问及回答比较自然、灵活，使被调查者能够在活跃的气氛中回答问题，从而增强双方的合作，获得回答者较为真实的想法。但其要求调查人员善于把握对方心理，善于引导并有较高的询问技巧。过滤法的不足是不易控制调查时间。这种方法适合被调查者在回答问题时有所顾虑，或者一时不便于直接表达对某个问题的具体意见时采用。例如，对那些涉及被调查者自尊或隐私等问题，如收入、文化程度、妇女年龄等，可采取这种提问方式。

（四）问卷设计时应注意的几个问题

对问卷设计总的要求是：问卷中的问句表达要简明、生动，注意概念的准确性，避免提似是而非的问题，具体应注意以下几点。

1. 避免提概括性问题

概括性问题对实际调查工作并无指导意义。例如，"您对某百货商场的印象如何？"这样的问题过于笼统，很难达到预期效果，可具体提问："您认为某百货商场商品品种是否齐全、营业时间是否恰当、服务态度怎样？"等。

2. 避免用不确切的词

"普通""经常""一些"，以及一些形容词，如"美丽"等，这些词语，每个人理解往往不同，在问卷设计中应避免或减少使用。例如，"你是否经常购买洗发液？"回答者不知"经常"是指一周、一个月还是一年，所以答案也就缺乏标准，没有实用价值。可以改问："你上月共购买了几瓶洗发液？"

3. 避免使用含糊不清的句子

例如，"你最近是出门旅游，还是休息？"出门旅游也是休息的一种形式，它和休息并不存在选择关系，正确的问法是："你最近是出门旅游，还是在家休息？"

4. 避免引导性提问

如果提出的问题暗示出调查者的观点和见解，力求使回答者跟着这种倾向回答，这种提问就是"引导性提问"。例如，"消费者普遍认为某牌子的冰箱好，你的印象如何？"引导性提问会导致两个不良后果：一是被调查者不假思索就同意所引导问题中暗示的结论；二是由于引导性提问大多是引用权威或大多数人的态度，被调查者考虑到这个结论既然已经是普遍的结论，就会产生心理上的顺向反应。此外，对于一些敏感性问题，在引导性提问下，不敢表达其他想法等。因此，这种提问是调查的大忌，常常会引出和事实相反的结论。

5. 避免提断定性问题

例如,"你一天抽多少支烟?"这种问题即为断定性问题,被调查者如果根本不抽烟,就会造成无法回答。正确的处理办法是此问题可加一条"过滤"性问题。即"你抽烟吗?"如果回答者回答"是",可继续提问,否则即可终止提问。

6. 避免提令被调查者难堪的问题

提问太难堪的问题,你可能会得到虚假的数据,被访者往往会捏造答案。如果有些问题非问不可,也不能只顾自己的需要、穷追不舍,应考虑回答者的自尊心。

例如,"您是否离过婚?离过几次?谁的责任?"等。又如,直接询问女士年龄也是不太礼貌的,可列出年龄段:20岁以下,20~30岁,30~40岁,40岁以上,由被调查者挑选。

7. 问句要考虑到时间性

时间过久的问题易使人遗忘,如"您去年家庭的生活费支出是多少?用于食品、衣服分别为多少?"除非被调查者连续记账,否则很难回答出来。一般可问:"您家上月生活费支出是多少?"显然,这样缩小时间范围可使问题回忆起来较容易,答案也比较准确。

8. 拟定问句要有明确的界限

对于年龄、家庭人口、经济收入等调查项目,通常会产生歧义的理解,如年龄有虚岁、实岁,家庭人口有常住人口和生活费开支在一起的人口,收入是仅指工资,还是包括奖金、补贴、其他收入、实物发放折款收入在内,如果调查者对此没有很明确的界定,调查结果也很难达到预期要求。

9. 问句要具体

一个问句最好只问一个要点,一个问句中如果包含过多询问内容,会使回答者无从答起,给统计处理也带来困难。例如,"您为何不看电影而看电视?"这个问题包含了"您为何不看电影?""您为何要看电视?"和"什么原因使您改看电视?"等。防止出现此类问题的办法是分离语句中的提问部分,使得一个语句只问一个要点。

10. 要避免问题与答案不一致

所提问题与所设答案应做到一致,例如,"您经常看哪个电视栏目?"
①经济生活;②电视红娘;③电视商场;④经常看;⑤偶尔看;⑥根本不看。

该问题与所设答案就存在不一致性,问题是看哪些电视栏目。那么答案就应是具体栏目,但其所设答案既有具体栏目,也有观看频率,所以问题与答案不一致。

(五)问句的排列

在系统阐述问题后,下一步就是将其排序并形成编排的问卷。心理学研究表明:调查问卷排列的前后顺序有可能影响被调查者的情绪。同样的题目,安排得合理、恰当,有利于有效地获得资料。若编排不妥当,就可能会影响被调查者作答,影响问卷的回收率,甚至影响调查的结果。所以,在设计问卷时,应站在被调查者的角度,顺应被调查者的思维习惯,使问题容易回答。题目编排的一般原则如下。

1. 问题的编排应具有逻辑性

问题的编排应该符合人们思维习惯,否则,会影响被调查者回答问题的兴趣,不利于其对问题的回答。一般采用当面访问时,开头宜采用开放式的问题,先营造一种良好、和谐的谈话气氛,保证后面的调查能够顺利进行。采用书面调查时,开头应是容易回答且有趣味性的问题,核心的调查内容应放在中间部分,专门或特殊的问题放在最后。例如,对百货商店项目的调查,第一个问题是:"您家中谁到百货商店购物的次数最多?"这个提问简单、易答,能赢得被调查者的合作。

2. 问题的编排应该先易后难

应将容易回答的问题放在前面、难以回答的题目放在后面。问卷的前几道题容易作答能够提高回答者的积极性，有利于他们把问卷答完。如果一开始就让他们感到费力，容易使他们对完成问卷失去兴趣。

一般对公开的事实或状态的描述要容易一些，因此放在问卷的前面。而对问题的看法、意见等需要动脑筋思考，因此放在问卷靠后一点的位置。

另外，从时间的角度来考虑，一份问卷可能包含不同时间段的问题，如近期的事情（最近一周、最近一个月）、远期的事情（前几个月、上一年等）。由于近期的事情容易回想，便于作答，因此放在问卷较前一点的位置。例如，可先问"您现在使用的是什么牌子的洗发水？"，再问"在使用这种牌子的洗发水之前您使用过什么牌子？"。

3. 敏感性问题、开放性问题和背景部分（人口统计）的问题置于问卷的最后

敏感性问题如收入、婚姻状况、政治信仰等一般放在问卷的后面，因为这类问题容易遭到被调查者的拒答，从而影响后续问题的作答。如果将这类问题放在后面，即使这些问题被拒答，前面问题的回答资料仍有分析的价值。并且，此时应答者与访问者之间已经建立了融洽的关系，从而增加了获得回答的可能性。

开放性问题一般需要较长时间来作答，而一般的被调查者是不愿意花太多的时间来完成一份问卷的。如果将开放性问题放在问卷前面的位置，会使被调查者觉得答问卷需要很长时间，从而拒绝接受调查。

五、问卷的整体设计

一份问卷的设计是一个系统工程，它体现了设计人员对调研项目的总体思路，因此，不仅要在细节上，即具体的问句中重视技术的运用，还必须重视整份问卷的设计技术。

（一）问卷结构

一份完整的调查问卷通常包括问卷标题、问卷说明、被调查者基本情况、调查主题内容、编码、调查者情况等内容。

1. 问卷标题

问卷标题是概括说明调查研究主题，使被调查者对所要回答什么方面的问题有一个大致的了解。确定标题应简明扼要，易于引起回答者的兴趣。例如，大学生消费状况调查，而不要简单采用"问卷调查"这样的标题，它容易引起回答者因不必要的怀疑而拒答。

2. 问卷说明

问卷说明旨在向被调查者说明调查的目的、意义。有些问卷还有填表须知、交表时间、地点及其他事项说明等。问卷说明一般放在问卷开头，通过它可以使被调查者了解调查目的，消除顾虑，并按一定的要求填写问卷。问卷说明即可采取比较简洁、开门见山的方式，也可在问卷说明中进行一定的宣传，以引起调查对象对问卷的重视。

3. 被调查者基本情况

被调查者基本情况是指被调查者的一些主要特征，如在消费者调查中，消费者的性别、年龄、民族、家庭人口、婚姻状况、文化程度、职业、单位、收入、所在地区等。又如对企业调查中的企业名称、地址、所有制性质、主管部门、职工人数、商品销售额（或产品销售量）等情况。通过这些项目，便于对调查资料进行统计分组、分析。在实际调查中，列入哪些项目，列入多少项目，应根据调查目的、调查要求而定，并非多多益善。

4. 调查主题内容

调查主题内容是调查者所要了解的基本内容，也是调查问卷中最重要的部分。它主要是以提问的形式提供给被调查者，这部分内容设计得好坏直接影响整个调查的价值。

调查主题内容主要包括：①对人们的行为进行调查，包括对被调查者本人行为进行了解或通过被调查者了解他人的行为；②对人们的行为后果进行调查；③对人们的态度、意见、感觉、偏好等进行调查。

5. 编码

编码是将问卷中的调查项目变成数字的工作过程，大多数市场调查问卷均需加以编码，以便分类整理，易于进行计算机处理和统计分析。所以，在设计问卷时，应确定每一个调查项目的编号，可为相应的编码做准备。通常是在每一个调查项目的最左边按顺序编号。

例如，①您的姓名；②您的职业；……。而在调查项目的最右边，根据每一调查项目允许选择的数目，在其下方画上相应的若干短线，以便编码时填上相应的数字代号。

6. 调查者情况

在调查表的最后，附上调查者的姓名、访问日期、时间等，以明确调查者完成任务的性质。如有必要，还可写上被调查者的姓名、单位或家庭住址、电话等，便于审核和进一步追踪调查。但对于一些涉及被调查者隐私的问卷，上述内容则不宜列入。

（二）问卷编组设计

问卷编组设计是指对问卷全部内容的编排、格式、大小、规格、纸张、印刷等的整体的构思设计。

组成问卷的各部分，排列次序通常是：问卷标题；问卷说明；调查者情况；调查主题内容；被调查者基本情况；编码。每一部分之间最好有明显的间隔。

总之，问卷编组，要给人以清爽轻松和美观的感觉，避免给人以零乱、拥挤、沉重的压迫感。这对于访问能否顺利进行，被调查对象是否乐意回答有很大影响。

本章小结

市场调查组织是实施市场调查活动的机构，建立市场调查组织是市场调查策划的内容之一，同时也是进行有效的市场调查的根本保证。市场调查机构的类型大体可以分为两种：一种是企业外部的专业性市场调查机构；另一种是企业内部自设的市场调查部门。选择市场调查专业机构来实施调研的优点是无地理和语言上的障碍，节约成本，具有客观性。市场调查是一项高智力性的工作，又是一项繁杂、辛苦的工作。所有各项工作最终均是由具体的人员承担和完成的。调研与预测人员本身的素质和条件，将直接决定市场调研活动的成败、优劣。因此，调查人员应具备一定的素质和条件，并能时常接受专业的培训。

市场调查方案设计，就是根据调查研究的目的和调查对象的性质，在进行实际调查之前，对调查工作总任务的各个方面和各阶段进行通盘考虑与统筹安排，以提出相应的调查实施方案，制定合理的工作程序。市场调查方案设计就是对调查工作各个方面和全过程的通盘考虑，包括了调查工作过程的全部内容。市场调查方案设计主要包括：确定调查目的；确定调查对象和单位；确定调查项目；确定调查方式和方法；确定数据整理和分析的方法；确定调查时间和期限；确定调查经费预算；调查方案的可行性分析；撰写调查项目策划书。

问句，一般的理解是指询问的句子。市场调研中构成问卷基本要素的问句，不仅指一般意义上提问用的句子，还包括将要记录的答案、计算机编号和说明怎样回答四个部分。

依据划分角度不同问句可以分为多种类型。一份问卷的设计是一个系统工程,它体现了设计人员对调研项目的总体思路,因此,不仅要在细节上,即具体的问句中重视技术的运用,还必须重视整份问卷的设计技术。一份完整的调查问卷通常包括问卷标题、问卷说明、被调查者基本情况、调查主题内容、编码、调查者情况等内容。

复习思考题

1. 市场调查机构及类型有哪些?
2. 什么是市场调查方案?市场调查方案策划步骤是什么?
3. 什么是调查问卷?在市场调查中问卷有什么作用?
4. 问卷设计的原则有哪些?
5. 一份完整的问卷通常由哪几部分组成?
6. 在设计调查问卷时应注意哪些问题?
7. 市场调查员应具备什么条件?
8. 选择市场调查公司的基本原则是什么?

案例分析

新老可乐的抉择

20世纪80年代初,虽然可口可乐在美国软饮料市场上仍处于领先地位,但由于百事可乐公司通过多年的促销攻势,以口味试饮来表明消费者更喜欢较甜口味的百事可乐饮料,不断侵吞着可口可乐的市场。为此,可口可乐公司以改变可口可乐的口味来对付百事可乐公司对其市场的侵吞。

可口可乐公司花了两年多的时间,对新口味可口可乐饮料进行研究开发,先后投入了400多万美元的资金,最终开发出了新口味可口可乐的配方。在新口味可口可乐配方开发过程中,可口可乐公司进行了近20万人的口味试验,仅最终配方就进行了3万人的试验。在试验中,研究人员在不加任何标识的情况下,对新、老口味可口可乐以及新口味可口可乐和百事可乐进行了比较,试验结果是:在新、老口味可口可乐之间,60%的人选择新口味可口可乐;在新口味可口可乐和百事可乐之间,52%的人选择新口味可口可乐。从试验结果来看,新口味可口可乐是一个成功的产品。

1985年5月,可口可乐公司将新口味可口可乐投放市场,同时放弃了原配方的可乐。在新口味可口可乐上市初期,市场销量不错,但不久就销售平平,并且公司开始每天接到来自愤怒消费者的1 500多个电话和很多的信件。一个自称原口味可口可乐饮用者的组织举行了抗议活动,并威胁除非恢复原口味可口可乐或将配方公之于众,否则将提出集体诉讼。

迫于原口味可口可乐消费者的压力,1985年7月中旬,即在新口味可口可乐推出两个月后,可口可乐公司恢复了原口味可口可乐,从而在市场上新口味可口可乐与原口味可口可乐共存,但原口味可口可乐的销售量远大于新口味可口可乐的销售量。

问题:

(1) 新口味可口可乐配方的市场营销调研中存在的主要问题是什么?
(2) 新口味可口可乐配方的市场调研的内容应包括哪些方面?

第四章

市场调查组织方式

★ 知识目标

通过本章的学习，了解市场调查方式分类；掌握各种调查方式的特点及应用；掌握抽样技术方案的设计及评审；熟悉调查误差的种类及产生误差的原因；掌握调查误差的控制途径。

★ 能力目标

通过本章的学习，培养能根据实际调查项目选择恰当的调查组织方式的能力，并能够在调查过程中的每个环节对调查误差控制的能力。

★ 引导案例

有效的调查（检测）方式的选择

凌志灯泡厂新开发了一种灯泡，并试生产了 2 000 只。现在该厂要检查这批灯泡的使用寿命，其方法是给灯泡连续通电，直到灯泡不亮为止。那么凌志灯泡厂应该采用怎样的调查方式呢？很显然，不可能采用对每只灯泡都做这种寿命的检查（全面调查），而只能从中抽取一部分灯泡（如抽取 100 只）进行寿命检查（抽样调查），然后用这部分灯泡的寿命来估计这批灯泡的使用寿命。前者是全面调查的方式，后者是非全面调查方式中的抽样调查的方式。

也就是说，各种不同市场调查方式的适用范围及使用条件都是不同的，在选用时一定要正确掌握各种市场调查方式的适用范围，辨认各种市场调查方式之间的异同点。

在进行市场调查收集资料时，首先面临的就是采用怎样的调查组织方式来选择合适的被调查者。这是一件看似简单，但实际上却比较复杂的工作，需要根据不同的市场调查目的以及调查对象的特点，有针对性地选择不同的被调查者。调查方式的选择决定着调查样本的代表性，决定着市场调查的质量。

第一节 市场调查方式分类

开展市场调查要根据调查的目的和要求以及调查对象的特点，选择适当的调查方式。市场调查方式可以是全面调查，也可以是非全面调查，它们各有不同的特点和作用。

从市场调查范围的大小和被调查者的多少来划分，市场调查方式可分为全面市场调查和非全面市场调查两大类。具体分类如图4-1所示。

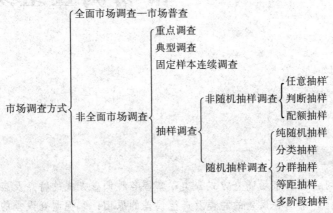

图 4-1　市场调查组织方式的分类

一、全面市场调查

全面市场调查也称市场普查，是对调查对象（总体）的全部单位所进行的无一遗漏的逐个调查，是一种全面调查的组织方式。全面调查是一次性调查，其目的是把握在某一时点上一定范围内调查对象的基本情况，如商品库存普查。

（一）**全面市场调查的优缺点**

全面市场调查这种调查方式从理论上说，可以取得调查对象全体的可靠数据，这是它的最大优点。但是，从实践来看，全面市场调查有很多缺点：

（1）大规模的全面市场调查的工作量大，需要耗费大量的人力和财力，很不经济。

（2）大规模的全面市场调查由于工作量大、范围广、参与调查的人员杂，如果调查组织工作不够周密，调查中很容易出现遗漏、重复或者登录误差。

（3）全面市场调查时间较长，不能迅速得到调查结果。所以，全面市场调查很少用于大范围的市场调查工作，只适用于某些小范围的全面调查。例如，商业批发企业调查供应地区内几百家用户对某种生产资料的需求量，食品公司调查一个县或者一个乡的生猪存栏量等，可以采用全面市场调查方式逐一调查。

（二）**全面市场调查的方式**

（1）向调查对象的所有被调查单位分发调查表，由被调查单位根据本身的现有资料按规定时间填报。这种方式一般适用于对企业、事业单位的市场调查。

（2）调查人员按照调查表项目的要求，对于被调查单位直接进行访问、观察和登记。这种方式一般适用于对农村集体经济组织和居民家庭或个人进行调查。

（3）利用国家统计部门或其他部门组织的有关普查机会，收集市场调查所需要的全面资料。

例如，人口普查的人口及其构成资料、工业企业普查的有关生产资料的普查情况等，都有市场调查所需要的重要内容。

（三）全面市场调查的原则

全面市场调查涉及面广，工作量大，对调查内容的准确性、系统性和实效性有较高的要求。因此，为了确保全面市场调查的质量，在组织全面市场调查时，应遵循以下原则。

（1）必须统一规定调查项目。在全面市场调查时，必须对调查的内容和项目做出统一的规定，不能任意改变或增减，以确保调查内容的一致性，便于数据的汇总和处理，提高数据质量。

（2）必须统一规定调查的标准时点。全面市场调查用于收集一定时点上的有关调查对象的数据和资料，因此，为了保证调查数据在时间上保持一致，必须统一规定调查的标准时点。

（3）必须统一制定各种标准。进行全面市场调查还必须统一规定各种标准，如产业或行业划分标准、产品分类目录、数据编码、计算方法、数据处理程序等，都必须统一规定和实施，这样才能从各个方面确保调查数据的质量。

（4）必须统一调查的步骤和方法。为了确保全面市场调查资料具有一定的时效性和调查质量，在调查范围内的各个调查点，必须统一行动、统一进度、统一步骤和方法。

（四）全面市场调查的实施步骤

（1）准备阶段。准备阶段主要是制订全面市场调查的方案。准备阶段包括确定调查对象、调查范围和调查方法，确定调查的内容和具体时间，还有调查经费的安排、数据处理与质量控制等。

（2）试点调查。选择若干调查点作为试点单位，模拟全面调查工作的全过程，用以取得组织实施全面市场调查的经验，检验全面市场调查方案的科学性、可行性，发现问题和缺陷，为进一步改进和完善调查方案提供依据。

（3）正式调查。在试点调查的基础上，就可以组织正式的调查登记工作了。

（4）数据处理。数据处理包括数据处理程序编制、软件使用培训、调查表人工审核、数据录入、计算机审核、数据校正、数据汇总、数据备份、数据存储和建立数据库进行数据管理等。

（5）分析研究。利用调查数据进行多方面的开发和分析研究，为决策者提供多种形式的信息服务。

（6）总结与评估。即对调查工作进行全面总结与评估，总结经验教训，表彰先进，处罚违纪违规的单位和个人。

（五）全面市场调查的应用

由于全面市场调查涉及面广，工作量大，需要耗费大量的人力、物力和财力，而且调查时间长，因此，企业不可能组织大范围、大规模的全面市场调查，但是可以组织一些小范围的全面市场调查，或者对那些不能或不必要进行经常性调查，但对资料的准确性、全面性又要求较高的项目实施全面市场调查。全面市场调查主要包括以下几个方面。

（1）企业内部有关人力、物力、财力资源的全面调查。如员工基本情况调查、设备完好率调查等。

（2）企业员工满意度、忠诚度全员测评。

（3）供应商的全面调查。供应商的全面调查包括供应商的供货数量、质量、品种、价格、服务、运输、配送、信誉度等情况进行全面调查。为优选供应商提供决策所需的信息。

（4）经销商、代理商全面调查。为企业调整、优化营销渠道提供信息支持。

二、非全面市场调查

(一) 重点调查

重点调查是在全体调查对象（即总体）中选择一部分重点单位进行的一种非全面调查。重点单位是指所要强调的这些单位在总体中占重要地位或者在总体某项标志总量中占绝大比重的单位。例如，调查沈阳市某年春节市场供应情况，只要对中兴、铁百、兴隆等几家大型零售商店进行调查，便足以反映沈阳市场供应的基本态势。因为这些商业企业的销售额在沈阳市社会商品零售总额中占绝对优势。再如，了解全国汽车生产的基本情况，只要对少数几个重点汽车生产企业，如上海汽车、长春一汽、东风、北京汽车、中国重型、长安汽车、南京跃进、天津汽车等企业进行调查即可以取得所需要的资料。

1. 重点调查的优缺点

重点调查的优点是：调查单位数目不多，可以节省人力、物力、财力和时间；可以及时获取信息，了解和掌握总体的基本情况；调查工作量小、易于组织等。

重点调查的缺点是：若总体各单位发展比较平衡，呈现均匀分布，则不能采用重点市场调查。

2. 重点单位的选择

对重点单位选择得正确与否，将直接决定重点调查的结果能否正确反映总体的基本情况。因此在选择重点单位时一定要慎重，要按以下原则来选择。

（1）目的性原则。重点调查研究的目的不同，其重点单位也不同。因此，应根据市场调查的目的、调查对象的性质和特点来选择重点单位。

（2）依据性原则。重点单位的选择，必须以代表总体的抽样框为依据，要包括总体的全部单位名单及一些重要的辅助信息。

（3）可控性原则。选择重点单位的数目应注意控制在一个合理的数量界限上，即抽取的重点单位在数目上要尽量少，但其标志总量占总体标志总量的比重又要尽量大。一般来说，这个比重要达到 70% ~80%。

（4）时空性原则。选择重点单位时，要考虑时间和地点，因为重点单位不是一成不变的，而是因时间、地点不同而不同，所以要因时因地做出选择。

3. 重点调查的应用

重点调查是用于调查总体呈偏斜分布的状态，而部分重点单位又能比较集中地反映所要研究的项目或指标的场合。例如：

（1）农产品重点产区的产销调查，以测算农产品资源，分析供求变化。

（2）农产品主要批发市场价格走势调查，以研究市场行情。

（3）原材料、能源重点企业的产销调查，以研究原材料能源的供应潜力。

（4）在零售业中，重点零售企业的购销存调查，以研究零售市场的发展趋势。

（5）在制造业中，重点工业企业的产销存调查，以研究主要工业产品的产销情况。

（6）在工商企业中，可对重点产品、重点供应商、重点客户进行调查，以寻求营销重点，加强营销管理。

（7）重点城市、重点经济区域的经济实力和竞争力的研究。

总之，重点市场调查的应用范围很广，只要调查总体具备重点调查所要求的条件，即重点单位数很少，但其标志值比重很大，采用重点调查就能够取得较理想的调查结果。

(二) 典型调查

典型调查是在全体调查对象（即总体）中有意识地选择一些具有典型意义或者有代表性的

单位进行非全面的专门调查研究。典型调查有两个特点：一是典型单位是从调查对象中有意识地选择的，所以选择出来的典型单位是否具有代表性完全取决于调查者对调查对象的认识程度；二是调查单位较少，人力和费用开支较节省，运用比较灵活，调查内容可以多一些。运用这种调查方式，有利于深入实际对问题做比较细致的调查分析。在我国市场调查中，这种调查方式得到广泛采用。

商业企业在市场调查中采用典型调查方式大体有两种情况：一是为了查清市场交易活动中的问题，或者总结经营中的经验教训，有意识地选定具有典型意义的单位，进行解剖麻雀式的调查研究；二是在商品需求和商品资源调查中，从调查总体中有意识地抽选具有代表性的样本单位进行调查，以样本的综合指标来推断总体指标。用典型调查的综合指标推断总体的综合指标，一般只能做出估计，不可能像随机抽样调查那样，能计算出抽样误差，也不能指明推断结果的精确度。但在总体各单位的差异比较小，所选典型单位具有较大代表性的情况下，以典型调查资料推断总体指标，也可以得到较为满意的结果。

1. 典型调查的优缺点

典型调查的主要优点是：调查单位少，可做深入细致的调查研究，以便深刻揭示事物的本质和规律；另外调查范围小，调查单位少，可以节省调查的人力、物力和财力，还能节省时间，并且可迅速取得调查结果，快速反映市场情况。

典型调查的缺点是：典型单位的选择依赖于调查者的主观判断，难以完全避免主观随意性，如果样本的代表性不强，往往会产生较大的系统性误差。

2. 典型单位的选择

典型调查的关键在于典型单位选择得正确与否，这将直接决定典型调查结果的有效性。典型单位的选择应考虑以下几个问题。

（1）选择的依据。典型调查的实质是一种非随机抽样的方式，为了提高样本的代表性，防止典型单位抽选的主观随意性和片面性，应根据以往的调查资料或所建立的单位目录库为依据，在充分分析、比较、评估的基础上选择有代表性的单位作为典型单位。

（2）选择的数目。应根据调查的目的、调查对象的特点、调查经费的多少、调查精度的要求等合理确定典型单位的数目。另外，如果是定性调研项目，典型单位可少一些，而定量调研的项目，典型单位要多一些。还可根据以往的同类调研的实践经验，来确定典型单位的必要数目。

（3）选择的方法。

①取中选典。如果要了解总体的一般数量表现，可选择中等水平（平均型和多数型）的单位作为调查单位。

②划类选典。如果要较为准确地估计总体的一般水平，首先应将总体中的所有个体划分为不同的类型，然后从各类中按其比例大小选择若干典型单位。例如，某县农民家庭彩电需求测算表见表4-1。

表4-1 某县农民家庭彩电需求测算表

农户类型	农户数/户		样本户彩电拥有量	
	全县/户	样本/户	拥有户/台	普及率/%
高收入户	71 000	86	73	84.9
中收入户	109 600	132	100	75.8
低收入户	68 000	82	56	68.3
合计	248 600	300	229	76.3

③解剖麻雀式选典。如果要总结经验或失败的教训，则应选择先进单位或落后单位作为典型，以便做深入细致的调查。

3. 典型调查的运作程序

（1）提出典型调查课题。
（2）确定典型调查方式。
（3）制定典型调查方案。
（4）抽取典型样本。
（5）正式实施调查。
（6）调查结果处理。

4. 典型调查的应用

典型调查的应用主要表现为以下两个方面。

（1）市场定性问题的研究。

①研究市场的新情况、新事物、新问题。即运用解剖麻雀式选典调查方式，对新情况、新事物、新问题做深入的调查研究，以揭示它们的典型意义。

②总结经验教训。通过深入细致的典型调查，可以总结先进单位的成功经验，剖析落后单位的失败教训，以便吸取成功的经验，找出落后的原因。

③研究消费者的消费心理、动机、行为、偏好等，以求为潜在的理由和动机求得一个定性的理解。

（2）市场定量问题的研究。

①利用典型调查的数据来验证全面调查数据的真实性。

②利用划类选典的办法测算农产品的产量，以研究农产品供求的变化。

③利用划类选典的办法对生产经营者的供产销进行调查研究，以求利用典型样本的数据推断总体的数量特征。

（三）固定样本连续调查

固定样本连续调查是指把随机选定的调研单位固定下来，进行长期连续的调查和观察。其主要目的是了解和掌握市场事态在时间历程中的变化趋势，寻找事态发展的连续性、可比性和规律性。在实践中，我国的城镇职工家庭和乡村农户生活调查（即家计调查），西方国家的住房调查，都采取固定调查户进行连续调查研究。

1. 固定样本连续调查的方法

（1）要求固定调查户每天记日记，把需要调研的内容详细地记录下来，由调研人员定期收集汇总。如禽蛋产销调研的养禽调查户，每天记家禽饲养情况，包括饲料投放量、生长率、产蛋数，以及与鲜蛋收支有关的其他账务，逐笔登记。又如商品柜组固定调查户每天记录营业日记，反映营业额、客流量、成交率的变化情况。

（2）对固定调查户，每隔一定时间（一个月或一个季度）发给调查表，由被调查户按时填写寄还。

（3）对固定调查户，每隔一定时间进行访问调查、指导，检查记录，收集情况资料。

（4）定期邀请固定调查户代表，举行座谈会。

2. 固定样本连续调查的优缺点

固定样本连续调查的优点是：①可以从时间的连续中反映市场供求双方的变化动态和发展趋势，有一定的可比性并可保持资料的连贯性。②能及时掌握市场上的各种变化情况。固定样本连续调查都规定了定期的发样和收样时间，以便按时汇总，定期掌握调查对象的变化情况。③有稳定的样本群，便于进行纵向、横向对比。④可以根据需要，有计划地增加调查项目，或者利用固定样本进行针对性较强的专项市场调查。

固定样本连续调查的缺点是：①调查对象的日记不易坚持，易出现漏报、缺报，影响资料的准确度。②样本可能随着时间的转移而转移，出现脱节，如果不能及时补充，容易发生偏差。③固定样本要付给一定的补贴费，长期进行费用开支较大。

3. 固定样本连续调查的范围

（1）消费者固定样本连续调查。以职工家庭（农户）为调查对象，了解消费者需求的变化及购买行为、收入支出、消费结构（购买力投向）等变化情况。

（2）生产者固定样本连续调查。以生产企业为调查对象，了解产品成本变化的因素和趋势，为制定价格提供可靠资料。

（3）零售商固定样本连续调查。以零售商业企业为调查对象，了解商品结构、价格水平、费用、销售量、利润等的变化情况。

（4）批发商固定样本连续调查。以批发商业企业为调查对象，了解批发销售量、进货渠道、费用、批零差率、利润等的变化情况。

（四）抽样调查

抽样调查是指从研究对象的总体中，按照随机性原则抽取一部分单位作为样本进行调查，并且用其样本调查的结果来推断总体的非全面市场调查。

抽样调查的目的不仅是了解样本情况，而且是通过对样本的了解来推断总体，因此抽样调查虽然是一种非全面市场调查，却是为了得到与总体有关的资料。另外，在抽样过程中按随机原则，总体的每个单位都有同等被抽中的可能，即样本的抽取完全是客观的，不能主观地、有意识地选择样本。

1. 抽样调查的特点

抽样调查是市场调查中应用最多的方式，它具有以下明显的特点。

（1）抽取样本的客观性。随机抽样调查中的样本是按照随机原则抽取的，这从根本上排除了主观因素的干扰，保证了样本推断总体的客观性，这是抽样调查科学性的根本所在，它使市场调查结果的真实性和可靠性有了基础。

（2）抽样调查可以比较准确地推断总体。抽样调查的最终目的是用样本调查所计算的指标来推断总体的相应指标。抽样推断的抽样误差不但可以准确计算，还可以根据研究市场问题的需要，对误差的大小加以控制。这有别于典型调查和重点调查方式。

（3）抽样调查是一种比较节省费用的调查方式。抽样调查仅仅对总体中少数样本单位进行调查，因此比较节省人力、财力、物力，从而降低了市场调查的费用。更值得注意的是，抽样调查还很省时。由于抽样调查的单位少，所需收集、整理和分析的数据也相应减少许多，因而能够在较短时间内完成市场调查，大大节省了调查时间。这对于时效性要求较高的市场调查来说，更是一个至关重要的优点，它可以使决策者迅速掌握市场信息。

（4）抽样调查的应用范围广泛。在市场调查中，抽样调查所适用的范围很广泛，它可用于不同所有制企业的调查，也可用于不同地区的市场调查。此外，对于不同的商品消费者，对于商品的价格都可以采用抽样调查方式。

（5）调查方式的科学性。抽样调查有充分的数据依据，能够将调查样本代表性的误差控制在允许的范围内。由于调查样本的抽取具有随机性，受主观因素的影响较小，因而调查结果的精确度并不比全面市场调查低，有时还高于全面市场调查。

（6）调查资料获取的及时性。由于抽样调查的调查样本较少，收集、整理和汇总调查资料的工作量相对较少,信息传递的时间比全面市场调查短,这就在无形中提高了调查资料的时间价值。

(7) 调查结果的准确性。准确性是指调查结果比较接近实际。由于抽样调查只有部分调查样本,调查范围较小,对象集中,同时调查人员相对较少,易于通过培训提高业务能力,因而能在较大程度上克服全面市场调查中因涉及面广、工作量大、人员庞杂、易发生重复和遗漏等问题造成的对调查结果准确性的影响。

2. 抽样调查的适用范围

抽样调查在我国的市场调查中已逐步得到推广应用。虽然全面市场调查所收集的统计数据比较全面、比较可靠,但是在人力、物力和财力上会遇到困难,特别对一些企事业单位来说,进行全面市场调查是不堪重负的,而且市场调查的时效性一般都很强,如果调查的时间拖得过长,尤其是在市场情况瞬息万变的竞争环境中,全面市场调查工作尚未结束,市场情况早已发生了变化,这样调查收集来的统计资料,随着市场情况的变化会减少甚至完全失去其价值。因此,对市场中的某些问题,并不需要做全面市场调查,正如炊事员要知道一锅汤的滋味,不需要将整锅汤都喝完一样。

在市场调查实践中,抽样调查主要适用于以下情况。

(1) 要全面了解和掌握某种经济现象,但又不可能进行全面市场调查。例如,具有破坏性或损耗性的商品质量检验;家用电器的耐用性检测、灯泡的使用寿命检查、汽车轮胎的耐磨试验以及农作物的收成预测等。

(2) 调查对象的总体范围较大,样本数量过多,开展全面市场调查虽有可能,但比较困难或没有必要。例如,在调查某种商品的潜在市场需求时,就可以使用抽样调查。

(3) 对全面市场调查所获资料的质量进行检查和修正。在调查对象样本数量较多的情况下,如果对全面市场调查的精度要求较高,通常用抽样调查方式来对所得资料的质量进行检查和测定。

3. 抽样调查的分类

抽样调查可分为非随机抽样调查和随机抽样调查。以下简要介绍非随机抽样调查。

从调查对象总体中按照调查者主观设定的某个标准抽取样本单位的调查方法,称为非随机抽样调查。这种抽样方式虽然在样本的抽取方法上带有主观性,并会对总体推断的可靠程度产生影响,但由于其简便易行,可即时取得所需要的信息资料,因此在市场调查中也常采用这类抽样方式。

第二节 抽样技术方案设计

进行市场调查可以采取不同的调查方式,如果采用了抽样调查的方式,就需要进一步解决一系列的抽样技术问题,这就涉及抽样技术方案设计问题。

一、抽样技术方案设计的基本内容

抽样技术方案是对抽样调查中的总体范围、抽样方式、抽样方法、抽样数目、抽样框、抽样精度、抽样估计、抽样实施细节等技术性问题所做的安排,其目的在于提高抽样调查和抽样推断的科学性和可靠性,控制抽样调查的过程,提高抽样调查的效率,确保抽样调查的质量。抽样技术方案设计的基本内容如下。

（一）明确抽样调查的目的

抽样调查的目的应根据市场调研的任务和要求及管理者和用户的信息需求确定，并与市场调查总体方案设计中界定的调查目的和任务保持一致。从理论上讲，抽样调查的目的就在于用样本数据推断总体的数量特征，因此抽样调查目的的界定，应对抽样推断的具体项目或指标做出重点说明。

（二）确定总体范围和总体单位

总体范围的确定应根据研究的目的从时间和空间两个方面做出明确的界定，即明确界定调查的总体范围，并对调查总体做适当的划分。总体范围明确后，应进一步明确总体单位是什么，即明确样本单位。例如，某市某年拟对个体经营户的经营情况进行一次抽样调查，其调查的总体范围是在本市注册的截止某月末的所有个体经营户，其中每个个体经营户为总体单位。

任何抽样调查都是在一定的目的下进行的。不同的调查目的，有着不同的目标总体，这就既需要调查人员根据调查目的，获得规模有限且能够代表总体、再现总体数量特征的样本，又需要调查者明确调查范围及实际个体。

（三）确定抽样推断的主要项目

抽样调查的目的在于用样本数据推断总体的数量特征，因此，在抽样技术方案设计中，应对抽样调查需要推断的总体指标或项目做出合理的规定。不必要做出抽样推断的项目就可以列入一般需要了解的调查内容中。例如，关于某市居民汽车需求情况的调查中，有关居民家庭的收支情况、购买欲望、动机等可列入抽样推断的调查项目，而有关汽车的拥有量、普及率等就不必列入抽样推断的调查项目。主要推断项目的确定，是为设计抽样精度和确定必要的抽样数目提供依据。例如，个体经营户经营情况抽样调查，需要抽样推断的总体指标有从业人员、营业收入、营业支出、雇员报酬、缴纳税费、固定资产原值等，其中，营业收入是最核心的指标，是确定抽样精度和样本量的关键指标。

（四）确定抽样的组织方式

抽样的组织方式多种多样，常用的有简单随机抽样、类型抽样、系统抽样、整群抽样、目录抽样、二重抽样、多阶段抽样等。应根据总体范围大小、各总体单位分布及变异程度、抽样的目的和要求、抽样精度和抽样费用的约束等因素确定合适的抽样组织方式。

具体选择原则是：若抽样目标总体范围不大，各总体单位变异又小，可选简单随机抽样；若抽样目标总体范围大，各总体单位变异大，应选择类型抽样、系统抽样、目录抽样等方式；若既要推断总体的主要指标，又要获取详细的信息，则可选择二重抽样；若样本单位需要经过几个阶段才能抽取和确定，则可选多阶段抽样等。

总之，抽样组织方式的确定，在于确保抽取的样本能够代表总体，即提高样本的代表性、有效性，减少或防止抽样的系统性误差。

（五）确定合适的抽样框

抽样框是一个包括全部总体单位的能够代表总体全貌的目录或名册，抽样框是抽取样本的依据。例如，个体经营户经营情况的抽样调查的抽样框就是所有个体经营户的名单。再如，工业企业生产经营情况的抽样调查的抽样框就是全部工业企业的名单。抽样框通常有企业名录、个体户名录、职工名册、学生名册、社区居民名册等表现形式，可用于不同目的抽样。抽样框的设计应当力求包括总体的全部个体，并列出必要的辅助信息，以便对个体进行分层或排序处理，为有效地抽取样本提供依据。例如，企业名录库的设计，应包括企业名称、企业性质、行业类别、产量、产值、利润等基础性资料。

（六）确定恰当的抽样方法

抽样方式确定之后，应进一步明确抽取样本的方法。如采用简单随机抽样方式，应明确是重复抽样还是不重复抽样，以及如何具体实施抽样；类型抽样则应明确如何分类，如何从每一类中抽取样本单位组成样本；系统抽样则应明确如何对总体单位排序，怎样等距抽取样本单位组成样本；整群抽样则应明确怎样对总体进行分群，怎样抽取样本群组成样本等。抽样方法的确定应具有可操作性。

1. 重复抽样

重复抽样也称为放回抽样、回置抽样或重置抽样。它是指每一次从总体抽取一个单位进行观察后，再把这个单位重新放回原总体中，继续参加下次抽选。这种抽样方法由于前一次抽中的个体又重新放回原总体中，不会影响后面的抽选，所以，总体中每个单位被抽中的机会完全均等，连续抽选各单位都是独立进行的。

重复抽样按是否考虑抽选样本单位顺序，又可分为有序重复抽样和无序重复抽样两种。

2. 不重复抽样

不重复抽样也称为不放回抽样、不回置抽样或不重置抽样。它是指每次从总体中抽取一个单位进行观察之后，不再把这个单位重新放回原总体中，使这个总体单位不再继续参加下一次抽选。这种抽样方法由于每次抽中的个体不再放回原总体之中，每抽选一次总体中的个体就减少一个，使连续抽选的各个单位不互相独立。但是，总体中各单位仍有均等被抽中的机会。

不重复抽样按是否考虑抽选样本单位顺序，也可分为有序不重复抽样和无序不重复抽样两种。

（七）确定主要指标的抽样精确度

在抽样技术方案设计中，为了控制抽样误差，确定必要的样本量，必须预先提出和明确主要指标的抽样精确度。抽样调查不需要百分之百准确，只要准确性能满足决策的要求就可以了，不必追求过分的精确，以及花费过多的不必要的代价。抽样精确度或准确度的表现形式通常有抽样极限误差、抽样标准误差和相对抽样标准误差。一般要求相对抽样标准误差不超过3%，可信度应达到95.45%以上。

（八）确定必要的抽样数目（样本量）

抽样组织方式和抽样精确度确定之后，就可以确定必要的抽样数目，即确定样本量。样本量的确定一般可考虑总体方差、抽样精确度、可信度（概率度）和抽样方式方法进行计算确定。以简单随机抽样为例，样本容量的计算公式为

$$n = \frac{Z^2 \sigma^2}{\Delta^2}$$

式中 Z——概率度，当概率为95%时，$Z = 1.96$；

σ——总方差或标准差；

Δ——极限误差。

例如，某一零件的尺寸为10 cm，根据以往的资料，这种零件这一尺寸的标准差为0.8 cm。若可信度为95%（即概率度为1.96），要求总体估计的抽样极限误差不超过0.1 cm，求合适的样本容量（样本数）。

$$n = \frac{Z^2 \sigma^2}{\Delta^2} = \frac{1.96^2 \times 0.8^2}{0.1^2} = 246 \text{（件）}$$

需要注意的是，任何精确度和样本量的设计都不能回避调查费用这个基本因素。在很多情况下，提高精确度往往需要增大样本量，而样本量的增大又会导致费用开支的增加。因此，精确度要求与节省费用要求是矛盾的。从理论上看，抽样误差越小，抽样设计越优，而从实践上看，最优设计应是在一定误差约束下费用最少的抽样设计。因此，样本量的确定应力求在抽样精度和调查费用之间求得平衡。

（九）**制定抽样的实施细则**

样本量确定之后，为了保证样本单位的有效抽取，还应制定抽样的实施细则，主要包括样本量的分配、样本单位抽取的操作程序、样本单位抽取登记、中选样本单位的分布图制作、个别单位拒绝调查或拒绝回答等特殊问题的处理办法、样本代表性的评价与改进等。对于跟踪性的连续性抽样调查来说，还应对样本单位是否需要定期进行部分替换，以及替换的规则、数量、时间等做出规定。

（十）**设计数据处理与抽样估计的方法**

在抽样技术方案设计中，可对抽样调查数据的质量控制、审核、汇总处理等做出明确的规定，特别是应根据抽样的组织方式和抽样推断的要求，对统计量（样本指标）的选择与计算方法、抽样标准误差的测定、参数估计或假设检验的方法做出具体的规定。

二、抽样技术方案的评审

抽样技术方案的评审主要是评价所设计的抽样技术方案是否具有科学性、可行性和经济性。

（一）**评审的内容**

（1）抽样技术方案是否体现了调查目的和任务的要求。
（2）抽样技术方案是否完整、周密，有无遗漏。
（3）抽样框的设计是否存在缺陷，总体单位是否有遗漏或重复。
（4）抽样组织方式的选择是否恰当，是否有更好的抽样方式。
（5）抽样精确度的界定是否合适，是否需要提高或降低抽样精确度。
（6）样本量的大小能否满足抽样精确度的要求。
（7）样本量的大小能否满足调查费用的约束。
（8）样本的代表性怎样，样本分布与总体分布是否趋于一致。
（9）抽样估计方法设计是否科学。

（二）**评审的方法**

（1）逻辑评审法。逻辑评审就是用逻辑分析的方法评审所设计的抽样技术方案各部分内容之间是否相互衔接，其逻辑性、系统性、严谨性如何。如抽样框所代表的总体（抽样总体）与所要获取信息的总体（目的总体）是否一致。

（2）经验判断法。经验判断就是组织一些有抽样调查经验的专家，对抽样技术方案设计的科学性、可行性、经济性等进行研究和判断。如抽样组织方式、抽样精确度、样本量的界定是否合适，都可采用抽样专家经验判断。

（3）样本分布检验法。样本分布检验就是将样本分布图表与总体分布图表进行比较，以判断样本的代表性。

（4）抽样误差检验法。抽样误差检验就是利用抽样框提供的辅助信息分别计算总体和样本的均值、方差，以衡量样本的均值是否趋近于总体均值，并决定样本的代表性；也可进一步计算抽样标准误差、抽样极限误差，与确定的抽样精确度进行比较，以衡量样本的代表性。

（5）试点调查法。对于规模大而又缺乏经验的抽样调查课题来说，可根据设计的抽样技术方案进行试点调查，从中发现抽样技术方案的缺陷和问题，以便修订、补充、完善抽样方案设计。

总之，抽样技术方案设计是一项技术性很强的调查设计工作，如果设计存在严重的缺陷，则会导致抽样调查的失败和调查经费的浪费。因此，既要重视抽样技术方案的设计，又要重视抽样技术方案的评审。只有确保抽样技术方案设计做到符合科学性、可行性和经济性，才能有效地指导和规范抽样调查的过程，提高抽样调查的效率和质量。

第三节　调查误差

调查误差是指样本指标与总体指标之间的差异。由于抽样调查所调查的对象是调查总体中的一部分样本单位，部分与总体存在误差是不可避免的。

一、调查误差的类别

调查误差的大小受许多因素影响，按照性质不同可分为抽样误差和非抽样误差两大类。抽样误差可进一步分为抽样系统性误差和随机抽样误差；非抽样误差可进一步分为回答误差和不回答误差，其中回答误差又可分为调研者误差、调查员误差和被调查者误差。图 4-2 所示为调查误差的类别结构。

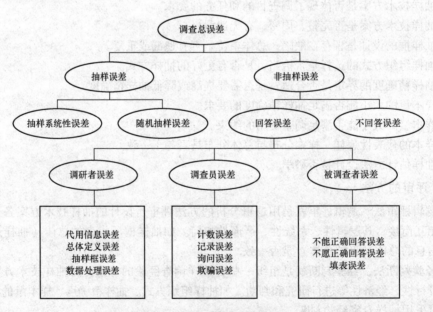

图 4-2　调查误差类别的结构

二、各种误差及其产生的原因

（一）抽样系统性误差

抽样系统性误差是指抽样设计没有遵守随机原则而是有意识选择变量值较大或较小的单位组成样本，从而导致有严重倾向性的估计误差，即样本不能代表总体，致使抽样推断的结果严重偏大或偏小。这种误差是不允许的，是应该避免的。

（二）随机抽样误差

随机抽样误差是指调查者即使遵守随机原则抽取样本进行调查，但样本指标与总体指标之间仍会产生不可避免的误差。这种误差是随机的、没有倾向性，它会随样本量的增大而减少。

对任何抽样方案，都会存在许多待选样本，实际中抽到的只是其中一个样本。抽到哪个样本完全是随机的，而抽到不同的样本，对总体的估计就会不同，这就是抽样误差产生的根本原因。

抽样误差的大小与样本指标的代表性之间正好成反比，抽样误差越小，样本的代表性越大；抽样误差越大，样本的代表性越小；正是由于抽样误差的大小直接影响调查数据的质量及结论的价值，因此，一方面，要认识这种误差的不可避免性，分析影响随机误差大小的因素，用科学方法来测定误差的数值，并做定量分析；另一方面，要通过抽样设计和适当增加样本容量等有效措施，把误差控制在可接受的范围内。

（三）调研者误差

调研者误差是由调研者的工作差错造成的非抽样误差。调研者误差主要包括以下几个方面。

（1）代用信息误差。代用信息误差是指调研问题所需要的信息与调研者实际收集的信息之间不一致而导致的误差。例如，本来需要的是关于消费者选择某种新品牌的信息，但调研者得到的都是关于消费者偏好方面的信息，因为选择的过程不易观察到，故用偏好信息代用。

（2）总体定义误差。总体定义误差是指调研者所定义的总体与研究问题需要的真正总体不一致而产生的误差。例如，要了解某医院在患者心目中的形象，真正的总体应当是某地区的患者，但调研者却把总体定义成了某地区的全体居民。

（3）抽样框误差。抽样框误差是指由不完善的抽样框引起的误差，即抽样框中的总体单位有重复或者遗漏而导致的调查误差。例如，在对抽样框采用按营业执照的个体商贩零售额的调查中，有的个体商贩没有执照而利用其他商贩的营业执照；有的个体商贩虽有营业执照，但已转行，不再经营；也有的是无照经营而其营业额则被漏掉；更有个体商贩虽有一个摊位却办理了多个营业执照，那么其入选样本的可能性便是其他个体商贩的几倍。这样重复的总体单位被抽到的概率显然比其他总体单位大，从而破坏了随机性。因此，未能不重不漏地把目标总体的所有单位都包含在抽样框内，就会产生抽样框误差。

（4）数据处理误差。数据处理误差是指调研者在数据处理过程中，由于数据分类不当或统计方法不当而导致的误差。

（四）调查员误差

调查员误差是指由于调查员的工作差错而造成的误差。调查员误差主要包括以下几个方面。

（1）计数误差。计数误差是指调查员在现场观察中发生的计点、计量、计算等差错，如在商场顾客流量观察中，少数顾客可能被调查员漏点或重点而发生的计数差错。

（2）记录误差。记录误差是指调查员在听、理解和记录被调查者的回答时，由于疏忽、粗心等原因而产生的差错。例如，被调查者给出的是中性回答（如"还未做出决定"），但调查员错误地理解成了肯定的回答（如"要买这种新品牌"）。

(3) 询问误差。询问误差是指调查员在询问被调查者的过程中,由于询问不当或询问不完全、不彻底而产生的误差。例如,在调查过程中调查员没有完全按照问卷中的措辞来提问,或者在需要更多的信息时没有进一步询问而产生的误差。

(4) 欺骗误差。欺骗误差是指调查员伪造部分或全部答案而造成的误差。例如,问卷中要求询问被调查者关于购买动机方面的有关问题,但调查员没有询问,事后调查员又根据自己的个人判断将答案填在问卷中。

(五) 被调查者误差

被调查者误差是指被调查者在回答调查问题时不能正确回答或不愿正确回答等原因而导致的误差。被调查者误差主要包括以下几个方面。

(1) 不能正确回答误差。不能正确回答误差是指由于被调查者不能提供准确答案而造成的误差。被调查者不能正确提供答案的原因可能有不熟悉、不配合、劳累、厌烦、想不起来、问题的格式不好、问题的内容不清楚,以及其他一些因素。例如,一个被调查者想不起来一个月前看过的电视剧的名称或年初时的手头储存现金有多少。

(2) 不愿正确回答误差。不愿正确回答误差是指由于被调查者不愿提供准确的信息而造成的误差。被调查者有意错答的原因可能有:想给出一个社会上能够接受的答案;为了避免出现麻烦;为了取悦调查员等。例如,为了给调查员一个深刻的印象,某被调查者故意说自己在报纸上看过某厂家的产品广告。

(3) 填表误差。填表误差是指当问卷发给或寄给被调查者自填时,被调查者可能由于理解不清,或疏忽大意而导致的错误,以及漏填和虚假填写等引起的误差。

(六) 不回答误差

不回答误差是指被调查者不在家或不合作而产生的因没有回答而导致样本量减少所带来的误差。不回答的主要原因可能有:具体调查时被调查者不在家,未能接触到;被调查者认为调查与己无关;工作忙、怕耽误时间;被调查者怕调查涉及自己的利益等而拒绝接受调查。在市场调查中,由于样本或样本单位是按设计方案抽选出来的,不回答误差可能是随机原因引起的,但不回答会引起样本量的减少,使抽样误差增大。因此,市场调查应尽可能提高被调查者的回答率。

三、调查误差的控制

调查误差的大小,直接影响调查的质量和成败。如果调查误差太大,出现严重的系统性误差,就会导致调查的失败,因此,市场调查应重视对调查误差的控制。由于市场调查误差的来源是多方面的,从而决定了调查误差的控制必须是全方位和全程性的。市场调查误差控制的目的在于防止出现抽样系统性误差,降低各种非抽样性误差,使调查总误差尽可能降低到最小的限度。一些研究表明,非抽样误差比抽样随机误差更严重,在调查总误差中非抽样误差占了主要部分,随机抽样误差相对来说是较小的。

随机抽样误差是可以计算的,而许多形式的非抽样误差根本无法估计。因此,市场调查误差控制,既要重视随机抽样误差的控制,更要重视非抽样误差的控制;既要重视事前控制,又要重视事中控制和事后控制。调查误差的主要控制途径有下列八个。

(1) 提高样本的代表性。抽样系统性误差的产生主要是样本不能有效地代表总体,所以要消除这种抽样系统性误差,就必须注意提高样本的代表性。因此,应根据总体的分布特征和总体单位的变异情况,选择最优的抽样组织方式,力求样本分布与总体分布趋于一致。

(2) 注重样本量的控制。随机抽样误差的大小主要受样本量大小的影响,增加样本量可以减少随机抽样的误差,但会增加调查的工作量,从而会增加非抽样误差。因此,样本量的大小应注意控制在必要的抽样数目水平上,并考虑对回答率的高低做适当的调整。

(3) 提高抽样设计的效率。调研者误差的产生大多数是由于抽样设计不科学、不严谨、不周密产生的。因此,调研者在抽样设计时,应有事前控制的理念,对总体定义、抽样框设计、测量工具的选择和测量表(问卷)的设计、样本单位的抽取、调查数据的处理方案等方面进行认真的思考、研究和设计,力求少出差错。

(4) 重视调查方案的评审。对调查方案的评审,是对调查误差进行事前控制的重要举措,可以防止抽样系统性误差,降低随机抽样误差,减少调研者设计误差。因此,调查方案特别是抽样技术性方案设计完成后,一定要组织各方面的专家进行评审,或做试点性调查,以求发现问题,修改、充实和完善调查方案。

(5) 努力降低调查员误差。在调查实施前,要严格挑选合适的调查员,重视对调查员的业务技能培训和职业道德教育;在调查实施中,要对调查员的调查工作进行必要的监督和指导,建立调查问卷的审计制度和奖惩制度,严防欺骗性误差,降低计数、记录、询问等工作疏忽性误差。

(6) 努力降低被调查者误差。通过提高调查员的访谈艺术、入门艺术和询问艺术,消除被调查者的顾虑,争取被调查者的理解、支持和合作,力求被调查者能提供准确的信息,对于被调查者不回答的情况,应区别不在家和不合作等情况,采取多次调查法或更换调查员进行调查,以提高回答率。

(7) 注意调查误差的事后控制。在调查资料整理和分析阶段,要建立必要的质量控制办法,防止产生分类误差、汇总误差、计算误差、分析误差,要努力提高调查结果的解释质量和调查报告的编写质量。

本章小结

市场调查组织方式可分为全面市场调查和非全面市场调查两大类。全面市场调查也称市场普查,是对调查对象(总体)的全部单位所进行的无一遗漏的逐个调查,是一种全面调查的组织方式。全面市场调查是一次性调查,其目的是把握在某一时点上一定范围内调查对象的基本情况。非全面市场调查分为重点调查、典型调查、固定样本连续调查、抽样调查。

重点调查是全体调查对象(总体)中选择一部分重点单位进行的一种非全面调查。重点单位是指所要强调的这些单位在总体中占重要地位或者在总体某项标志总量中占绝大比重的单位。典型调查是在全体调查对象(总体)中有意识地选择一些具有典型意义或者有代表性的单位进行非全面的专门调查研究。抽样调查是指从研究对象的总体中,按照随机性原则抽取一部分单位作为样本进行调查,并且用其样本调查的结果来推断总体的非全面市场调查。

市场调查产生的误差来自两大类:一类是非抽样误差;另一类是抽样误差。

复习思考题

1. 市场调查组织方式都有哪些类别?解释全面市场调查、重点调查、典型调查、抽样调查的含义、特点及适用场合。
2. 抽样技术方案设计的主要内容是什么?
3. 抽样技术方案评审的主要内容和评审的方法是什么?
4. 什么是抽样系统性误差和随机抽样误差?
5. 市场调查误差控制的途径是什么?

案例分析

"大"数据一定胜过小抽样吗?

在西方国家,抽样调查被普遍接受也有一个过程。在市场调查的发展历史上有一个典型的事件,即1936年的美国总统大选(当时的市场调查在美国也是刚刚起步)。

1936年,美国民主党的罗斯福和共和党的兰登竞选总统。一家颇有声望的杂志《文学文摘》承担了选情预测的任务。该杂志曾在连续4届美国总统大选中,成功地预测总统宝座的归属。为了使预测结果准确,《文学文摘》从自己的订户中选取1 000万人,以发出询问信的方式进行民意调查,覆盖美国1/4的选民。最终该杂志收到了近240万份回执。据此加以整理,《文学文摘》推断兰登将会获胜。然而,真实的选举结果是罗斯福击败兰登,赢得大选。

当时,有一个名为盖洛普的年轻人,仅仅通过一场规模小得多的问卷调查,即一个5万人的问卷调查,准确地预测出罗斯福将稳操胜券。盖洛普成功的法宝在于,科学地抽样,他没有盲目扩大调查范围,而是首先以选民总体特征为基础对总体分类,如根据男、女比例,不同收入、年龄的人群所占比例对总体进行分类;然后,按分类比例来选择各类人群作为被调查者,如选择一定比例的富人、黑人、都市女性等。根据这样的比例来了解各类型民众的意见,使得样本有了较高代表性,做到"以小见大""一叶知秋"。

问题:从这个案例中得到什么启发?用样本推断总体获得的结论可靠吗?为什么?怎样保证其可靠性?

第五章

市场调查资料收集方法

★ 知识目标

通过本章的学习,了解市场调查资料收集方法的分类;熟练掌握文案调查收集二手资料的方法和应用;掌握实地调查常用的各种方法及应用条件;掌握网络调查的各种方法和应用;熟悉几种常用的实验调查的方法。

★ 能力目标

通过本章的学习,培养根据不同的调查对象及影响因素选择恰当的调查资料收集方法并进行有效、高效的市场调查的能力。

★ 引导案例

雷兹教授的垃圾研究

美国的大型超级商场雪佛龙公司曾聘请美国亚利桑那大学人类学系的威廉·雷兹教授对垃圾进行研究。威廉·雷兹教授和他的助手在每次垃圾收集日的垃圾堆中,挑选数袋,然后把垃圾的内容依照其原产品的名称、质量、数量、包装形式等予以分类,如此反复地进行了近一年的收集垃圾的研究分析。威廉·雷兹教授说:"垃圾袋绝不会说谎和弄虚作假,什么样的人就丢什么样的垃圾。查看人们所丢弃的垃圾,是一种更有效的行销研究方法。"他通过对垃圾的研究,获得了有关当地食品消费情况的信息,并做出如下结论:①劳动者阶层所喝的啤酒比高收入阶层人士多,并知道所喝啤酒中各牌子的比率;②中等阶层人士比其他阶层消费的食物更多,因为双职工都要上班,以致没有时间处理剩余的食物,依照垃圾的分类质量计算,所浪费的食物中,有15%是还可以吃的好食品;③通过对垃圾内容的分析,了解到人们消耗各种食物的情况,得知减肥清凉饮料与压榨的橘子汁属于高收入阶层人士的良好消费品。雪佛龙公司根据威廉·雷兹教授研究所提供的一手材料进行决策,组织投入生产和推销,果然大获成功。

问题:威廉·雷兹教授采用的是哪种市场调查方法?这种调查方法的优缺点是什么?

市场调查方式的确定只是解决了如何选择被调查者（用户）的问题。之后，调查工作直接面临的是如何有效地从被选定的调查对象中获得所需要的信息资料，这也是本章所阐述的内容。市场调查资料收集方法，是指调查者在实际调查过程中为获得信息资料所采用的具体方法，本章主要介绍文案调查法、实地调查法、网络调查法等，如图 5-1 所示。

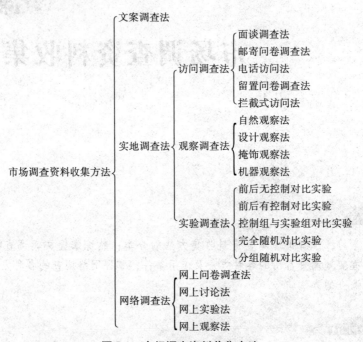

图 5-1　市场调查资料收集方法

第一节　文案调查法

一、文案调查法的含义

文案调查法又称资料查阅寻找法、间接调查法、资料分析法或室内研究法。它是利用企业内部和外部现有的各种信息、情报，对调查内容进行分析研究的一种调查方法。文案调查法要求具有更多的专业知识、实践经验和技巧。这是一项艰辛的工作，要求有耐性、创造性和持久性。

★案例链接5-1

文案调查法的成功应用

美国法律规定，本国商品的定义是："一件商品，美国制造的零件所含价值必须达到这件商品价值的50%以上。"日本一家公司通过查阅美国有关法律和规定获知了此条信息。这家公司根据这些信息，思谋出一条对策：假如进入美国公司的产品共有20种零件，在日本生产19种零件，从美国进口1种零件，这1种零件价值最高，其价值超过50%，那么在日本组装后再送到美国销售，就成了美国商品，就可直接与美国厂商竞争。

二、文案调查法的特点

文案调查法具有以下三个特点。

（1）文案调查是收集已经加工过的文案，而不是对原始资料的收集。

（2）文案调查以收集文献性信息为主，具体表现为收集各种文献资料。这些文献资料具有数量大、分布范围广、内容重复交叉、质量良莠不齐等特点。

（3）文案调查所收集的资料包括动态和静态两个方面，尤其偏重于从动态角度收集各种反映调查对象变化的历史与现实资料。

三、文案调查法的功能

在调查中，文案调查有着特殊地位。它作为对信息资料收集的重要手段，一直得到世界各国的重视，文案调查法的功能表现在以下四个方面。

（一）文案调查可以发现问题并为实地调查提供重要参考

根据调查的实践经验，文案调查常被作为调查的首选方式。几乎所有的调查都可始于收集现有资料，只有当现有资料不能提供足够的证据时，才进行实地调查。因此，文案调查法可以作为一种独立的调查方法加以采用。

（二）文案调查可以为实地调查创造条件

文案调查可以为实地调查提供经验和大量背景资料。其具体表现在以下四个方面。

（1）通过文案调查，可以初步了解调查对象的性质、范围、内容和重点等，并能提供实地调查无法或难以取得的各方面的宏观资料，便于进一步开展和组织实地调查，取得良好的效果。

（2）文案调查所收集的资料可用来证实各种调查假设，即可通过对以往类似调查资料的研究来指导实地调查的设计，用文案调查资料与实地调查资料进行对比，鉴别和证明实地调查结果的准确性与可靠性。

（3）利用文案资料并经实地调查，可以推算所需掌握的数据。

（4）利用文案调查资料，可以帮助探讨现象发生的各种原因并进行说明。

★案例链接5-2

美国罐头大王的发迹

1875年，美国罐头大王亚默尔在报纸上看到一条"豆腐块新闻"，说的是墨西哥牧群中发现了病畜，有些专家怀疑是一种传染性很强的瘟疫。亚默尔立即联想到毗邻墨西哥的美国加利福尼亚州、得克萨斯州是全国肉类供应基地，如果瘟疫传染至此，政府必定会禁止那里的牲畜及肉类进入其他地区，造成全国肉类供应紧张，价格上涨。于是，亚默尔立即派人连夜赶往墨西哥调查，并证实了此消息，然后果断决策：倾其所有，从加利福尼亚州、得克萨斯州采购活畜和牛肉，迅速运往东部地区。不出所料，不到两个月，政府果然对这两个地区的牲畜实行禁运，美国肉价因此迅速暴涨，亚默尔借此赚了900万美元。

（三）文案调查可用于经常性的调查

实地调查费时费力，操作起来比较困难，而文案调查具有较强的机动灵活性，如果经调查人员精心策划，能随时根据需要，收集、整理和分析各种调查信息。

（四）文案调查不受时空限制

从时间上看，文案调查不仅可以掌握现实资料，还可获得实地调查所无法取得的历史资料；从空间上看，文案调查既能对内部资料进行收集，又可掌握大量的有关外部环境方面的资料。

四、文案调查法的基本要求

文案调查法的特点和功能决定了调查人员在进行文案调查时，应该满足以下四个方面的要求。

（1）广泛性。文案调查对现有资料的收集必须周详，要通过各种信息渠道，利用各种机会，采取各种方式大量收集各方面有价值的资料。一般来说，既要有宏观资料，又要有微观资料；既要有历史资料，又要有现实资料；既要有综合资料，又要有典型资料。

（2）针对性。要着重收集与调查主题紧密相关的资料，善于对一般性资料进行摘录、整理、传递和选择，以得到有参考价值的信息。

（3）时效性。要考虑所收集资料的时间是否能保证调查的需要。随着知识更新的速度加快，调查活动的节奏也越来越快，资料适用的时间在缩短，因此，只有反映最新情况的资料才是价值最高的资料。

（4）连续性。要注意所收集的资料在时间上是否连续。只有连续性的资料才便于进行动态比较，便于掌握事物发展变化的特点和规律。

五、文案调查法的资料收集

文案调查应围绕调查目的，收集一切可以利用的现有资料。从一般线索到特殊线索，这是每个调查人员收集情报的必由之路。当着手正式调查时，调查人员寻找的第一类资料是总体概况的那类资料，包括基本特征、一般结构、发展趋势等，随着调研的深入，资料的选择性和详细程度会越来越细，这个原则也适用于寻找具体事实的调研活动。

（一）内部资料的收集

内部资料的收集主要是收集调查对象活动的各种记录，主要包括以下四种。

（1）业务资料。业务资料包括与调查对象活动有关的各种资料，如订货单、进货单、发货单、合同文本、发票、销售记录、业务员访问报告等。通过对这些资料的了解和分析，可以掌握本企业所生产和经营的商品的供应情况，分地区、分用户的需求变化情况。

（2）统计资料。统计资料主要包括各类统计报表，企业生产、销售、库存等各种数据资料，各类统计分析资料等。企业统计资料是研究企业经营活动数量特征及规律的重要定量依据，也是企业进行预测和决策的基础。

（3）财务资料。财务资料是由企业财务部门提供的各种财务、会计核算和分析资料，包括生产成本、销售成本、各种商品价格及经营利润等。财务资料反映了企业活劳动和物化劳动占用和消耗情况以及所取得的经济效益，通过对这些资料的研究，可以确定企业的发展背景，考核企业经济效益。

（4）企业积累的其他资料。如平时剪报、各种调研报告、经验总结、顾客意见和建议、同业卷宗及有关照片和录像等。这些资料都对市场研究具有一定的参考作用。例如，根据顾客对企业经营、商品质量和售后服务的意见，就可以对如何改进加以研究。

（二）外部资料的收集

对于外部资料，可通过以下七个主要渠道进行收集。

（1）统计部门以及各级、各类政府主管部门公布的有关资料。国家统计局和各地方统计局都定期发布统计公报等信息，并定期出版各类统计年鉴，内容包括人口数量、国民收入、居民购买力水平等，这些均是很权威和很有价值的信息。此外，财政、工商、税务、银行等各主管部门和职能部门，也都设有各种调查机构，定期或不定期地公布有关政策、法规、价格和市场供求等信息。这些信息都具有综合性强、辐射面广的特点。

（2）各种经济信息中心、专业信息咨询机构、各行业协会和联合会提供的信息与有关行业情报。这些机构的信息资料齐全，信息灵敏度高，为了满足各类用户的需要，它们通常还提供资料的代购、咨询、检索和定向服务，这是获取资料的重要来源。

（3）国内外有关的书籍、报纸、杂志等文献资料，包括各种统计资料、广告资料、市场行情和各种预测资料等。

（4）有关生产和经营机构提供的商品目录、广告说明书、专利资料及商品价目表等。

（5）各地电台、电视台提供的有关信息。近年来，全国各地的电台和电视台为适应形势发展的需要，都相继开设了各种专题栏目。

（6）各种国际组织、学会团体、外国使馆、商会所提供的国际信息。

（7）国内外各种博览会、展销会、交易会、订货会等促销会议以及专业性、学术性经验交流会议上所发放的文件和材料。

（三）互联网资料的收集

互联网是获取信息的最新工具，对任何调查而言，互联网都是最重要的信息来源。互联网上的原始电子信息比其他任何形式存在的信息都更多，这些电子信息里，有很多内容是调查所需要的情报。

互联网的特征是：容易进入，查询速度快，数据容量大，同其他资源链接方便。在互联网上，要查找的东西，只要网上有立即能得到。例如，某家银行经理急需一篇在国外某报纸当天发表的有关某公司的文章，请调查公司寻找。调查公司查找该报社的网页，不但发现了文章而且可以免费下载，还通过该网址的超文本链接，将一个文档中的关键词同其他文档的关键词链接的功能，发现了更多有关该公司的信息。

互联网的发展使信息收集变得容易，从而大大推动了调查的发展。以往要收集所需情报需要耗费大量的时间，奔走很多地方。如今文案调查人员坐在计算机前便能轻松获得大量信息，只要在正确的地方查询就可能找到，而且许多宝贵的信息都是免费的。例如，及时了解政府规章的变化是调查的一项重要内容，从网上可以查到有关法律和规章的全文。从网上获取这些资料比上图书馆查找方便得多。如果想要了解某些信息的具体细节，在图书馆中查找效率很低。如果利用搜索引擎查找，输入需要查询的关键字，计算机就自动帮助找出来，可以获得包含该条文的原始文件的全文。

六、文案调查法的局限性

文案调查法具有一定的局限性，主要表现在以下三个方面。

（1）文案调查依据的主要是历史资料，其中过时资料比较多，现实中正在发生变化的新情况、新问题难以得到及时反映。

（2）所收集、整理的资料和调查目的往往不能很好地吻合，对解决问题不能完全适用，收集资料时易有遗漏。

（3）文案调查要求调查人员有较扎实的理论知识、较深的专业技能，否则在工作中将力不从心。此外，由于文案调查所收集的文案的准确程度较难把握，有些资料是由专业水平较高的人员采用科学的方法收集和加工的，准确度较高，而有的资料只是估算和推测的，准确度较低。因此，应明确资料的来源并加以说明。

★ 案例链接 5-3

三菱重工是如何推理大庆油田机密的

三菱重工在20世纪60年代，从我国出版的画报上看到铁人王进喜的照片，判断出大庆就在东北地区，并根据某报关于工人从火车站将设备人拉肩扛运到钻井场地和王进喜在马家窑的言论的报道，弄清了大庆油田的确切位置。从王进喜出席全国人大会议判断大庆油田出油了，之后又根据某日报上一幅钻塔的照片，推算出了油田的产油能力。在此基础上，三菱重工又推断出我国在随后几年中急需引进大量采油和炼油设备。于是，三菱重工提前集中相关专家设计出了适合大庆油田的设备。果然不久，中国政府面向世界采购石油开采设备，三菱重工凭借最快的速度和最符合中国要求的方案和设备，一举击败欧美众多竞争对手，成功夺标。

第二节　实地调查法

实地调查法是一种直接调查法，直接深入现场，进入一定情境中，用人的感官或借助观察仪器直接"接触"所研究对象，调查正在发生、发展且处于自然状态的社会事物和现象。它能收集到较为真实、可靠、直观、具体、生动的第一手材料，具有深入、灵活、经济的优点。

一、实地调查法的步骤

一般实地调查法的过程可分为准备阶段、现场调查和整理资料三个阶段。

（一）准备阶段

实地调查法的准备阶段可以包括查阅资料、建立关系、构建框架等工作。

1. 查阅资料

实地调查法的准备阶段的首要工作是查阅资料，即查阅所有与调查问题相关的资料，增强对调查对象的了解，以便确定所调查问题的基本框架。如学生在研究"肯德基餐厅工作人员服务质量"之前，通过各种途径查阅了许多相关的资料，如肯德基员工手册、管理手册以及培训手册等，了解肯德基餐厅工作人员的服务程序和质量要求，搭建了比较合理的问题框架。

2. 建立关系

在进入现场调查之前，调查者要和调查对象及相关人员建立良好的关系。首先，调查者要与调查对象或相关人员取得联系，说明调查的目的，取得对方的信任；其次，调查者要了解调查对象的基本概况；最后，调查者要熟悉实地调查的环境和相关人员。

3. 构建框架

实地调查法一般没有调查预先假设，但这并不意味着实地调查没有明确的调查主题。在实地调查过程中，调查者应该有一个大致的调查计划和问题框架，以便在调查过程中不致脱离主题。调查者要随时掌握调查的大方向，引导调查对象的表现和言谈。调查者要善于应变，充满机智，尤其是在实地调查的访谈中，更要注意这一点。

（二）现场调查

1. 进入现场

实地调查法在某种方式和程度上常常是暗中的、秘密的，因此调查者一般采取隐蔽的方式进入现场。但是，这种方式存在一定的局限性。由于调查者成了一个"完全参与者"，只能在自己的角色范围内与人交往。例如，一位学生利用暑期社会实践的机会在肯德基餐厅谋得了一份短工，他利用自己的工作人员身份进行隐蔽式调查。他通过与顾客和其他工作人员交谈来了解公司对员工的要求、员工的工作状态以及这些人的想法，但不可能像公开调查者那样就一些敏感性话题正式与店长或员工访谈。而且如果一旦暴露真相，不仅会使调查者处境尴尬，还会使被调查者感到受了欺骗和侮辱，已经建立起来的良好关系可能毁于一旦。

2. 收集资料

实地调查收集资料的方法有观察法、访谈法、收集文件法、摄影、摄像等。其中观察法和访谈法是实地调查中收集资料的重要方法。实地调查中的观察法与访谈法不同于一般的观察法与访谈法。

实地调查中的观察是参与观察，也称自然观察，是指在自然的状态下调查者参与某一情境对调查对象进行观察。观察者必须有明确意识；观察的角度要大；观察的同时要从局内人和局外人的角度出发，体验局内人的情感和经验，观察现场中的人们和活动。

实地调查中的访谈是定性访谈，是根据大致的调查计划在访谈者和被访者之间的互动，而不是一组特定的、必须使用一定字眼和顺序来询问的问题。在本质上，定性访谈由访谈者确立对话的方向，在针对被访者的若干特殊议题加以追问。

3. 记录现场内容

实地调查的常用工具是笔记本和笔。不但要记录观察到的，而且要捕捉当时当地特殊氛围中产生的灵感，将"想到的"内容也记录下来。记录要完整详细，除了要高度集中注意力外，还要养成当场记录的习惯，做到当场记录或事后及时记录。在记录时要分段记录，先记下关键的词语和短语，然后做详细的整理，要努力把观察到的所有细节都记录下来。

（三）整理资料

从调查现场收集到大量资料之后，一般要进行适当的筛选、整理和分析。

1. 筛选整理

实地调查收集到的资料比较多，面对成堆资料，首要的任务就是要在初步阅读的基础上做适当的筛选。筛选的主要目的在于"去伪存真""由表及里"，即只保留对课题研究有参考价值的资料而删去其余。通常，对于资料的要求有可靠性、正确性、权威性、真实性、典型性、浓缩性。

2. 定性分析

定性分析即对资料的质的规定性做整体的分析，主要使用比较、归纳、演绎、分析、综合等逻辑方法；同时还要对分析结果的信度、效度和客观度等可靠性指标进行检验与评价。

3. 得出结论

在分析资料的基础上，经过一定的抽象概括，得出结论。结论的形成常常要经历较长的过程，一般而言，调查者要力图避免个人的主观因素诱发的一些错误。

二、常用的实地调查法

（一）访问调查法

访问调查法（深入访谈法）是指以询问的方式向被调查者了解市场情况的一种方法。

访问调查法的优点：①它是一种面对面的社会交往过程，访问者与被访者的相互作用、相互影响贯穿调查过程的始终，并对调查结果产生影响。因此，能获得自填问卷无法获得的有关访问对象的许多非语言信息。②访问具有很强烈的个人色彩，即它在很大程度上取决于访问者个人的人际交往能力，访问技巧的熟练程度以及对访谈过程的有效控制。因此更复杂而难以掌握。③与其他调查方法相比，访问可以获得的资料更丰富，实行起来也更灵活、弹性更大，应用范围更广泛，且有利于对问题进行更深入的探索。④环境可控是访问法的另一大优点。⑤访问调查法还可以充分发挥研究人员的主动性和创造性，训练和培养他们的想象力、人际交往能力以及对事物的洞察力，激发他们对问题的新认识和解决问题的新思路。

访问调查法的缺点：①无法做到完全客观；②对敏感性问题、尖锐问题和隐秘问题，被访问者一般不愿当面回答，或者不做真实回答，一般不宜用访问法。③无法用语言表达的经验情感过程，以及许多人的互动资料、心理体验、身体的动作以及场所和速度的变化等社会测量的资料都不宜或无法用访问调查法获取。④与其他调查方法相比，访问调查法费用较高，时间较长，需要的人力较多。

访问调查法根据调查人员同被调查者的接触方式，可以分为以下五种。

1. 面谈调查法

面谈调查法是指派调查员当面访问被调查者，询问与营销活动有关问题的方法。它是访问调查法中的一种常用方法。

面谈调查法可分为个人面谈和小组面谈两种方式。个人面谈是调查员到消费者家中、办公室或在街头进行一对一面谈。小组面谈是邀请6～10名消费者，由有经验的调查者组织对方进行讨论某一产品、服务或营销措施，从中获得更有深度的市场信息。小组面谈是设计大规模市场调查前的一个重要步骤，它可以预知消费者的感觉、态度和行为，明确调查所要了解的资料和解决的问题。

★案例链接5-4

不带尾巴的电熨斗

在松下电器公司熨斗事业部召开的顾客小组访谈会上，有位家庭主妇随口说了一句："要是电熨斗没有那条讨厌的尾巴，使用起来就更方便了！"

说者无意，听者有心，主持会议的电熨斗事业部部长岩见宪被这个想法打动了："何不开发无线电熨斗呢？"

于是，根据家庭主妇们熨烫衣服的动作规律，松下电器公司设计开发出自动充电的无线电熨斗，显而易见，这种新产品一经问世，便受到广大消费者尤其是家庭主妇们的青睐和好评，成为日本当年最畅销的热门产品。

面谈调查法的优点：①能当面听取被调查者的意见，并观察其反应；②回收率高，可以提高调查结果的代表性和准确度；③可以从被调查者的个人条件推测其经济状况，进而判断对方回答问题的真实程度；④对于被调查者不愿意回答或回答困难的问题，可以详细解释，启发和激励对方合作，以顺利完成调查任务。

面谈调查法的缺点：①调查费用支出大，特别是对于复杂的、大规模的市场调查，人力、财力和物力消耗大。②很难对调查员的工作进行监督控制。如有的调查员为尽早完成调查任务，不按照样本的随机原则抽样，有的调查员在调查了部分样本后即终止调查做出结论，有的调查员甚至不进行实地调查，随意编造调查结果。对于这些问题，调查组织者应采用必要的制度约束和相应的监控手段,加强对调查员的管理。③对调查员的素质要求较高。④调查结果易受调查员的工作态度和技术熟练程度的影响。

面谈调查法根据市场调查的目的、调查的时间、调查的费用情况,也可以采用个人面谈、小组面谈和集体座谈的形式,还可以进行多次面谈。

★ 案例链接5-5

有效的面谈访问

纺织企业家乔·海曼接管了一家纺织厂。正当他对工厂进行改造时,收到了不同颜色、不同品牌的订货单。当工厂经过改造快要投产时,他收到了政府部门的通知,让他们必须减少两个染缸中的一个,因为排水系统承受不了。对企业来讲,这是一场灾难,如果没有两个染缸就不能生产出那么多的颜色。在绝望之际,乔·海曼决定采用面谈访问的方式来了解顾客对改变颜色的看法,并希望通过当面的解释使已经订货的顾客能接受现实。通过有效的面谈访问,已经订货的顾客接受了他们诚恳的解释,改选了其他颜色。而更多的顾客也接受了企业可以生产的这些颜色。这样企业不仅没有减少订单,反而由于只设一个染缸而大大降低了生产成本。

2. 邮寄问卷调查法

邮寄问卷调查法指将事先设计好的调查问卷邮寄给调查对象,要求他们自行填好后寄回。这种形式是在被访问者不愿面谈情况下所能采取的最好办法。邮寄的调查问卷必须简洁,问题明了。这种调查问卷回收率一般较低,回收时间较迟缓。

邮寄问卷调查法适用情况:①空间范围大。在一个地区可以邮寄到许多地方甚至是全国市场。不受调查所在地区的限制,只要通邮的地方,都可选为调查样本。②样本数目可以很多,而费用开支少。按随机原则选定的调查样本,可以达到一定数量,同时发放和回收问卷。③被调查者有较充裕的时间来思考、回答问卷,并可避免面谈中受调查者倾向性意见,从而得到较为真实、可靠的情况。

邮寄问卷调查法的优点:①扩大调查范围;②增加样本量;③减少了访问员的劳务费,免除了对访问员的管理;④被访者能避免与陌生人接触而引起的情绪波动;⑤被访者有充足的时间填答问卷;⑥可以对较敏感或隐私问题进行调查。

邮寄问卷调查法的缺点:①问卷回收率较低;②信息反馈周期长,影响收集资料的时效;③要求被访者有较好的文字表达能力;④问卷的内容和题型不能太困难;⑤难以甄别被访者是否符合条件。

★ 案例链接5-6

强生公司放弃阿司匹林的产品开发

强生公司是一家国际知名的婴儿用品生产公司。该公司曾想利用其在婴儿用品市场的高知名度来开发婴儿用的阿司匹林,但不知道市场的接受程度如何。由于强生公司有一些关系较好的市场调查样本群体,且此次调查问题比较简单,但是需要由被调查者做出解释,故公司决定采用费用较低的邮寄方法进行市场调查。通过邮寄方法的调查分析,强生公司得出了这样一个结论:该公司的产品被消费者一致认为是温和的(这种反映与强生公司多年来所做广告的宣传效果是一致的),但温和并不是人们对婴儿用的阿司匹林的期望。相反,许多人认为温和的阿司匹林可能不具有很好的疗效。为此,强生公司认为如果开发这种新产品,并做出适合该产品的宣传就会损坏公司的整体形象,公司多年的努力也将付之东流。如果按以往的形象做出宣传又无法打开市场,因此强生公司最终决定放弃这种产品的开发。

3. 电话访问法

电话访问法是指调查者按照统一问卷,通过电话向被调查者询问有关调查内容和征求市场反应的一种调查方法。这是为解决带有普遍性的急需解决的问题而采用的一种调查方法。在电话中回答问题一般较坦率,适用于不习惯面谈的人。

电话访问法的优点:①速度快、成本低、节省时间。用电话访问法可以迅速地获取调查资料,并可节省大量的调查时间和调查经费。②覆盖面广。可以对任何有电话的地区、单位和个人直接进行电话询问调查。③易于接受。电话访问可以免去被调查者的心理压力,容易被人接受,尤其有些家庭不欢迎陌生人进入,电话访问可免除其心理防范,使其能畅所欲言,特别对于那些难以见面的某些人,采用电话访问尤为重要。

电话访问法的缺点:①问题不能深入。电话访问询问时间不能太长,因而调查内容的深度远不如直接访问和拦截访问。②调查工具无法综合使用。在电话访问中,有关照片、图表、样品无法显示,会影响调查访问的效果。③辨别真实性及记录准确性较差。由于调查员不在现场,对于回答问题的真实性很难做出准确判断。

电话访问法主要应用于民意测验和一些较为简单的市场调查项目。要求询问的项目要少,尽量采用二项选择法提问,时间要短。

★ 案例链接5-7

楚汉大酒店的经营之道

楚汉大酒店坐落在南方某省会城市的繁华地段,是一家投资几千万元的大酒店。开业初期生意很不景气。公司经理为了寻找原因,分别从该城市的大中型企业、大专院校、机关团体、街道居民中邀请了代表参加座谈会,并亲自打电话访问了东、南、西、北四区的部分居民,还在旅游景点拦截外地游客进行调查。经过调查发现,本酒店没有停车站,顾客来往很不方便;本市居民及游客对本酒店的知晓率很低,更谈不上满意度;本酒店与其他酒店相比,经营特色是什么,大部分居民不清楚。因此,酒店做出了兴建停车场,在电视上做广告,开展公益及社区赞助活动,突出经营特色,开展多样化服务等决策。决策实施后,酒店的生意日渐红火。

4. 留置问卷调查法

留置问卷调查法是指访问员到受访者家中访问,委托其协助调查并留下问卷,日后再予以回收的方法。留置问卷调查法与面谈调查法同样由访问员到受访者家中访问,但不同的是,留置问卷调查法是委托受访者自己填写问卷,并于日后再次访问时回收。

留置问卷调查法的优点:①即使调查问题项目多,受访者还是可依据自己的时间从容作答、可回答需要耗费时间或难以当面回答的问题;②访问时即使受访者不在家也可进行调查;③不需要面谈技术纯熟的访问员等;此外,与面谈调查法相同,只要在回收时确认问卷回答状况,就可避免漏答或错误;留置问卷调查法回收率高,受访者可以当面了解填写问卷的要求,澄清疑问,避免由于误解提问内容而产生误差,并且填写问卷时间充裕,便于思考回忆,受访者意见不受调查人员的影响。

留置问卷调查法的缺点:①难以确认是否为受访者本人的回答、即使是本人回答也可能受家人、朋友的意见的影响;②需要委托调查及回收共两次访问,较耗费交通及人工费;③调查地域范围有限，也不利于对调查人员的管理监督；就方法本身而言，留置问卷调查法是介于面谈调查法和邮寄问卷调查法之间的一种折中方法。只不过与受访者当面谈话主要介绍调查目的要求，回答涉及调查问卷的一些疑问，而不是详细询问市场内容。这种问卷的设计较邮寄问卷调查法更灵活、更具体，因为不懂的地方可以当面澄清。

★ **案例链接5-8**

亨氏集团与中国

美国亨氏集团与我国合资在广州建立婴幼儿食品厂。关于生产什么样的食品来开拓广阔的中国市场，在筹建食品厂的初期，亨氏集团做了大量调查工作，多次召开母亲座谈会并配合留置问卷调查，充分吸收公众的意见，广泛了解消费者的需求，征求母亲对婴儿产品的建议，摸清各类食品在婴儿哺养中的利弊。

亨氏集团根据母亲们提出的意见，试制了一些样品，免费提供给一些托幼单位试用；收集征求社会各界对产品的意见、要求，相应地调整原材料配比，还针对中国儿童食物缺少微量元素，造成儿童营养不均衡及影响身体发育的现状，在食品中加进一定量的微量元素，如锌、钙和铁等，使食品配方更趋合理，使产品具有极大的吸引力，受到中国母亲的普遍青睐。于是，亨氏集团婴儿营养米粉等系列产品迅速走进千千万万中国家庭。

5. 拦截式访问法

拦截式访问法是指在某个场所拦截在场的一些人进行面访调查。这种方式常用于商业性的消费者意向调查中。

拦截式访问法的优点：①访问地点比较集中，可节省时间，节约访问费用和交通费用；②可以避免入户访问的一些困难，便于对访员进行监控；③受访者当面回答问题，能得到比较准确的答案；④对拒访者可以放弃，重新拦截新的受访者，确保样本量不变。

拦截式访问法的缺点：①不适合内容较长、较复杂或不能公开的问题的调查；②由于调查对象在调查地点出现，带有偶然性，这会影响调查的精确度；③拒访率高，拦截的个别行人可能因为要赶车、办事、怕耽误时间等原因而拒绝访问。因此在使用时应附有一定的物质奖励。

拦截式访问法应注意的事项：①问卷内容不宜过多，问题应简单、明了，且不涉及有关个人隐私方面的问题；②在访问过程中要控制其他人包括受访者的同伴对受访者的影响；③对主动要求接受采访的人，调查人员要善于甄别，对不合适的对象应婉言谢绝。

★ **案例链接5-9**

肯德基的拦截式访问调查

肯德基在进入中国市场初期，为了确定理想的市场定位，采用了拦截式访问法，以了解中国消费者的口味。肯德基选择公园和其他公共旅游景点，向旅游者提供休息场所，同时免费向前来休息的旅游者提供已经烹制好的炸鸡块供大家品尝，以此征询消费者对食品的意见。采用拦截式访问法，肯德基不仅摸清了潜在消费者对炸鸡口味的各种需求，更为重要的是受访者迅速、广泛地为肯德基宣传了可口美味的产品。

（二）观察调查法

1. 观察调查法的含义

观察调查法是指研究者根据一定的研究目的、研究提纲或观察表，用自己的感官和辅助工具去直接观察被研究对象,从而获得资料的一种方法。科学的观察具有目的性和计划性、系统性和可重复性。观察一般利用眼睛、耳朵等感觉器官去感知观察对象。由于人的感觉器官具有一定的局限性,观察者往往要借助各种现代化的仪器和手段,如照相机、录音机、摄像机等来辅助观察。

观察调查法大致可以分为自然观察法、设计观察法、掩饰观察法和机器观察法。

观察调查法的一般要求:养成观察习惯,形成观察的灵敏性;集中精力、勤奋、全面、多角度进行观察;观察与思考相结合;制订好观察提纲,观察提纲因只供观察者使用,应力求简便,只需列出观察内容、起止时间、观察地点和观察对象即可。为使用方便,还可以制成观察表或卡片;按提纲实行观察,做好详细记录,最后整理、分析、概括观察结果,做出结论。

为避免主观臆测和偏颇,观察时应该遵循:①每次只观察一种行为;②所观察的行为特征应事先有明确的说明;③观察时要善于捕捉和记录;④采取时间取样的方式进行观察。

★ 案例链接5-10

亨氏食品公司调味番茄酱瓶子的再设计

亨氏食品公司认为12岁以下的儿童是调味番茄酱的最大消费群,所以它针对儿童和母亲展开调研,力求提高顾客满意度,增进与顾客之间的良好关系。调研人员主要观察儿童及他们如何使用传统的番茄酱瓶子。经过调查发现,由于瓶子容量太大,孩子们很难控制倒出量,他们往往会把酱汁喷得到处都是。为了使孩子们满意,亨氏食品公司引进专门为儿童设计的沙漏状包装,并在酱里增加了维生素C的含量。孩子们可以很简单地用双手拿住这种塑料瓶。窄小的喷嘴帮助孩子们把酱汁挤到食物上。而且这种番茄酱是绿色的,调研显示,孩子们喜欢番茄酱的颜色不只是红色的。该公司曾经调研过蓝色和其他颜色,结果发现绿色是最恰当的颜色,因为绿色更符合"厨房逻辑"。

2. 观察调查法的优缺点

观察调查法的主要优点:①能通过观察直接获得资料,不需其他中间环节。因此,观察的资料比较真实。②在自然状态下的观察,能获得生动的资料。③具有及时性的优点,能捕捉到正在发生的现象。④能收集到一些无法言表的材料。

观察调查法的主要缺点:①受时间的限制,某些事件的发生是有一定时间限制的,过了这段时间就不会再发生。②受观察对象限制。如研究青少年犯罪问题,有些秘密团伙一般不会让别人观察的。③受观察者本身限制,一方面,人的感官都有生理限制,超出这个限度就很难直接观察;另一方面,观察结果也会受到主观意识的影响。④观察者只能观察外表现象和某些物质结构,不能直接观察到事物的本质和人们的思想意识。⑤观察调查法不适用于大面积调查。

3. 观察调查法的应用

观察调查法在市场调研中用途很广,如研究人员可以通过观察消费者的行为来测定品牌偏好和促销的效果。现代科学技术的发展,人们设计了一些专门的仪器来观察消费者的行为。观察调查法可以观察到消费者的真实行为特征,但是只能观察到外部现象,无法观察到调查对象的一些动机、意向及态度等内在因素。为了尽可能地避免调查偏差,调查人员在采用观察调查法收集资料时应注意以下几点:调查人员要努力做到采取不偏不倚的态度,即不带有任何看法或偏见进行调查;调查人员应注意选择具有代表性的调查对象和最合适的调查时间与地点,应尽量避免只观察表面的现象;在观察过程中,调查人员应随时做记录,并尽量做较详细的记录;除了在实验室等特定的环境下和在借助各种仪器进行观察时,调查人员应尽量使观察环境保持平常自然的状态,同时要注意被调查者的隐私权问题。

★ 案例链接5-11

商业神探——帕科·昂得希尔

帕科·昂得希尔是著名的商业密探，他所在的公司为恩维罗塞尔市场调查公司。他通常的做法是坐在商店的对面，悄悄观察来往的行人。而此时，在商店里他的属下正在努力工作，跟踪并观察在商品架前徘徊的顾客。他们的目的是要找出商店生意好坏的原因，了解顾客走进商店以后如何行动，以及为什么许多顾客在对商品进行长时间挑选后还是失望地离开。他们通过观察，给许多商店提出了许多实际的改进建议。

例如，一家主要是青少年光顾的音像商店，他们通过观察发现，这家商店把青少年喜欢的音像制品放置过高，孩子们往往拿不到。帕科·昂得希尔指出，应把商品降低放置，结果销售量大大增加。

再如，一家名为伍尔沃思的公司发现商店的后半部分的销售额远远低于其他部分，帕科·昂得希尔通过观察并拍摄现场解开了这个谜题：在销售高峰期，现金出纳机前顾客排着长长的队伍，一直延伸到商店的另一端，妨碍了顾客从商店的前面走到后面。针对这一情况，商店专门安排了结账区，商店后半部分的销售额迅速增长。

观察调查法在市场调查中的应用范围概括为以下几点：①对实际行动和迹象的观察。如调查人员通过对顾客购物行为的观察，预测某种商品购销情况。②对语言行为的观察。如观察顾客与售货员的谈话。③对表现行为的观察。例如观察顾客谈话时的面部表情等身体语言的表现。④对空间关系和地点的观察。如利用交通计数器对来往车流量的记录。⑤对时间的观察。如观察顾客进出商店以及在商店逗留的时间。⑥对文字记录的观察。如观察人们对广告文字内容的反应。

（三）实验调查法

1. 实验调查法的含义

实验调查法是指从影响调查问题的许多因素中选出一两个因素，将它们置于一定条件下进行小规模的实验，然后对实验结果做出分析的调查方法。如根据一定的调查研究目的创造某种条件，采取某种措施，把调查对象置于非自然状态下观察其结果。某种商品在改变品种、包装、设计、价格、广告、陈列方法等因素时观察因变量引起的效果。实验调查法分为自然实验法（现场实验）和实验室实验法。

实验调查法最大的特点是把调查对象置于非自然状态下开展市场调查，可提高调查的精确度。

★ 案例链接5-12

红色咖啡杯

美国某公司准备改进咖啡杯的设计，为此进行市场实验。首先，公司进行咖啡杯选型调查，公司设计了多种咖啡杯，让500个家庭主妇进行观摩评选，研究主妇们用手拿杯子时，哪种形状好；用湿手拿杯子时，哪种不易滑落。研究结果表明，选用四方长腰果杯型的杯子较为理想。然后，公司对产品名称、图案等也同样进行造型调查。接着公司利用各种颜色会使人产生不同感觉的特点进行实验，选择了颜色合适的咖啡杯。公司的调查方法是，首先请来30个被调查者，要求他们每人各喝4杯相同浓度的咖啡，但是咖啡杯的颜色分别为咖啡色、青色、黄色和红色四种。试饮的结果是：使用咖啡色杯子的人认为"太苦了"，使用青色杯子的人多数认为"太淡了"，使用黄色杯子的人主要倾向于"不浓，正好"，而使用红色杯子的10个人中有9个人说

"太浓了"。根据这一调查,公司咖啡店里的杯子一律改成红色。该店借助于颜色,既节约咖啡原料,又能使绝大多数顾客感到满意。这种咖啡杯投入市场后,与市场上同类产品展开了激烈的竞争,以销售量比对手多两倍的优势取得了成功。

2. 实验调查法评价

实验调查法的优点:①实验调查法的结果具有一定的客观性和实用性。它通过实地实验来进行调查,将实验与正常的市场活动结合起来,因此,取得的数据比较客观,具有一定的可信度。②实验调查法具有一定的可控性和主动性。调查中,调查者可以成功地引起市场因素的变化,并通过控制其变化来分析、观察某些市场现象之间的因果关系以及相互影响程度,是研究事物因果关系的最好方法。③实验调查法可提高调查的精确度。在实验调查中,可以针对调查项目的需要,进行合适的实验设计,有效地控制实验环境,并反复进行研究,以提高调查的精确度。

实验调查法的缺点:①市场中的可变因素难以掌握,实验结果不易比较。由于市场现象与自然现象相比,随机因素、不可控因素更多,政治、经济、社会、自然等各种因素都会对市场发生作用,因此,必然会对实验结果产生影响,完全相同的条件是不存在的。②有一定的限制性。实验调查法仅限于对现实市场经济变量之间关系的分析,而无法研究过去和未来的情况。

3. 决定实验调查法有效性的因素

实验调查法的有效性主要取决于原始变量、成长变量、测试效果变量以及互动测试效果变量等因素。原始变量指在实验开始时已存在的,非实验本身造成的、且不反复出现的事件;成长变量,指随时间推移逐渐发生变化,进而影响实验单位的变量;测试效果变量指调查者前一次观察对后一次观察造成的影响;互动测试效果变量指被调查者参与前一次实验对后一次实验的影响。

★案例链接5-13

实验结果的成功应用

国外有一家百货商场,购进一批羊毛围巾,颜色有棕、白、灰三种。老板发现不同颜色的搭配可能会使人们产生不同的感觉,于是他做了如下实验:先将灰、白、棕三种颜色的围巾同时陈列出来,几天后,发现白色围巾最受欢迎,其次是棕色围巾,而灰色围巾则很少有人问津,老板决定将灰色围巾从陈列架上撤下,并停止销售此种围巾。又过了几天,发现白色和棕色围巾的销售量不断下降,于是老板决定再将灰色围巾与白色、棕色一同陈列销售,结果发现白色、棕色的销售量又上升了。由此实验知道,灰色在这里是起了一种衬托作用。

4. 五种常用的实验调查法

(1) 前后无控制对比实验。即指事前对正常情况进行测量记录,然后测量记录实验后的情况。进行事前事后对比,通过对比观察了解实验变化的效果。外观设计变动的前后无控制对比实验见表5-1。

表5-1 外观设计变动的前后无控制对比实验

实验单位	实验前销售额	实验后销售额	变动
A	2 000	2 400	+400
B	1 300	2 200	+900
C	2 600	3 400	+800
D	5 900	8 000	+2 100

(2) 前后有控制对比实验。在同一时间周期内，随机抽取两组条件相似的单位，一组作为实验组，另一组作为控制组（即非实验组，与实验组进行对照比较），在实验后分别对两组进行测定比较。新包装前后有控制对比实验见表 5-2。

表 5-2　新包装前后有控制对比实验

组　别	实验前一个月销量	实验后一个月销量	变动量
实验组（A、B、C）	$X_1 = 1\ 000$	$Y_1 = 1\ 600$	+600
控制组（E、F、W）	$X_2 = 1\ 000$	$Y_2 = 1\ 200$	+200

(3) 控制组与实验组对比实验。即同一时间内对控制组与实验组进行对比的实验调查法。其中，实验组可按给定实验条件进行实验，控制组按一般情况组织经济活动。控制组与实验组销量对比实验见表 5-3。

表 5-3　控制组与实验组销量对比实验

组　别	一个月销量
实验组（A、B、C）	$X = 500$
控制组（E、F、W）	$Y = 400$

(4) 完全随机对比实验。随机地选取试验几个商店做销售实验见表 5-4。

表 5-4　随机地选取试验几个商店销售实验

季节	5.50/元	6.00/元	6.50/元
1	200	100	160
2	170	140	210
3	230	210	100
4	250	190	130
总计	850	640	600

(5) 分组随机对比实验。研究者除了考察基本自变量因素的影响外，还可将某个主要的外部因素孤立起来研究。商店规模和价格条件下的销售量对比实验见表 5-5。

表 5-5　商店规模和价格条件下的销售量对比实验

商店规模	不同价格下的销量		
	5.50/元	6.00/元	6.50/元
大于 10 万元	1 360	930	900
6~10 万元	690	620	510
小于 6 万元	430	260	210
总计	2 480	1 810	1 620

第三节　网络调查法

一、网络调查法的含义

网络调查法是传统调查法在新的信息传播媒体上的应用，它是指在互联网上针对特定的问题进行的调查设计、收集资料和分析等活动。与传统调查法相类似，网络调查法也有对原始资料的调查和对二手资料的调查两种方式。

二、网络调查法的优势

互联网作为一种信息沟通渠道，它的特点在于开放性、自由性、平等性、广泛性和直接性等。由于这些特点，网络调查法具有传统调查法所不可比拟的优势。

（1）网络调查法成本低。网络调查法与面谈调查法、邮寄问卷调查法、电话访问法等离线调查的根本区别在于采样方式不同。所以，网络调查法的成本低主要指的是采样成本低。传统调查法往往要耗费大量的人力和物力，而网络调查法只需一台上网的计算机，通过站点发布电子问卷或组织网上座谈，利用计算机及统计分析软件进行整理分析，省却了传统调查法中的印刷问卷、派遣人员、邮寄、电话、繁重的信息采集与录入等工作和费用，既方便又便宜。据业内权威人士讲，根据经验，离线调查每一个样本的投入是120～150元，所以离线调查者在抽样时，总希望尽可能地减少样本数。当然其前提是所抽取的样本数必须能把调查误差控制在允许范围之内，从而有效地降低采样的成本。网络调查法就没有这种顾虑。

（2）网络调查法速度快。网上信息传播速度非常快，如用 E-mail，几分钟就可把问卷发送到各地，问卷的回收也相当快。利用统计分析软件，可对调查的结果进行即时统计，整个过程非常迅速，而传统调查法要经过很长一段时间才能得出结论。

（3）网络调查法隐匿性好。在调查一些涉及个人隐私的敏感问题时，离线调查尽管可以在问卷设计中通过采用委婉法、间接法、消虑法、虚拟法等手段，在问题和被访者之间增加一些缓冲因素，但无论如何，离线调查各种采样方式都会在不同程度上影响到被访者的填答心理。一般而言，面谈调查法最大，电话访问法次之，邮寄问卷调查法最小。而网民是在完全自愿的情况下参与调查，对调查的内容往往有一定的兴趣，因此回答问题时更加大胆、坦诚，调查结果可能比传统调查法更为客观和真实。应该说，网络调查法的隐匿性较离线调查高。网络调查法的这一特点可使被访者在填答问卷时的心理防御机制降至最低程度，从而保证填答内容的真实性。

（4）网络调查具有互动性。网络调查法的这一优势同样是基于网络自身的技术特性。网络的互动性赋予网络调查互动性的优势。

（5）网络调查不受时空的限制。网络调查可以24小时向世界各地进行调查，抽样框相当大，调查范围也相当广泛。

★案例链接5-14

网络问路

澳大利亚某出版公司曾计划向亚洲推出一本畅销书，但是不能确定用哪一种语言、在哪一个国家推出。后来该公司决定在一家著名的网站做一次市场调研，方法是请人将这本书的精彩章节和片段翻译成多种亚洲语言文字，然后刊载在网上，看一看究竟用哪一种语言翻译的摘要内容最受欢迎。过了一段时间，他们发现，网络用户访问最多的网页是用中国大陆的简化汉字和朝鲜文字翻译的摘要内容。于是他们跟踪一些留有电子邮件地址的网上读者请他们谈谈对这部书摘要的反馈意见，结果大受称赞。于是该出版公司决定在中国和韩国推出这本书。该书出版以后，受到了读者普遍欢迎，该出版公司获得了可观的经济效益。

三、网络调查法的分类

根据调查方法，网络调查法可分为网上问卷调查法、网上讨论法和网上观察法等。

（一）网上问卷调查法

网上问卷调查法是在网上发布问卷，被调查对象通过网络填写问卷，完成调查。根据所采用的技术，网上问卷调查法一般有两种：一种是站点法，即将问卷放在网络站点上，由访问者自愿填写；另一种是用 E-mail 将问卷发送给被调查者，被调查者收到问卷后，填写问卷，单击"提交"，问卷答案则回到指定的邮箱。被调查者在填写问卷时甚至不用上网：他们可以将电子邮件下载下来，在发送结果时上线提交即可。电子邮件调查的局限性：问卷的交互性很差，并且数据的处理会很麻烦，每份问卷的答案都是以邮件形式发回，必须重新导入数据库进行处理。网上问卷调查法是最常用的方法，它比较客观、直接，但不能对某些问题做深入的调查和分析。

（二）网上讨论法

网上讨论法可通过多种途径实现，如 BBS、ICQ、NewsGroup、网络实时交谈（IRC）、网络会议（Netmeeting）等。主持人在相应的讨论组中发布调查项目，请被调查者参与讨论，发布各自的观点和意见，或是将分散在不同地域的被调查者通过互联网视讯会议功能虚拟地组织起来，在主持人的引导下进行讨论。网上讨论法是小组讨论法在互联网上的应用，其结果需要主持人加以总结和分析，对信息收集和数据处理的模式设计要求很高，难度较大。

（三）网上观察法

网上观察法是对网站的访问情况和网民的网上行为进行观察与监测，大量网站都在做这种网上监测。很多可供免费下载的软件，事实上也在做网上行为监测。使用这种方法最具代表性的是法国的 NetValue 公司，其重点是监测网络用户的网上行为，号称为"基于互联网用户的全景测量"。它的主要特点是首先通过大量的"计算机辅助电话调查（CATI）"获得用户的基本人口统计资料，然后从中抽出样本，招募自愿受试者，下载软件到用户的计算机中，由此记录被试者的全部网上行为。NetValue 的独特之处在于：一方面，一般的网上观察是基于网站的，通过网站的计数器来了解访问量、停留时间等，而 NetValue 的测量是基于用户的，可以全面了解网站和用户的情况；另一方面，NetValue 的调查是目前世界上唯一基于 TCP/IP 进行的，即它不仅记录了用户访问的网站，还记录了网民的上传和下载软件、收发电子邮件等全部网上行为，因此称为"全景测量"。

网络调查法对于新闻媒体来说是一把双刃剑。一方面，网络调查法的优势在于它可以在更广的范围内，对更多受众进行信息收集工作。与传统调查方法相比，不仅是研究者可以以惊人的低价获得超乎想象的被调查者的情况和资料，而且普通媒介从业人员也可以设计调查题目，通过免费的服务器询问成千上万的人，为自己的新闻工作服务。设计问卷的能力不仅仅局限于处于社会权力中心的组织，如政府机构或者大型媒体，网络调查法的低费用使得几乎每一个进入互联网的人都有相同的能力。这当然也潜在地使调查过程更为民主化。此外，网络调查法还可以以自填的回答方式，通过标准化的方法向被调查者呈现一份多媒体问卷。这显然是传统的调查方法难以做到的。另一方面，网络调查潜在的危险是，日益增多的调查越来越良莠不齐，人们也难以区分好的调查与不好的调查。网络调查的价值也受到人们填答意愿的限制。因为在类似调查的狂轰滥炸下，人们可能干脆不理睬，也可能根据其内容、主题、娱乐性或者调查的其他特性而做出参与调查的决定，从而影响到网络调查的可信度。

本章小结

市场调查资料收集方法，是指调查者在实际调查过程中为获得信息资料所采用的具体方法，本章主要介绍文案调查法、实地调查法、网络调查法等。

文案调查法又称资料查阅寻找法、间接调查法、资料分析法或室内研究法。它是利用企业内部和外部现有的各种信息、情报，对调查内容进行分析研究的一种调查方法。文案调查法要求具有更多的专业知识、实践经验和技巧。文案调查法的特点：第一，文案调查是收集已经加工过的文案，而不是对原始资料的收集；第二，文案调查以收集文献性信息为主，具体表现为收集各种文献资料；第三，文案调查所收集的资料包括动态和静态两个方面，尤其偏重于从动态角度收集各种反映调查对象变化的历史与现实资料。

实地调查法是一种直接调查法，直接深入现场，进入一定情境中，用人的感官或借助观察仪器直接"接触"所研究对象，调查正在发生、发展且处于自然状态的社会事物和现象。它能收集到较真实、可靠、直观、具体、生动的第一手材料，具有深入、灵活、经济的优点。实地调查法大致可以分为访问调查法、观察调查法、实验调查法。访问调查法根据调查人员同被调查者接触方式不同，又可以分为面谈调查法、邮寄问卷调查法、电话访问法、留置问卷调查法和拦截式访问法；观察调查法调查大致可以分为自然观察法、设计观察法、掩饰观察法、机器观察法；常用的实验方法有前后无控制对比实验、前后有控制对比实验、控制组与实验组对比实验、完全随机对比实验、分组随机对比实验。

网络调查法是传统调查法在新的信息传播媒体上的应用，它是指在互联网上针对特定的问题进行的调查设计、收集资料和分析等活动。与传统调查法相类似，网络调查法也有对原始资料的调查和对二手资料的调查两种方式。

复习思考题

1. 什么是实地调查法？实地调查法有哪些？每种方法的优缺点是什么？
2. 什么是文案调查法？文案调查法的特点与功能有哪些？
3. 什么是实验调查法？实验调查法有哪些优缺点？
4. 什么是网络调查法？网络调查法的优势有哪些？
5. 应用观察调查法时应注意哪些事项？
6. 拦截式访问法的主要优缺点及注意的事项是什么？
7. 邮寄问卷调查法的主要优缺点及应用范围是什么？
8. 邮寄问卷调查法应注意的事项有哪些？

案例分析

迪士尼在法国遇到的麻烦

迪士尼公司于1955年在美国加州建立全球第一个主题乐园，之后又分别在福罗里达州和日本东京建立第二个和第三个迪士尼乐园，均获得巨大成功。1986年，迪士尼的高层又把注意力转向了法国巴黎——欧洲高雅文化和时尚之都。大约有1 700万欧洲人居住在离巴黎不到两小时的范围内，另外有3.1亿欧洲人乘飞机在2小时内即可到达巴黎。

但是，迪士尼公司事前没有进行充分的市场调查，致使巴黎迪士尼乐园从筹备开始就举步维艰。巴黎知识分子对迪士尼梦幻世界的移植进行攻击，认为是对法国文化的围攻。法国文化大臣也声明会抵制迪士尼的开园。巴黎迪士尼乐园开园后不久，法国农民就驾驶拖拉机到公园大门口堵住入口。此外，迪士尼在公园里不出售含酒精的饮料规定与巴黎当地习惯相悖，使午餐都有喝酒习惯的法国人感到异常吃惊。迪士尼认为周一游客少而周五游客多，并据此分配工作人员，但实际情况正好相反。此外，迪士尼听说欧洲人不吃早餐，所以没准备足够的餐位，每天不得不在只有350个座位的餐厅售卖2 500份早餐，人满为患，顾客怨声载道。员工方面，迪士尼对乐园工作人员衣着外表及要求都沿用美、日运作模式，被法国人认为是一种不人道的"洗脑训练"。

后来，迪士尼公司不得不改变策略，采取变更公园名称，迎合顾客的文化需求，提供美味食品等方式，才使得经营状况有所改善。

问题：迪士尼在法国遇到麻烦的主要原因有哪些？

第六章

市场调查资料的整理与分析

★ 知识目标

通过本章的学习,理解资料整理的含义、步骤与内容;掌握市场调查资料整理的基本程序,重点掌握市场调查资料整理与分析的基本方法;熟练掌握统计图表的制作方法和规范要求。

★ 能力目标

通过本章的学习,培养对市场调查资料进行整理与分析的能力及规范制作统计图表的能力。

★ 引导案例

杜邦公司的市场"瞭望哨"

杜邦公司创办于1802年,是世界上著名的大企业之一。经过200多年的发展,杜邦公司今天所涉足的领域包括化纤、医药、石油、汽车制造、煤矿开采、工业化学制品、油漆、炸药、印刷设备、电子行业等,每年研究出1 000种以上的新奇化合物——等于每天有2~3件新产品问世,而且每个月至少从新开发的众多产品中选出一种产品使之商业化。

杜邦公司兴盛200多年的一个重要原因,就是围绕市场开发产品,并且在世界上最早设立了市场环境"瞭望哨"——经济研究室。成立于1935年的杜邦公司经济研究室,由受过专门培训的经济学家组成,以研究全国性和世界性的经济发展现状、结构特点及发展趋势为重点,注重调查、分析、预测与本公司产品有关的经济、政治、科技、文化等市场动向。除了向总公司领导及有关业务部门做专题报告及口头报告、解答问题外,经济研究室还每月整理出版两份刊物。一份发给公司的主要供应厂家和客户,报道有关信息和资料;另一份是内部发行,根据内部经营全貌分析存在的问题,提出解决措施,研究短期和长期的战略规划、市场需求量,以及同竞争对手之间的比较性资料。另外,经济研究室每季度还会整理出版一期《经济展望》供总公司领导机构和各部门经理在进行经营决策时参考。

正是重视对调查资料的整理、分析和利用,才使得杜邦公司200多年兴盛不衰。

市场调查资料整理就是对已收集的大量的、分散的、不系统的原始资料进行"去伪存真、去粗取精、由此及彼、由表及里"的加工过程，是从资料收集阶段到资料分析阶段的过渡环节。人们通过对调查资料的归纳整理及综合思考，使庞杂无序的原始材料逐渐系统化、条理化，找出市场现象背后的规律性，为正确得出结论打下基础。

第一节　市场调查资料的整理

市场调查收集到的资料往往是零星的、分散的、不系统的，在这些资料中有时充斥着歪曲、虚假的成分。另外，资料本身并不能直接给出研究结论。因此，需要对资料进行整理、编码和分析。

一、资料整理过程

资料整理过程可以与资料收集过程同步进行，这样通过对刚刚收集到的资料进行各方面的审核，通过与研究目的的不断对照，能够及时发现收集到的资料中存在的缺陷，并有可能采取有效的措施加以补救。如在访谈过程中，研究者发现谈话的主题偏离了研究主题，就可以采用一定的访谈技巧将谈话重新聚焦到研究主题上。资料整理过程也可以在收集资料以后的一段时间内集中进行，这样做的优点是研究者所面对的资料比较全面，所进行的活动比较单一，能够提高整理的效度和水平。在现实的研究中，这两种整理资料的方式是互为补充的。

二、定性资料整理

定性资料是指以文字、图像、录音、录像等非数据化形式表现出来的事实材料。一般来说，定性研究方法收集定性研究资料，定性资料可以通过开放式问卷、访谈、个案、非结构观察、文献等方法收集到。

定性资料整理过程主要包括以下步骤。

（一）定性资料审核

资料审核就是对资料进行审查和核实，消除原始资料中存在的虚假、差错、短缺、冗余现象，保证资料的真实、有效、完整，为进一步加工整理打下基础。定性资料审核集中在真实性、准确性和适用性三个方面。

在实际研究过程中，并不是收集到的所有资料都是正确无误的，很多情况下资料中充斥着虚假成分。造成这些现象的原因很多，或由于研究者粗心大意，或由于被调查者抵制和不合作，或由于研究环境干扰及研究工具误差。错误的资料必定会导致研究结论失真。因此，保证研究资料的真实性、准确性是十分必要的。对资料进行真实性审查的主要方法有以下几个。

（1）经验法。经济法即把收集到的资料与原有的经验和常识进行对比、判断，当发现两者之间存在冲突时，就需要对材料进行进一步核实或删除。

（2）逻辑分析法。逻辑分析法是对材料本身所含的内在逻辑进行考察，检查其是否自相矛盾或者明显与事物发展规律不符，对确有问题的材料需进一步核实，无法核实的要果断删除。

（3）比较法。比较法就是通过对相关材料间的比较来核实研究材料的真实性。如果资料的收集是通过不同的方法和途径完成的，相互之间就可以进行比较。例如，在观察调查法中，对同一观察对象进行同一方面观察的不同观察者之间收集的资料就可以进行比较，如果两者的一致性较高，一般可以认为材料是真实可靠的；对于比较中出现的不一致的地方就需要用别的方法做进一步的核实。

（4）来源分析法。这种方法主要适用于对文献资料的真实性审查。一般而言，当事人的叙述比局外人叙述更可靠，有记录的材料比传说的材料更可靠，引用率高的文献比引用率低的文献更可靠。

定性资料真实性审查主要涉及材料本身与材料所反映的对象之间的关系，进行真实性审查的目的就是达到两者的统一。而定性资料的准确性审查则把研究目的作为标准，主要考察所收集到的资料对于研究目的或研究问题的解决是否相关及相关程度。为使定性资料更为简洁和典型，对那些本身正确但是与研究问题不相关或相关不大的资料也要舍得"割爱"。

适用性审查主要审查定性资料是否适用于分析和解释，资料的分量是否合适，资料的深度和广度如何以及资料是否集中、完整。在一项具体的研究中，资料收集到什么程度是合适的并没有一个固定的标准。一般来说，当收集到的资料与以前拥有的资料重复越来越多时就可以认为已有的资料分量是合适的。

（二）定性资料分类

分类是研究者运用比较法鉴别出材料内容的共同点和差异点，然后根据共同点将材料归结为较大的类，根据差异点将材料划分为较小的类，从而将材料区分为具有一定从属关系的不同等级层次的系统。

分类最重要的工作是选择分类的标准，因为不同的分类标准可能导致不同的结果。比较常用的分类标准是现象标准和本质标准。现象标准是反映事物外部特征与联系的标准，如时间、地点。本质标准是反映事物内部本质的标准。

研究者要根据研究目的选择合适的分类标准。一般而言，使用现象标准便于对资料进行检索，使用本质标准便于对资料进行深入分析。

分类标准确定以后，进行分类还必须遵守形式逻辑提出的分类原则，否则就会犯逻辑错误。这些原则如下。

（1）分类要体现调查目的，为研究服务。进行分类是为了使材料进一步条理化，使材料对研究结论的说明更加有力，而不是为分类而分类。

（2）分类后的各子项是互斥的。就是说分成的各个小类之间不能相互包含、相互交叉。如将人分成男人、女人和老人就违反了这条原则，因为男人和女人中都有老人。这只是一个简单的例子，在实际的研究中，由于人们对研究对象的认识不清，很容易犯类似的错误。

（3）分类的各子项之和等于母项。例如，把学生分成男学生和女学生是正确的，但是分成男共青团员学生和女共青团员学生就错了，因为学生中还有党员和群众。

（4）每次分类只能按一个标准进行。

资料分类在时间上有前分类和后分类。前分类指在收集资料前就已确定分类标准，然后按分类指标收集和整理资料。后分类指在资料收集完成后，再根据资料的性质、内容和特征进行分类。通常，定量资料常采用前分类，而定性资料一般采用后分类。

（三）定性资料汇总和编辑

汇总和编辑就是在分类以后对资料按一定的逻辑结构进行编排。逻辑结构的确立要根据研究的目的、要求和客观情况，使汇总编辑后的资料既能反映客观情况，又能说明研究问题。进行汇总和编辑资料的基本要求：一是完整系统，大小类别做到井井有条、层次分明，能系统完整地反映研究对象的面貌；二是简明集中，要使用尽可能简洁、清晰的语言，集中说明研究对象的客观情况，并注明资料的来源和出处。

三、定量资料整理

定量资料主要有两个来源："实地源"和"文献源"。封闭式问卷、结构性观察和访谈资料都可以是"实地源"的定量资料,"文献源"的定量资料主要是指统计资料。定性资料和定量资料都必须经过整理才能达到条理化和系统化,为进一步的分析、得出结论奠定基础。

定量资料整理要经过以下几个环节。

(一) 定量资料审核

定量资料审核同定性资料审核的目的是一致的,都是力求"去伪存真、去粗取精",但由于资料性质的差别,审核的具体方面有所不同,定量资料的审核表现在完整性、统一性和合格性上。

定量资料完整性审核体现在两个方面:一方面是资料总体的完整性,只有实际收集到的资料达到研究计划要求时,才被认为是完整的。一般来说,有效问卷回收率在30%左右,资料只能作为参考;回收率在50%左右,可采纳建议;只有回收率达到70%以上,才能作为研究结论的依据。另一方面是每份资料的完整性。被调查者在问卷中有漏答、误答的题目要原封不动地登记,决不能想当然地伪造数据。

定量资料统一性审核的要求:一是检查所有文件、报表的登记填报方法是否统一;二是检查统一指标的数字所使用的量度单位是否统一,不同表格对同一指标的计算方法是否统一。

定量资料合格性审查主要包括以下几个方面。

(1) 被调查者的身份是否符合相关规定。例如,对学生的学习兴趣进行的调查由教师来完成就属于不合格资料。

(2) 提供的资料是否符合填表要求,被调查者是否真正按照调查表的要求完成填写。例如对于表中的单选题如果选择了几个答案,就属于不合格问卷。

(3) 所提供的资料是否真实无误。

进行合格性审查有以下三种方法。

(1) 判断检验。根据已知的情况判断资料是否正确。

(2) 逻辑检验。通过分析资料内部的逻辑关系来辨别其真伪,对自相矛盾的材料应进一步核查。

(3) 计算检验。计算各部分的和是否等于总量,各部分百分比之和是否等于100%,进而判断资料的真伪。

(二) 定量资料编码

编码就是将文字资料转化为数据形式的过程。编码的目的就是整理数据,使材料信息系统化、条理化,便于统计分析。从编码的时间上划分,定量资料有以下两种编码方法:

(1) 预先编码。在设计问卷时,对回答的每个类别都指定好其编码值,并印在问卷上。这种方法局限于回答类别已知的问题,主要针对封闭式问题或已经是数据而不需要转换的问题。这种编码方法的优点是处理资料比较简单、省时省力;缺点是适用范围小,无法用于开放性问题。

(2) 后编码。后编码是指问卷的编码过程是在问卷回收之后进行的,在收集完资料后再根据资料的实际情况进行编码,多用于开放性问题。

(三) 定量资料汇总和初步分析

经过编码后的资料还需要进行登记,这个过程现在一般在计算机上完成。输入计算机的材料就可以借助相关的统计分析软件(如SPSS等)进行初步的汇总和分析。汇总就是根据研究目的,对分类后的各种数据进行计算、加总,汇集到有关的表格之中,以集中系统地反映调查资料内部总体的数量情况。

四、资料整理步骤和资料审查

(一) 资料整理步骤

(1) 设计和编制资料整理方案。设计和编制资料整理方案是保证资料整理有计划、有组织地进行的重要一步。资料整理往往不是整理一个或两个指标,而是整理多个有联系的指标所组成的指标体系。

(2) 对原始资料进行审核。资料的审核是第一步,为了保证质量必须进行严格的审核。

(3) 综合汇总表的项目。对原始资料进行分组、汇总和计算是关键。

(4) 对整理好的资料再进行一次审核,然后编制成一个统计表,以表示社会经济现象在数量上的联系。

(二) 资料审查

1. 注重审查资料的真实性、准确性、完整性

(1) 资料的真实性。调查资料来源必须是客观的、真实的。把那些违背常理的、前后矛盾的资料舍去。

(2) 资料的准确性。要着重检查那些含糊不清的、笼统的以及互相矛盾的资料,以保证资料的准确性。

(3) 资料的完整性。就是力求保证调查资料总体的完整性及每份调查资料的完整性。

2. 审查后的处理

在审查中,如发现问题,可以分不同的情况予以处理。

(1) 对于在调查中已发现并经过认真核实后确认的错误,可以由调查者代为更正。

(2) 对于资料中可疑之处或有错误与出入的地方,应进行补充调查。

(3) 无法进行补充调查的应坚决剔除那些有错误的资料,以保证资料的真实准确。

五、资料整理的方法——统计分组法

(一) 统计分组的含义

统计分组是指根据调查的目的和要求,按照一定标志,将所研究的事物或现象区分为不同的类型或组的一种整理资料的方法。

(二) 统计分组的作用

(1) 可以找出总体内部各个部分之间的差异。如产业结构划分为第一产业、第二产业、第三产业(甚至第四产业)。不同产业包括的部门是各不相同的。

(2) 可以深入了解现象总体的内部结构(表6-1)。

表6-1 我国三次产业分类的从业人员构成情况 单位:%

产业\年份	1993	1994	1995	1996	1997
第一	56.4	51.3	52.2	50.0	49.9
第二	22.4	22.7	23.0	23.5	23.7
第三	21.2	26.0	24.8	26.5	26.4
合计	100.0	100.0	100.0	100.0	100.0

(3) 可以显示社会现象之间的依存关系(表6-2)。

表 6-2　某地区粮食单位面积产量和施肥量的关系

每公顷施肥量/千克	粮食单位面积产量/（千克·公顷$^{-1}$）
116.25	2 827.5
133.5	3 124.5
145.5	3 396
153.75	3 608.3
163.5	3 484

（三）统计分组的标志和类型

1. 分组标志的选择原则
（1）根据调查研究的目的和任务选择分组标志。
（2）选择能够反映研究对象本质的标志。
（3）应从多角度选择分组标志，分组标志并不是唯一性的。
2. 分组类型
（1）根据分组标志的数量，有简单分组和复合分组。
（2）根据所使用分组标志的性质，有品质标志分组和数量标志分组。

（四）次数分布

1. 次数分布的含义

次数分布是将总体中的所有单位按某个标志分组后，所形成的总体单位数在组之间的分布。分布在各组的总体单位数称为次数或频数。各组次数与总次数之比称为比重或比率。

次数分布实质是反映统计总体中所有单位在各组的分布状态和分布特征的一个数列，也可以称为次数分配数列，简称分布数列。分布数列的两大组成部分：各组名称（或）各组变量值与各组单位数（次数）。例如，将经济管理学院学生按照性别分组，看男生和女生各有多少及比重为多少（表6-3）。

表 6-3　经济管理学院男生和女生比例

性别	人数/人	比重/%
男	250	32.1
女	530	67.9
合计	780	100.0

2. 变量数列的种类及计算
（1）单项变量数列（表6-4）。

表 6-4　单项变量数列

按日产量分组/件	工人人数/人	比重/%
25	10	5
26	20	11
27	30	17
28	50	28
29	40	22

续表

按日产量分组/件	工人人数/人	比重/%
30	30	17
合计	180	100

(2) 组距变量数列（表6-5）。

表6-5 组距变量数列

按计划完成程度分组/%	企业数	比重/%
100 以下	6	21.4
100～110	16	57.2
110 以上	6	21.4
合计	28	100.00

六、资料展示

市场调查的原始资料和次级资料加工整理的最终结果，通常需要借助一定的形式表现出来，以供调查者和用户阅读、分析和使用。市场调查资料展示的方式有统计表和统计图。

（一）统计表

统计表是以纵横交叉的线条所绘制的表格来展示数据的一种形式。用统计表展示数据资料有两大优点：一是能有条理地、系统地排列数据，使人们阅读时一目了然，印象深刻；二是能合理地、科学地组织数据，便于人们阅读时对照比较。

1. 统计表的结构

从形式上看，统计表是由总标题、横行标题、纵栏标题、指标数值四个部分构成，统计表的典型形式，见表6-6。

（1）总标题——是统计表的名称，概括统计表的内容，写在表的上端中部。

（2）横行标题——是横行的名称，即各组的名称，写在表的左方。

（3）纵栏标题——是纵栏的名称，即指标或变量的名称，写在表的上方。

（4）指标数值——列在横行标题和纵栏标题交叉对应处。

表6-6 婚姻、性别与时装购买选择分布表

时装购买选择	男性			女性		
	小计	已婚	未婚	小计	已婚	未婚
高档时装	171	125	46	169	75	94
中档时装	219	164	55	203	135	68
低档时装	130	101	29	108	90	18
被调查者人数	520	390	130	480	300	180

2. 统计表的设计

设计统计表必须遵循科学、实用、简练、美观的原则。

（1）统计表形式的设计。

①应设计成由纵横交叉组成的长方形表格，长宽之间应保持适当的比例，过于细长、过于宽扁和长宽基本相等的方形表，均不符合美观原则，应尽量避免。

②统计表上、下两端的端线应以粗线绘制，表中其他线条一般应以细线绘制，左右两端习惯上均不画线，采用不封闭的开口形式。

③统计表各横行如需合计时，一般应将合计列在最后一行，并在合计之上画一细线。各纵栏如需合计时，一般应将合计列在最前一栏或最后一栏。

（2）统计表内容的设计。

①统计表的总标题应当用简练而又准确的文字表述统计资料的内容，以及资料所属的空间和时间范围。

②统计表的横行和纵栏之间必须遵守相互对应的原则，以便表明统计表中任一指标数值反映的数量所属的社会经济性质及其限定的时间、空间和条件。

③统计表各主词之间或宾词之间的次序，应当按照时间的先后、数量的大小、空间的位置等自然顺序编排。某些项目之间存在着一定的客观联系，则应根据项目之间的客观联系合理编排。

④指标数值的计算单位表示方法。当表中所有指标数值都以同一单位计量时，应将计量单位写在表的右上方，当同一栏的指标数值采用同一单位计量，而各栏的计量单位不同时，则应将计量单位标写在各纵栏标题的下方或右侧，并用半圆括号括起来。当同一横行用同一计量单位，而各行的计量单位不同时，则可在横行标题后填列一计量单位栏，用以表示横行计量单位。

（3）统计表制表技术要求。

①文字应书写工整，字体、字号相同，数字应填写整齐、数位对齐。

②当数字为0时要写出来。某格中不应有数字时，要用符号"—"表示出来。当缺某项数字或因数值小可忽略不计时，用符号"……"表示。当某项数字资料可免填时，用符号"×"表示。统计数字部分不应留有空白。当某些数值与上、下、左、右的数值相同时，也应填写该数值，不得用"同上""同左"等代替。

③对某些需要特殊说明的统计指标和数据，应在表下加注说明。

（二）统计图

统计图以圆点的多少、直线的长短、曲线的起伏、条形长短、柱状高低、圆饼面积等图形来展示调查数据。

用统计图展示调查数据具有"一图抵千字"的表达效果，因为图形能给人以深刻而明确的印象，能揭示现象发展变化的结构、趋势、相互关系和变化规律，便于表达、宣传、讲演、广告和辅助统计分析，但统计图能包含的统计项目较少，且只能显示调查数据的概述，故统计图常配合统计表、市场调研报告一起使用。

统计图的制作，可以采用手工制作，也可以采用计算机作为辅助工具进行制作。计算机制作不仅可以提高图形的绘制速度，而且可以使各种统计图形绘制更加准确和精美，可以快速生成花样繁多且质量很好的图形来。

统计图的种类很多，常用的主要有线图、条形图、直方图、圆面图、饼图、环形图、动态曲线图、散点图、统计地图等。

第二节　市场调查资料的分析

一、资料分析概述

资料分析是对调查资料是否具有某种性质或引起某一现象变化原因及现象变化过程的分析。资料的分析方法也可分为两类：定性分析和定量分析（统计分析）。定性分析就是通过分析整理好的材料，分析研究对象是否具有某种性质，分析某种现象变化的原因及变化的过程，从而揭示调查现象中存在的动态规律。定量分析就是将丰富的现象材料，用数量的形式表现出来，借助统计学进行处理，描述出现象中散布的共同特征并对变量间的关系进行假设检验。一般情况下，定性分析与定性资料，定量分析与定量资料之间存在对应关系。但是，随着人们对研究方法的深入探究，发现对定量资料的解释离不开定性分析的方法，而定性材料积累到一定量时结果才有普遍意义，用定量方法去分析定性材料往往会得出令人信服的结论，两者之间的对应关系被逐渐打破。

二、资料分析的基本步骤

（一）阅读资料

研究者首先通读整理过的资料，在阅读的过程中应该保持一种"投降"的态度，即把自己的前提假设和价值判断暂时搁置起来，一切从资料出发，以事实为依据。在阅读过程中还要努力寻求"意义"，即寻找资料所表达的主题和统率资料的主线，在对资料产生整体认识的基础上，进一步寻找各部分资料间的区别和关系。

（二）筛选资料

筛选资料就是从大量的资料中抽取出能说明研究问题的核心内容。筛选不是为证明自己"想当然"的结论而对资料进行任意取舍，而要依据两个标准：一是必须能够说明或证明所研究的问题；二是要考虑资料本身所呈现的特点，如出现的频率、反应的强度和持续的时间，以及资料所表现出的状况和引发的后果等。

（三）解释和价值判断

在确定资料核心内容和主要概念的基础上，建构用来解释资料整体内容的理论框架。

★ 案例链接6-1

格林斯潘的成名之作

格林斯潘是美联储前主席，曾开创了美国历史上最长的经济上升期，对美国经济繁荣做出过卓越贡献。格林斯潘在其学生时代，就做出了一份令人刮目相看的调查报告，为其日后的辉煌奠定了坚实的基础。1950年，朝鲜战争爆发，包括美国国际工业联合会在内的投资机构都想了解美国政府对原材料的需求量，从而预测备战计划对股市的影响。然而，美国国防部将军事工业相关信息，如战斗机、轰炸机和其他新型飞机制造的数据，都列为军事机密封锁起来。正当众人一筹莫展之时，美国工业联合会的年轻兼职调查员格林斯潘挺身而出。

格林斯潘首先从公开的信息渠道着手收集，结果发现所有跟军用飞机制造相关的信息，从飞机型号、飞机用材、飞机编制到计划生产架数等全被军方封锁得滴水不漏。无奈之下，他便转而去收集第二次世界大战期间的数据。从20世纪40年代的国会记录中寻找相关行业的听证会和官方公布的有限数据，以1940年记录中所收集的数据作为一个基准，通过尽可能多的渠道，千方百计地把可以公开获得的有关飞机行业各方面的数据和信息积累在一起。基于第二次世界大战期间的数据基准，靠着有限的公开信息，如某一种型号飞机的质量、工程师的操作手册、各相关企业的生产报表、管理报表和大量联邦统计报表，以及美国国防部所公布的可以查阅到的外围行业的订单数据，"格林斯潘"从分别计算飞机构件材料中铝、铜、钢铁的比例和数量入手，逐步把每架飞机用材计算清楚，然后倒推美国政府对原材料的总需求量。

由于格林斯计算出的数字非常接近当时美国政府保密文件里的数字，这给投资者带来了丰厚的回报，格林斯潘也因此一举成名。

三、定性分析与定量分析

（一）定性分析

1. 定性分析的概念及原则

定性分析是与定量分析相对而言的，它是对不能量化的现象进行系统化理性认识的分析，其方法依据是科学的哲学观点、逻辑判断及推理，其结论是对事物的本质、趋势及规律的性质方面的认识。

定性分析有如下特点：分析的对象是调查资料，分析的直接目的是要证实研究假设，对市场现象得出理论认识。把实践和理论联系起来的中间环节是调查指标及实地调查，调查指标及实地调查一方面充当概念及理论的具体体现者和承担者，另一方面与可观察的现实市场联系起来。

对市场调查资料进行定性分析必须遵循以下原则。

（1）坚持用正确的理论指导。只有坚持用正确的理论作为指导，才有可能从调查资料中分析出科学的认识来。一般来说，辩证唯物主义和历史唯物主义哲学与各门学科的具体理论，是指导人们进行定性分析的一般原理。

（2）分析只能以调查资料为基础，并且分析出的结果必须用调查资料来验证。

（3）要从调查资料的全部事实出发，不能简单地从个别事实出发。对所分析的问题不但要有对历史资料的了解，而且应该用发展的观点来看问题并预见未来。

2. 市场调查中常用的定性分析方法

（1）归纳分析法。归纳分析法是指在市场调查中收集到许多资料，经过归纳概括出一些理论观点。归纳法是人们用得最广泛的一种方法，分为完全归纳法和不完全归纳法，后者又分为简单枚举法和科学归纳法。

完全归纳法就是根据某类事物中每一个对象都具有或不具有某种属性，从而概括出该类事物的全部对象都具有或不具有这种属性的归纳方法。完全归纳法能使人们从个别材料中概括出一般结论，从而获得综合性和概括性的新知识，并且这种新知识是完全可靠的。

简单枚举法是根据某类事物中部分对象具有或不具有某种属性，且也未发现反例，从而推论出该类事物都具有或不具有某种属性的归纳法。这种方法是建立在直接经验基础上的一种归纳法，结论具有一定的可靠性，且简便易行。

科学归纳法是根据某类事物中的部分对象与某种属性之间的必然联系，推论出该类事物的所有对象都具有某种属性的归纳方法。与简单枚举法相比，科学归纳法更复杂、更科学。

（2）演绎分析法。市场调查中的演绎分析法，就是把调查资料的整体分解为各个部分、方面和因素，形成分类资料，并通过对这些分类资料的研究分别把握特征和本质，然后将这些通过分类研究得到的认识联结起来，形成对调查资料整体认识的逻辑方法。

在运用演绎分析法进行分析时，要注意如下几个问题：①分类研究的标准要科学；②分类研究的角度应该是多层次、多角度的；③对分类研究后的资料还要运用多种逻辑方法揭示其本质，形成理性认识；④要以分类研究为基础；⑤要根据研究对象本身的客观性质，从内在的相互关系中把握其本质和整体特征，而不是将其各个部分、方面和因素进行简单相加或形式上的堆砌。

（3）比较分析法。比较分析法是把两个或两类事物的调查资料相对比，从而确定它们之间的相同点和不同点的逻辑方法。对一个事物是不能孤立地去认识的，只有把它与其他事物联系起来加以考察，通过比较分析，才能在众多的属性中找出本质的属性和非本质的属性。比较分析法是调查研究中经常运用的一种方法。

运用比较分析法时，要注意如下几个问题：①比较可以在同类对象之间进行，也可以在异类对象之间进行（同类和异类的差别是相对的）；②要分析可比性，把可比的事物与不可比的事物相混淆，就不能进行科学的比较，也就得不出正确的结论；③比较应该是多层次的。

（4）结构分析法。任何事物或现象都是由几个部分、方面和因素组成的，这些部分、方面和因素之间形成一种相对稳定的联系，称为结构。相互联系的各个部分、方面和因素间总是互相依存、互相渗透并作为同一整体对其外部事物或现象发生作用和影响，这种对内的和对外的作用和影响称为功能。在市场调查的定性分析中，人们通过调查资料，分析某现象的结构及其各组成部分的功能，进而认识这一现象本质的方法，称为结构分析法。结构及功能是各类现象的普遍特征，因而结构分析法也是定性分析中常用的方法之一。

在市场调查分析中运用结构分析法，要着重分析以下内容：①分析结构，即对某一被调查事物的各个构成部分中，哪一部分构成起主要作用，哪一部分起次要的、协同的作用，通过分析以加深对这一事物的认识并确定对其施加影响的切入点。②分析内部功能，包括：确定功能关系的性质；研究功能存在的必要条件；揭示满足功能的机制，即分析促使各要素之间发生相互影响和作用的手段及方法。③分析外部功能，即把研究对象放到市场中，考察其对市场各方面的影响和作用，包括分析其功能的对象、性质以及程度等。

通过结构分析法，人们能对所调查现象的性质和特征有较深刻的认识，这正是定性分析的一个重要目的。

（二）定量分析

定量分析是指从事物的数量特征方面入手，运用一定的数据处理技术进行数量分析，从而挖掘出数量中所包含的事物本身的特性及规律的分析方法。

定量分析方法主要有描述性统计分析方法和解析性统计分析方法。描述性统计分析方法指对被调查总体所有单位的有关数据进行收集、整理和计算综合指标等加工处理，用来描述总体特征的统计分析方法。市场调查分析中最常用的描述性统计分析方法，主要包括对调查数据的相对程度分析、指数分析和分组分析。解析性统计分析方法主要有假设检验、方差分析、相关分析。此外，还有不确定性分析方法，即模糊分析方法。

本章小结

资料整理是对资料进行"去伪存真、去粗取精"的加工过程，是从资料收集阶段到资料分析阶段的过渡环节。根据原始资料的外部形态，可以把资料分为定性资料和定量资料两类，性质不同的资料所对应的整理过程和方法有所不同。

资料整理步骤：①设计和编制资料整理方案；②对原始资料进行审核；③综合汇总；④对整理好的资料再进行一次审核，然后编制成一个统计表，以表示社会经济现象在数量上的联系。资料的审查必须注重资料的真实性、准确性、完整性。

资料分析是对调查资料是否具有某种性质或引起某一现象变化原因及现象变化过程的分析。资料分析方法分为定性分析和定量分析（统计分析）。定性分析就是用经过处理的现象材料分析

第六章 市场调查资料的整理与分析

调查对象是否具有某种性质,分析某种现象变化的原因及变化的过程,从而揭示调查现象中存在的动态规律。定量分析就是将丰富的现象材料,用数量的形式表现出来,借助统计学进行处理,描述出现象中散布的共同特征并对变量间的关系进行假设检验。

复习思考题

1. 什么是资料整理?什么是资料分析?
2. 什么是统计分组?
3. 统计分组的作用有哪些?
4. 统计表的结构及制作原则是什么?
5. 统计表的设计要求是什么?
6. 统计表的两大优点是什么?
7. 简述统计图的种类,并练习制作统计表。

案例分析

中小企业网络营销调查的资料整理分析

美国战略咨询公司 Frank N. Magid Associates 对中小企业采用以及计划采用的网络营销方法的调查发现,目前真正将互联网应用于网络营销的中小企业仅占 22%,这个数字多少有些出人意料,似乎与美国企业互联网应用的整体水平并不相符。美国中小企业所采用的网络营销方法见表 6-7。

表 6-7 美国中小企业采用的网络营销方法

网络营销方法	占被调查者比例/%
E-mail 营销	60
搜索引擎	56
Banner 广告	36
PPC 网络广告	25

通过对调查资料的整理,发现在开展网络营销的美国中小企业中,E-mail 营销是最常用的网络营销方法;其次是搜索引擎和 Banner 广告等。在这些开展网络营销的中小企业中,有 74% 计划进一步增加网络营销投入。在尚未开展网络营销的企业中,有 43% 表示将在 6 个月内采用网络营销方法。通过对比多家美国调查咨询机构的研究结果发现,E-mail 营销在美国企业中的应用相当普遍,这种情况与国内有较大差别。尽管没有权威的统计数据,但通过一些相关调查资料的分析可以得出这样的结论:许可 E-mail 营销在国内企业中并没有得到广泛应用,即使大型企业网站和 B2B 电子商务网站对基于内部邮件列表方式的 E-mail 营销应用水平也比较低,E-mail 营销、搜索引擎营销(包括搜索引擎广告和基于自然检索结果的搜索引擎优化)、各种形式的网络广告等是最主要的网络营销方法。其中,E-mail 营销在国内的普及应用有较大局限,因而搜索引擎营销方法在国内企业营销中显得更为重要。尤其在中小企业中,搜索引擎营销无疑是最重要的网络营销方法。

问题:制约国内中小企业开展网络营销的因素是什么?

第七章

市场调查报告的撰写

★ 知识目标

通过本章的学习，正确理解市场调查报告的含义及构成要素；了解撰写市场调查报告的要求；熟悉市场调查报告的作用与功能；掌握市场调查报告的结构；掌握书面报告的撰写形式与技巧。

★ 能力目标

通过本章的学习，培养能根据调查结果，独立撰写书面市场调查报告的能力。

★ 引导案例

市场调查报告的魅力所在

××管理咨询公司的项目经理吴飞和他的团队经过4个月的艰辛努力，终于完成了某品牌的营销环境调查工作。他们在调查过程中收集了大量各宏观环境要素以及消费行为、竞争态势等方面的具体资料，并形成了140多页的研究报告。报告中采用了多种数据分析方法并形成了大量的图表和数据说明，并根据分析结果为该品牌的细分市场、定位思路以及品牌延伸等问题提出了多项建议。吴飞在向委托方经理提交报告后信心百倍，对自己和团队的整个工作非常满意，等待委托方给出一个满意的评价。三周过去了，吴飞还没收到委托方的任何反馈意见。吴飞着急了，他给委托方打电话，要求安排时间做一个口头报告，介绍调查的情况和结果，委托方同意了。两天以后，口头报告会如期举行，委托方几乎所有的高层领导都参加了。吴飞在报告会上做了一个小时充满事实、数据与图表以及问题和结论的报告，出乎意料的是，对方经理说："听你堆积了那么多枯燥乏味的数据后，我完全搞糊涂了，反而不知该怎么办了。请你明天上班前给我们提交一份3页纸的摘要。"说完，会议就结束了。

吴飞和他的团队感觉到非常委屈，经过艰苦努力并经过精心准备的调查报告没有得到应有的好评，反而引起委托方的不满，这是吴飞和他的团队始料未及的。但无论如何今天必须准备好委托方所需要的摘要，保证明天上班前交到对方经理手中。

其实，吴飞和他的团队所遇到也正是许多从事调查和咨询工作的人常面临的尴尬情况。调查人员经过艰苦努力完成了调查,但是最终报告却未能得到委托方的认可。如何使自己的调查报告得到委托方的认可,这是调查人员都必须面对的一个实际问题。

市场调查及分析工作的最终成果,是用市场调查报告的形式来表达的。如何用适当的形式和方法,将调查分析的成果和结论表达清楚,并将这些成果提供给市场决策者作为决策的依据,是一个市场调查人员必须具备的知识和能力。

第一节 市场调查报告的基本格式要求

一、市场调查报告的含义及构成要素

(一) 市场调查报告的含义

市场调查报告是在对调查得到的资料进行筛选加工、整理分析的基础上,记述和反映市场调查成果并提出作者看法和意见的报告,它可以是书面形式,也可以是口头形式或其他形式,如电子媒介形式等。

可以从以下几个方面来深刻理解市场调查报告的含义。

(1) 市场调查报告是调查与分析成果的有形产品,是市场调查所有活动的综合体现。调查报告将调查研究的成果以文字和图表的形式表达出来。因此,调查报告是市场调查成果的集中体现,并可作为市场调查成果的历史记录。

(2) 市场调查报告通过市场调查分析,透过数据现象来分析数据之间隐含的关系,使人们对事物的认识能从感性认识上升到理性认识,更好地指导实践活动。市场调查报告比起调查资料来,更便于阅读和理解,它能把"死"数字变成"活"情况,能起到透过现象看本质的作用,使感性认识上升为理性认识,有利于商品生产者和经营者了解、掌握市场行情,为确定市场经营目标、工作计划奠定基础。

(3) 市场调查报告是为社会、企业、各管理部门服务的一种重要形式。市场调查的最终成果是写成市场调查报告呈给企业的有关决策者,以便他们在决策时作为参考。

总的来讲,市场调查报告是市场调查研究成果的集中体现,调查报告的质量将直接影响到整个市场调查研究工作成果的质量。一份好的市场调查报告,能给企业的市场经营活动提供有效的导向作用,能为企业的决策提供客观依据。

(二) 市场调查报告的构成要素

一份市场调查报告一般应具备以下三个要素。

(1) 基本情况。即对调查结果的描述与解释,可以用文字、图表、数字加以说明。对情况的介绍要详尽而准确,为下一步做分析、下结论提供依据。

(2) 分析与结论。对基本情况、数据进行科学的分析,找出原因及各方面的影响因素,透过现象看本质,得出明确结论。

(3) 措施与建议。通过对调查资料的分析研究,调查者对市场情况有了明晰的认识。在此基础上,调查者针对市场调查发现的问题,提出建议和看法,供决策者参考。

二、市场调查报告的功能

市场调查报告应具备以下几个方面的功能：描述调查结果；充当参考文件；证明所做工作的可信度。

1. 调查报告必须描述调查的结果

市场调查报告中应对已完成的调查项目做完整而又准确的描述。也就是说，调查报告的内容必须详细、完整地表达以下内容：①调查目的；②主要背景信息；③调查方法的评价；④以表格或图形的方式展示调查结果；⑤调查结果摘要；⑥结论；⑦建议。

2. 调查报告必须能像一个参考文件一样发挥作用

一旦调查报告被报送或分发给决策者，它便开始了自己的使命。大多数研究都包括几个目标和一系列意义重大的信息。然而，让决策者在某一特定时间都记住这些内容是不可能的，因此，调查者会发现，决策者及其他研究人员常拿出原报告，重新阅读，以便熟悉调查的基本内容。从这方面来看，它应能像一个价值卓著的参考文件一样发挥作用。

3. 调查报告必须建立并保持研究的可信度

调查报告的可信度可以从以下几个方面得到体现。

（1）调查报告的外观质量会影响到人们对它的可信度。换句话说，如果调查报告格式不规范，错别字太多，印刷质量太差，有漏掉的页码，图表制作缺乏美观等，都会给人留下不好的第一印象，使人们对调查报告制作者的态度产生怀疑，进而影响了对调查工作可信度的评价。

（2）调查报告对所采用的调查方法和抽样技术以及可能的误差要加以说明，让使用调查报告的人员确信调查报告在某些方面是可信的。

（3）避免提出一些"令人大吃一惊"的极端性建议。

总之，调查报告必须让读者感受到调查人员对整个调查项目的重视程度和对调查质量的控制程度。

三、市场调查报告的特点

市场调查报告应具有针对性、新颖性、时效性、科学性、可读性等几个方面的特点。

（1）针对性。针对性包括选题上的针对性和阅读对象的明确性两方面。首先，调查报告在选题上必须强调针对性，做到目的明确、有的放矢，围绕主题展开论述，这样才能发挥市场调查应有的作用；其次，调查报告还必须明确阅读对象。阅读对象不同，他们的要求和所关心的问题的侧重点也不同。例如，调查报告的阅读者是公司的总经理，那么他主要关心的是调查的结论和建议部分，而不是大量的数字分析等。但如果阅读的对象是市场研究人员，他所需要了解的是这些结论是怎样得来的，是否科学、合理。那么，他更关心的就是调查所采用的方式、方法，数据的来源等方面的问题。针对性是调查报告的灵魂，必须明确要解决什么问题、阅读对象是谁等。针对性不强的调查报告必定是盲目的和毫无意义的。

（2）新颖性。市场调查报告的新颖性是指调查报告应从全新的视角去发现问题，用全新的观点去看待问题。市场调查报告要紧紧抓住市场活动的新动向、新问题等提出新观点。这里的新，更强调的是提出一些新的建议，即以前所没有的见解。例如，许多婴儿奶粉均不含蔗糖，但通过调查发现，消费者并不一定知道这个事实。有人就在调查报告里给某个奶粉制造商提出了一个建议，建议在广告中打出"不含蔗糖"的广告词，因为奶粉不含蔗糖就不会让婴儿的乳牙蛀掉，最后取得了很好的效果。

(3) 时效性。市场信息千变万化，经营者的机遇也是稍纵即逝。市场调查滞后，就失去其存在意义。因此，调查行动要快，市场调查人员应将从调查中获得的有价值的内容迅速、及时地报告给经营决策者，以供经营决策者抓住机会，在竞争中取胜。

(4) 科学性。市场调查报告不是单纯报告市场客观情况，还要通过对事实做分析研究，寻找市场发展变化规律。这就需要写作者掌握科学的分析方法，以得出科学的结论、适用的经验教训及解决问题的方法、意见等。

(5) 可读性。可读性即指市场调查报告的观点要鲜明、突出，内容的组织安排要有序，行文流畅，通俗易懂。

四、市场调查报告的类型

市场调查报告可以从不同角度进行分类。

1. 按调查报告的形式划分

(1) 书面报告。把整个调查活动的过程和分析研究的成果以书面的形式呈现出来。

(2) 口头报告。对小型调查活动或急需掌握信息进行决策时，一般采用口头报告。

2. 按所涉及内容含量的多少划分

(1) 综合性调查报告。综合性调查报告指提供给用户的最基本的报告，它是围绕调查对象的基本状况和发展变化过程，对全部调查结果，做出的比较全面、系统、完整、具体的调查报告。综合性调查报告涉及的内容及范围比较宽泛，所依据的资料比较丰富，篇幅较长，它对调查对象的发展变化情况做纵横两方面的介绍。

(2) 专题性调查报告。专题性调查报告指围绕某一特定事物、问题而撰写的调查报告。这类调查报告主题鲜明，内容专一，材料具体，针对性强，问题集中，篇幅较短，应用较广。

3. 按调查目的划分

(1) 情况调查报告。情况调查报告是比较系统地反映本地区、本单位基本情况的一种调查报告。这种调查报告是为了弄清情况，供决策者使用。

(2) 典型经验调查报告。典型经验调查报告是通过分析典型事例，总结工作中出现的新经验，从而指导和推动某方面工作的一种调查报告。

(3) 问题调查报告。问题调查报告是针对某一方面的问题，进行专项调查，澄清事实真相，判明问题的原因和性质，确定造成的危害，并提出解决问题的途径和建议，为问题的最后处理提供依据，也为其他有关方面提供参考和借鉴的一种调查报告。

此外，按调查对象不同，有关于市场供求情况的市场调查报告、关于产品情况的市场调查报告、关于消费者情况的市场调查报告、关于销售情况的市场调查报告以及有关市场竞争情况的市场调查报告；按表述手法的不同，有陈述型市场调查报告和分析型市场调查报告等。

五、市场调查报告的撰写要求

市场调查报告的撰写要求如下：

(1) 力求客观真实、实事求是。调查报告必须符合客观实际，引用的材料、数据必须是真实可靠的。要反对弄虚作假，或为迎合上级的意图，挑其喜欢的材料撰写。总之，要用事实说话。

(2) 要做到调查资料和观点相统一。市场调查报告是以调查资料为依据的，即调查报告中所有观点、结论都有大量的调查资料为依据。在撰写过程中，要善于用资料说明观点，用观点概括资料，二者相互统一。切忌调查资料与观点相分离。

（3）要突出市场调查的目的。市场调查报告，必须目的明确，有的放矢，任何市场调查都是为了解决某一问题，或者为了说明某一问题。市场调查报告必须围绕市场调查的目的来进行论述。

（4）语言要简明、准确、通俗易懂。调查报告是给人看的，无论是委托方的管理者，还是其他一般的读者，他们大多不喜欢冗长、乏味、呆板的语言，也不精通调查的专业术语。因此，调查报告语言要力求简单、准确、通俗易懂。

六、市场调查报告的结构

市场调查报告一般由标题、目录、摘要、正文、结论和建议、附件组成。

1. 标题

标题必须准确揭示调查报告的主题思想。标题要简单明了、高度概括、题文相符。标题一般应打印在扉页上，同时还应在扉页上说明报告日期、委托方、调查方等。标题要把被调查单位、调查内容明确而具体地表示出来。例如，关于北京市居民收支、消费及储蓄情况调查报告。有的调查报告还采用正、副标题形式，一般正标题表达调查的主题，副标题则具体表明调查的单位和问题。例如，"上帝"眼中的《北京青年报》——《北京青年报》读者调查总体研究报告。

2. 目录

为了方便读者阅读，应当使用目录或索引形式列出报告所分的主要章节和附录，并注明标题、有关章节号码及页码，一般来说，目录的篇幅不宜超过一页。

3. 摘要

摘要主要阐述课题的基本情况，按照市场调查课题的顺序将问题展开，并阐述对调查的原始资料进行选择、评价、做出结论、提出建议的原则等。摘要主要包括以下几个方面。

（1）简要说明调查目的。即简要地说明调查的由来和委托调查的原因。

（2）介绍调查对象和调查内容，包括调查时间、地点、对象、范围、调查要点及所要解答的问题。

（3）简要介绍调查研究的方法。

4. 正文

正文是市场调查报告的主要部分。正文部分必须准确阐明全部有关论据，包括问题的提出，引出的结论，论证的全部过程，分析研究问题的方法。此外，还应当有可供委托方决策参考的全部调查结果和必要的市场信息，以及对这些情况和内容的分析、评论。

5. 结论和建议

结论和建议是撰写综合分析报告的主要目的。这部分包括对摘要和正文部分所提出的主要内容的总结，提出如何利用已证明有效的措施和解决某一具体问题可供选择的方案与建议。结论和建议与正文部分的论述要紧密对应，不可以提出无论据的结论，也不要没有结论性意见的论证。

6. 附件

附件是指调查报告正文包含不了或没有提及，但与正文有关、必须附加说明的部分。它是对正文报告的补充或更详尽说明。

第二节　市场调查报告的内容与撰写技巧

市场调查报告写作的一般程序是：构思（确定主题思想、标题，拟定写作提纲等），取舍选择调查资料，撰写调查报告初稿，最后修改、定稿。

一、调查报告的内容

一般来说，撰写书面调查报告主要涉及以下内容。
(1) 说明调查目的及所要解决的问题。
(2) 介绍市场资料。
(3) 分析研究的方法。
(4) 调查数据。
(5) 提出论点，即摆出自己的观点和看法。
(6) 论证所提观点的基本理由。
(7) 提出解决问题可供选择的建议、方案和步骤。
(8) 预测可能遇到的风险、对策。

二、调查报告撰写的步骤

1. 构思
(1) 构思是根据思维运动的基本规律，从感性认识上升到理性认识的过程。
(2) 确立主题思想。在认识客观事物的基础上，确立主题思想。
(3) 确立观点，列出论点、论据。在做出结论时，应注意以下几个问题：①一切有关的实际情况及调查资料是否都考虑了；②是否有相反结论否定调查结论；③立场是否公正客观、前后一致。
(4) 安排文章层次结构。在完成上述几步后，构思基本上就有了框架。在此基础上，考虑文章正文的大致结构与内容，安排文章层次段落。一般分为三个层次：①基本情况介绍；②综合分析；③结论与建议。

2. 取舍选择数据资料
市场调查报告的撰写必须根据数据资料进行分析。反映问题要用数据做定量分析，提建议、措施同样要用数据来论证其可行性与效益。
选取数据资料后，在写作时，要努力做到用资料说明观点，用观点论证主题，详略得当，主次分明，使观点与数据资料协调统一，以便更好地突出主题。

3. 撰写初稿
根据撰写提纲的要求，由单独一人或数人分工负责撰写，各部分的写作格式、文字数量、图表和数据要协调，统一控制。

4. 定稿
写出初稿，征得各方意见，进行修改后，就可以定稿。

三、调查报告的具体结构

一般来说，调查报告的结构会因为报告的内容不同而存在差异，但大部分调查报告的结构还是比较接近的。下面是一个比较常用的调查报告结构模板。

（一）封面
(1) 标题。
(2) 客户企业（委托方）。
(3) 调查研究机构（受托方）。
(4) 受托方地址与联系方式。
(5) 提交日期。
（二）报告摘要
(1) 调查目的的简要陈述。
(2) 调查方法的简要陈述。
(3) 主要调查结果的简要陈述。
(4) 结论和建议的简要陈述。
(5) 其他有关信息（如特殊技术、局限或背景信息等）的简要陈述。
（三）目录
(1) 章节标题及其页码。
(2) 表格目录：标题及其页码。
(3) 图形目录：标题及其页码。
(4) 附录：标题及其页码。
（四）正文
(1) 介绍：①项目背景；②项目参与人员及其职位；③致谢。
(2) 调查方式方法：①样本单位的界定与抽样方法；②资料收集方法；③调查问卷的主要问题清单与关键问题的说明；④特殊问题或考虑。
(3) 分析与结果：①分析类型介绍；②表格与图形；③解释性的正文。
(4) 结论和建议。
(5) 局限：①样本规模的局限；②样本选择的局限；③其他（抽样框误差、时机、分析等）。
(6) 附录：①调查问卷；②样本单位清单；③技术性附录（对某种工具如联合分析的介绍）；④其他必要资料（委托书复印件、调查地的地图等）。
(7) 参考文献。

四、调查报告各部分的撰写形式

（一）标题的形式

标题是画龙点睛之笔，它必须准确揭示调查报告的主题思想，做到题文相符。标题应简单明了，高度概括，具有较强的吸引力。

（二）开头部分的形式

前言部分一般包括以下几个方面：交代调查活动的一般情况，写明调查目的、时间、地点、对象、范围、方式、结果等；介绍调查对象的基本情况；提出问题。

（三）论述部分的形式

论述部分是调查报告的核心部分，它决定着整个调查报告质量的高低和作用的大小。这一部分在调查了解到的事实的基础上，着重分析说明调查对象发生、发展和变化的过程，调查的结果及存在的问题，并提出具体的意见和建议。

由于论述一般涉及内容很多，文字较长，有时也可以用概括性或提示性的小标题，突出文章的中心思想。论述部分的结构安排是否恰当，直接影响着分析报告的质量。论述部分主要分为基本情况部分和分析部分。

（1）基本情况部分。基本情况部分主要有以下3种：①对调查数据资料及背景资料做客观的说明，然后在分析部分阐述对情况的看法、观点或分析；②提出问题，其目的是要分析问题，找出解决问题的办法；③肯定事物的一面，即由肯定的一面引申出分析部分，然后由分析部分引出结论，循序渐进。

（2）分析部分。分析部分是调查报告的主要组成部分。在这个阶段，要对资料进行质和量的分析，通过分析了解情况，进而说明问题、解决问题。分析有以下3类情况：第一类，原因分析，即对出现问题的基本成因进行分析，如"对××牌产品滞销原因分析"；第二类，利弊分析，即对事物在市场活动中所处的地位和起到的作用进行利弊分析；第三类，预测分析，即对事物的发展趋势和发展规律做出分析，如"对××市居民住宅需求意向的调查，通过居民家庭人口情况、住房现有状况、收入情况及居民对储蓄的认识和对分期付款购房的想法等，对××市居民住房需求意向进行预测。"

此外，论述部分的层次段落一般有4种形式：①层层深入形式，各层意思之间是一层深入一层，层层剖析；②先后顺序形式，按事物发展的先后顺序安排层次，各层意思之间有密切联系；③综合展开形式，先说明总的情况，然后分段展开，或先分段展开，然后综合说明，展开部分之和为综合部分；④并列形式，各层意思之间是并列关系。

（四）结尾部分的形式

结尾部分是调查报告的结束语，好的结尾，可使读者明确题旨，加深认识，启发读者思考和联想。结尾一般有以下几种形式。

（1）概括全文。经过层层剖析后，综合说明调查报告的主要观点，深入文章的主题。

（2）形成结论。在对真实资料进行深入细致的科学分析的基础上，得出报告结论。

（3）基本看法和建议。通过分析，形成对事物的看法，在此基础上，提出建议和可行性方案。提出的建议必须能确实掌握企业状况及市场变化，使建议有付诸实行的可能性。

（4）展望未来，说明意义。通过调查分析展望未来前景。

五、调查报告的撰写技巧

调查报告的撰写技巧主要包括表达、表格和图形表现等方面的技巧。表达技巧主要包括叙述、说明、议论、语言运用四个方面的技巧。

（一）叙述的技巧

调查报告的叙述，主要用于开头部分，叙述事情的来龙去脉，表明调查的目的和根据，以及过程和结果。此外，在主体部分还要叙述调查得来的情况。调查报告常用的叙述技巧有概括叙述、按时间顺序叙述、省略叙述主体。

1. 概括叙述

叙述有概括叙述和详细叙述之分。调查报告主要用概括叙述，将调查过程和情况概略地陈述，不需要对事件的细枝末节详加铺陈。这是一种"浓缩型"的快节奏叙述，文字简约，一带而过，给人以整体、全面的认识，以适合市场调查报告快速、及时反映市场变化的需要。

2. 按时间顺序叙述

在交代调查的目的、对象、经过时，往往用按时间顺序叙述的方法，其特点是次序井然，前后连贯。例如，开头部分叙述调查的前因后果，主体部分叙述调查对象的历史及现状，就体现为按时间顺序叙述。

3. 省略叙述主体

调查报告的叙述主体是写报告的单位，叙述中用第一人称"我们"。为行文简便，叙述主体一般出现在开头部分中，在后面的各部分即可省略，并不会因此而令人误解。

（二）说明的技巧

调查报告常用的说明技巧有数据说明、分类说明、对比说明、举例说明等。

1. 数据说明

市场运作离不开数据，反映市场发展变化情况的市场调查报告，要运用大量数据，以增强调查报告的精确性和可信度。

2. 分类说明

市场调查中所获材料杂乱无章，根据主旨表达的需要，可将材料按一定标准分为几类，分别说明。例如，将调查的基本情况，按问题性质归纳成几类，或按不同层次分为几类。每类前冠以小标题，按提要句的形式表述。

3. 对比说明

市场调查报告中有关情况、数据说明，往往采用对比形式，以便全面深入地反映市场变化情况。对比要清楚事物的可比性，在同标准的前提下，做切合实际的比较。

4. 举例说明

为说明市场发展变化情况，举出具体、典型事例，这也是常用的方法。市场调查中，会遇到大量事例，应从中选取有代表性的例子。

（三）议论的技巧

市场调查报告常用的议论技巧有归纳论证和局部论证。

1. 归纳论证

市场调查报告是在占有大量材料之后，做分析研究，得出结论，从而形成论证过程。这一过程，主要运用议论方式，所得结论是从具体事实中归纳的。

2. 局部论证

市场调查报告不同于议论文，不可能形成全篇论证，只是在情况分析、对未来预测中做局部论证。例如，对市场情况从几个方面做分析，每一方面形成一个论证过程，用数据、情况等作为论据来证明其结论，形成局部论证。

（四）语言运用的技巧

调查报告是用书面形式表达的语言，提高语言表达能力，是写好调查报告的重要条件之一。报告的语言要逻辑严谨、数据准确、文风质朴、简洁生动、通俗易懂、用词恰当，并且善于使用表格、图示表达意图，避免文字上的累赘。

语言运用的技巧包括用词方面和句式方面的技巧。

1. 用词方面的技巧

调查报告中数量词用得较多，因为市场调查离不开数据，很多问题要用数据说明。可以说，数量词在市场调查报告中以其特有的优势，越来越显示出其重要作用。市场调查报告中介词用得也很多，主要用于交代调查目的、对象、根据等方面，如用"为、对、根据、从、在"等介词。此外，还多用专业词，以反映市场发展变化，如"商品流通""经营机制""市场竞争"等词。为使语言表达准确，撰写者还需熟悉市场有关专业术语。

2. 句式方面的技巧

市场调查报告多用陈述句,陈述调查过程、调查到的市场情况,表示肯定或否定判断。祈使句多用在提议部分,表示某种期望,但提议并非皆用祈使句,也可用陈述句。

六、撰写调查报告应注意的问题

1. 切忌将分析工作简单化

如果根据资料就事论事,简单介绍式的分析多,深入细致的分析及观点少,无结论和建议,那么整个调查报告的系统性很差,使分析报告的价值不大。

2. 切忌面面俱到、事无巨细地进行分析

一篇调查报告自有它的重点和中心,在对情况有了全面了解之后,经过系统地构思,调查者应该能有详有略,抓住主题,深入分析。

3. 报告的长短根据内容确定

确定调查报告的长短,要根据调查目的和调查报告的内容而定,对调查报告的篇幅,做到宜长则长,宜短则短,尽量做到长中求短,力求写到短小精悍。特别提醒一些小型市场调查报告,其反映的是微观的、局部性的问题,这种报告篇幅短小,在形式上、写法上往往很灵活,但也足以向人们传递市场某一方面的信息。作为初学者,可以多练习写这样的小型市场调查报告。

本章小结

市场调查报告是在对调查得到的资料进行筛选加工、分析整理的基础上,记录和反映市场调查成果并提出作者看法和意见的报告,它可以是书面形式,也可以是口头形式或其他形式,如电子媒介形式等。一份市场调查报告一般具备三个要素:基本情况、分析与结论、措施与建议。

市场调查报告的类型主要有情况调查报告、典型经验调查报告和问题调查报告等。市场调查报告是市场调查研究成果的集中体现,其撰写的好坏将直接影响到整个市场调查研究工作的成果质量。一份好的市场调查报告,能给企业的市场经营活动提供有效的导向作用,能为企业的决策提供客观依据。市场调查报告应具备的功能有:描述调查结果;充当参考文件;证明所做工作的可信度。市场调查报告应具有针对性、新颖性、时效性、科学性、可读性等方面的特点。市场调查报告的要求:调查报告力求客观真实、实事求是;调查报告要做到调查资料和观点相统一;调查报告要突出市场调查的目的;调查报告的语言要简明、准确、通俗易懂。

市场调查报告的一般结构由标题、摘要、目录、正文、结论和建议、附件等几部分组成。市场调查书面报告写作的一般程序是:构思(确定主题思想、标题,拟定写作提纲等),取舍选择调查资料,撰写调查报告初稿,最后修改定稿。常用的书面报告结构有标题(封面)、报告摘要、目录、正文、局限、附录。撰写报告应注意的问题有:切忌将分析工作简单化;切忌面面俱到、事事俱细地进行分析;报告的长短根据内容确定。

复习思考题

1. 什么是市场调查报告?
2. 市场调查报告类型有哪些?
3. 市场调查报告的意义有哪些?
4. 市场调查报告的作用和功能有哪些?
5. 市场调查报告的特点有哪些?

6. 市场调查报告的要求有哪些？
7. 简述市场调查报告的结构。
8. 简述书面调查报告的撰写程序与步骤。
9. 简述书面调查报告的撰写结构、形式与技巧。
10. 撰写报告应注意的问题有哪些？

案例分析

中国饮料工业协会统计报告显示，国内果汁及果汁饮料实际产量超过百万吨，同比增长33.1%，市场渗透率达36.5%，居饮料行业第四位，但国内果汁人均年消费量仅为1千克，为世界果汁平均消费水平的1/7，西欧国家平均消费量的1/4，市场需求潜力巨大。

我国水果资源丰富，其中，苹果产量是世界第一，柑橘产量为世界第三，梨、桃等产量居世界前列。据权威机构预测，到2020年，我国预计果汁产量达195万～240万吨，人均年消费量达1.5千克。

近日，我公司对××市果汁饮料市场进行了一次市场调查，根据统计数据，我们对调查结果进行了简要的分析。

追求绿色、天然、营养成为消费者喝果汁饮料的主要目的。品种多、口味多是果汁饮料行业的显著特点，据××市场调查显示，每家大型超市内，果汁饮料的品种都在120种左右，厂家达十几家，竞争十分激烈，果汁的品质及创新成为果汁企业获利的关键因素，品牌果汁饮料的淡旺季销量无明显区分。

目标消费群——调查显示，在选择果汁饮料的消费群中，15～24岁年龄段的占了34.3%，25～34岁年龄段的占了28.4%，其中，又以女性消费者居多。

影响购买因素——口味：酸甜的味道销量最好，低糖营养性果汁饮品是市场需求的主流；包装：家庭消费首选750 mL和1 L装的塑料瓶大包装，260 mL的小瓶装和利乐包为即买即饮或旅游时的首选，礼品装是家庭送礼时的选择，新颖别致的杯型包装因喝完饮料后杯子可当茶杯用，所以也影响了部分消费者购买决定。

饮料种类选择习惯——71.2%的消费者表示不会仅限于一种，会喝多种饮料；有什么喝什么的占了20.5%；表示就喝一种的有8.3%。

品牌选择习惯——调查显示，习惯于多品牌选择的消费者有54.6%；习惯于单品牌选择的有13.1%；因品牌忠诚性做出单品牌选择的有14.2%；价格导向占据了2.5%；追求方便的比例为15.5%。

饮料品牌认知渠道——广告：75.4%；自己喝过才知道：58.4%；卖饮料的地方：24.5%；亲友介绍：11.1%。

购买渠道选择——在超市购买：61.3%；随时购买：2.5%；个体商店购买：28.4%；批发市场购买：2.5%；大中型商场购买：5.4%；酒店、快餐厅等餐饮场所也具有较大的购买潜力。

一次购买量——选择喝多少就买多少的有62.4%；选择一次性批发很多的有7.6%；会多买一点存着的有29.9%。

问题：根据所给的材料撰写一篇市场调查报告。

第八章

大数据分析简介

★知识目标

通过本章的学习，了解大数据的相关知识，了解面对大数据带来的挑战，市场调查工作所面临的变革和创新。同时也了解大数据分析在产品决策、价格决策、分销决策及促销决策中得到的广泛应用。

★能力目标

通过本章的学习，培养洞悉新知识、新技术、新资源等科技最新发展成果的能力。

★引导案例

Target 的"数据关联挖掘"

利用先进的统计方法，商家可以通过对大量的用户购买历史记录、分析来建立模型，预测未来的购买行为，进而设计促销活动和个性服务，避免用户流失。美国第三大零售商 Target，通过大数据分析所有女性客户购买记录，由此"猜出"哪些是孕妇，并发现女性客户会在怀孕 4 个月左右，大量购买无香味乳液。类似地，共挖掘出 25 项与怀孕高度相关的商品，制作"怀孕预测"指数。推算出预产期后，就能抢先一步，将孕妇装、婴儿床等折扣券寄给客户。Target 还创建了一套女性购买行为在怀孕期间产生变化的模型，不仅如此，如果用户从它们的店铺中购买了婴儿用品，它们在接下来的几年中会根据婴儿的生长周期定期给这些顾客推送相关产品，使这些客户形成长期的忠诚度。这就是大数据在营销领域中的广泛应用，从营销战略的制订到营销组合决策，都可以从大数据分析中找到决策依据。

随着技术的不断发展，营销方式也在不断变革。以往的营销决策主要以传统的市场调查手段作为决策依据，而随着大数据技术的不断提高，巨量数据的即时分析在逐步取代以往的部分样本的调查与预测。作为决策的依据，大数据分析与传统的调研相比较，更是体现了数据即行为、样本即总体、个体即规律、情景即实验四个显著特点，不再依赖于随机抽样，不再热衷于追求精确度，不必拘泥于对因果关系的探究，而可以在相关关系中发现大数据的潜在价值。

第一节　大数据简介

"数据"和"信息"两个词经常替换使用。但严格来说,数据和信息这两个概念有很大的区别:数据是对信息数字化的记录,其本身并无意义;信息是指把数据放置到一定背景下,对数字进行解释、赋予意义。但进入信息时代之后,人们趋向于把所有存储在计算机上的信息,无论是数字还是音乐、视频,都统称为数据。

随着科技的发展和人类社会的不断进步,企业面临的市场信息越来越丰富,并且非常庞杂,传统的市场调研方法已经很难适应巨量的、瞬息万变的信息发展。而随着互联网的不断普及以及云计算等技术的发展,更加先进的数据采集、处理等技术得到跨越式提升,大数据在企业管理决策中的作用正在逐步取代以往传统的市场调查。大数据不仅为企业决策提供巨量的信息资料,同时也能帮助企业更加直观地判断市场发展、预测市场环境。

《大数据时代》一书的作者维克托·迈尔-舍恩伯格说,大数据的核心就是预测;它通常被视为人工智能的一部分。维克托·迈尔-舍恩伯格认为,大数据大大解放了人们的分析能力:一是可以分析更多的数据,甚至是相关的所有数据,而不再依赖于随机抽样;二是研究数据如此之多,以至于人们不再热衷于追求精确度;三是不必拘泥于对因果关系的探究,而可以在相关关系中发现大数据的潜在价值。

随着大数据时代的到来,政府统计部门不再是唯一的海量数据拥有者。互联网上每时每刻都在产生大量的交易和价格信息。大数据是一场大变革。为了应对大数据带来的挑战,市场调查工作需要变革和创新。大数据是互联网发展到现今阶段的一种表象或特征,它是在以云计算为代表的技术创新支持下,通过分布式处理平台、先进的存储技术和感知技术,对于原本很难收集和使用的数据进行收集和整理,并加以运用。通过各行各业的不断创新,大数据会逐步为人类创造更多的价值。

一、大数据的起源与发展

(一) 大数据产生的背景

自20世纪80年代以来,摩尔定律见证了计算机的数据处理和储存能力从KB(Kilobyte)到MB(Megabyte)到GB(Gigabyte)到TB(Terabyte)的变迁。尤其是互联网的出现,让人们急速地跨入了大数据(Big Data)时代。其主要的驱动力有以下几点。

(1)随着社会经济的发展和个人收入的增加,人们的个性化需求开始凸显,而企业要去高效地满足这些个性化的需求,则需要大量的数据支持。

(2)互联网的出现和相关技术的发展让海量数据的收集和分析成为可能,互联网的特征又导致这些数据能够被高速度和大容量地传播。

(3)互联网引入了由用户产生数据的模式。这种模式的特征是多源头、低成本、更及时。当然,这些数据的真实性和可靠性需要被核证。

(4)构建在互联网基础上的电子商务和传统零售比较的优势之一就是数据的可获得性。电子商务可以实时得到顾客来访源头,在网站内搜索购买行为,以及购买商品间的关联性。这些数据可以帮助企业更精准地为顾客服务。

(5)人工智能、信息系统和决策科学的发展促进了多种分析方法及工具的应用,包括数据挖掘、顾客行为模型、决策支持等。

（二）大数据的起源及发展现状

20 世纪 80 年代以前，人类活动就产生了大量的数据，80 年代以后，随着人类活动的进一步扩展，数据规模急剧膨胀，包括生产、消费、科学研究、公共服务等在内的各行业累积的数据量越来越大，数据类型也越来越多、越来越复杂，已经超越了传统数据管理系统、处理模式的能力范围，于是大数据这样一个概念应运而生。

但大约从 2009 年开始，大数据才成为互联网信息技术行业的流行词汇。美国互联网数据中心指出，互联网上的数据每年将增长 50%，每 18 个月便将翻一番，而目前世界上 90% 以上的数据是最近几年才产生的。此外，数据又并非单纯指人们在互联网上发布的信息，全世界的工业设备、汽车、电表上有着无数的数码传感器，随时测量和传递着有关位置、运动、振动、温度、湿度乃至空气中化学物质的变化，也产生了海量的数据信息。即使在人们生活的每一天，也有大量的数据产生。每天有 200 万篇博客在网上发布，这些文章相当于《时代》杂志刊发 770 年的总量；每天有 2.5 亿张照片上传至社交网站脸书（Facebook），如果都打印出来，摞在一起有 80 个埃菲尔铁塔那么高；每天有 86.4 万小时视频被上传至视频网站 Youtube，相当于不间断播放视频 98 年；百度每天关键词搜索量 50 亿条，谷歌 33 亿条；天猫 2016 年"双 11"营业额达 1 207 亿元人民币，中国小商品城 2014 全年成交额才 857 亿元人民币。互联网一天内产生的信息量可以装满 6.4 亿张 DVD 光盘。

据 IDC 预测，到 2020 年全球将总共拥有 35 ZB 的数据量。互联网是大数据发展的前哨阵地，随着 Web 2.0 时代的发展，人们似乎都习惯了将自己的生活通过网络进行数据化，方便分享以及记录并回忆。

大数据是随着计算机技术、互联网技术以及云计算等技术的发展而产生并不断发展的。到目前为止，大数据的发展，大致可以分为三个阶段。

（1）20 世纪 80 年代至 90 年代中期，是大数据认知的萌芽阶段。1980 年，美国著名未来学家阿尔文·托夫勒在《第三次浪潮》一书中将大数据盛赞为"第三次浪潮的华彩乐章"。1996 年，美通社（PR Newswire Inc）在介绍高性能平行节点技术时也提到中央处理器集群以及大数据应用。这时提到的大数据，只是字面意义，仅指数据量大，并不涉及类型、存储方式、处理技术等。

（2）20 世纪 90 年代中期到 21 世纪前 10 年是大数据广受各界关注的阶段。数量经济学家迪博尔德（Diebold）于 2000 年在《大数据，宏观经济度量与预测动态因素模型》一文中，讨论了如何使用大数据进行经济度量和预测。美国高德纳（Gartner Group）公司的分析师道格拉斯·兰尼（Douglas Laney）于 2001 年首次从大数据特征的角度对大数据进行了相对明确的定义，他强调大数据必须具备"3V"特征，即容量大（Volume）、多样化（Variety）和速度快（Velocity）。

（3）2010 年至今，是大数据战略应用被提上日程并迅速发展的阶段。2010 年，美国总统科学技术顾问委员会在呈给奥巴马总统和国会的报告《规划数字化的未来》中，要求联邦政府的每一个机构和部门，都需要制定一个应对大数据的战略。2011 年，麦肯锡公司发布报告《大数据：创新、竞争和生产力的下一个前沿》，提出了政府和企业决策者应对大数据发展的策略。2012 年 1 月，瑞士达沃斯世界经济论坛发布报告《大数据大影响》称，大数据已经成为一种新的经济资产类别，就像货币或黄金一样。2012 年 3 月 29 日，美国政府颁布《大数据的研究和发展计划》，拟通过提高从大型复杂数据集中提取知识和观点的能力，进而加快美国科技进步的步伐，并于 2014 年 5 月发布名为《大数据：抓住机遇，保存价值》的白皮书。2012 年 5 月，联合国秘书长执行办公室发布报告《大数据促发展：挑战与机遇》，系统给出了在应用过程中正确运用大数据的策略建议。2012年6月,经合组织(OECD)召开统计委员会第9届会议,发布《使用大数据作决策》研究报告,特别分析了大数据对官方统计带来的各种挑战。

2012年,中国计算机协会决定成立"大数据专家委员会",推动大数据的发展。2012年6月,阿里巴巴集团宣布,将在集团层面设立首席数据官,负责全面推进"数据分享平台"战略。2012年7月,"第二届大数据世界论坛"在北京召开。2012年7月,首届中国大数据应用论坛在北京大学召开。2012年12月,广东省宣布实施大数据战略,继而宣布成立大数据管理局。2013年7月,"大数据时代统计学:机遇与挑战——中国统计学高端论坛"在上海财经大学举办。全国统计学专家学者齐聚一堂,共同探讨在大数据时代统计学面临的机遇与挑战。2013年,第十七次全国统计科学讨论会在杭州举行,会议主题是"大数据背景下的统计",这是国内第一次研究大数据与统计工作的科学研讨会。2013年11月19日,国家统计局与阿里巴巴、百度等11家企业签署大数据战略合作框架协议,共同在分享、开发、利用大数据等方面进行合作,以推动大数据实现大价值,使之更好地服务于社会。这标志着在统计工作中应用大数据,已经从研究转向实操层面;2015年9月,国务院印发了《促进大数据发展行动纲要》,系统部署大数据发展工作,意味着大数据作为基础性战略资源被纳入国家重点规划。

近年来,大数据在越来越多的领域中逐渐得到广泛应用。通过对大数据的储存、挖掘与分析,大数据在营销、企业管理、数据标准化与情报分析等领域大有作为,用户的全息数据最终都可以通过识别被记录。目前,在企业数据每年约60%增长的背景下,企业平均能够捕获25%~30%的用户数据,而被企业应用的数据不足其所获得的5%;同时,由于目前企业采集的数据85%以上是非结构化和半结构化数据,不能用已有的简单数据结构来描述,因此作为企业战略资产的大数据,其99%以上的价值未被充分挖掘。

(三)互联网大数据的现状

百度拥有两种类型的大数据:用户搜索表征的需求数据及爬虫和阿拉丁获取的公共Web数据。搜索巨头百度围绕数据而生,它通过对网页数据的爬取、网页内容的组织和解析,通过语义分析对搜索需求的精准理解,进而从海量数据中找准结果,实质上就是一个数据的获取、组织、分析和挖掘的过程。搜索引擎在大数据时代面临的挑战有:更多的暗网数据;更多的Web化但是没有结构化的数据;更多的Web化、结构化但是封闭的数据。

阿里巴巴、腾讯拥有用户关系数据和基于此产生的社交数据。这些数据可以用来分析人们的生活和行为,从里面挖掘出政治、社会、文化、商业、健康等领域的信息,甚至预测未来。

在信息技术更为发达的美国,除了行业知名的类似Google、Facebook外,已经涌现了很多大数据类型的公司,它们专门经营数据产品,例如:

Metamarkets:这家公司对Twitter、支付、签到和一些与互联网相关的问题进行了分析,为客户提供了很好的数据分析支持。

Tableau:Tableau的精力主要集中于将海量数据以可视化的方式展现出来。Tableau为数字媒体提供了一个新的展示数据的方式。它提供了一个免费工具,任何人在没有编程知识背景的情况下都能制造出数据专用图表。Tableau软件还能对数据进行分析,并提供有价值的建议。

ParAccel:ParAccel向美国执法机构提供了数据分析,如对15 000个有犯罪前科的人进行跟踪,从而向执法机构提供了参考性较高的犯罪预测。它是犯罪的预言者。

QlikTech:QlikTech旗下的Qlikview是一个商业智能领域的自主服务工具,能够应用于科学研究和艺术等领域。为了帮助开发者对数据进行分析,QlikTech提供了对原始数据进行可视化处理等功能的工具。

GoodData:GoodData希望帮助客户从数据中挖掘财富。这家创业公司主要面向商业用户和IT

企业高管,提供数据存储、性能报告、数据分析等工具。

TellApart:TellApart 和电商公司进行合作,对用户的浏览行为等数据进行分析,通过锁定潜在买家的方式提高电商企业的收入。

DataSift:DataSift 主要收集并分析社交网络媒体上的数据,并帮助品牌公司掌握突发新闻的舆论点,以及制定有针对性的营销方案。这家公司还和 Twitter 有合作协议,使得自己变成了行业中为数不多可以分析早期 Twitter 的创业公司。

Datahero:该公司的目标是将复杂的数据变得更加简单明了,方便普通人去理解和想象。

从数据构成来看,互联网大数据的典型代表包括:

(1)用户行为数据(精准广告投放、内容推荐、行为习惯和喜好分析、产品优化等)。

(2)用户消费数据(精准营销、信用记录分析、活动促销、理财等)。

(3)用户地理位置数据(O2O 推广、商家推荐、交友推荐等)。

(4)互联网金融数据(P2P、小额贷款、支付、信用、供应链金融等)。

(5)用户社交等 UGC 数据(趋势分析、流行元素分析、受欢迎程度分析、舆论监控分析、社会问题分析等)。

同时,提供数据托管服务的大数据平台也应运而生,如万物云与环境云。其中,作为智能硬件大数据免费托管平台,万物云可无限承载海量的物联网和智能设备数据。通过使用多种协议,各种智能设备将安全地向万物云提交产生的设备数据,在服务平台上进行存储和处理,并通过数据应用编程接口向各种物联网应用提供可靠的跨平台的数据查询和调用服务。万物云在大幅度降低物联网数据应用的技术门槛及运营成本的同时,也满足了物联网产品原型开发、商业运营和规模发展各阶段需求。目前,万物云的注册用户达到 1 846 户,已接入设备 16 000 多台,入库数据超过 61 亿条。

环境云则是一个全面而便捷的综合环境大数据开放平台。环境云收录权威数据源(中央气象台、环保部数据中心、美国全球地震信息中心等)所发布的各类环境数据,接收自主布建的全国各类环境监控传感器网络(包括空气质量指标、土壤环境质量指标检测网络)所采集的数据,并结合相关数据预测模型生成的预报数据,依托数据托管服务平台万物云所提供的数据存储服务,推出了一系列功能丰富、便捷易用的综合环境数据 REST API,配合详尽的接口使用帮助,为环境应用开发者提供丰富可靠的气象、环境、灾害以及地理数据服务。此外,环境云还为环境研究人员提供了自定义数据报表生成和下载功能,并向公众展示环境实况。目前,环境云的入库数据已经超过 7 亿条。

(四)不同对象的大数据发展

1. 政府的大数据

2012 年 3 月 22 日,奥巴马政府宣布投资 2 亿美元拉动大数据相关产业发展,将"大数据战略"上升到国家层面。奥巴马政府将数据定义为"未来的新石油",并表示一个国家拥有数据的规模、活性及解释运用数据的能力将成为综合国力的重要组成部分,未来,对数据的占有和控制甚至将成为陆权、海权、空权之外的另一种国家核心资产。

在国内,政府各个部门都握有构成社会基础的原始数据,如气象数据、金融数据、信用数据、电力数据、煤气数据、自来水数据、道路交通数据、客运数据、安全刑事案件数据、住房数据、海关数据、出入境数据、旅游数据、医疗数据、教育数据、环保数据等。这些数据在每个政府部门里看起来是单一的、静态的,但是,如果政府可以将这些数据关联起来,并对这些数据进行有效的关联分析和统一管理,这些数据必定将获得新生,其价值是无法估量的。

具体来说,现在城市都在走向智能和智慧,如智能电网、智慧交通、智慧医疗、智慧环保、智慧城市，这些都依托于大数据，可以说大数据是智慧的核心能源。在城市规划方面，通过对城市地理、气象等自然信息和经济、社会、文化、人口等人文社会信息的挖掘，可以为城市规划提供决策，强化城市管理服务的科学性和前瞻性。在交通管理方面，通过对道路交通信息的实时挖掘，能有效缓解交通拥堵，并快速响应突发状况，为城市交通的良性运转提供科学的决策依据。在舆情监控方面，通过网络关键词搜索及语义智能分析，能提高舆情分析的及时性、全面性，全面掌握社情民意，提高公共服务能力，应对突发的公共事件，打击违法犯罪。在安防与防灾领域，通过大数据的挖掘，可以及时发现人为或自然灾害、恐怖事件，提高应急处理能力和安全防范能力。

2. 企业的大数据

企业的CXO（企业高管）最关注的还是报表曲线的背后能有怎样的信息，他该做怎样的决策，而这一切都需要通过数据来传递和支撑。在理想的世界中，大数据是巨大的杠杆，可以改变公司的影响力，能带来竞争差异、节省金钱、增加利润、愉悦买家、奖赏忠诚用户、将潜在客户转化为客户、增加吸引力、打败竞争对手、开拓用户群并创造市场。

一些传统企业最需要大数据服务，例如：①对大量消费者提供产品或服务的企业（精准营销）；②做小而美模式的中长尾企业（服务转型）；③面临互联网压力必须转型的传统企业（生死存亡）。

对于企业的大数据，还有一种预测：随着数据逐渐成为企业的一种资产，数据产业会向传统企业的供应链模式发展，最终形成"数据供应链"。这里尤其有两个明显的现象：①外部数据的重要性日益超过内部数据，在互联互通的互联网时代，单一企业的内部数据与整个互联网数据比较起来只是沧海一粟；②能提供包括数据供应、数据整合与加工、数据应用等多环节服务的公司会有明显的综合竞争优势。

对于提供大数据服务的企业来说，它们等待的是合作机会，就像微软的总裁史密斯说的："给我提供一些数据，我就能做一些改变。如果给我提供所有数据，我就能拯救世界。"

3. 个人的大数据

个人的大数据这个概念很少有人提及，简单来说，就是与个人相关联的各种有价值数据信息被有效采集后，可由本人授权提供给第三方进行处理和使用，并获得第三方提供的数据服务。例如：

未来，每个用户可以在互联网上注册个人的数据中心，以存储个人的大数据信息。用户可确定哪些个人数据可被采集，并通过可穿戴设备或植入芯片等感知技术来采集捕获个人的大数据，如牙齿监控数据、心率数据、体温数据、视力数据、记忆能力、地理位置信息、社会关系数据、运动数据、饮食数据、购物数据等。用户可以将其中的牙齿监测数据授权给某些牙科诊所使用，由他们监控和使用这些数据，进而为用户制订有效的牙齿防治和维护计划；也可以将个人的运动数据授权提供给某运动健身机构，由他们监测自己的身体运动机能，并有针对性地制订和调整个人的运动计划；还可以将个人的消费数据授权给金融理财机构，由他们帮助制订合理的理财计划并对收益进行预测。当然，其中有一部分个人数据是无须个人授权即可提供给国家相关部门进行实时监控的，如罪案预防监控中心可以实时监控本地区每个人的情绪和心理状态，以预防自杀和犯罪的发生。

以个人为中心的大数据有以下特性。

（1）数据仅留存在个人中心，其他第三方机构只被授权使用（数据有一定的使用期限），且必须接受用后即焚的监管。

（2）采集个人数据应该明确分类，除了国家立法明确要求接受监控的数据外，其他类型数据都由用户自己决定是否被采集。

（3）数据的使用将由用户进行授权，数据中心可帮助监控个人数据的整个生命周期。

也许实现个人数据中心将遥遥无期，也许这还不是解决个人数据隐私的最好方法，也许业界对大数据的无限渴求会阻止数据个人中心的实现，但是随着数据越来越多，在缺乏监管之后，必然会有一场激烈的博弈：到底是数据重要还是隐私重要；是以商业为中心还是以个人为中心。

（五）大数据的发展趋势

1. 数据资源化

数据资源化是指大数据成为企业和社会关注的重要战略资源，并已成为大家争相抢夺的新焦点。因而，企业必须提前制订大数据营销战略计划，抢占市场先机。

2. 与云计算的深度结合

大数据离不开云处理，云处理为大数据提供了弹性可拓展的基础设备，是产生大数据的平台之一。自 2013 年开始，大数据技术已开始和云计算技术紧密结合，预计未来两者关系将更为密切。此外，物联网、移动互联网等新兴计算形态，也将一齐助力大数据革命，让大数据营销发挥出更大的影响力。

3. 科学理论的突破

随着大数据的快速发展，就像计算机和互联网一样，大数据很有可能是新一轮的技术革命。随之兴起的数据挖掘、机器学习和人工智能等相关技术，可能会改变数据世界里的很多算法和基础理论，实现科学技术上的突破。

4. 数据科学和数据联盟的成立

未来，数据科学将成为一门专门的学科，被越来越多的人认知。各大高校将设立专门的数据科学类专业，也会催生一批与之相关的新的就业岗位。与此同时，基于数据这个基础平台，也将建立起跨领域的数据共享平台，之后，数据共享将扩展到企业层面，并且成为未来产业的核心一环。

5. 数据泄露泛滥

未来几年数据泄露事件的增长率也许会达到 100%，除非数据在其源头就能够得到安全保障。可以说，在未来，每个财富 500 强企业都会面临数据攻击，无论它们是否已经做好安全防范。而所有企业，无论规模大小，都需要重新审视今天的安全定义。在财富 500 强企业中，超过 50% 将会设置首席信息安全官这一职位。企业需要从新的角度来确保自身以及客户数据的安全，所有数据在创建之初便需要获得安全保障，而并非在数据保存的最后一个环节，仅仅加强后者的安全措施已被证明于事无补。

6. 数据管理成为核心竞争力

数据管理成为核心竞争力，直接影响财务表现。当"数据资产是企业核心资产"的概念深入人心之后，企业对于数据管理便有了更清晰的界定，将数据管理作为企业核心竞争力，持续发展，战略性规划与运用数据资产，成为企业数据管理的核心。数据资产管理效率与主营业务收入增长率、销售收入增长率显著正相关；此外，对于具有互联网思维的企业而言，数据资产的管理效果将直接影响企业的财务表现。

7. 数据质量是 BI（商业智能）成功的关键

采用自助式商业智能工具进行大数据处理的企业将会脱颖而出。其中要面临的一个挑战是，很多数据源会带来大量低质量数据。想要成功，企业需要理解原始数据与数据分析之间的差距，从而消除低质量数据并通过 BI 获得更佳决策。

8. 数据生态系统复合化程度加强

大数据的世界不只是一个单一的、巨大的计算机网络,而是一个由大量活动构件与多元参与者元素所构成的生态系统,即终端设备提供商、基础设施提供商、网络服务提供商、网络接入服务提供商、数据服务提供商、数据服务零售商等一系列的参与者共同构建的生态系统。而今,这样一套数据生态系统的基本雏形已然形成,接下来的发展将趋向于系统内部角色的细分,也就是市场的细分;系统机制的调整,也就是商业模式的创新;系统结构的调整,也就是竞争环境的调整等,从而使得数据生态系统复合化程度逐渐增强。

大数据具有大价值是无疑的,但如果从大数据中产生结论、形成决策的方法论基础不坚实,直接运用大数据结论就可能是不可靠的甚至是危险的。维克托·迈尔－舍恩伯格在其著作《大数据时代》中也指出"数据量的大幅增加会造成结果的不准确,一些错误的数据会混进数据库"。此外,大数据的多样性,即来源不同的各种信息混杂在一起会加大数据的混乱程度。统计学者和计算机科学家指出,巨量数据集和细颗粒度的测量会导致出现"错误发现"的风险增加。大数据意味着更多的信息,但同时也意味着更多的虚假关系信息,海量数据带来显著性检验的问题,将使人们很难找到真正的关联。

二、大数据的含义与特征

(一) 大数据的含义

对于大数据(Big Data)的定义,目前学界并没有一个公认的成熟的说法,不同专家学者及相关机构等对其做出了不同描述。

大数据这一概念的形成,有三个标志性事件:2008 年 9 月,美国《自然》(*Nature*)杂志专刊——*The next google*,第一次正式提出大数据概念。2011 年 2 月 1 日,《科学》(*Science*)杂志专刊——*Dealing with data*,通过社会调查的方式,第一次综合分析了大数据对人们生活造成的影响,详细描述了人类面临的"数据困境"。2011 年 5 月,麦肯锡研究院发布报告——*Big data: The next frontier for innovation, competition, and productivity*,第一次给大数据做出相对清晰的定义:"大数据是指其大小超出了常规数据库工具获取、储存、管理和分析能力的数据集。"

在维克托·迈尔－舍恩伯格及肯尼斯·库克耶编写的《大数据时代》中,大数据不用随机分析法(抽样调查)这样的捷径,而是对所有数据进行分析处理。

互联网周刊把大数据也称为巨量资料,指的是所涉及的资料量规模巨大到无法通过目前主流软件工具,在合理时间内达到撷取、管理、处理并整理成为帮助企业经营决策更积极目的的资讯。

研究机构 Gartner 认为,大数据是需要新处理模式才能具有更强的决策力、洞察发现力和流程优化能力的海量、高增长率和多样化的信息资产。

从数据的类别上看,大数据指的是无法使用传统流程或工具处理、分析的信息。它定义了那些超出正常处理范围和大小、迫使用户采用非传统处理方法的数据集。亚马逊网络服务(AWS)、大数据科学家 John Rauser 提到一个简单的定义:"大数据就是任何超过了一台计算机处理能力的庞大数据量。"研发小组对大数据的定义:"大数据是最大的宣传技术,是最时髦的技术,当这种现象出现时,定义就变得很混乱。"大数据的关键不是关于如何定义,而是如何使用,最大的挑战在于哪些技术能更好地使用数据以及大数据的应用情况如何。

虽然上述内容介绍了一些对于大数据的定义,但是迄今为止对于大数据的定义没有统一的定论,但大数据领域里都同意一点:大数据不仅仅是指更多资料而已。以下为从不同角度来深入理解大数据的含义。

(1) 大数据的 3Vs 定义是目前为止最受推崇且最广为人知的说法。3Vs 由 Gartner 的分析师 Doug Laney 在 2001 年时提出，分别代表资料量（Volume）、资料传输速度（Velocity）、资料类型（Variety）。从那之后，便有人在 3Vs 之外陆续提出更多：Veracity、Validity、Value、Visibility 等，其中又以 Veracity（真实性）最被普遍认同。

(2) 大数据即科技大数据，这并不是什么崭新的概念，几十年前 CERN 的科学家就在处理每秒上 PB（Peta Bytes）的巨量资料。现今要处理的资料量更庞大、资料产生和处理速度更惊人、资料来源更多样，于是处理、储存大量资料的新技术和工具快速发展，如开源软体 Hadoop 和 NoSQL 资料库。新科技诞生后，开发者和使用者需要一个专业名词来与之前的科技加以区别，于是"大数据"一词应运而生。因此，大数据不仅指资料，也指这些用来分析、处理巨量资料的新兴科技。

(3) 大数据是不同的资料类型。现今大数据所涉及的资料已经和过去的资料不同了，根据 Hortonworks 公司战略副总裁 Shaun Connolly 的说法，过去的资料大部分是人工手记下来的交易记录（Transactions），现在则是机器替人们记录下来的交易资料；人们与事物、企业间的互动资料（Interactions），如人们在网络上点击网页和链接的记录；机器自动生成、累积下来的观察资料（Observations），如智慧型家居产品记录下来的室温变化等。因此，Shaun Connolly 定义：大数据是由交易、互动、观察资料组成的资料形态。

(4) 大数据即信号。SAP 公司的高管 Steve Lucas 不以资料形态来看待大数据，而是以目的和时机来看大数据。在过去，企业收集到的资料只能在事情发生后引以为鉴，但现在企业收集到的是新讯号，可以在事情发生前得到前兆和提示，进而做出行动来影响事情结果。例如，某品牌广告在社群网站上的点赞数、点阅率如果跌落谷底，公司便可以预期接下来产品销售量一定也会惨不忍睹；同样的情形在过去，公司所得到的数据就是产品发售后的销售量。

(5) 将大数据定义为"以前因为科技所限而忽略的资料"，这个说法也受到许多人的赞同，因为提起大数据时，大多都是在讨论这些以前无法分析处理、囊括其中的资料。这种观点的提出者——数据专家 Matt Aslett 其实并不是用 Big Data 一词，而是使用 Dark Data（暗数据）一词。事实上许多公司都使用"暗数据"这个词，因为当资料变"暗"了，便表示一个漏掉的信息、错失的机会，在企业策略中留下一个盲点。一直以来，各企业雇用数据专家的目的就是希望能点亮这些暗数据（Dark Data），观察到以前不曾注意过的趋势，做出更全面的考量。SAP 曾经做过的一个调查显示：将近 76% 的企业高管视大数据为机会。

(6) 从哲学的角度来定义大数据。著名摄影师 Rick Smolan，在他的著作《大数据的人性面孔》（The Human Face of Big Data）一书中，则给了大数据一个不错的哲学定义——"大数据是帮助地球建构神经系统的一个过程，在这系统中，人们（人类）不过是其中一种感测器"。

(7) 大数据只是旧东西的新噱头。部分人认为，大数据一词被严重滥用，大数据只是商业智慧（Business Intelligence）或商业分析（Business Analytics）演化后的新词。

(二) **大数据的特征**

与传统数据比较，大数据具有明显不同的特点。IBM 最早将大数据的特征归纳为 4 个 "V"：Volume（体量大）、Variety（多样）、Value（低价值密度）、Velocity（高速），麦肯锡全球研究机构也提出，大数据具有海量的数据规模、多样的数据类型、价值密度低、快速的数据流转四大特征。另外，也有人提出 Veracity（真实性）也是大数据的一个重要特征。

从存在形态看，大数据分为可用二维表反映的结构化数据和不能用二维表反映的非结构化数据；从数据来源看，大数据分为行政记录数据、商业记录数据、互联网及搜索引擎数据三类。大数据的特征，从最初的 3V 已经被归纳为 6V 加 1C，即数据体量大（Volume）、类型多样化

(Variety)、处理速度快（Velocity）、应用价值大（Value）、数据获取发送方式自由灵活（Vender）、准确性（Veracity）及处理分析难度大（Complexity）。

总之，对于大数据，目前普遍认为"5V"为其主要的特点。

1. 体量——Volume

大数据首先是指数据体量大，指大型数据集，并且这样的数据集无法用传统数据库工具对其内容进行抓取、管理和处理。大数据的起始计量单位至少是PB（1 000 TB）、EB（100万TB）或ZB（10亿TB）；一般在实际应用中，很多企业用户把多个数据集放在一起，已经形成了PB级的数据量；预计从2013年至2020年，人类的数据规模将扩大50倍，每年产生的数据量将增长到44万亿GB，相当于美国国家图书馆数据量的数百万倍，且每18个月翻一番。数据单位换算见表8-1。

表 8-1 数据单位换算

1 Bit（比特）	= Binary Digit		
1 Byte	= 8 Bit		
1 KB	= 1 024 Bytes	= 8 192 Bit	
1 MB	= 1 024 KB	= 1 048 576 Bytes	兆字节，简称"兆"
1 GB	= 1 024 MB	= 1 048 576 KB	吉字节，又称"千兆"
1 TB	= 1 024 GB	= 1 048 576 MB	1 千G，太字节
1 PB	= 1 024 TB	= 1 048 576 GB	1 千T，拍字节
1 EB	= 1 024 PB	= 1 048 576 TB	1 百万T，艾字节
1 ZB	= 1 024 EB	= 1 048 576 PB	10 亿T，泽字节
1 YB	= 1 024 ZB	= 1 048 576 EB	1 万亿T，尧字节
1 BB	= 1 024 YB	= 1 048 576 ZB	1 千万亿T，……
1 NB	= 1 024 BB	= 1 048 576 YB	1 百亿亿T，……
1 DB	= 1 024 NB	= 1 048 576 BB	10 万亿亿T，……

2. 多样性——Variety

多样性是指数据类别多样性。大数据的类别非常多，主要可以分为结构化数据和非结构化数据等。

结构化数据即行数据，是指存储在数据库里，可以用二维逻辑表来表现的数据，简单来说就是数据库，如企业ERP、财务系统、医疗HIS数据库、教育一卡通、政府行政审批、其他核心数据库等数据。

非结构化数据是指相对于结构化数据而言，不方便用二维逻辑表来表现的数据，包括所有格式的办公文档、文本、图片、XML、HTML、各类报表、图像和音频/视频信息、地理位置信息等数据。

传统的数据中，结构化数据占据主要部分，而在大数据中数据来自多种数据源，数据种类和格式日渐丰富，已超越了以前所限定的结构化数据范畴，囊括了结构化和非结构化数据。如此海量的数据中，仅有20%左右属于结构化数据，80%的数据属于广泛存在于社交网络、物联网、电子商务等领域的非结构化数据。大数据与传统数据相比，数据来源广、维度多、类型杂，在各种机器仪表自动产生数据的同时，人自身的生活行为也在不断创造数据；不仅有企业组织内部的业务数据，还有海量相关的外部数据。

3. 价值密度——Value

价值密度低，是大数据的一个典型特征。大数据有巨大的潜在价值，但同其呈几何指数爆发式增长相比，某一对象或模块数据的价值密度较低，大量的不相关信息无疑给人们开发海量数据增加了难度和成本。挖掘大数据的价值类似沙里淘金，即从海量数据中挖掘稀疏但珍贵的信息。以视频为例，在连续不间断监控过程中，可能有用的数据仅仅有一两秒。虽然大数据中存在大量复杂的低价值甚至无价值的干扰信息，但是有时大数据中的小数据（如一条微博）就具有颠覆性的价值。

4. 速度——Velocity

随着现代互联网、计算机技术的发展，数据生成、储存、分析、处理的速度远远超出人们的想象力，这是大数据区别于传统数据或小数据的显著特征。即使在数据量非常庞大的情况下，也能够做到对数据的实时处理。这一点也和传统的数据挖掘技术有着本质的不同。对于大数据应用而言，采用的分析是实时分析而非批量式分析，数据输入、处理与丢弃几乎同时进行，必须在1秒内形成答案，要立竿见影而非事后见效，否则处理结果就是过时和无效的。

实时处理的要求，是区别大数据引用和传统数据仓库技术、BI技术的关键差别之一。

5. 真实性——Veracity

大数据的最后一个特点是数据真实性高。随着社交数据、企业内容、交易与应用数据等新数据源的兴起，传统数据源的局限被打破，企业越发需要有效的信息以确保其真实性及安全性。

大数据是通过各种先进的数据采集技术和采集工具通过实时采集而获取并积累的，尤其是各种传感装置、拍摄装置的真实记录以及人类在网络终端的行为记录，基本是事物的真实反映。在过去，由于缺乏获取全体样本的手段，人们发明了"随机调研数据"的方法。理论上，抽取样本越随机，就越能代表整体样本。但获取一个随机样本代价极高，而且很费时。大数据分析中，有了云计算和数据库以后，获取足够大的样本数据乃至全体数据，就变得非常容易。更多采用全样本分析方法取代抽样方法，减少了抽样误差。过去使用抽样方法，就需要在具体运算上非常精确，因为所谓"差之毫厘便失之千里"。设想一下，在总样本为1亿人口中随机抽取1 000人，如果在1 000人样本的运算出现错误，那么放大到1亿人中会有多大的偏差。但采用全样本分析方法时，偏差不会被放大。

三、大数据的相关技术

大数据的实现，是现代技术发展的结果，尤其是现代计算技术、信息存储技术以及智能与感知技术的发展，为大数据的实现和发展提供了基础的技术支撑和保障，而其他相关理论和技术的提高，进一步促进了大数据的迅速发展。

（一）计算技术

大数据可以抽象地分为大数据存储和大数据分析，这两者的关系是：大数据存储的目的是支撑大数据分析。到目前为止，还是两种截然不同的计算机技术领域：大数据存储致力于研发可以扩展至PB甚至EB级别的数据存储平台；大数据分析关注在最短时间内处理大量不同类型的数据集。

大数据常和云计算联系到一起，因为实时的大型数据集分析需要分布式处理框架来向数十、数百甚至数万的计算机分配工作。海量数据从原始数据源到产生价值，其间会经过存储、清洗、挖掘、分析等多个环节，如果计算速度不够快，很多事情是无法实现的。所以，在大数据的发展过程中，计算速度是非常关键的因素。

分布式系统基础架构Hadoop的出现，为大数据带来了新的曙光；HDFS为海量的数据提供了存储；MapReduce 则为海量的数据提供了并行计算，从而大大提高了计算效率；Spark、Storm、Impala 等各种各样的技术进入人们的视野。

可以说，云计算充当了工业革命时期的发动机的角色，而大数据则是电。云计算思想的起源是麦肯锡在 20 世纪 60 年代提出的：把计算能力作为一种像水和电一样的公用事业提供给用户。如今，在 Google、Amazon、Facebook 等一批互联网企业引领下，一种行之有效的模式出现了：云计算提供基础架构平台，大数据应用运行在这个平台上。业内这么形容两者的关系：没有大数据的信息积淀，则云计算的计算能力再强大，也难以找到用武之地；没有云计算的处理能力，则大数据的信息积淀再丰富，也只是镜花水月。

例如，云创大数据的 cStor 云存储系统采用了先进的云计算技术、网络通信技术以及分布式文件系统技术，将硬件存储节点组织管理起来，以提供高性能、高可靠的存储。基于此，cStor A8000 云存储系统一体机集中供电、集中散热，每个机架最大可搭载总存储容量高达 3.8 PB，但整体功耗却比传统方式节省 10 倍，全面展现了新一代高密度云存储产品的高容量、高性能以及节能环保的绿色魅力，已经广泛用于电信、平安城市等多个领域的海量数据存储与处理。

（二）存储技术

在云计算出现之前，数据存储的成本是非常高的。例如，公司要建设网站，需要购置和部署服务器，安排技术人员维护服务器，保证数据存储的安全性和数据传输的畅通性，还要定期清理数据，腾出空间以便存储新的数据，机房整体的人力和管理成本都很高。云计算出现后，数据存储服务衍生出了新的商业模式，数据中心的出现降低了公司的计算和存储成本。例如，公司现在要建设网站，不需要购买服务器，不需要雇用技术人员维护服务器，可以通过租用硬件设备的方式解决问题。存储成本的下降，也改变了人们对数据的看法，人们更愿意把 1 年、2 年甚至更久远的历史数据保存下来，有了历史数据的沉淀，才可以通过对比，发现数据之间的关联和价值。正是由于存储成本的下降，才能为大数据搭建最好的基础设施。例如，Google 大约管理着超过 50 万台服务器和 100 万块硬盘，而且 Google 还在不断地扩大计算能力和存储能力，其中很多扩展都是在廉价服务器和普通存储硬盘的基础上进行的，这大大降低了其服务成本，因此可以将更多的资金投入技术的研发当中。

以 Amazon 举例，Amazon S3 是一种面向互联网的存储服务。该服务旨在让开发人员能更轻松地进行网络规模计算。Amazon S3 提供一个简明的 Web 服务界面，用户可通过它随时在 Web 上的任何位置存储和检索任意大小的数据。此服务让所有开发人员都能访问同一个具备高扩展性、可靠性、安全性和快速价廉的基础设施，Amazon 用它来运行其全球的网站网络。S3 的设计指标：在特定年度内为数据元提供 99.999 999 999% 的耐久性和 99.99% 的可用性，并能够承受两个设施中的数据同时丢失。

Amazon S3 很成功，也确实卓有成效，Amazon S3 云的存储对象已达到万亿级别，而且性能表现相当良好。Amazon S3 云已经拥有万亿跨地域存储对象，同时 AWS（Amazon Web Service，亚巴逊云服务平台）的对象执行请求也达到百万的峰值数量。目前，全球范围内已经有数以十万计的企业在通过 AWS 运行自己的全部或者部分日常业务。这些企业用户遍布 190 多个国家和地区，几乎世界上的每个角落都有 Amazon 用户的身影。

（三）智能与感知技术

随着智能手机的普及，感知技术可谓迎来了发展的高峰期，除了地理位置信息被广泛应用外，一些新的感知手段也开始登上舞台，如"iPhone 5S"在 Home 键内嵌指纹传感器，新型手机可通过呼气直接检测燃烧脂肪量，用于手机的嗅觉传感器面世，其可以监测空气污染及危险的化学药品,微软正在研发可感知用户当前心情的智能手机技术,谷歌眼镜 InSight 新技术可通过衣着进行人物识别。

此外,还有很多与感知相关的技术革新让人们耳目一新,如牙齿传感器可实时监控口腔活动及饮食状况,Intel 正研发的 3D 笔记本摄像头可追踪眼球读懂情绪,日本公司开发新型可监控用户心率的纺织材料,业界正在尝试将生物测定技术引入支付领域等。

四、大数据与传统市场调研

从广义的大数据角度来看,与传统的调查相比较,大数据除了在数据自身特点上具备与传统数据不同的上述"5V"特点之外,既有共同点,又有差别。

(一)大数据与传统市场调查的共同点

(1)从基本属性上看,二者都属于调查行为。

(2)从主要活动过程来看,都包括方案设计及活动组织、资料收集与获取、资料处理等主要环节。

(3)从核心作用上看,都是为组织决策提供依据。

(4)从理论依据上看,二者都离不开统计学的基本理论和方法。

(二)大数据与传统市场调查的不同点

(1)资料来源不同。相对于传统市场调查中抽样调查为主的情况,大数据的资料来源更加广泛,对象更加全面,甚至在调查对象总体数量巨大时也可以采用全面调查,这样大大降低了抽样误差,提高了调查尤其是分析结果的可靠性。

(2)数据采集的方式不同。传统调查的数据采集方法包括观察调查法、实验调查法和访问调查法,数据采集的工具也比较落后,效率低下;大数据的数据采集主要采用设备记录的方式,通过目前广泛分布和使用的各种网络终端、传感设备、拍摄设备等工具来记录事物的状况及反应,直接、高效且可靠。

(3)数据处理方式不同。传统的调查主要通过人工或单机的方式对数据进行整理分析,并严格按照一些规范的数学方法和数学模型来进行预测;而大数据首先要求更加强大的数据处理设备并采用分布式计算等先进方式来分析计算,并且使人们可以做到没有模型和假设就可以分析数据,将数据丢进巨大的计算机机群中,只要有相关关系的数据,统计分析算法可以发现过去的科学方法发现不了的新模式、新知识,甚至新规律。

(4)处理结果不同。在以往的市场调研工作中,数据统计分析能够帮助人们挖掘出数据中隐藏的信息,但是这种数据的分析是"向后分析",分析的是已经发生过的事情。而在大数据中,数据的统计分析是"向前分析",它具有预见性。

五、大数据思维

大数据正带来一场信息社会的变革。大量的结构化数据和非结构化数据的广泛应用,致使人们需要重新思考已有的 IT 模式;与此同时,大数据将推动进行又一次基于信息革命的业务转型,使社会能够借助大数据获取更多的社会效益和发展机会。

(一)数据开放与共享

大数据基于对海量数据的分析产生价值,那么如何获得海量数据来让大数据真正落地呢?这其中最不可或缺的一个环节就是数据开放。现在推进数据开放更重要的是通过数据共享来产生更多的价值。

应促进商业数据和个人数据的开放与共享。商业数据和个人数据的共享应用，不仅能促进相关产业的飞速发展，产生巨大的经济价值，也能给人们的生活带来巨大的便利。经常网购的人会有这样一种体验，很多电商网站能够在人们买书时，推荐其刚好喜欢的其他书籍，这正是网站根成千上万甚至上亿人的个人数据的统计分析而得出的，但是人们也感受到了这样强大的数据分析能力对"隐私权"的冲击。因此，必须完善个人隐私保护等相关立法，对哪些个人数据可以进行商业化应用、应用范围如何界定、数据滥用应承担哪些责任等具体问题做出规范，从而保证数据开放工作稳步推进，为大数据发展应用打好根基。

数据是企业最重要的资产，而且随着数据产业的发展，将会变得更有价值。但封闭的数据环境会阻碍数据价值的实现，对企业应用和研究发现来讲都是如此，因此需要建立合理的机制，在保护数据安全的情况下开放数据，使数据得到充分利用。有效的解决办法之一是公正的第三方数据分析公司、研究机构作为中间商收集数据、分析数据，在数据层面打破现实世界的界限，进行多家公司的数据共享而不是一家公司盲人摸象，这才能实现真正意义上的大数据，赋予数据更广阔、全面的分析空间，才会对产业结构和数据分析本身产生思维转变和有意义的变革。

（二）大数据分析理念的转变

在大数据背景下，因海量无限、包罗万象的数据存在，让许多看似毫不相干的现象之间发生一定的关联，使人们能够更简便、更清晰地认知事物和把握局势。大数据的巨大潜能与作用现在难以进行估量，但揭示事物的相关关系无疑是其真正的价值所在。

★案例链接8-1

相关分析与沃尔玛营销决策

在一家超市里，有一个有趣的现象：尿布和啤酒赫然摆在一起出售。但是这个奇怪的举措却使尿布和啤酒的销量双双增加了。这不是一个笑话，而是发生在美国沃尔玛连锁店超市的真实案例，并一直为商家所津津乐道。沃尔玛拥有世界上最大的数据仓库系统，为了能够准确了解顾客在其门店的购买习惯，沃尔玛对其顾客的购物行为进行购物篮分析，想知道顾客经常一起购买的商品有哪些。沃尔玛数据仓库里集中了其各门店的详细原始交易数据。在这些原始交易数据的基础上，沃尔玛利用数据挖掘方法对这些数据进行分析和挖掘。一个意外的发现是，跟尿布一起购买最多的商品竟是啤酒！经过大量实际调查和分析，揭示了一个隐藏在"尿布与啤酒"背后的美国人的一种行为模式：在美国，一些年轻的父亲下班后经常要到超市买婴儿尿布，而他们中有30%~40%的人同时也为自己买一些啤酒。产生这一现象的原因是：美国的太太们常叮嘱她们的丈夫下班后为小孩买尿布，而丈夫们在买尿布后又随手带回了他们喜欢的啤酒。

按常规思维，尿布与啤酒风马牛不相及，若不是借助数据挖掘技术对大量交易数据进行挖掘分析，沃尔玛不可能发现数据内存在这一有价值的规律。

第二节　大数据分析

数据（Data）是原始和零散的，经过过滤和组织后成为信息（Information），将相关联的信息整合和有效呈现则成为知识（Knowledge），对知识的深层领悟而升华到理解事物的本质并可以举一反三则为智慧（Wisdom）。所以，数据是源头，是决策和价值创造的基石。

大数据告知信息但不解释信息。打个比方,大数据是"原油"而不是"汽油",不能被直接拿来使用。大数据时代,统计学依然是数据分析的灵魂。正如美国加州大学伯克利分校迈克尔·乔丹教授指出的,"没有系统的数据科学作为指导的大数据研究,就如同不利用工程科学的知识来建造桥梁,很多桥梁可能会坍塌,并带来严重的后果。"

对大数据而言,分析才能出价值,关联才能出价值。传统用于分析关联数据的统计学方法以抽样数据为对象、以样本趋于无穷的极限分布为基础;而大数据所处理的对象是自然数据,既无明确的抽样机制,也不大可能存在稳定的极限分布。

大数据分析,就是对这些数量巨大的海量数据进行收集、整理、分析、加工,以便获得有价值的产品和服务,以及提炼出具有深刻洞见和潜在价值的信息。大数据分析技术,是在多样或巨量数据中快速收集和分析数据,获得有价值信息的技术和能力,主要包括数据采集、存储、管理、分析挖掘、可视化等技术及其集成。

庞大的数据需要人们进行剥离、整理、归类、建模、分析等操作,通过这些动作后,可以建立数据分析的维度,通过对不同维度的数据进行分析,最终才能得到想要的数据和信息。因此,如何进行大数据的采集、导入与预处理、统计与分析和数据挖掘,是做好大数据分析的关键。

一、大数据的采集

大数据的采集是大数据分析的首要环节,其数据来源有很多,总体上可以按照产生数据的主体、产生数据的行业等来划分,具体的采集方式也多种多样。

(一)大数据的来源

1. 按产生数据的主体划分

(1)少量企业应用产生的数据。如关系型数据库中的数据和数据仓库中的数据等。

(2)大量人产生的数据。如微博、通信软件、移动通信数据、电子商务在线交易日志数据、企业应用的相关评论数据等。

(3)巨量机器产生的数据。如应用服务器日志、各类传感器数据、图像和视频监控数据、二维码和条形码(条码)扫描数据等。

2. 按产生数据的行业划分

从我国的情况来看,大数据来自各行各业。

(1)以 BAT(百度公司、阿里巴巴集团、腾讯公司)为代表的互联网公司。百度公司数据总量超过了千 PB 级别;阿里巴巴集团保存的数据量超过了百 PB 级别,拥有 90% 以上的电商数据;腾讯公司总存储数据量经压缩处理以后仍然超过了百 PB 级别,数据量每月增加 10%。

(2)电信、金融、保险、电力、石化系统。电信行业数据年度用户数据增长超过 10%,金融每年产生的数据超过数十 PB;保险系统的数据量也超过了 PB 级别;电力与石化方面,仅国家电网采集获得的数据总量就达到了数十 PB;石油化工领域每年产生和保存下来的数据量也将近百 PB 级别。

(3)公共安全、医疗、交通领域。大、中型城市,一个月的交通卡口记录数可以达到 3 亿条;整个医疗卫生行业一年能够保存下来的数据就可达到数百 PB 级别;航班往返一次产生的数据就达到 TB 级别;列车、水陆运输产生的各种视频、文本类数据,每年保存下来的也达到数十 PB。

(4)气象、地理、政务等领域。中国气象局保存的数据将近 10 PB,每年增加数百 TB;各种地图和地理位置信息每年数十 PB;政务数据则涵盖了旅游、教育、交通、医疗等多个门类,且多为结构化数据。

（5）制造业和其他传统行业。制造业的大数据类型以产品设计数据、企业生产环节的业务数据和生产监控数据为主。其中产品设计数据以文件为主，非结构化，共享要求较高，保存时间较长；企业生产环节的业务数据主要是数据库结构化数据，而生产监控数据的数据量非常大。在其他传统行业，虽然线下商业销售、农林牧渔业、线下餐饮、食品、科研、物流运输等行业数据量剧增，但是数据量还处于积累期，整体体量都不算大，多则达到 PB 级别，少则数十 TB 或数百 TB 级别。

3. 大数据获取途径

从具体形势来看，物联网、云计算、移动互联网、车联网、手机、平板电脑、PC 以及遍布地球各个角落的各种各样的传感器，无一不是数据来源或者承载的方式。银行系统有海量的储户个人信息及存储信息；商场超市有海量的商品信息及其价格信息；机场记录着许多乘客的出行情况；医院记录着许多病人的检查和治疗情况；门户网站每一条新闻下面的留言，汇集成对许多现象和问题的民意；实名注册微博中的喜怒哀乐，则是情感和态度的表达；百度、谷歌引擎的每一次使用，都可以说明 IP 那端键盘操作者到底想要什么；透过大气层中弥漫着的无数手机短信，足以掌握无数手机使用者"打死也不说"的秘密。

从人们不变的属性到可变的态度，很多很多都已经在一不留神之间，汇入浩瀚的大数据洪流中。

用户在线的每一次点击，每一次评论，每一个视频点播，就是大数据的典型来源。互联网企业之所以取得令人瞩目的成绩，其核心的本质就是获取用户网络操作的大数据，进行记录和分析，形成用户"行为指纹"，从而洞悉用户潜在的、真实的需求，形成预判。

（二）大数据的采集方式

大数据的采集是指利用多个数据库来接收发自客户端（Web、App 或者传感器形式等）的数据，并且用户可以通过这些数据库来进行简单的查询和处理工作。例如，电商会使用传统的关系型数据库 MySQL 和 Oracle 等来存储每一笔事务数据，此外，Redis 和 MongoDB 这样的 NoSQL 数据库也常用于数据的采集。

常用的数据采集的方式主要有以下几种。

1. 系统日志采集

可以使用海量数据采集工具，用于系统日志采集，如 Hadoop 的 Chukwa、Cloudera 的 Flume、Facebook 的 Scribe 等，这些工具均采用分布式架构，能满足大数据的日志数据采集和传输需求。

2. 互联网数据采集

互联网数据采集是指通过网络爬虫或网站公开 API 等方式从网站上获取数据信息，该方法可以将数据从网页中抽取出来，将其存储为统一的本地数据文件，它支持图片、音频、视频等文件或附件的采集，附件与正文可以自动关联。除了网站中包含的内容之外，还可以使用 DPI 或 DFI 等带宽管理技术实现对网络流量的采集。

3. App 移动端数据采集

App 是获取用户移动端数据的一种有效方法，App 中的 SDK 插件可以将用户使用 App 的信息汇总给指定服务器，即便在用户没有访问时，也能获知用户终端的相关信息，包括安装应用的数量和类型等。单个 App 用户规模有限，数据量有限；但数十万 App 用户，获取的用户终端数据和部分行为数据也会达到数亿的量级。

4. 与数据服务机构进行合作

数据服务机构通常具备规范的数据共享和交易渠道，人们可以在平台上快速、明确地获取自己所需要的数据。而对于企业生产经营数据或学科研究数据等保密性要求较高的数据，也可以通过与企业或研究机构合作，使用特定系统接口等相关方式采集。

在大数据的采集过程中，其主要特点和挑战是并发数高，因为同时有可能会有成千上万的用户来进行访问和操作，如火车票售票网站和淘宝网站，它们并发的访问量在峰值时达到上百万，所以需要在采集端部署大量数据库才能支撑。并且，如何在这些数据库之间进行负载均衡和分片需要深入的思考和设计。

二、大数据的导入与预处理

虽然采集端本身会有很多数据库，但是如果要对这些海量数据进行有效的分析，还是应该将这些来自前端的数据导入一个集中的大型分布式数据库，或者分布式存储集群，并且可以在导入基础上做一些简单的清理和预处理工作。也有一些用户会在导入时使用来自 Twitter（推特）的 Storm 对数据进行流式计算，以满足部分业务的实时计算需求。

现实世界中数据大体上都是不完整、不一致的"脏"数据，无法直接进行数据挖掘，或挖掘结果差强人意，为提高数据挖掘的质量，产生了数据预处理技术，如数据清理、集成、变换和归约等。

（1）数据清理。数据清理主要是达到数据格式标准化、异常数据清除、数据错误纠正、重复数据的清除等目标。

（2）数据集成。数据集成是将多个数据源中的数据结合起来并统一存储，建立数据仓库。

（3）数据变换。数据变换即通过平滑聚集、数据概化、规范化等方式将数据转换成适用于数据挖掘的形式。

（4）数据归约。数据归约即寻找依赖于发现目标的数据的有用特征，缩减数据规模，最大限度地精简数据量。

导入与预处理过程的特点和挑战主要是导入的数据量大，每秒钟的导入量经常会达到百兆甚至千兆级别。

三、大数据的统计与分析

一般的数据分析应用程序无法很好地处理大数据。可以采用专门针对大数据的管理和分析的工具，这些应用程序运行在集群存储系统上，能够缓解大数据的管理。大数据的统计与分析主要利用分布式数据库，或者分布式计算集群来对存储于其内的海量数据进行普通的分析和分类汇总等，以满足大多数常见的分析需求。在这方面，一些实时性需求会用到 EMC 的 Greenplum、Oracle 的 Exadata，以及基于 MySQL 的列式存储 Infobright 等，而一些批处理，或者基于半结构化数据的需求可以使用 Hadoop。在数据统计分析中，也会用到各种计算机语言来进行，目前主流语言是 R 语言。

大数据的统计与分析同样依赖于大量统计学的基本理论，对数据进行整理、分析，并进行预测。此外，在不同的数据类型中，进行交叉分析是大数据的核心技术之一。语义分析技术、图文转换技术、模式识别技术、地理信息技术等，都会在大数据分析时获得应用。

大数据分析最重要的应用领域之一就是预测性分析，从大数据中挖掘出特点，通过科学地建立模型，之后便可以通过模型导入新的数据，从而预测未来的数据。

统计与分析的主要特点和挑战是分析涉及的数据量大，其对系统资源，特别是 I/O 会有极大的占用。

★案例链接8-2

阿迪达斯的"黄金罗盘"

看着同行大多仍身陷库存泥潭,叶向阳庆幸自己选对了合作伙伴。他的厦门育泰贸易有限公司与阿迪达斯合作已有13年,旗下拥有100多家阿迪达斯门店。他说:"2008年之后,库存问题确实很严重,但我们合作解决问题,生意再次回到了正轨。"

在最初降价、打折等清库存的"应急措施"结束后,基于外部环境、消费者调研和门店销售数据的收集、分析,成为将阿迪达斯和叶向阳引向正轨的"黄金罗盘"。

现在,叶向阳每天都会收集门店的销售数据,并将它们上传至阿迪达斯。收到数据后,阿迪达斯对数据做整合、分析,再用于指导经销商卖货。研究这些数据,让阿迪达斯和经销商们可以更准确地了解当地消费者对商品颜色、款式、功能的偏好,同时知道什么价位的产品更容易被接受。

阿迪达斯产品线丰富,过去面对展厅里各式各样的产品,经销商很容易按个人偏好下订单。现在,阿迪达斯会用数据说话,帮助经销商选择最适合的产品。首先,从宏观上看,一、二线城市的消费者对品牌和时尚更为敏感,可以重点投放采用前沿科技的产品、运动经典系列的服装以及设计师合作产品系列。在低线城市,消费者更关注产品的价值与功能,如纯棉制品这种高性价比的产品,在这些市场会更受欢迎。其次,阿迪达斯会参照经销商的终端数据,给予更具体的产品订购建议。例如,阿迪达斯可能会告诉某低线市场的经销商,在其辖区,普通跑步鞋比添加了减震设备的跑鞋更好卖;至于颜色,比起红色,当地消费者更偏爱蓝色。通过这种订货方式,阿迪达斯得到了经销商们的认可。叶向阳说:"我们一起商定卖哪些产品、什么产品又会热卖,这样,我们将来就不会再遇到库存问题。"

挖掘大数据,让阿迪达斯有了许多有趣的发现。同在中国南部,那里部分城市受香港风尚影响非常大;而另一些地方,消费者更愿意追随韩国潮流。同为一线城市,北京市和上海市消费趋势不同,气候是主要的原因。还有,高线城市消费者的消费品位和习惯更为成熟,当地消费者需要不同的服装以应对不同场合的需要,如上班、吃饭、喝咖啡、去夜店,需要不同风格的多套服饰。但在低线城市,一位女性往往只要有应对上班、休闲、宴请的三种不同风格的服饰就可以。两相对比,高线城市,显然为阿迪达斯提供了更多细分市场的选择。

实际上,对大数据的运用,也顺应了阿迪达斯大中华区战略转型的需要。库存危机后,阿迪达斯从"批发型"公司转为"零售驱动型"公司,过去只关注把产品卖给经销商,现在变成了将产品卖到终端消费者手中的有力推动者。而数据收集分析,恰恰能让其更好地帮助经销商提高售罄率。"我们与经销商伙伴展开了更加紧密的合作,以统计到更为确切可靠的终端消费数据,有效帮助我们重新定义了产品供给组合,从而使我们在适当的时机,将符合消费者口味的产品投放到相应的区域市场。一方面降低了他们的库存,另一方面增加了单店销售率。卖得更多,售罄率更高,也意味着更高的利润。"阿迪达斯大中华区董事总经理高嘉礼对大数据的应用成果颇为满意。

四、大数据的数据挖掘

数据挖掘(Data Mining),又称为资料探勘、数据采矿。它是数据库知识发现(Knowledge-Discoveryin Databases,KDD)中的一个步骤。数据挖掘一般是指从大量的数据中自动搜索隐藏于其中的有着特殊关系性的信息的过程。数据挖掘通常与计算机科学有关,并通过统计、在线分析处理、情报检索、机器学习、专家系统(依靠过去的经验法则)和模式识别等诸多方法来实现上述目标。

　　数据挖掘是通过分析每个数据,从大量数据中寻找其规律的技术,主要有数据准备、规律寻找和规律表示3个步骤:①数据准备是从相关的数据源中选取所需的数据并整合成用于数据挖掘的数据集;②规律寻找是用某种方法将数据集所含的规律找出来;③规律表示是尽可能以用户可理解的方式(如可视化)将找出的规律表示出来。

　　在大数据时代,数据挖掘是最关键的工作。大数据的挖掘是从海量的、不完全的、有噪声的、模糊的、随机的大型数据库中发现隐含在其中有价值的、潜在有用的信息和知识的过程,也是一种决策支持过程。其主要基于人工智能、机器学习、模式学习、统计学等。通过对大数据进行高度自动化的分析,做出归纳性的推理,从中挖掘出潜在的模式,可以帮助企业、商家、用户调整市场政策、减少风险、理性面对市场,并做出正确的决策。目前,在很多领域,尤其是在商业领域,如银行、电信、电商等,数据挖掘可以解决很多问题,包括市场营销策略制定、背景分析、企业管理危机等。大数据挖掘常用的方法有分类、回归分析、聚类、关联规则、神经网络方法、Web数据挖掘等。这些方法分别从不同的角度对数据进行挖掘。

　　与前面统计和分析过程不同的是,数据挖掘一般没有什么预先设定好的主题,主要是在现有数据基础上进行基于各种算法的计算,从而起到预测(Predict)的效果,实现一些高级别数据分析的需求。比较典型的算法有用于聚类的Kmeans(K均值)、用于统计学的SVM和用于分类的Naive Bayes(朴素贝叶斯),主要使用的工具有Hadoop的Mahout等。数据挖掘过程的特点和挑战主要是用于挖掘的算法很复杂,并且计算涉及的数据量和计算量都很大。

第三节　大数据的应用

　　对于地球上每一个普通居民而言,大数据有什么应用价值呢?只要看看周围正在变化的一切,就可以知道,大数据对个人的重要性不亚于人类初期对火的使用。大数据让人类对一切事物的认识回归本源;大数据通过影响经济生活、政治博弈、社会管理、文化教育科研、医疗保健休闲等行业,与每个人产生密切的联系。

　　大数据的应用主要是对大数据分析结果的运用,包括各种事物的现状信息、规律信息及发展趋势预测的结果。大数据的应用范围也非常广泛,从各种国际合作到政府的宏观管理,从各行各业发展建设到企业的经营活动,从丰富的社会生活到个体的日常行为,到处都可以看到大数据的身影。

一、大数据的基础应用

　　目前,大数据应用比较多的领域包括政府管理、环境、农业、医疗、教育、金融、制造、零售以及智慧城市等各个领域。

　　(1)政府管理。大数据技术可以帮助政府了解经济发展情况、各产业发展情况、消费支出和产品销售情况等,依据分析结果,科学地制定宏观政策,平衡各产业发展,避免产能过剩,有效利用自然资源和社会资源,提高社会生产效率。大数据技术也能帮助政府进行支出管理,透明合理的财政支出将有利于提高公信力和监督财政支出;大数据能帮助政府实现公共卫生安全防范、灾难预警、社会舆论监督;大数据能帮助,政府能在用户的心理健康出现问题时进行有效的干预,防范自杀、刑事案件的发生。

(2) 环境行业。借助大数据技术,天气预报的准确性和实效性将会大大提高,预报的及时性将会大大提升,同时对于重大自然灾害,如龙卷风,通过大数据计算平台,人们将会更加精确地了解其运动轨迹和危害的等级,有利于帮助人们提高应对自然灾害的能力。

(3) 农业行业。借助大数据提供的消费能力和趋势报告,政府可为农业生产进行合理引导,依据需求进行生产,避免产能过剩造成不必要的资源和社会财富浪费。通过大数据的分析,可以更精确地预测未来的天气,帮助农民做好自然灾害的预防工作,帮助政府实现农业的精细化管理和科学决策。

(4) 医疗行业。医疗行业拥有大量的病例、病理报告、治愈方案、药物报告等,通过对这些数据进行整理和分析将会较好地辅助医生提出治疗方案,帮助病人早日康复。可以通过构建大数据平台来收集不同病例和治疗方案,以及病人的基本特征,建立针对疾病特点的数据库,帮助医生进行疾病诊断。

医疗行业的大数据应用一直在进行,但是数据并没有完全打通,基本都是孤岛数据,没办法进行大规模的应用。未来,可以将这些数据统一采集起来,纳入统一的大数据平台,为人类健康造福。

(5) 教育行业。信息技术已在教育领域有了越来越广泛的应用,教学、考试、师生互动、校园安全、家校关系等,只要技术达到的地方,各个环节都被数据包裹。通过大数据的分析来优化教育机制,可以做出更科学的决策,这将带来潜在的教育革命。在不久的将来,个性化学习终端将会更多地融入学习资源云平台,根据每个学生的不同兴趣爱好和特长,推送相关领域的前沿技术、资讯、资源乃至未来职业发展方向。

(6) 金融行业。金融行业可以借助大数据来提升效率,创造价值。银行业可以利用数据挖掘来分析一些交易数据背后的商业价值;保险行业可以利用数据来提升保险产品的精算水平,提高利润水平和投资收益;证券行业可以利用大数据对客户交易习惯和行为进行分析,获得更多的收益。

(7) 零售行业。零售行业的大数据应用有两个层面:一个层面是零售行业可以了解客户的消费喜好和趋势,进行商品的精准营销,降低营销成本;另一个层面是依据客户购买的产品,为客户提供可能购买的其他产品,扩大销售额。

未来考验零售企业的是如何挖掘消费者需求,以及高效整合供应链满足其需求的能力,因此,信息技术水平的高低成为获得竞争优势的关键要素。

(8) 智慧城市。大数据能够获得城市建设和规划的相关信息并提供分析结果,为城市的智能化建设提供合理化的建议,实现城市服务体系建设、市政建设、交通管理等智能化,促进城市发展,提升城市生活质量。

二、大数据在营销领域的应用

在传统的营销理论中,4P营销组合是企业营销活动的核心,企业营销活动遵循营销环境分析、营销战略制定、营销组合决策和营销活动管理四个主要步骤。在大数据时代,企业营销活动的基本内容和步骤依然符合传统的理论,但是其中的具体环节发生了很多变化。总体来说,由于大数据给企业带来了更加全面精准的营销环境信息,企业的营销决策依据更加充分及时,从而影响到企业营销活动的各个方面。当前企业在大数据应用上主要集中在客户分析(48%)、操作分析(21%)、欺诈和违规(12%)、新产品与服务创新(10%)和企业数据仓库优化(10%)等几个方面,在搜索引擎优化及营销、邮件市场营销和手机营销方面,大数据发挥着最大的影响力。大数据可以带来更大的顾客回应率以及更深层次的客户信息。利用先进的大数据分析技术能够获得更高的客户参与度和客户忠诚度。基于大数据的客户价值分析已经让营销者能够在各个渠道为客户提供连续、稳定、全方位的用户体验。

从营销组合的角度来看,大数据在产品决策、价格决策、分销决策及促销活动中都能够得到广泛的应用。

1. 大数据在产品决策中的应用

在大数据背景下,企业在产品研发过程中可以收集更多消费者的意见,并可以通过大数据来了解消费群体对企业及竞争产品的反应,分析消费群体的消费偏好及变化趋势,使产品开发更加符合消费群体需求。同时,根据大数据分析的结果,企业能够更好地为品牌进行定位并更加精准有效地进行传播。另外,大数据分析速度快的特点,也缩短了企业产品决策的时间,提高了决策效率,从而能够更好地把握时机,获得竞争优势。

★ 案例链接8-3

大数据捧红了《纸牌屋》

2016年,美剧《纸牌屋》火遍网络,这是一部由Netflix(奈飞)首次制作并完全依靠网络发行的电视剧,借助于这部剧的热播,Netflix用户数成功超越传统的HBO电视网。

Netflix从创立开始,就意识到数据的重要性。在其网站上,用户每天产生高达3 000多万个行为,如收藏、推荐、回放、暂停等;Netflix的订阅用户每天还会给出400万个评分,300万次搜索请求,询问剧集播放时间和设备等。这些都被Netflix转化成代码记录下来。早些年,这些数据被Netflix用来进行精准推荐,随着数据挖掘技术的日渐成熟,Netflix开始将其用于倒推前台的影片生产。

于是,在2013年,Netflix的工程师们发现,喜欢BBC电视剧、导演大卫·芬奇(David Fincher)和老戏骨凯文·史派西(Kevin Spacey)的用户存在交集,一部影片如果同时满足这几个要素,就可能大卖。Netflix决定赌一把,他们花1亿美元买下了一部早在1990年就播出的BBC电视剧《纸牌屋》的版权(几乎是美国一般电视剧价钱的两倍),并请来大卫·芬奇担任导演,凯文·史派西担当男主角。

海量的用户数据积累和分析,为制作方决策提供了精准的依据。到了最后,如何成片,演员和导演怎么选,在哪个时间段进行播出,都由广大受众的客观喜好统计决定。从受众洞察、受众定位、受众接触到受众转化,每一步都由精准细致、高效、经济的数据引导,从而实现大众创造的C2B,即由用户需求决定生产。

事实证明,他们赌对了——《纸牌屋》不仅是Netflix网站上有史以来观看量最高的剧集,也在全球范围内持续热播。《纸牌屋》开启了大数据对于影视产业的全面渗透。

2. 大数据在企业定价中的应用

企业首先可以通过行业中同类产品及相关产品价格变化趋势的大数据分析结果来预测未来产品价格的发展趋势,为企业制定长期的价格战略,并可以通过不同价格条件下消费行为变化的大数据,了解消费者对价格的接受程度及敏感度,制定短期价格方案及价格调整方案,以实现企业目标。

麦肯锡研究院分析发现,一家典型的公司75%的收入源于其标准产品,在每年成百上千种标准产品的定价中有30%公司无法定出最好的价格。而假定销售量没有减少,1%的价格提高却可以带来高达8.7%的经营利润的增加。定价具有显著地提高盈利能力的潜力空间。

★ 案例链接 8-4

大数据在保险行业定价中的应用

杰里米·霍华德（Jeremy Howard）在利用大数据帮助保险公司以差别化价格销售保单、为每位客户创造一生最大利润方面是一位开拓者。当杰里米·霍华德在1999年创办了最优决策集团（Optimal Decisions Group）时，他与各大保险公司合作，向每一位客户提供随机价格，与基准价格相比变化幅度从10%到15%不等。在对数百万客户的反应加以研究之后，他的公司基于所感知的类似客户的支付意愿，建立了用于新客户的定价模式。杰里米·霍华德说，自公司成立以来，使用这些技术的保险公司已经多赚了数亿美元。

★ 案例链接 8-5

车险的定价

美国有两家保险公司已经默默无闻地收集了超过100万用户的驾驶数据。他们让驾驶者安装了一个名为 telematics（一种车载计算机系统）的传感器，通过这个传感器收集用户实时驾驶行为数据。从大量的数据中，保险公司可以知道驾驶者有没有超速，有没有粗暴驾车等类似情况。整合了大量数据之后，保险公司可以知道一般的驾驶习惯是怎样的，在不同的路段上，每一个个体与一般的驾驶习惯的比较是怎样的，这样，保险公司会更容易知道应该如何定价，其相应产品称为 pay how you drive。在同一领域的另一家公司 Metromile 采用了更激进的定价方法，其设计了一种新的定价方法名为 pay as you drive，即对于驾驶时才需付费，对于不驾驶时只需付很少的费用。这家公司发现，这种方法节省了很多保险费用，尤其对驾驶里程低的用户，节省了高达数百美元的保费。简单来说，大多数保险费用是在不使用时也需付费的，而在这个例子中，按使用情况付费其实更合理。

3. 大数据在分销渠道中的应用

企业可以利用大数据分析的结果来考察企业分销体系的效率及合理性，了解中间商的绩效，把握销售动态，为分销渠道设计、调整提供依据，改进存货控制、物流配送方案，降低分销风险。

★ 案例链接 8-6

Staples 公司基于大数据的分销管理

Staples 是美国一家经营办公用品的连锁零售商店，拥有1 100多家分店，年销售额近110亿美元。Staples 使用数据挖掘方法成功地管理各家分店。Staples 采用的数据包括历史销售数据、客户（商户和家庭）的统计数据、分店所处的地段特征及该地段的竞争水平等（海量数据）。

Staples 每周收集并分析800多万个交易数据，为1 100多家分店进行每周和每日的销售预测。这些数据还被用于公司的其他事务，如季度销售预测、用人计划、存货管理、年度预算等。Staples 还使用数据挖掘为新的分店选址，通过预测近500家预选店址未来3年的销售额，选择最优的店址。关闭一家分店的成本为50万～100万美元，通过数据挖掘避免错误的选址决策已经为公司节省了几百万美元。

4. 大数据在促销中的作用

在4P营销组合中，大数据在促销活动中发挥的作用最为广泛。尤其是在广告活动中，精准

第八章　大数据分析简介

的广告投放大大提高了广告效果。大数据在其他促销方面的作用也非常明显。

★ 案例链接 8-7

宝洁公司的广告转型

作为全球最大的广告客户，宝洁公司宣布裁撤 1 600 名广告营销人员，原因在于宝洁公司相信相比传统的媒体投放渠道，Facebook 上的精准投递更加有效且成本更低。在 Facebook 上的一款宝洁公司旗下的男士香水 Old Spice 广告，曾创下了 18 亿次展示次数纪录。在宝洁公司的营销转向带动下，越来越多的大广告主将投向 Facebook 的怀抱，这将在今后几年内带动 Facebook 广告收入的持续增长。

本章小结

随着互联网的不断普及以及云计算等技术的发展，更加先进的数据采集、处理等技术得到跨越式提升，大数据在企业管理决策中的作用正在逐步取代传统的市场调查，并成为企业资产的重要组成部分。

从 20 世纪 80 年代"大数据"一词被提出以来，大数据得到了广泛关注，2010 年至今，大数据战略应用被提上日程并迅速发展。目前，世界上 90% 以上的数据是最近几年产生的，其来源不仅包括人们在互联网上发布的信息，也包括来自世界各地大量的传感器产生的数据。

从数据构成来看，互联网大数据的典型代表，包括用户行为数据、用户消费数据、用户地理位置数据、互联网金融数据、用户社交数据等；同时，提供数据托管服务的大数据平台也应运而生。从对象来看，政府大数据、企业大数据和个人大数据是目前大数据的主体。

麦肯锡研究院认为，"大数据是指其大小超出了常规数据库工具获取、储存、管理和分析能力的数据集"。大数据具有体量大、多样化、价值密度低、速度快、真实性高五个特征。

大数据与传统市场调查都属于调查行为，包括方案设计及活动组织、资料收集与获取、资料处理等主要环节，为组织决策提供依据。大数据和传统市场调查都离不开统计学的基本理论和方法，但是，二者也有明显的区别，主要表现在资料来源、数据采集的方式、数据处理方式与处理结果的不同；尤其在消费行为分析中，大数据分析更是体现了数据即行为、样本即总体、个体即规律、情景即实验四个显著特点。

大数据的实现，是现代计算技术、信息存储技术、智能与感知技术及其他技术发展的结果。在大数据时代，要实现数据开放与共享，建立大数据思维，不再依赖于随机抽样，不再热衷于追求精确度，不必拘泥于对因果关系的探究，而可以在相关关系中发现大数据的潜在价值。

大数据分析，就是对海量数据进行收集、整理、分析、加工，以便获得有价值的产品和服务，提炼出具有深刻洞见和潜在价值的信息。大数据分析技术，是在多样或巨量数据中快速收集和分析数据、获得有价值信息的技术和能力。大数据分析技术包括大数据采集技术，如系统日志采集、互联网数据采集、App 移动端数据采集、与数据服务机构进行合作等技术；大数据的导入与预处理技术，如数据清理、数据集成、数据变换、数据归约等技术；大数据的统计与分析技术，如 EMC 的 GreenPlum、Oracle 的 Exadata，以及基于 MySQL 的列式存储 Infobright、Hadoop 等技术；大数据的数据挖掘技术，如用于聚类的 Kmeans、用于统计学的 SVM 和用于分类的 Naive Bayes 等技术。

大数据广泛应用于政府管理、环境、农业、医疗、教育、金融、制造、零售以及智慧城市等各个领域。大数据给企业带来了更加全面精准的营销环境信息，使得企业的营销决策依据更加充分及时，从而影响到企业营销活动的各个方面。从营销组合的角度来看，大数据在产品决策、价格决策、分销决策及促销决策中都能够得到广泛应用。

复习思考题

1. 什么是大数据？什么是大数据分析？
2. 大数据有哪些特征？
3. 大数据与传统的市场调查有什么关系？
4. 大数据对于企业营销的作用有哪些？

案例分析

农夫山泉的大数据分析应用

这里是上海城乡接合部九亭镇新华都超市的一个角落，农夫山泉的矿泉水静静地堆放在这里。来自农夫山泉的业务员每天例行公事地来到这个点，拍摄10张照片：水怎么摆放、位置有什么变化、高度如何……这样的地方，农夫山泉的每个业务员一天要跑15个，按照规定，在其下班之前，150张照片就被传回了杭州总部。每个业务员，每天会产生的数据量约为10 MB，这似乎并不多。但农夫山泉在全国有10 000个业务员，这样，每天的数据就是约100 GB，每月约为3 TB。当这些图片如雪片般传回农夫山泉在杭州的机房时，其CIO胡健就会有这么一种感觉：守着一座金山，却不知道从哪里挖下第一锹。

胡健想知道的问题包括：怎样摆放水堆更能促进销售？什么年龄的消费者在水堆前停留更久，他们一次购买的量多大？气温的变化让购买行为发生了哪些改变？竞争对手的新包装对销售产生了怎样的影响？不少问题目前也可以回答，但它们更多是基于经验，而不是基于数据。

从2008年开始，业务员拍摄的照片被收集起来，如果按照数据的属性来分类，"图片"属于典型的非关系型数据，还包括视频、音频等。要系统地对非关系型数据进行分析是胡健设想的下一步计划，这是农夫山泉在"大数据时代"必须迈出的一步。如果超市、金融公司与农夫山泉有某种渠道来分享信息，如果类似图像、视频和音频资料可以系统分析，如果人的位置有更多的方式可以被监测到，那么摊开在胡健面前的就是一幅基于人们消费行为的画卷，而描绘画卷的是一组组复杂的"0、1、1、0"。

在没有数据实时支撑时，农夫山泉在物流领域花了很多冤枉钱。例如，某个小品项的产品(350 mL饮用水)，在某个城市的销量预测不到位时，公司以往的做法是通过大区间的调运，来弥补终端货源的不足。"华北往华南运，运到半道时，发现华东实际有富余，从华东调运更便宜。但很快发现对华南的预测有偏差，华北短缺更为严重，华东开始往华北运。此时如果太湖突发一次污染事件，很可能华东又出现短缺。"这种无头苍蝇的状况让农夫山泉头疼不已。在采购、仓储、配送这条线上，农夫山泉特别希望大数据能解决三个顽症：首先，解决生产和销售的不平衡，准确获知该产多少、送多少；其次，让400家办事处、30个配送中心能够纳入体系中，形成一个动态网状结构，而非简单的树状结构；最后，让退货、残次等问题与生产基地能够实时连接起来。

"日常运营中，我们会产生销售、市场费用、物流、生产、财务等数据，这些数据都是通过工具定时抽取到SAP BW或Oracle DM，再通过Business Object展现。"胡健表示，这个"展现"的过程长达24小时，也就是说，在24小时后，物流、资金流和信息流才能汇聚到一起，彼此关联形成一份有价值的统计报告。当农夫山泉的数据积累达到每月3 TB时，导致农夫山泉每个月

第八章 大数据分析简介

财务结算都要推迟一天。更重要的是，胡健等农夫山泉的决策者们只能依靠数据来验证以往的决策是否正确，或者对已出现的问题做出纠正，仍旧无法预测未来。

2011年，SAP推出了创新性的数据库平台SAP Hana，农夫山泉则成为全球第三个、亚洲第一个上线该系统的企业，并在当年9月宣布系统对接成功。

胡健选择SAP Hana的目的只有一个，"快些，再快些"。采用SAP Hana后，同等数据量的计算速度从过去的24小时缩短到了0.67秒，几乎可以做到实时计算结果，这让很多不可能的事情变为了可能。

问题：
1. 大数据在农夫山泉的分销过程中起到哪些作用？
2. 大数据的作用是如何实现的？

第九章

市场预测

★ 知识目标

通过本章的学习，正确理解市场预测的概念；熟悉市场预测的内容及分类体系；了解市场预测的基本要求；掌握市场预测的基本原理；重点掌握市场预测的程序与步骤；掌握数据初步处理的方法。

★ 能力目标

通过本章的学习，培养熟练运用市场预测的原则和原理及准确选择市场预测方法的能力。

★ 引导案例

"尿布大王"的远见卓识

日本"尿布大王"尼西奇公司早年通过人口普查资料找到了经营思路，并成功地占领了市场。公司董事长川多扒博从日本政府的人口普查资料中发现，日本每年要出生250万名左右的婴儿。这个数字给了他很大的启示，即每个婴儿每年即使只使用两片尿布，那么全国就是500万块。除此之外，潜在的市场需求也很多。

所以，尼西奇公司转产去专门生产尿布，现在日本婴儿使用的尿布每三片中就有一片是其生产的。不仅如此，公司产品还远销70多个国家和地区，被日本政府评为"出口有功企业"，被誉为"尿布大王"。

可见，正确的市场预测是何等重要，关系到企业的发展，甚至是生死存亡。

市场预测是指针对某一目前还不明确的事物，根据其过去和现在的已知情况，运用定性分析和定量分析的科学方法，对市场未来的发展变化做出质的描述和量的估计，以帮助经营决策者制定适应市场的行动方案，使自己在市场竞争中处于主动地位。

第一节　市场预测概述

一、预测与市场预测

预测是指根据客观事物的发展趋势和变化规律，对特定对象未来发展的趋势或状态做出科学的推测与判断。换言之，预测是根据对事物已有的认识来对未知事件做出估计。预测是一种行为，表现为一个过程，也表现为行为的某种结果。

预测对象是具体的、特定的。对不同对象的预测形成不同的预测领域和预测学科的不同分支。目前，许多国家已经将预测技术广泛用于科学技术、文化教育、自然资源、生态环境、经济发展、人口变化、军事等诸多领域，于是便产生了科技预测、经济预测、教育预测、人口预测、资源预测、环境预测、军事预测等。

客观世界中许多事物的发展具有不确定性，它们在一定的时间和空间范围内能否发生，如何演变，产生何种影响，往往是不确定的。预测就是"鉴往知来"，是针对未来不确定事件的推断和测定，是研究未来不确定事件的理性表述，是对未来事物发展变化的趋向以及人类实践活动的后果所做的估计和测定。当然，这种估计和推测，应该是在正确的理论指导下，通过广泛调查取得第一手资料或第二手资料，再运用定性分析和定量分析的方法，对市场今后的发展变化做出质的描述和量的估计。

市场预测是对商品生产、流通、销售的未来变化趋势或状态进行的科学判断和估计，它以市场体系的发展过程与变动趋势作为自己的研究对象，是预测学理论与方法在市场体系中的运用，是适应市场经济发展的需要而逐渐成熟起来的一门科学。而企业市场预测则是以企业市场活动为研究对象，对企业的市场环境、商品供求、价格、市场状况的未来变化趋势做出的科学推测和判断，或对企业生产经营情况做出的科学预测和估计。

预测能否与实际情况相接近，主要取决于：①市场本身的发展进程；②人们获取市场信息的能力和成本；③随机因素的干扰。其中关键在于把握市场活动的内在联系和发展规律。为此，人们必须获取大量信息，掌握科学的信息处理和分析方法。这一过程需要耗费大量的成本。即使如此，市场预测结果的准确性还是有限的、相对的。

"凡事预则立，不预则废。"科学准确的预测可以保证社会经济活动达到预期的效果。所以，在从事各种经济活动、在做出各种决策时一定要先预测。

市场预测的目的，就在于要最大限度地减少不确定性对预测对象的影响，为科学决策提供依据。没有准确的市场预测，就不可能有正确的经营决策和科学的计划，所以说，市场预测的正确与否，直接关系到一个企业的兴衰成败。

二、预测的产生与发展

预见未来，是人类自古就有的愿望。我国古代预测文化源远流长、博大精深。中华民族文化中的易经文化就是其中的典型代表。西方占卜预测学也是西方古代文化的重要组成部分。一般来说，无论何种占卜预测学，其大多数都源于星相学。例如，我国古代就有"月晕而风，础润而雨"的谚语。农家看到月有光环，就预知将要刮风，甚至何时有风都可以预测。"月晕午时风，日晕三更雨"就是说今夜月晕，明日中午就有风，今天日晕，夜里三更就将下雨。根据这个预测，农民就可以合理地安排自己的劳动时间。另外，我国历史上也不乏许多有识之士在政治、军事、经济上进行预测的实例。东汉末年的诸葛亮是我国人民所喜爱的一位历史人物，他受到人们喜爱的重要原因之一，就是他"神机妙算"，也就是他能审时度势"预见未来"。据《三国志》记载，诸葛亮初出茅庐之前所做的《隆中对》就是诸葛亮对东汉末年时局的预测。虽然古代的这些预测主要是凭借个人的经验来猜测，其中含有许多主观和唯心的成分，但在客观上促进了预测科学的诞生。

预测真正成为科学是近代的事情。市场预测是随着生产社会化和商品经济的不断发展应运而生的。20世纪30年代，随着统计学的发展，市场调查与统计学、经济计量学结合起来，产生了市场分析和预测技术。20世纪40年代以后，市场预测的科学性日益提高。到了20世纪70—80年代，各种经济模型得到应用，计算机网络开始形成，市场预测在经营决策中发挥了重大作用并普遍为人们所重视，原属于市场学的市场调查与预测发展成为一门独立的新学科。

三、市场预测的特点

1. 市场预测具有科学性

市场预测并不是凭想当然、"拍脑袋"得出的结果，而是在市场调查广泛收集市场信息资料的基础上，运用一定的程序和方法，取得关于未来市场变化趋势的各种信息。这些信息反映了市场发展变化的规律性，是具有科学性的。

2. 市场预测具有目的性

市场预测是为生产经营决策或市场营销服务的。决策应是以科学的预测结果作为基础的，并通过分析比较，选取最优方案。因此，预测是决策的先导，是决策科学化的前提，没有准确、科学的预测，要取得决策的成功是不可能的。因此，市场预测应从决策的需要出发，有目的地进行有关市场问题的预测。

3. 市场预测具有近似性

市场预测是根据过去和现在的已知信息，对未来市场需求变化情况做出预计和推测。但是市场的发展变化，并不是过去和现在情况的简单重复，总是要受到各方面因素的影响。所以人们对未来的估计和推测，会在一定程度上与将来发生的实际情况存在某些偏差。因此，预测不可能做到完全准确，预测值不可能与实际值绝对一致，只能是一个近似值。所以说市场预测具有近似性。

4. 市场预测具有局限性

人们对未来的认识总有一定的局限性，预测中往往受到知识、经验、时间、条件等多方面因素的限制，使得预测结果往往不能表达市场变化的确切状况，存在一定的局限性。

四、市场预测的作用

1. 市场预测是引导社会生产、满足市场需要的重要手段

利用市场预测，国家或企业可以根据市场已有的信息资料和其他影响需求变动的因素，对未来一定时期的市场需求做出预测，以需定产，最大限度地满足市场需求。

2. 市场预测是企业制定经营战略、进行科学决策的主要依据

决策是否正确以及正确程度的高低，是一个企业兴衰成败的关键，而正确的决策则要以科学的市场预测为前提。这是因为：第一，市场预测为经营决策提供未来的有关经济信息；第二，市场预测为经营决策提供决策目标和必要的备选方案；第三，市场预测为经营决策方案实施提供参照系，以利于调整经营措施，确保决策目标的实现。

3. 市场预测是提高企业管理水平和经济效益的基础条件

企业管理者通过市场预测，可减少经营决策中的主观性、盲目性和随意性以及由此产生的决策失误，掌握市场竞争的主动权，克服"滞销""脱销""流通受阻"等不良状态，提高管理水平，提高劳动生产率，降低成本和流通费用，加速商品流通和资金周转，从而实现企业最大的经济效益。

4. 市场预测是充分发挥市场调节作用的重要保证

在市场经济中，供需之间的严重不平衡和不同形式的竞争格局，必然引起商品价格与价值的背离，通过科学的市场预测，判断市场供需和竞争格局的变动趋势，国家就可运用经济手段，如价格、税收、信贷、工资和利率等经济杠杆，调节市场供求矛盾，调整产业结构和产业政策，充分发挥市场调节的积极作用，繁荣我国的经济。

总的来说，市场预测无论是对生产还是对流通，无论是对宏观经济管理还是对企业管理都有重要作用。做好市场预测对促进经济发展，搞好市场供应，制定企业战略规划，进行科学决策，提高企业管理水平，提高竞争能力和应变能力，提升经济效益等都具有重要意义。

据国外统计，开展市场预测的企业获得的经济收益，远远高于其预测所花的费用。而那些没有开展市场预测的企业，由于生产或经营的盲目性，造成的经济损失常常是巨大的。因此，应对市场预测给予高度的重视。

★ **案例链接9-1**

石英技术誉满全球

一向以"钟表王国"著称的瑞士，在机械表技术方面领先世界，成为世界钟表市场的主要生产国。20世纪60年代，一位瑞士工程师向政府提出了开发石英技术，发展石英表的建议，结果被打入"冷宫"。而日本钟表业则对石英技术表现出浓厚的兴趣，并对全球钟表市场进行了深入的调查，结果发现，机械表的发展已经呈现下降的趋势，潜力有限，而石英表则以它成本低、全自动、华丽和方便的特点，具有极大的发展空间。日本钟表商预测，钟表业今后市场竞争的焦点将是石英表，它能够引领日本钟表业挑战瑞士"钟表王国"的垄断地位。于是他们全力发展应用技术，在市场上遥遥领先。等到瑞士人猛然醒悟、奋起直追时，为时已晚，日本钟表业早已靠石英技术占据了世界钟表市场的主导地位。

第二节 市场预测的内容与分类

一、市场预测的内容

市场预测的内容是十分广泛的，由于市场的主体不同、市场的性质不同、市场预测的目的要求不同，市场预测的具体内容也就有所不同。但一般来说，均可围绕市场环境、市场需求、市场供给、市场运行、市场价格、市场竞争等方面开展预测。从商品市场来看，市场预测的主要内容如下。

1. 市场环境预测

市场环境预测是在市场环境调研的基础上，运用因果性原理和定性分析与定量分析相结合的方法，预测国际国内的社会、经济、政治、法律、政策、文化、人口、科技、自然等环境因素的变化对特定的市场或企业的生产经营活动会带来怎样的影响（包括机会和威胁），并寻找适应环境的对策。例如，人口总量和人口结构的变化，对产品的需求会带来怎样的影响；人口老龄化意味着怎样的商机；宏观经济运行得景气或不景气，对特定的市场和企业的生产经营活动会带来怎样的影响，应采取怎样的对策；产业政策、货币政策、就业政策、能源政策等政策调控，对企业的生产经营活动有怎样的作用，应如何利用这些政策；国际政治经济的动荡、经济危机、地区冲突等对国内企业有何冲击，应采取怎样的应对策略等，都是市场环境预测的具体内容。市场环境预测应及时收集外部环境变化的信息，分析环境变化带来的威胁和机会，分析企业的优势与劣势，才能得出较为中肯的预测结论。

2. 市场需求预测

市场需求预测是在市场需求调研的基础上，运用定性分析与定量分析相结合的方法，对特定区域和特定时期内的某类市场或全部市场的需求走向、需求潜力、需求规模、需求水平、需求结构、需求变动等因素进行分析预测。由于市场需求的大小决定着市场规模的大小，对企业的投资决策、资源配置和战略研发具有直接的重要影响，因此，市场需求预测是市场预测的重点。市场需求预测既包括对现有市场的需求潜力估计，也包括对未来市场的需求潜力的测定。市场需求预测，首先应对影响市场需求变化的人口、收入、储蓄、投资、信贷、价格、政策、经济增长等进行分析研究，然后运用定性分析与定量分析相结合的预测方法，对未来的市场需求走向、需求潜力、需求规模、需求水平、需求结构等做出推断。市场需求预测有消费品需求预测和生产资料需求预测之分，有全部商品、某类商品和某种商品的市场需求预测三个层次。一般来说，市场性质与市场层次不同，市场需求预测的内容和方法也有所不同。

3. 市场供给预测

市场供给预测是指对一定时期和一定范围的市场供应量、供应结构、供应变动因素等进行分析预测。由于市场供给的大小，能够反映市场供应能力的大小，因而，它是决定市场供求状态的重要变量。市场供给预测也是市场预测的重要内容。市场供应量和供应结构的分析预测，有消费品与生产资料之分，也有全部商品、某类商品和某种商品三个层次。一般来说，应在市场供给调研的基础上，运用合适的预测方法对商品的生产量、国外进口量和其他供应量等决定供应总量的变量进行因素分析、趋势分析和相关分析，在此基础上，再对市场供应量和供应结构的变化前景做出预测推断。

4. 市场供求状态预测

市场供求状态预测又称市场供求关系变动预测，它是在市场需求与市场供给预测的基础上，将二者结合起来，用以判断市场运行的走向和市场供求总量是否存在总量失衡的问题，以及总量失衡是属于供不应求，还是属于供大于求；市场供求结构是否存在结构性失衡，哪些商品供大于求，哪些商品供不应求；市场供大于求，是生产能力过剩，还是有效需求不足；市场供不应求，是生产能力不足，还是货币投放过多，或投资过大，等等。市场供求状态预测的目的在于把握市场运行的供求态势，以便从供求两个方面寻求治理对策。

5. 消费者购买行为预测

消费者购买行为预测，是在对消费者调查研究的基础上，对消费者的消费能力、消费水平和消费结构进行预测分析，揭示不同消费群体的消费特点和需求差异，判断消费者的消费目的、购买习惯、消费倾向、消费嗜好等有何变化，研究消费者购买什么、购买多少、何时购买、何地购买、由谁购买、如何购买等购买行为及其变化。消费者购买行为预测的目的在于为市场潜力测定、目标市场选择、产品研发和营销策略的制定提供依据。

6. 产品市场预测

产品市场预测是利用市场调查资料和现成的资料，对产品的生产能力、生产成本、价格水平、市场占有率、市场覆盖率、竞争格局、产品要素、产品组合、品牌价值等进行预测分析。产品市场预测的目的在于揭示产品的市场发展趋势、市场潜力和竞争能力，为企业产品市场前景分析及制定有效的营销策略提供依据。

7. 产品销售预测

产品销售预测是利用产品销售的历史数据和有关调查资料，对产品销售规模、销售结构、产销存平衡状态、销售变化趋势、销售季节变动规律、产品的市场占有率和覆盖率、销售客户分布、销售渠道变动、销售费用与销售利润变动等做出预测分析和推测，揭示影响销售变动的各种因素，揭示产品销售中存在的问题，寻求扩大产品销售量的路径。

8. 市场行情预测

市场行情预测是对整个市场或某类商品的市场形势和运行状态进行预测分析，揭示市场的景气状态是处于扩张阶段，还是处于紧缩或疲软阶段；或揭示某种商品因供求变动而导致价格上涨还是下降，等等。市场行情预测的目的在于掌握市场周期波动的规律，判别市场的景气状态和走势，分析价格水平的变动趋向，为企业经营决策提供依据。

9. 市场竞争格局预测

市场竞争格局预测是对产品的同类企业的竞争状况进行预测分析，包括对产品产量的分布格局，产品销售量的分布格局，产品行销区域格局，以及产品质量、成本、价格、品牌知名度和满意度、新产品开发、市场开拓等要素构成的竞争格局及其变化态势进行分析、评估和预测。市场竞争格局预测可以从行业的角度进行，也可以从企业的角度进行。

10. 企业经营状况预测

企业经营状况预测是利用企业内部的统计数据、财务数据和有关的市场调查资料，对企业的资产、负债、权益、收入、成本、费用、利润等方面，以及经营效率、偿债能力、盈利能力的变化趋势进行预测分析。这种预测的目的在于正确把握企业的资产配置和经济效益的变化趋势，寻求资源优化配置和提高经济效益的途径，为加强企业的经营管理提供支持。

★ 案例链接9-2

康师傅方便面的成功之道

台湾顶新食品公司打算进入大陆方便食品市场，但不知道大陆市场究竟需要哪一种方便食品。当时大陆方便面食品工厂已有上千家，竞争比较激烈。顶新食品公司没有贸然投资，而是委托大陆的市场调查机构进行方便食品需求情况的调查。调查分两个方面：一个是消费者对方便面的需求情况；一个是生产者生产的品种、规格和口味情况。调查结果发现，消费者对方便面食品除非不得已，并非感兴趣。其主要原因是口味较差，而且食用不方便。而生产者生产的方便面大多是低档的，调料基本上是味精、食盐加辣椒面等原料。根据这些情况，该公司大胆预测，大陆下一个方便面食品市场将是高档、注重口味、更为方便的产品。于是他们在天津经济开发区投资500万美元，成立了顶新食品公司，生产高档方便面食品。结果一炮打响，尤其是碗式包装更为方便，人们使用方便面不再是一种权宜之计，而是成为快餐食品中一种优先选择的品种。小小的方便面硬是卖出了70亿元的销售额。

二、市场预测的分类

（一）按预测活动的空间范围分类

1. 宏观市场预测

宏观市场预测即全国性市场预测。它同宏观经济预测，即同整个国民经济总量和整个社会经济活动发展前景与趋势的预测相联系。它可对全国性市场的需求量和销售量做出科学预测，从而为企业或地区市场的经营预测提供基础性数据资料。宏观市场预测包括市场总供应量、总需求量、总销售收入、国民生产总值及其增长率、人均国民收入及其增长率、物价总水平和商品零售总额、商品结构、消费结构、产业结构等的预测。宏观市场预测的直接目标是商品的全国性市场容量及其变化趋势、商品的国际市场份额及其变化、相关的效益指标及各项经济因素对它的影响。

2. 中观市场预测

中观市场预测是指地区性市场预测。它的任务在于确定地区性或区域性的市场容量及其变化趋势，商品的地区性或区域性需求结构与销售结构及其变化趋势，相关的效益指标变化趋势及其影响因素的关联分析等。中观市场预测与中观经济预测紧密相关。中观经济预测是对部门经济或地区经济活动与发展前景的趋势预测，如部门或地区的产业结构、经济规模、发展速度、资源开发、经济效益等。

3. 微观市场预测

微观市场预测以一个企业产品的市场需求量、销售量、市场占有率、价格变化趋势、成本与效益指标等为主要研究目标，同时它又与相关的其他经济指标的预测密不可分。

微观、中观、宏观市场预测三者既有区别也有联系。在预测活动中可以从微观预测、中观预测推到宏观预测，形成归纳推理的预测过程；也可以从宏观预测、中观预测推到微观预测，这便是演绎推理的预测过程。微观、中观市场预测是宏观市场预测的基础，而宏观市场预测是微观、中观市场预测的前提和条件。

（二）按预测对象的商品层次分类

1. 单项商品预测

单项商品预测是对某种具体商品的市场状态与趋势的预测，如粮食市场预测、手机市场预测、饮料市场预测、钢材市场预测、汽车市场预测等。单项商品预测仍需继续分解和具体化，包括对各单项商品中不同品牌、规格、质量、价格的商品需求量与销售量，以及效益指标等进行具体的预测。

2. 同类商品预测

同类商品预测是对同类商品的市场需求量或销售量的预测。大的类别有生产资料类商品预测与生活资料类商品预测。每一类别又可分为较小的类别层次，如生活资料类商品预测可分为食品类、衣着类、日用品类、家电类等。按不同的用途与等级，上述各类生活资料还可分为更具体的类别层次，如家电类可分为电视机类、空调机类、冰箱类、洗衣机类等。

3. 目标市场预测

按不同的消费者与消费者群体的需要划分目标市场，是市场营销策略与经营决策的重要依据。目标市场预测除了可分为中老年市场预测、青少年市场预测、儿童市场预测外，还可以分为男性市场预测、女性市场预测等。

4. 市场供需总量预测

市场供需总量可以是商品的总量，也可以是用货币单位表示的商品总额。市场供需总量预测包括市场总的商品需求量预测与总的商品资源量预测，也可以表示为市场总的商品销售额预测。

（三）按预测期限的时间长短分类

1. 长期预测

长期预测通常是指预测期为5年以上的市场预测。这是设备与发展战略的通常时间跨度预测，适用于经济、科学、技术等方面发展趋势的预测。

长期预测为制定长远规划、选择战略目标、制定重大经济管理决策提供科学依据。由于预测时间长，影响因素多，未来市场发展的不确定性因素也多，预测结果不可能十分精确，常常是粗线条、轮廓性的预测。

2. 中期预测

中期预测一般是指预测期为1~5年的市场预测。这是综合计划决策、预算和其他资源的需求和分配决策的一般时间跨度预测，适用于年度计划、五年计划以及生产、技术等方面的发展预测。

中期预测为制定实现五年计划和长期规划的措施、方案提供信息资料。中期预测结果比长期预测具体一些，要对未来市场变化提出有分析、有说服力的信息资料。

3. 短期预测

短期预测通常是指预测期在1年以内的市场预测。短期预测包括资源、原材料的获得以及在满足现有资源条件下的产出预测，如对物料需求计划、销售量等的预测。

短期预测包括年度预测、季度预测、月度预测和逐周预测等，这类预测活动是大量、频繁地进行的。短期预测为近期市场安排提供数据资料，对了解市场动态、抓住市场有利时机具有重要意义。

一般来说，预测期越长，预测结果的准确性便越低。企业面对瞬息万变的市场，为降低经营风险，力图使市场预测值尽可能精确，故多侧重于近期和短期预测。

一般而言，长期预测为中期预测和短期预测提供方向和依据，中期预测是长期预测的具体化和短期预测的依据，短期预测则是在中期预测的基础上更加具体化。

（四）按预测方法的性质分类

1. 定性市场预测

定性市场预测主要是用理论分析和主观判断，凭人们的直觉和经验对市场的未来发展前景做出估计。这种预测适用于由经验丰富者在对市场进行深入调查的基础上做出。定性预测是基于事实与经验的分析判断，它无须依据系统的历史数据建立数学模型。

2. 定量市场预测

定量市场预测是根据已掌握的调查资料和市场信息，利用统计方法和数学模型对未来一定时期内市场发展可能达到的数量水平和数量关系所进行的预测。这种预测适用于对不可控因素较少，影响市场发展的各种主要因素较稳定的市场经济现象的预测。

在实际预测工作中，应尽可能将定性市场预测与定量市场预测相结合，以提高预测值的准确度和可信度。

第三节　市场预测的原理、要求和程序

市场之所以可以被预测，是基于马克思主义哲学的一个基本观点：世界是由物质组成的，物质是在不断运动的，通过不断观察和实践，物质世界是可以被认识的。虽然市场的各种因素复杂多变，有时偶然因素也会促使市场发生变化，但人们通过长期认识，积累起丰富的知识和经验，

可以逐步了解市场变化规律；然后，凭借各种先进的科学手段，根据市场发展的历史和现状，推演市场发展的趋势，做出相应的估计和推测。

一、市场预测的原理

1. 系统性原理

系统性原理是指预测必须坚持以系统观点为指导，采用系统分析方法，实现预测的系统目标。系统论认为，每个系统内部各组成部分之间存在相互联系、相互作用，与其他系统之间也存在相互联系、相互制约的关系。从系统性观点来看，市场预测活动不是孤立的，不能封闭起来，必须同其他预测系统密切结合，彼此交流信息。要全面地、整体地看问题，而不是片面地、局部地看问题；要联系地、连贯地看问题，而不是孤立地、分割地看问题；要发展地、动态地看问题，而不是静止地、凝固地看问题。因此，市场预测应把预测对象看成一个由多种要素构成的系统，分析系统内部和外部各种要素的变化，做出科学的预测推断。

2. 连续性原理

连续性原理是指市场现象和事物发展具有一定的延续性，未来的市场需求状况是由过去发展至今天的现状下发展起来的，是今天的延续和发展，因此可以根据市场的过去和现在，预测市场的未来。市场预测中之所以贯穿了连续性原理，是因为一切社会经济现象都有它的过去、现在和未来。没有一种事物的发展会与其过去的行为没有联系，过去的行为不仅影响到现在，还会影响到未来。换言之，一切社会经济现象的存在和发展具有连续性。趋势外推预测法实际上就是连续性原理的具体运用。

市场预测中运用连续性原理，应注意以下两点：

（1）预测对象的历史发展数据所显示的变化趋势应具有规律性；

（2）预测对象演变规律起作用的客观条件必须保持不变，否则该规律的作用将随条件的变化而中断，连续性失效。

3. 类推性原理

类推性原理是指市场活动中，有许多现象、事物在发展规律上有类似之处，因此可以将已知事物发展过程类推到预测对象上，对预测对象的未来做出预测。例如，世界许多国家在人均国民生产总值达到1 000美元后，汽车、住宅成为人们的消费热点。根据这一经济发展规律，一些专家学者在20世纪末就已经预测，我国在人均国民生产总值达到1 000美元后，汽车和住宅将成为我国今后一段时期消费的热点。

类推性原理的根据，是因为客观事物之间存在着某些类似性，这种类似性具体表现在事物之间结构、模式、性质、发展趋势等方面的接近。利用预测对象与其他事物的发展变化在其表现形式上有类似之处的特点，人们就可能根据已知事物的某种类似的结构和发展模式，通过类推的方法对未知事物发展的前景做出预测。类比预测法就基于此原理。

4. 相关性原理

相关性原理是指市场中许多现象和事物是彼此关联的，利用这种关联性，可以进行市场预测。例如，婴儿食品的需求和婴儿的人数有很强的关联性，若掌握了未来婴儿出生数，就可以预测婴儿食品的需求量。这就是市场预测的相关性原理。相关性原理体现了唯物辩证法因果联系的观点。唯物辩证法认为，客观世界的事物总是相互联系的，不存在孤立的事物，一个事物的变化总会引起另一事物的变化，它们构成了因果关系。利用事物的因果关系，就可以进行市场预测。市场预测方法中，回归分析法就是这一原理的应用。

5. 统计性原理

统计性原理也称为概率原理。任何事物的发展都有一个被认识的过程。人们在充分认识事物之前,只知道其中有些因素是确定的,有些因素是不确定的,即存在着偶然性因素。市场的发展过程中也存在必然性和偶然性,而且在偶然性中隐藏着必然性。通过对市场发展偶然性的分析,揭示其内部隐藏着的必然性,可以凭此推测市场发展的未来。从偶然性中发现必然性是通过概率论和数理统计方法,求出随机事件出现各种状态的概率,然后根据概率来推测预测对象的未来状态。马尔柯夫预测法、交叉影响法等需要运用此原理。

6. 可控性原理

人们对预测对象的未来发展趋势与进程,在一定程度上是可控制的。在市场预测中,对本来是不确定的预测对象的未来事件,可以通过有意义的控制,预先使其不确定性极小化。因此,在运用以随机现象为研究对象的数理统计原理与方法进行预测时,应当同可控因素的分析紧密结合。在市场预测中运用可控性原理应当注意:

(1) 在市场预测中确定影响预测目标的各种因素时,应尽可能地利用可控制的因素;

(2) 应充分利用不确定性较小的经济变量,用以推测判断所要预测的市场变量。

二、市场预测的基本要求

在市场预测中,为了增强预测的科学性和准确性,减少预测活动的主观随意性,必须遵循一些基本要求。

1. 客观性要求

市场预测提供的信息必须客观、真实、可靠,不弄虚作假,这样才能真正起到为市场决策服务的作用。在市场预测中,要深入调查研究,坚持实事求是的原则,认真审核预测用的各种信息资料的准确性和可靠性,去伪存真、去粗取精,并检查预测方法的可靠性和科学性,不要凭个人感情和主观愿望去预测,要如实说明预测结果,既要报喜又要报忧,保证预测资料的客观性。

2. 全面性要求

进行市场预测要面对整个市场。要全面认识和了解市场,深入考察市场的各种变化,分析各种因素对市场的影响,切不可只抓住某些局部变化和偶然因素就进行预测。只有对市场做多角度、多侧面、全方位的观察和分析才能对未来市场的变化趋势做出准确的预测。

3. 综合性要求

市场营销活动涉及经济、政治、文化、技术等多方面的影响,因此市场预测是一个综合性的市场研究工作。这就要求预测人员具有广博的知识和经验,善于综合分析和思考,把定性与定量方法相结合,综合运用各种预测方法。

4. 及时性要求

信息具有时效性,市场预测提供的信息应当快速、及时,这样才能满足决策需要。否则,预测信息一旦过时,就会变得毫无价值。

5. 科学性要求

预测所采用的资料,经过去粗取精、去伪存真的筛选过程,才能反映预测对象的客观规律。运用资料时,应遵守近期资料影响大、远期资料影响小的规则。预测模型也应精心挑选,必要时还须先进行试验,找出最能代表事物本质的模型,以减少预测误差。

6. 经济性要求

市场预测的目的在于提高市场决策水平，提高经济效益。因此，在市场预测中，要按照需要与可能开展活动，要考虑预测带来的收益与费用的比例关系。在费用有限的条件下，先保证收益高、费用小的预测。

三、市场预测的基本程序

1. 确定预测目标、拟定预测计划

只有预测目标明确，要求具体，才能有的放矢地开展预测工作。在明确预测目标时，应当从实际需要出发，分清主次缓急。首先要抓住市场决策迫切需要解决的问题，同时还要考虑到主观力量和预测费用，做到量力而行。

为了保证市场预测目标的顺利实现，要制订具体详细、切实可行的预测计划，预测计划包括预测机构的组建、预测人员的培训、预测工作日程的安排以及预测费用的预算等内容。

2. 收集和分析信息资料

任何预测都要以市场信息资料为依据，所以广泛收集和系统整理与本次预测对象有关的市场信息资料是开展预测工作的基础。对信息资料的收集和整理要力求准确、全面、及时、实用，以便保证预测能顺利开展，提高预测质量。

3. 选择预测方法、建立预测模型

要根据预测问题的性质、要求以及占有资料的多少、收集数据的可能性、预测成本的大小等选择预测方法。预测时要特别注意运用系统方法，全面考虑各种影响因素，要尽可能地把定性分析与定量分析结合起来，以取得比较准确的预测结果。另外，所选的预测模型要在满足预测要求的前提下，尽量简单、方便、实用。

4. 确定预测结果、进行分析评价

根据预测模型，输入有关资料和数据，经过运算即可得到初步的预测结果，然后对初步预测结果的可靠性和精确性进行验证，估计预测误差的大小。在分析评价的基础上修正初步预测值，得到最终的预测结果。

5. 写出预测结果报告

对预测结果进行检验之后，要及时写出预测结果报告。报告要把历史和现状结合起来进行比较分析，要尽可能地利用统计图表及数学方法予以精确表述，要做到数据充分真实、结论准确可靠、建议切实可行。

第四节　数据的初步处理

一、异常数据的判断识别

要得到正确的预测结论，必须对数据进行分析和鉴别。对于有疑问的数据，首先要调查这些数据资料产生的背景，鉴别其真实性和可靠性，然后加以修正和处理。

首先将各数据图形化，即将数据标在坐标图上，然后观察图形的分布情况，对大起大落及数值变动较大的数据进行背景调查和定性分析，最后判断这些数据是否为异常数据。

【例 9-1】某企业 2016 年各月在某市的产品销售量见表 9-1。

表 9-1　各月的产品销售量资料　　　　　　　　　　　　　　单位：吨

月份	1	2	3	4	5	6	7	8	9	10	11	12
销售量	430	440	290	460	450	450	470	460	470	580	460	480

将这些数据图形化，得到图 9-1。

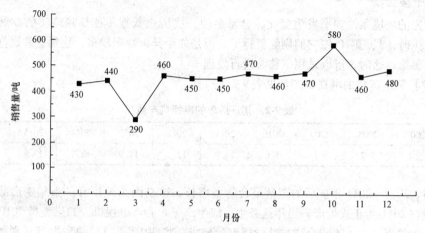

图 9-1　各月销售量折线图

可见，该企业 3 月份的产品销售量大幅度下降，经调查，原因主要是设备出现故障，所以导致产品质量下降，从而影响了销售量；10 月份的产品销售量明显增加，主要原因是有关部门根据市场行情的偶然变化，增加订货 100 吨。通过对这两个数据的背景调查，并对比其他数据，不难判断，这两个数据不能反映该厂产品销售量的正常情况，应视为异常数据。

二、异常数据的处理

首先应对异常数据进行数量上的处理，再利用处理过的数据建立模型，以保证模型的正确与合理。

（一）平均法

平均法是指发现异常数据后，用其前后正常数据的平均值来替换这些异常数据，当时间序列数据的变化呈线性趋势时，用算术平均值替换比较合适。例如，第 t 期的数据 y_t 为异常数据，则以第 t 期的前后两个正常数据的算数平均值作为替换值。即

$$\bar{y}_t = \frac{y_{t-1} + y_{t+1}}{2}$$

【例 9-1】中 3 月份的异常数据 y_3 替换值为

$$\bar{y}_3 = \frac{y_2 + y_4}{2} = \frac{440 + 460}{2} = 450$$

当时间序列数据的变化呈非线性趋势时，一般采用几何平均值替换。即

$$\bar{y}_t = \sqrt{y_{t-1} \cdot y_{t+1}}$$

如果连续有两个数据异常。例如，y_1、y_2、y_3、y_4 四个数据中 y_2、y_3 异常，而 y_1、y_4 正常，对呈线性变化的时间序列，则替换的两个算术平均值分别为

$$\bar{y}_2 = \frac{2y_1 + y_4}{3} \qquad \bar{y}_3 = \frac{y_1 + 2y_4}{3}$$

而如果时间序列数据呈非线性变化,则替换的两个几何平均值分别为

$$\bar{y}_2 = \sqrt[3]{y_1^2 y_4} \qquad \bar{y}_3 = \sqrt[3]{y_1 y_4^2}$$

(二)平移法

预测对象的环境条件如果发生变化,常常会使一些历史数据不能反映现实的发展情况。当异常数据较少时,只需简单将它们剔除就行了,但是如果异常数据较多,剔除这些数据就会使模型建立发生困难。这时,可以采用平移法进行处理。

【例 9-2】某厂历年的电视机产量见表 9-2。

表 9-2 某厂历年的电视机产量 单位:万台

年份	2007	2008	2009	2010	2011	2012	2013	2014	2015	2016
产量	5.2	5.7	6.3	5.6	11.9	12.4	12.9	13.3	13.9	14.4

很明显,2010—2011 年前后的产量呈台阶型增长,这是因为该厂有一条年生产能力为 6 万台的生产线在 2011 年正式投产,当年这条生产线生产了 6 万台电视机。如果去掉 2010 年以前的数据,剩下的数据太少,不符合建立数学模型的要求,将 2010 年以前的数据都分别加上新增产量 6 万台,就可以将 2010 年前后的生产能力拉平,拉平的数据就可以从总体上反映由于技术水平提高和熟练程度增加等因素引起的生产能力变化趋势,利用处理后的数据,建立预测模型研究该厂新生产线投产引起的生产能力的变化趋势,会比用未处理的数据要合理。表 9-3 是处理后的数据。

表 9-3 处理后历年电视机的产量 单位:万台

年份	2007	2008	2009	2010	2011	2012	2013	2014	2015	2016
产量	11.2	11.7	12.3	11.6	11.9	12.4	12.9	13.3	13.9	14.4

本章小结

预测是指根据客观事物的发展趋势和变化规律,对特定对象未来发展的趋势或状态做出科学的推测与判断。市场预测是对商品生产、流通、销售的未来变化趋势或状态进行的科学推测与判断。市场预测是随着商品生产的发展、社会分工的日趋专业化、技术的日新月异、市场需求的变化及由此带来的激烈市场竞争而逐渐产生和发展起来的。

市场预测的内容非常丰富,主要有市场需求趋势预测和市场供应趋势预测。在分类上,可以从方法、对象、时间和空间等多个角度对市场预测进行分类。市场预测要遵循科学的原理,概括起来主要有:系统性原理、连续性原理、类推性原理、相关性原理、统计性原理和可控性原理。在以上原理的指导下,市场预测也必须遵循一些基本要求和基本程序。基本要求主要包括:客观性、全面性、综合性、及时性、科学性和经济性。基本程序包括:确定预测目标、拟定预测计划;收集和分析信息资料;选择预测方法、建立预测模型;确定预测结果、进行分析评价;写出预测结果报告。

另外,数据的真实可靠是保证预测结果准确性的基础,因此在预测前要先对数据进行分析和鉴别,对于有疑问的数据,要调查清楚这些数据资料产生的背景,鉴别其真实性和可靠性,然后加以修正和处理。

第九章　市场预测

复习思考题

1. 什么是预测？什么是市场预测？
2. 市场预测有哪些特点？
3. 简述市场预测的作用。
4. 市场预测包括哪些内容？
5. 市场预测可分为哪些种类？
6. 市场预测应遵循的基本原理有哪些？
7. 简述市场预测的基本要求及基本程序。

案例分析

非常规的预测：多来诺比萨饼店和五角大楼

有时，非常规的预测方法可用于预测重要事件，如伊拉克战争期间华盛顿披露的一个非常规预测就是一个很有趣的例子。

多来诺比萨饼店通常平均一晚上向五角大楼送去3个比萨饼。1991年1月8日（星期二），该店比萨饼的订购数量开始缓慢上升，到1月13日（星期日）达到了20个，这是费尔蒂南德·马科斯离开菲律宾之前那个晚上的订购数量。在伊拉克战争开战的前两天（星期一），五角大楼订购了50个比萨饼。而后，星期二的订购数量增加到101个，在星期三战争开始的晚上，订购数量高达125个。在此事件发生之前，白宫也出现了同样的比萨饼订购情况。比萨饼的这种订货方式在华盛顿受到新闻界的密切关注，以至于被称为"多来诺原理"。每当世界危机发生时，华盛顿的多来诺比萨饼店经理就会接到许多个人电话，他们并不是想买比萨饼，而是只想知道白宫或五角大楼订购了多少个比萨饼，好以此来判断时局变化。人们认为，给五角大楼送的比萨饼将成为机密情报。

问题：

1. 多来诺比萨饼店能把它们的"比萨饼"扩展到政治运动事件，甚至战争预测中，你对此有何体会？
2. 非常规的预测可能仅仅以"未来与现在类似"的假设为基础，当预测期延长时，它是否一样适用、一样可行呢？

第十章

定性预测法

★ 知识目标

通过本章的学习，正确理解定性预测法的含义及特点；了解主观概率及客观概率的含义并掌握主观概率预测法；掌握专家会议预测法及其优缺点；熟练掌握专家调查法（德尔菲预测法）；掌握推销人员估计法和用户调查法。

★ 能力目标

通过本章的学习，培养学生根据不同的环境和研究对象，准确并熟练运用不同的定性预测法分析和解决实际问题的能力。

★ 引导案例

老道的魔法

隋朝末年，有一天有位农夫的牛不见了，他非常着急，立刻同村里人循着牛蹄印去寻找。日至中天，路遇一位老道和一位道童，便问是否看见有牛经过。老道笑着问他是不是头怀有身孕的母牛，并且左眼瞎了。农夫回答说正是他所丢失的牛，问老道那头牛过去有多长时间了。老道告诉他那头牛刚过去不久，循着牛蹄印不用半个时辰就可以赶上。

农夫过去以后，道童疑惑地问老道："师傅，我们在途中并没有遇到牛呀，您是怎么知道这些的？我跟着您老人家已经很久了，知道您老人家是个有学问的人，可是从未见您使用过这一类的法术啊？"

老道看了一眼道童，慈祥地说："我并没有什么法术。这些我是从牛经过的痕迹中发现的。这头牛的蹄印较一般的牛蹄印要深许多，所以我判断这是一头怀了孕的母牛。又见它只吃了道路右边的草，而左边的草基本上未动，想必是左眼瞎了。再加上刚才我们遇到的那一摊牛粪非常新鲜，所以我判断牛就在前面，还没有走远。"

事情的结果果真不出老道所料，过了不久那位农夫就找回了他所丢失的牛。那位道童也从这件事中受到启发，从此以后刻苦学习和钻研，更加细致地观察各种事物的现状及其内在的变化和联系，终于成为一位有名的术数大师。

启示：事物的过去、现在和未来之间存在着某种必然的联系，对事物的发展历程加以仔细研究，把握其中的规律，就可以帮助人们对未来进行预测。

第十章 定性预测法

第一节 定性预测法的含义及特点

一、定性预测法的含义

定性预测法也称经验判断预测法,是指预测者在以各种方法取得市场资料后,在对这些资料进行加工整理和分析研究的基础上,运用自己的实践经验和分析判断能力,对市场未来的发展变化趋势做出估计或推断的预测方法。在市场预测实践中,定性预测法是对各种市场现象和各种影响市场的因素进行综合预测时,必不可少的重要方法。

简言之,定性预测法就是依靠预测者的专门知识和经验,来分析判断事物未来发展的趋势。它要求在充分利用已知信息的基础上,发挥预测者的主观判断力。定性预测法适合预测那些模糊的、无法计量的社会经济现象。例如,一定时间内市场形势的发展变化情况,某项政策出台对消费倾向、市场前景的影响等。这些情况下的预测,一般只能采用定性预测法。

定性预测法过程简便,易于掌握,节省费用,因此得到广泛采用。特别是进行多因素综合分析时,采用定性预测法,效果更加显著。但是,定性预测法缺乏数量分析,主观因素的作用较大,预测的准确度难免受到影响。

二、定性预测法的特点

定性预测法与定量预测法相比,具有以下几个特点。

1. 定性预测法与定量预测法的依据不同

定量预测法的主要依据是,市场现象未来的发展变化趋势与其过去和现在的表现是相连续的,市场现象发展变化受到各种影响因素发展变化的影响。因此,可以根据市场现象过去和现在的表现来推断其未来的表现;或根据影响市场现象的各种主要因素的发展变化预测市场未来的发展变化。而定性预测法,则是在没有或很少有市场资料的条件下,依据预测者的实践经验和分析判断能力,对市场未来的发展变化做出预测,它特别注重的是预测者的分析判断能力。这两种市场预测法的基本依据不同,使它们在市场预测的实践中发挥着不同的作用,有着不同的适用对象。相比之下,定性预测法更有利于发挥预测者的主观能动性,更有利于对市场未来做出深入、细致、具体的符合客观实际的市场预测结果。

2. 定性预测法具有广泛的适用性

定性预测法,虽然是以预测者的实践经验和分析判断能力为依据做出对市场未来状况的预测,但它并不是仅仅靠预测者的主观想象任意地做出预测,它必须依据预测者在实际工作中积累的丰富的实践经验,依靠预测者深刻的理论功底和分析判断能力。因此,可以说定性预测法是一类科学的预测方法。

与定量预测法相比,定性预测法是比较易于掌握的,它并不要求预测者有较高的数学知识水平或很高的文化程度,容易被预测者接受。定性预测法还具有费用低、时效性较高的特点,这对于市场预测中费用有限或时间比较短的情况,当然是十分有利的。所以,决不能片面地认为,只有运用定量预测法的各种数学模型所做出的市场预测结果是准确的,而定性分析预测法就不科学或不准确;更不能将数学模型神秘化、迷信化,达到连根据客观实际做出的分析判断都不相信的地步。事实上,定性预测法不但能够起到一些定量预测法的作用,甚至还能起到一些定量预测法所起不到的作用。如在进行市场预测时,若遇到市场现象的历史资料不够全面、准确、系统的情况;或遇到对新产品的生产或需求量的预测,根本无历史资料的情况;或遇到影响市场的某种或多种因素难以取得量化指标资料的情况等。在这些情况下，采用定量预测法是不可能的，而采用定性预测法则得心应手。在许多市场预测中，将定性预测法与定量预测法结合应用，既能使两种方法的作用都得到充分发挥，又能使其相互取长补短，从而达到使市场预测的结果更加客观地反映市场现象，提高市场预测精确度的目的。

3. 定性预测法具有较强的灵活性

由于定性预测法在占有市场资料的基础上，更加注重预测者的实践经验和分析判断能力，这种方法在市场预测中更能够充分发挥预测者的主观能动性，也使市场预测增加了灵活性。

在单纯采用定性预测法，对于缺少历史资料的市场现象进行预测时，预测者的实践经验和分析判断能力成为预测的主要依据。预测者必须充分发挥主观能动性，根据自己对预测对象的观察与了解，针对被预测对象所处的一定时间、地点和条件，对市场现象进行周密细致的分析研究，充分考虑各种客观因素对市场现象已经产生的或可能产生的影响。由此，才能对市场现象未来发展变化的趋势，对其发展变化的程度和可能达到的水平、规模，对市场现象发展变化中将会出现的转折点等，做出科学、准确的定性预测。需要特别注意的是，定性预测法并不是只对市场现象未来发展变化的性质做出预测，它最终也是用数值测定出市场现象的预测结果。定性预测法中所说的定性，是指在市场预测中对市场现象未来的数量表现进行预测时，所采用的不是各种定量的数学模型方法，而是定性的判断分析方法。

在市场预测的实践中，还经常将定性预测法与定量预测法结合应用，这更能增加市场预测的灵活性。定量预测法在根据市场现象的历史资料，根据各种影响市场现象的主要因素的历史和未来的资料，对市场现象进行预测时，根据市场现象过去的发展变化数量，就影响市场的一个或几个主要因素的数量，来推断市场现象未来的发展变化数量。这当然是具有科学性的，也是市场预测中十分需要的。但市场现象未来的表现毕竟不会与其过去和现在的发展变化规律完全一致；也毕竟存在一些客观上对市场现象有比较重要影响的因素，难以收集到量化资料或无法量化；这都会对定量市场预测法的预测结果准确性产生不利影响。而如果将定性预测法与定量预测法相结合，充分发挥预测者的主观能动性，根据他们的实践经验和分析判断能力，对市场现象未来发展变化特点与其过去和现在不一致之处，对难以量化的影响市场现象的因素，进行深入细致的分析研究，据此对定量市场预测法所得到的预测值，加以适当调整或补充，这对于提高市场预测的精确度是非常有利的。

在市场预测实践中，定性预测法常常融入定量预测法中的数学分析方法；定量预测法更离不开对市场的定性分析。两类方法相互结合，取长补短，能够大大提高市场预测的准确性，使市场预测更加全面、准确、及时。

定性预测法有很多具体方法，在市场预测中必须对预测对象进行具体分析，选择最适合的方法。本章后几节将介绍几种常用的定性预测法。

第二节 主观概率法

一、主观概率法的含义

概率是统计中用来研究不确定现象的预测方法，它反映某种不确定现象发生的可能性大小。例如，市场上某种商品的销售情况，在未进行实际销售之前，会有三种可能性，即商品畅销、平销或滞销；某地区某时期的居民购买力，在未实际形成之前，可能出现的情况是增长、持平、下降等，若将这种通常称为可能性的问题，用一个具体的数值表现出来，就称这个数值为概率。这是对概率一词最基本、最通俗的解释。

概率有客观概率和主观概率两种。客观概率是指一个含有某种事件的试验被反复进多次时，该事件出现的相对次数。如抛掷一枚硬币，每次可能出现正反两种结果，反复抛掷许多次，出现正面和反面的次数各为1/2。用相对数表示，即正面和反面出现的概率均为0.5（或50%）。客观概率具有两个基本特点：其一，每次试验必须在相同的条件下进行；其二，试验反复进行多次。显然，市场预测所研究的各种市场现象，绝大多数是不能满足这两个条件的。市场预测者必须在不完全相同和不能反复试验的条件下，对市场现象未来的表现做出估计，这就引出了主观概率的问题。

主观概率是预测者根据自己的实践经验和分析判断能力，对某种事件在未来发生的可能性的估计值。例如，某公司经理认为明年企业销售额将比今年增加15%，这种看法的可能性有多大呢？有人认为其实现的可能性为80%，有人则认为其实现的可能性仅为50%。通常将这种估计值称为主观概率。主观概率是通过预测者的经验判断或主观分析得出的，而不是根据对现象反复试验观察其实际结果得到的。主观概率反映个人对某一事件的信任程度，它具有两个明显的特点：其一，由于每个人认识事物和分析判断能力、方法等不同，不同人对同一事物在同一条件下发生的概率估计会有一定程度或相当大程度的差异；其二，主观概率的数值是否正确，一般是难以核对的。如前面所说的问题，经理认为明年企业销售额增长15%的概率为90%，副经理认为有80%的概率，业务主任则认为只有50%的概率。若明年年底证明销售额确实比今年增长了15%左右，那么它到底是以90%的概率发生的，还是以80%或50%的概率发生的，则根本无法核对。根据主观概率的这种特点，在实践中往往要调查较多人的主观概率判断值，将这些概率值加以平均，求出比较合理的主观概率值。

主观概率和客观概率具有不同的特点，但在某些方面它们又是一致的。无论是主观概率还是客观概率，都必须满足概率论的基本公理，即

$$0 \leqslant P(E_i) \leqslant 1, \sum P(E_i) = 1, (i=1, 2, 3\cdots)$$

式中　E_i——试验空间的每一个事件；

　　　$P(E_i)$——E_i事件的概率值。

概率论关于概率的基本公理，说明了概率的两个基本特点：其一，试验空间全部事件的概率之和等于1；其二，试验空间中每一个事件的概率为0~1，即一个大于或等于0，小于或等于1的数值。当概率值等于0时，表明事件不可能发生；当概率值等于1时，表明事件发生的可能性上升为必然性，即事件肯定发生；而当概率值在0~1时，说明事件出现大小不同的可能性。如前例中，经理认为明年销售额上升15%的可能性为90%，则是认为此事件不出现的可能性只有10%；副经理认为该事件的可能性为80%，认为此事件不出现的可能性为20%；业务主任认为该事件的可能性为50%，则认为此事件不出现的可能性为50%。每个人的主观概率水平都为0~1，其可能性和不可能性的概率之和为1。

二、主观概率法的预测步骤及其应用举例

主观概率法是一种适用性很强的统计预测方法，可应用于人类活动的各个领域。现以具体案例来加以说明。

【例10-1】某商业集团公司打算预测2016年11月份的商品销售额，要求预测误差不得超过±6万元。现用主观概率法进行预测。

（一）准备相关资料

将过去若干年该商业集团公司的商品销售额资料以及当前市场情况等有关资料，汇集整理成可供专家参考的背景材料。

（二）编制主观概率调查表

编制主观概率调查表的目的是获得可以用来预测 11 月份销售额的资料以及得到对未来销售额增长趋势有关看法的主观概率。在调查表中要列出不同销售额可能发生的不同概率。概率要在 0~1 分出多个层次，如 0.10，0.20，0.30，…，0.99 等。一般用累计概率。由被调查者填写可能实现的销售额，见表 10-1。

表 10-1 主观概率调查表

被调查人姓名：　　　　　　　　　　　　　　　　　　　　　　　　编号：

累计概率	0.010 (1)	0.125 (2)	0.250 (3)	0.375 (4)	0.500 (5)	0.625 (6)	0.750 (7)	0.875 (8)	0.990 (9)
商品销售额/万元									

表 10-1 中，第（1）栏累计概率为 0.010 的商品销售额是可能的最小数值，表示小于该数值的可能性只有 1%；第（9）栏累计概率为 0.990 的商品销售额是可能的最大数值，说明商品销售额大于该数值的可能性只有 1%；第（5）栏累计概率为 0.500 的商品销售额，是最大值与最小值之间的中间值，说明商品销售额大于和小于该数值的机会都是 50%。

（三）汇总整理

按事先准备好的汇总表，将每位被调查人所填答的主观概率调查表加以汇总，并计算出各栏的平均数。此例共调查了 10 人。主观概率汇总表见表 10-2。

表 10-2 主观概率汇总表　　　　　　　　　　　　　　　　　单位：万元

销售额编号 \ 概率	0.010 (1)	0.125 (2)	0.250 (3)	0.375 (4)	0.500 (5)	0.625 (6)	0.750 (7)	0.875 (8)	0.990 (9)
1	190	193	194	198	200	202	204	205	208
2	178	189	192	194	198	200	204	205	225
3	184	189	192	193	202	204	206	208	220
4	194	195	196	197	198	199	200	201	202
5	198	199	200	202	205	208	210	212	216
6	168	179	180	184	190	192	194	196	198
7	194	198	200	206	208	212	216	219	224
8	180	185	186	189	192	195	198	200	205
9	188	189	190	191	192	193	194	195	196
10	200	202	202	205	207	209	212	213	220
平均数	187.4	191.8	193.2	195.9	199.2	201.4	203.8	205.4	211.4

（四）判断预测

根据表 10-2 可以做出如下判断。

（1）该商业集团公司 2016 年 11 月份的商品销售额最低可达 187.4 万元，小于这个数值的可能性很小，只有 1%。

（2）该商业集团公司 2016 年 11 月份的商品销售额最高可达 211.4 万元，超过这个数值的可能性也只有 1%。

（3）可以用 199.2 万元作为 2016 年 11 月份该商业集团公司商品销售额的预测值。这是最大值与最小值之间的中间值。其累计概率为 50%，是商品销售额期望值的估计数。

（4）取预测误差为 6 万元，则预测区间为：（199.2 − 6）～（199.2 + 6），即商品销售额的预测值在 193.2 万～205.2 万元。

（5）预测商品销售额在 193.2 万～205.2 万元，在第（3）栏到第（8）栏的范围之内，其发生概率相当于 0.875 − 0.250 = 0.625。也就是说，商品销售额在 193.2 万～205.2 万元的可能性为 62.5%。扩大预测误差的范围，可以提高实现的可能性。例如，要求误差在 ±12 万元以内，则预测区间为 187.2 万～211.2 万元，在第（1）栏到第（9）栏的范围之内，其相应概率为 0.990 − 0.010 = 0.98，即商品销售额在 187.2 万～211.2 万元的可能性达到 98%。

第三节　专家意见预测法

专家意见预测法是指企业根据市场预测的目的和要求，向企业内部或外部的有关专家提供一定的背景材料，请他们就市场未来的发展变化进行判断或做出估计。专家意见预测法一般是在没有历史统计资料或历史资料不完备而难以进行定量的分析或需要做出质的分析时所采用的，具体又包括专家会议预测法、头脑风暴法和德尔菲预测法。

一、专家会议预测法

专家会议预测法就是邀请有关方面的专家，通过会议的形式对某一产品及其发展前景做出评价，并在专家分析判断的基础上综合各专家意见，对该产品的市场需求及其发展趋势做出预测。

【例 10-2】某企业在将其新开发的产品投放市场时，如果对市场前景缺乏把握，就可以邀请有关方面的专家，如产品设计专家、产品推销专家及一些有代表性的消费者出席会议，由与会者进行讨论，并就一些关键性问题做出分析与判断。

通过专家会议形式进行市场预测，其目的是利用各类专家在某一方面的经验和见识，并在此基础上综合得出对整体问题的判断，以得到预测结果。

专家会议预测法要求参加会议的专家通过各抒己见、互相争论来预测问题，以求达到一致或比较一致的预测意见。

采用专家会议预测法的优点是：可以通过专家之间相互交流与讨论，获得比较多的信息；同时各位专家可以从不同的方面对预测对象提出自己的看法，对影响预测的因素也能考虑得比较全面；通过专家会议讨论，可以相互启发，集思广益，相互弥补个人在某些方面的不足，使对预测对象的分析更深入，使问题易于集中，使预测结果能够快速、准确地得出。

采用专家会议预测法的缺点是：由于参加会议的人数受到限制，所以很难收集到大范围的意见。而人数一多，既要每个人都发表意见，又要展开讨论，就会遇到困难。也有可能会出现受权威人士意见影响，其他人受到压抑的情况；另外，参加会议的都是专家，其易受心理因素的影响，宁愿坚持自己的错误意见，也不愿当众修改自己的意见等。还有，专家的口才对预测也有比较大的影响，口才好的人，有时论据不一定充分，但是仍能够产生比较大的影响。这些都会给预测结果的准确性带来影响。

二、头脑风暴法

头脑风暴法是一种可以充分发挥创造性思维能力的定性预测法。它是通过人们海阔天空的畅谈，使参与者互相得到启发，从而引起新设想的连锁出现，产生大量的有创意的思想和预测方案。传统的头脑风暴法通常由一组专家或同行参与讨论，人数控制在10人左右，时间为1小时左右。讨论的目的要明确，参加者围绕中心议题任意发表自己的意见。参加者还必须遵守以下规则：参加者的思路要自由奔放，不受约束；不对别人的意见提出批评，以免破坏自由畅谈的气氛；每个人的发言必须是即席发言，时间不能太长，内容要精练；不允许私下交谈；对于各种意见、设想都应尽可能记录。

为了避免讨论时由于多人争着发言而使设想遗漏，有人改造了头脑风暴法，创立了默写式头脑风暴法，即"635"法。每次会议由6人参加，每个人提出3种设想，时间限制在5分钟之内。整个程序为：首先，主持人讲清议题及有关事项，分别给每人1张卡片，卡片上标明1、2、3设想编号，两个设想之间留有较大空间，供其他人填写；其次，在第一个5分钟内，每个人围绕议题填写3个设想，然后将卡片交给其他参加者；在第二个5分钟内，每个人从别人的3个设想中得到新的启发，再在卡片空白处填写3个新的设想，然后将卡片传给其他参加者，如此往返传递6次，共产生108个设想。

头脑风暴法有以下一些特点：激励思维，鼓励、激发出更多的设想；互相启迪，参加者的信息和思想不断地得到交流和补充，从而启发思路，有助于更有创意的设想出现；以量求质，提出的想法越多，可供选择的空间也就越大，获得有实用价值的观念的机会也就越多。

用头脑风暴法进行预测具有较强的实用性和可行性，常可获得有价值的预测方案，其在教育研究中运用和推广得越来越普遍。

★案例链接10-1

运用"头脑风暴法"的一个有趣案例

有一年，美国北方格外严寒，大雪纷飞，电线上积满冰雪，大跨度的电线常被积雪压断，严重影响通信。许多人试图解决这一问题，但都未能如愿。后来，电信公司经理应用头脑风暴法，尝试解决这一难题。他召开了一种能"让头脑卷起风暴"的座谈会，参加会议的是不同专业的技术人员，要求他们必须遵守以下原则。

（1）自由思考。即要求与会者尽可能解放思想，无拘无束地思考问题并畅所欲言。

（2）延迟评判。即要求与会者在会上不要对他人的设想评头论足，不要发表"这主意好极了""这种想法太离谱了"之类的"捧杀句"或"扼杀句"。至于对设想的评判，留在会后组织专人考虑。

（3）以量求质。即鼓励与会者尽可能多而广地提出设想，以大量的设想来保证质量较高的设想存在。

（4）结合改善。即鼓励与会者积极进行智力互补，在增加自己提出设想的同时，注意思考如何把两个或更多的设想结合成另一个更完善的设想。

会后，公司组织专家对设想进行分类论证。专家们认为设计专用清雪机，采用电热或电磁振荡等方法清除电线上的积雪，在技术上虽然可行，但研发费用高、周期长，一时难以见效。那种因"坐飞机扫雪"激发出来的几种设想，倒是大胆的新方案，如果可行，将是一种既简单又高效的好办法。经过现场试验，发现用直升机扇雪真能奏效，一个久悬未决的难题，终于在头脑风暴会中被巧妙解决。

随着发明创造活动的复杂化和课题涉及技术的多元化，单枪匹马式的冥思苦想将变得软弱无力，而"群起而攻之"的发明创造技术则显示出攻无不克的威力。

三、德尔菲法

为了克服前面两种方法的不足，人们提出了专家调查法，也称德尔菲法。德尔菲法是由美国兰德公司在20世纪40年代末首创并使用的，20世纪50年代以后在西方盛行起来。德尔菲是古希腊的一座城市，该城市有座阿波罗神殿，相传阿波罗能在此降妖预卜，后人用德尔菲来比喻神的高超的预见能力。以德尔菲来为专家调查法命名，就是为了说明这种预测方法的准确性。

德尔菲法是采用匿名的方式，用问卷的方法背靠背地征求专家各自的预测意见，将得到的结果进行汇总整理后，再随问卷发回给各位专家，进一步征求意见。这样经过几轮意见反馈，使专家的意见趋于集中和一致，将最后一致的意见作为预测的结果。

（一）德尔菲法的步骤

1. 拟定调查表

决策者为了预测某一事件的发展趋势及可能出现的后果或影响，事先要确定几个或十几个问题，列成调查提纲，提纲中除了列出问题外，还要提出有关的背景材料。调查表尽量采用选择、填空、排序等简单的询问方式，使被询问者乐于回答，也不会花费其更多的时间。

2. 选择专家

专家选择得正确与否，是德尔菲法成败的关键。一般要选择与调查课题有关的在该专业工作5年以上，有预见能力和分析能力并有一定声望的专家。人数一般在15人左右。

3. 寄发调查表、反复征询和反馈

将拟定好的调查表寄发给已选定的每个专家，请他们做出回答。第一轮调查表由专家填好寄回后，调查组织者将各种不同意见进行综合整理，并列出经过加工的新的调查提纲，再一次反馈给各专家，征求他们的意见。在第二轮征询中，每个专家都能够了解到其他人的意见，但由于不记名，因而不知道具体是谁持有哪种意见。这是一个反复征询的过程，如此反馈3到5轮，专家的意见基本趋于一致。

4. 确定预测结果

调查组织者将最后一致的意见作为预测的结果，并写出综合性的预测结果报告，送交决策者作为参考。

（二）德尔菲预测法应用举例

【例10-3】某公司开发了一种新产品，现聘请10位专家预测新产品投放市场后的年销售量，在专家做出预测前，公司将产品的特点、用途等进行详细介绍，并将同类产品的价格、销售情况作为背景资料，发给专家以供参考。采用德尔菲预测法，经过3轮反馈之后，专家意见大体接近，结果见表10-3。

表 10-3　专家的预测值　　　　　　　　　　　　　　　　　　　　　单位：千台

专家	第一轮			第二轮			第三轮		
	最低值	中间值	最高值	最低值	中间值	最高值	最低值	中间值	最高值
1	5	6	10	7	8	12	7	8	12
2	10	15	18	12	15	18	11	15	18
3	4	9	12	6	10	13	8	10	13
4	7	10	15	10	14	16	8	11	15
5	8	12	16	8	11	16	10	14	16
6	15	18	30	12	15	30	10	12	25
7	2	4	7	4	8	10	6	10	12
8	6	10	15	6	10	15	6	12	15
9	5	6	8	7	8	10	8	10	13
10	8	10	19	10	11	20	6	8	12
平均值	7	10	15	8	11	16	8	11	15
全　距	13	14	23	8	7	20	5	7	13

从预测过程可看出，第一、第二、第三轮的预测值的全距越来越小，说明专家意见逐渐趋近。

对预测结果的统计处理如下。

（1）简单平均法。将 10 位专家第三轮意见的平均值作为预测值。则

$$预测销售量 = \frac{8 + 11 + 15}{3} = 11.3（千台）$$

（2）加权平均法。假如最低、中间、最高三种销售量的概率分别为 0.2、0.5、0.3，则

$$预测销售量 = \frac{8 \times 0.2 + 11 \times 0.5 + 15 \times 0.3}{0.2 + 0.5 + 0.3} = 11.6（千台）$$

（三）德尔菲法的特征

从德尔菲法的步骤可以看出这种方法的特点如下。

（1）匿名性。在整个调查过程中，专家只与组织者有联系，专家之间不存在任何联系，互不见面，是以书面形式与组织者进行联系的，这样可以消除心理因素的影响，保证每位专家如实地发表自己的独立见解，从而有利于提高整个预测工作的质量。

（2）反馈沟通性。在预测过程中，要经过多次反馈征询意见，具有轮番反馈沟通性。每个专家都可以多次提出和修正自己的意见，又可以多次见到其他专家的不同意见，通过彼此之间意见的比较分析，相互启发，使预测结果能更准确地反映专家集体的智慧，做到客观准确。

（3）统一性。采用德尔菲法进行预测，经过几轮反馈，多数情况下专家的意见会逐渐趋于一致，论据充分的意见会得到大多数专家的接受，呈现出统一的趋势。

★案例链接 10-2

德尔菲法的应用

1994 年，土木工程研究基金会对 21 世纪可持续发展过程进行了一次国际性德尔菲法预测。

遍及全世界20多个国家的建筑工业界、学术界、专业实施人员、政府官员及其他人士参加了此项活动。这项预测为引导工程和施工达到21世纪可持续发展的目标而确定了以下四个课题：可持续性设计、全球化设计实践、新工具和新工艺、教育和培训。通过多轮论证、讨论，形成了一套有效的可持续性的设计方法。这些预测结果为设计人员在可持续性方面的设计技术和实践所需的见解、方法、生产率、准确率和效率等都提供了依据。

第四节　推销人员估计法

推销人员估计法也是一种常用的定性预测法，是通过征求企业推销人员的意见，预测未来需求的方法。在某些情况下，推销人员的判断可以比较准确地反映需求的发展趋势。

一、推销人员估计法的含义

推销人员估计法就是依据企业推销人员丰富的实践经验以及他们对市场动态和顾客心理的把握，对未来市场需求做出估计。

在预测时，有关部门召集企业推销人员，请他们根据各自认识，提出自己负责的产品（或地区）下一季度或下一年度的销售量估计，然后把每个推销人员的估计销售量汇总起来，经过综合处理，做出企业下一季度或下一年度的销售量预测。

二、推销人员估计法的优缺点

（一）推销人员估计法的主要优点

（1）由于推销人员经常接触购买者，所以对市场情况，特别是对其所负责地区的市场情况很熟悉，对购买者意向有着较为全面而深刻的了解，所以他们比其他人有更丰富的知识和更敏锐的洞察力。

（2）由于推销人员直接参与预测过程，所以对某种产品或某个地区可能实现的销售额便有了清晰的认识，这将有利于他们调动各种积极因素，完成上级下达的销售定额。

（3）通过这种方法可以得到按产品、按地理区域的较详细的销售量估计。

（4）无须经过复杂的计算便可以在短期内获得最终的预测结果，从而节省预测时间和预测费用。

（二）推销人员估计法的主要缺点

（1）由于受近期销售成败的影响，推销人员的判断可能会过于乐观或过于悲观，从而过高或过低地估计可能达到的销售业绩。

（2）推销人员可能对经济发展形势或企业的市场营销战略缺乏足够的了解，因此不能正确地认识他们所面临的机会和威胁。

（3）如果企业把制定销售定额、评价销售业绩同销售预测联系起来，推销人员为了使他下一季度的销售业绩大大超出定额指标，可能会有意压低预测数字。

（4）推销人员也可能对这种预测缺乏足够的知识和能力，或者没有兴趣。

尽管这种方法存在着不足之处，但仍为不少企业所采用，因为各推销人员过高或过低的预测结果可能会相互抵消，从而最终能够取得比较理想的预测结果。

三、推销人员估计法的步骤及应用举例

（一）召集有关推销人员，根据预测要求，由他们分别做出估计

【例10-4】某企业有3个推销员，他们对某产品下一年度的销售分别做出了估计，见表10-4。

表10-4 各推销员的估计数据

推销员	预测项目	销售量	概率	期望值＝销售量×概率
甲	最高销售量	2 000	0.3	600
	最可能销售量	1 400	0.5	700
	最低销售量	800	0.2	160
	总期望值	—	—	1 460
乙	最高销售量	2 400	0.2	480
	最可能销售量	1 800	0.6	1 080
	最低销售量	1 200	0.2	240
	总期望值	—	—	1 800
丙	最高销售量	1 800	0.2	360
	最可能销售量	1 200	0.5	600
	最低销售量	600	0.3	180
	总期望值	—	—	1 140

（二）进行综合处理

各推销员的判断意见提出后，需要根据他们对市场情况的熟悉程度以及他们以往的预测判断的准确程度，分别给定相应的加权系数，做出综合处理。假定这3个推销员预测水平基本一样，则可用简单平均法求得最后结果。

$$\text{下一年度某产品的销售预测值} = \frac{1\,460 + 1\,800 + 1\,140}{3} = 1\,467$$

如果推销人员是按各自负责的销售地区做出的销售估计，则需要把所有推销人员的销售估计值相加，得出整个市场的销售预测值。

（三）修正预测值

由于受某些主观因素的影响，推销人员的判断往往存在一定的偏差，需要采取相应措施，来修正各推销人员的估计值，以保证最终结果的相对准确。

根据以往的资料和比较，结果发现在上述3个推销员中，甲的估计值往往比实际销售值低5%，乙的估计值往往比实际销售值高10%，而丙则要低15%，这样，就要对他们做出的销售估计值按各自的调整系数分别进行修正。

$$\text{甲的修正值} = 1\,460 \times (1+5\%) = 1\,533$$
$$\text{乙的修正值} = 1\,800 \times (1-10\%) = 1\,620$$
$$\text{丙的修正值} = 1\,140 \times (1+15\%) = 1\,311$$

然后把3个推销员的销售估计值综合起来处理，得

$$\text{调整后的下一年销售预测值} = \frac{1\,533 + 1\,620 + 1\,311}{3} = 1\,488$$

在运用推销人员估计法进行预测时，可以广泛地征求代理商、经销商和其他中间商的意见，请他们提供必要的市场信息，帮助企业的推销人员做出估计。必要时，企业还可以直接邀请代理商、中间商的代表参与预测过程，与企业的推销人员一起，共同对未来需求的发展趋势做出估计。这样，不仅可以提高预测的准确程度，也有利于协调企业和有关中间商的关系，并提高推销人员的工作效率。

第五节　用户调查法

前面的预测方法，都是根据人们的经验来判断未来需求的发展趋势，这总免不了带有人的主观意愿，容易产生片面性和主观性。而通过实际的调查研究，在掌握客观资料的前提下进行分析和推算就可以在一定程度上减少主观因素的影响，使预测的最终结果与实际情况取得较高的一致性。

用户调查法就是通过实际调查用户，在掌握第一手资料的情况下，对未来需求做出分析和判断的一种定性预测法。

用户调查法包括对现有用户的预购调查和对潜在用户的调查。

一、预购调查法

预购调查法是根据需求者的预购订单和预购合同来测算需求量的一种预测方法。这种方法主要适用于制造商和中间商在进行微观的短期预测时采用，不宜用作长期的预测。

例如，生产大型机械设备的企业就需要根据供需双方的经济合同来确定自己的产量，否则就可能造成产品积压，影响企业的正常运转。对中间商尤其是零售商而言，宜用这种方法来确定新产品及高档耐用品的销售量，以便决定进货量和进货时间。

预购调查法比较简单，只需对有关资料进行适当的分析处理，即可测算出企业产品的销售量。但顾客提出的购买量可能会因为某些因素变化而发生变化，所以在运用这种方法时要注意以下几点。

（1）有了订货单和订货合同，并不等于商品已经售出。由于社会生产、市场需求的变化或者预购者自身发生某些突然的变故，很有可能会出现取消订货、不能履行合同的情况。因此预测人员必须了解这些因素，分析在各种条件下合同实现的可能性，寻求不同条件下的履约率或违约率。

（2）由于经济运行复杂多变，预购者在提出购买产品的数量后，可能因为某些原因而需要增加购买量，常常会发生签协议后再补充订货、临时追加订货等情况。预测者应根据积累起来的历史资料，通过比较、分析，估计出补充订货和临时订货占总销售量的比例，以便据此来对预测值进行修正。

（3）制造商与中间商之间应在基本把握市场需求的情况下，通过适当的途径，衔接供货和进货计划，尽量避免积压和脱销。

二、潜在用户调查法

潜在用户调查法又称购买者意向调查法，也是在市场调查的基础上根据掌握的第一手资料来测算未来需求的一种方法。与预购调查法不同的是，潜在用户调查法主要通过对潜在购买者意愿的分析来推算销售量，因而可以比较全面、准确地把握需求的发展趋势。

潜在用户调查法就是预测者直接向潜在用户了解在下一个时期中需要购买本企业产品的品种及数量。同时，调查用户的意见，分析用户需求的变化趋势，并参照市场的变动预测下一个时期的销售量。

潜在用户调查法用于工业品需求的预测，其准确性要比用在消费品方面高。因为消费者的购买动机和计划常因某些因素的变化而变化，完全根据消费者动机做预测，准确性往往不是很高。一般来说，用这种方法预测非耐用消费品需求的可靠性较低，用在耐用品方面的可靠性较高。

本章小结

本章主要介绍市场预测技术中的重要组成部分——定性预测法及应用。定性预测法是凭借预测者的经验、综合分析能力做出主观判断。通过本章的学习，要掌握定性预测法的基本原理，注意区分不同形式预测方法的使用条件和步骤。同时，还必须注意将定性预测法与后面即将要学习的定量预测法有效地结合起来，在定性预测法中加入量化分析，以提高预测的准确性；在定量预测法中加入定性判断，以避免非量化因素对预测结果的影响。

主观概率法是预测者对预测事件发生的概率做出主观估计，或者说对事件变化动态的一种心理评价，然后计算其平均值，以此作为预测事件的结论的一种定性预测法。

专家会议法是根据市场预测的目的和要求，向一组经过挑选的有关专家提供一定的背景资料，通过会议的形式对预测对象及其前景进行评价，在综合专家分析判断的基础上，对市场发展趋势做出量的推断。它是依靠专家集体的智慧进行预测，是一种具有较高准确性的集体经验判断法。

德尔菲法是以匿名的方式，逐轮征求一组专家各自的预测意见，最后由主持者进行综合分析，确定市场预测值的方法。它是一种特殊的专家意见汇集法，具有匿名性、反馈性、统一性的特点，有着较高的科学性和准确性，被广泛地应用。

推销人员估计法是通过征求企业推销人员的意见，预测未来市场需求的方法。依据企业推销人员丰富的实践经验以及他们对市场动态和顾客心理的把握，对未来市场需求做出估计。在某些情况下，推销人员的判断可以比较准确地反映需求的发展趋势。

用户调查法就是通过实际调查用户的需求，在掌握第一手资料的情况下，对未来市场需求做出分析和判断的一种定性预测法。

复习思考题

1. 定性预测法应注意什么问题？
2. 定性预测法和定量预测法有什么区别和联系？
3. 什么是主观概率法？有何特点？如何运用？
4. 什么是专家会议法？有何优缺点？如何运用？
5. 什么是德尔菲法？有何特点？如何运用？
6. 什么是头脑风暴法？
7. 简述推销人员估计法的优缺点。

第十一章

时间序列预测法

★ 知识目标

通过本章的学习,掌握时间序列预测法的含义以及几种常见的时间序列预测法,会用移动平均预测法、指数平滑预测法、趋势外推预测法及季节变动预测法进行预测;掌握建立模型的条件;重点考察各模型的应用情况。

★ 能力目标

通过本章的学习,培养学生在预测方法中的定量分析能力,以及利用应用软件解决时间序列模型的参数计算和检验的能力。

★ 引导案例

数据的变化规律决定预测模型的选择

又到"年关",公司各部门都在编写下一年度的工作计划。小王是某制药集团的销售部经理,对明年公司主打产品——某抗癌药的销售量预测是他工作计划中的一个重要组成部分。他的预测值不仅是销售部明年业绩考核的基准,同时也影响着采购部门、生产部门、财务部门的一些重要决策。不恰当的预测值会对整个公司产生不利的影响。高估了销售量,会额外增加公司的整体费用,导致产品积压;低估了销售量,会使公司的产品供不应求,丧失潜在的盈利机会。

面对复杂多变的市场环境和公司高度波动的历史销售业绩,他该怎么办呢?他该如何收集数据?如何选择模型?如何对模型结果进行解释呢?

在这里,这种抗癌药的历史销售量形成一个时间序列。小王需要观察过去的销售量,并根据这些历史数据得到销售量的一般水平及趋势,以此对产品的未来销售情况做出推断。对这些历史数据的进一步观察,还可以发现它显示出一种季节性的规律,每年的销售高峰都出现在第二季度,而销售低谷出现在第四季度,这样小王就可以更精确地预测出公司明年各季度的销售量了。

时间序列预测法是一种重要的定量预测法，它是根据市场现象的历史资料，运用科学的数学方法建立预测模型，使市场现象的数量向未来延伸，预测市场现象未来的发展变化趋势，预计市场现象未来表现的数量。所以时间序列预测法又称为历史延伸法或趋势外推法。

第一节 时间序列预测法概述

一、时间序列预测法的含义

时间序列预测法是通过对市场现象时间序列的分析和研究，根据市场现象历史的发展变化规律，推测市场现象发展到未来所能达到的水平，这实际上是对市场现象时间序列的数量及其变化规律的延伸。而时间序列预测法中所依据的时间序列，就是对市场现象过去的资料整理和积累的结果。换言之，就是依时间的先后顺序排列的一组表示某种现象随时间变化的统计数据。时间序列中各指标数值在市场预测时被称为实际观察值。按时间序列排列指标的时间周期不同，时间序列可分为年时间序列、季度时间序列、月时间序列等。

二、时间序列预测法的理论依据

时间序列预测法的理论依据是唯物辩证法中的基本观点，即认为一切事物都是发展变化的，事物的发展变化在时间上具有连续性。市场现象也是这样。市场现象过去和现在的发展变化规律和发展水平，会影响到市场现象未来的发展变化规律和发展水平，而市场现象未来的变化规律和发展水平，是市场现象过去和现在变化规律和发展水平的必然结果。因此，时间序列预测法具有认识论上的科学性。

三、应用时间序列预测法时应注意的问题

在应用时间序列预测法进行预测时，还应特别注意市场现象未来发展变化规律和发展水平不一定与其历史和现在的发展变化规律完全一致。随着市场现象的发展，它还会出现一些新的特点。因此，在时间序列预测中，决不能机械地按市场现象过去和现在的规律向外延伸。必须研究分析市场现象变化的新特点、新表现，并且将这些新特点和新表现充分考虑在预测值内。这样才能对市场现象做出既延续其历史变化规律，又符合其现实表现的可靠的预测结果。

市场预测所研究的市场现象，一般都受到多种因素发展变化的影响。这些影响因素，有些是确定的，有些是不确定的；有些比较易于取得量化资料，有些难以或根本无法取得量化资料。但无论是确定的还是不确定的，无论是易于量化的还是难以量化的因素，都会对市场现象发生影响，这种影响是综合的，而无论市场现象表现得多么复杂，无论有多少影响因素，最终都集中或综合表现为市场现象随时间的延续而发展变化。

四、时间序列预测法的适用范围

时间序列是市场现象指标数值按时间先后顺序排列而成的，其序列中各指标数值是各种因素综合影响的结果，其中所表现出的市场现象的发展变化规律也是各种因素综合影响的反映。所以，时间序列预测法实际上是考虑了所有影响因素综合影响的预测方法。在市场预测中，研究市场现象总变动的趋势及其规律性，运用时间序列预测法无疑是很有效的。

一般来说，时间序列预测法很适用于短期和近期的市场预测。运用时间序列预测法做长期

和中期市场预测,则需要考虑得更周到些,客观依据要更充分。只有当充分肯定市场现象在中、长期内发展变化规律与其过去和现在基本一致,或对预测期市场现象的新特点能确定的条件下,才能应用时间序列预测法对市场现象未来的发展变化趋势做出预测。

五、时间序列预测法与回归分析预测法的区别

时间序列预测法是定量预测的方法之一,它与回归分析预测法的不同在于,回归分析预测法所确定的是市场现象的自变量,即以确定的自变量来预测市场现象的因变量。而时间序列预测法所确定的是市场现象发展的时间量,即根据市场现象过去的发展变化规律,确定在时间变动的条件下,市场现象未来变动趋势或所达到的水平。随着所确定时间的不同,预测值也就不同。由于时间序列是受多种因素综合影响的,所以由此决定或取得的市场现象预测值,也是未来市场现象在各种因素综合影响下的结果。

六、时间序列数据变动趋势

时间序列数据由于受到多种因素的影响,使之在不同时期的观察值存在差异,所呈现出来的变动趋势也不完全一致,这是因为时间序列数据经常受到一种乃至多种变动因素共同作用的结果。就一般而言,各种可能发生变化的因素对时间序列数据变动趋势的影响,按其变动趋势的性质不同分为长期趋势变动、季节变动、循环变动和不规则变动四种。

1. 长期趋势变动

长期趋势变动是指时间序列数据由于受到某种根本性因素的影响,使时间序列在较长的时间内朝一定的方向、按线性或非线性变化规律,呈上升变化、水平变化或下降变化趋势。经济现象的长期趋势一旦形成,则总能延续一段相当长的时期,即使像股票这种敏感的经济现象,其形成的向上趋势(牛市)或向下趋势(熊市)有时也能延续数月乃至数年。因此,分析长期趋势对于正确预测经济现象的未来具有十分重要的意义。

2. 季节变动

季节变动是指经济现象受自然季节或社会季节更换的固定规律作用而形成的一种长度和幅度相对固定的周期性波动。例如,啤酒随着每年的春夏秋冬四季变化,其月销量在夏秋季节呈旺季,而在冬春季节呈淡季;空调、电风扇、电热器、时装等商品的销售量都会随季节变化而呈现周期性波动。季节变动既包括受自然季节影响所形成的波动,也包括受工作时间规律,如每周5天工作制等所形成的波动。季节变动的周期性比较稳定,一般以年为单位做周期变动。

3. 循环变动

循环变动是以数年为周期(一般不等)的变动。与长期趋势变动不同,循环变动不是朝着单一方向做持续递增(或递减、或水平)趋势变化,而是按涨落相间的波浪式起伏的变动。循环变动与季节变动趋势也不同,其波动的时间较长,而且变动周期长短不等,短则一两年,长则数年、数十年。季节变动与循环变动的区别在于季节变动的波动长度固定,如12个月、1个季度、1个月或1个星期等,而循环变动的波动长度则一般是不一样的。

4. 不规则变动

不规则变动是指由于战争、灾害、地震、洪水等意外事件,或由于国家制定发展战略、发展规划、方针政策等的变动等偶然性因素引起的非周期性的随机变动。这种不规则的变动对市场的发展影响较大,但难以预测。

七、时间序列的组合形式

一般来说,实际得到的时间序列统计数据,很少是这些基本类型中的某一种,绝大多数情况

下都是这些基本类型的综合，是各种因素共同作用的结果。在市场预测中，由于市场的变化不是某个或某些因素单独作用的结果，而是多种因素交叉影响的结果，因此，通常采用组合的形式。其组合方式常见的有以下几种。

1. 加法型

加法型用公式表示为：

$$Y_t = T_t + S_t + C_t + I_t$$

式中　　Y_t——时间序列的全部变动；

T_t——长期趋势变动；

S_t——季节变动；

C_t——循环变动；

I_t——不规则变动。

2. 乘法型

乘法型用公式表示为：

$$Y_t = T_t \cdot S_t \cdot C_t \cdot I_t$$

3. 混合型

混合型用公式表示为：

$$Y_t = T_t \cdot S_t + C_t + I_t \quad 或 \quad Y_t = S_t + T_t \cdot C_t \cdot I_t$$

对于一个具体的时间序列，应采用哪种组合方式，要根据掌握的数据资料、时间序列的性质及研究的目的等具体情况灵活确定。

八、时间序列预测法的预测程序

时间序列预测法的预测程序大体包括以下五个步骤。

（1）绘制散点图。绘制观察期数据的散点图，确定其变化趋势的类型。

（2）处理数据。对观察期数据加以处理，以消除季节变动、循环变动和不规则变动因素的影响，使经过处理后的数据仅包括反映长期趋势变动的影响。

（3）建立数学模型。根据数据处理后的长期趋势变动，结合预测的目的及期限，建立时间序列的预测模型，并对模型进行模拟运算。

（4）修正预测模型。考虑季节变动、循环变动及不规则变动等影响因素对预测模型的影响并加以修正。

（5）进行预测。采用定量分析与定性分析相结合的方式，对目标变量加以预测，并确定市场未来发展变化的预测值。

第二节　简单平均预测法

在运用时间序列预测法进行市场预测时，最简单的方式是采用一定观察期内预测目标的平均值作为下一期预测值。这种以平均值为基础确定预测值的方法称为简单平均预测方法，是最简单的定量预测法，其不需要复杂的运算过程，简便易行，适用于观察变量不呈现明显倾向性变化而又具有随机波动特征的经济现象的预测。

常用的简单平均预测法有简单算术平均法、加权算术平均法和几何平均法。

一、简单算术平均法

简单算术平均法是以观察期内时间序列数据的简单算术平均值作为下一期预测值的预测方法。设 x_1，x_2，…，x_n 为 n 期实际观察数据，则其简单算术平均值公式为

$$\bar{x} = \frac{1}{n}\sum_{i=1}^{n} x_i \quad (i = 1, 2, 3 \cdots, n)$$

式中 $\bar{x}$——简单算术平均值，即下期的预测值；
　　x_i——观察期的数据，i 为资料编号；
　　n——资料期数。

运用简单算术平均法求平均值有以下两种形式。

（1）以最后一年的每月平均值，或数年的每月平均值，作为次年的月平均预测值。如果通过数年的时间序列显示，观察期资料并无显著的长期升降趋势变动和季节变动，就可以采用此方法。

【例 11-1】2013—2016 年食盐的每月销售量见表 11-1，试预测 2017 年的月平均销售量。

表 11-1　2013—2016 年食盐的销售量及平均值　　　　　　　　　　单位：吨

月份＼年份	2013	2014	2015	2016
1	328	330	298	335
2	331	324	317	321
3	360	348	328	346
4	318	360	330	363
5	324	327	323	329
6	294	342	348	327
7	342	360	342	368
8	348	357	351	350
9	357	321	318	341
10	321	297	336	312
11	330	318	354	327
12	348	354	358	351
年合计	4 001	4 038	4 003	4 070
月平均	333.4	336.5	333.7	339.2

①如果以 2016 年的每月平均值作为 2017 年的月平均预测值，则
$$\bar{x} = 339.2 （吨）$$

②如果以 2013—2016 年的每月销售量平均值作为 2017 年的月平均预测值，则
$$\bar{x} = \frac{4\,001 + 4\,038 + 4\,003 + 4\,070}{48} = 335.7 （吨）$$

或
$$\bar{x} = \frac{333.4 + 336.5 + 333.7 + 339.2}{4} = 335.7 （吨）$$

因此，就可以将 339.2 吨或 335.7 吨作为 2017 年的月平均预测值。

由上可以看出，所选择的观察值的期限范围不同，即 n 的取值不同，所得到的预测值也不一样。n 的取值大小对预测的准确性有一定的影响，一般来说，当事物发展趋势正在发生变化或随机变化较少时，n 可取小些；当近期事物发展没有明显变化倾向或随机变化较大时，n 可取得大一些。

如果预测值和实际销售值之间的误差过大，就会使预测失去意义。所以，必须确定合理的误差。

首先，用下列公式估计出预测标准差：

$$S_x = \sqrt{\frac{\sum_{i=1}^{n}(x_i - \overline{x})^2}{n-1}}$$

式中　S_x——预测标准差；
　　　x_i——实际值；
　　　$\overline{x}$——预测值（平均值）；
　　　n——观察期数。

然后，按 $\overline{x} \pm t_c S_x$ 公式计算某种可靠程度要求时的预测区间，其中 t_c 为 t 分布临界值。

对于例 11-1，以 2016 年的月平均值 339.2 吨作为 2017 年的月平均预测值，则

$$S_x = \sqrt{\frac{\sum_{i=1}^{n}(x_i - \overline{x})^2}{n-1}} = \sqrt{\frac{(335-339.2)^2 + \cdots + (351-339.2)^2}{12-1}} = \sqrt{\frac{3\,189.88}{11}} = 17.03$$

可靠程度为 95%、显著水平 $\alpha = 0.10$、自由度 $n - m - 1 = 10$ 时的 t 分布临界值 $t_c = 1.812$。于是，2017 年月销售预测区间为：$339.2 \pm 1.812 \times 17.03$，即 2017 年食盐的月平均销售量为 308.34 ~ 370.06 吨。

（2）以观察期的相同月份的平均值作为预测期对应月份的预测值。当时间序列资料在年度内变化显著，或呈现季节性变化时，如果用前一种方法求得预测值，其精确度难以保证，为了提高精确度，可用此方法求预测值。

【例 11-2】某商店 T 恤衫的销售量见表 11-2，试预测第四年每月的销售量。

表 11-2　某商店 T 恤衫销售量统计表　　　　　　　　单位：万件

月份 \ 年份	第一年	第二年	第三年	同月平均值
1	16.0	17.3	20.1	17.8
2	19.0	21.0	22.0	20.7
3	21.3	23.0	25.0	23.1
4	25.0	27.0	29.2	25.7
5	32.8	36.0	38.5	35.8
6	65.2	70.2	77.0	70.8
7	99.0	107.0	118.0	108.0
8	131.0	140.2	152.8	141.3
9	80.5	87.2	94.0	87.2
10	38.0	41.4	45.0	41.5

续表

月份\年份	第一年	第二年	第三年	同月平均值
11	22.2	24.0	26.0	24.1
12	18.4	19.8	22.5	20.2
合计	568.4	614.1	670.1	—

表11-2第5栏的数据为前三年对应月的平均值,即为第四年对应月的预测值。

由表11-2可以看出,观察期资料在年度内呈现出季节性的波动。如果再用全年平均的方法,就不能显示出不同季节的市场需求变动情况。T恤衫的销售旺季一般集中在每年的6~9月份,这四个月的平均销售量比淡季要高出两三倍。另外,T恤衫的销售量还呈现出长期变动趋势,也就是说,每一年的销售总量比上年有所增长。因此,如将三年的每月平均数作为预测值,可能会低于第四年的销售量,所以应对预测值进行适当调整。

(3) 特例。在实际中,人们往往还会遇到这样一种情况,当时间序列呈现出线性变化趋势时,即各期的增长量或减少量大体相同,若使用简单算术平均法会使得预测值偏低或偏高,即出现滞后偏差。在这种情况下,可以在预测经济变量的增长量或减少量的基础上,计算该经济变量的预测值。其计算过程如下。

首先,计算各期的增长量或减少量:$\Delta x_i = x_i - x_{i-1}$;

其次,计算增长量或减少量的平均值:$\overline{\Delta x} = \dfrac{1}{n-1} \sum_{i=2}^{n} \Delta x_i$;

最后,计算经济变量的预测值:$x_{n+T} = x_n + \overline{\Delta x} \cdot T$。

【例11-3】某企业2012—2016年某种产品的销售量见表11-3,试预测2017年和2018年该种产品的销售量。

表11-3 某企业某种产品销售量统计表　　　　　　　　　　　　　单位:件

年份	2012	2013	2014	2015	2016	合计	平均值
销售量	12 000	13 150	14 450	15 610	16 805	—	—
增长量	—	1 150	1 300	1 160	1 195	4 805	1 201

$$x_{2017} = x_{n+1} = x_n + \overline{\Delta x} \times 1 = 16\ 805 + 1\ 201 \times 1 = 18\ 006 \text{(件)}$$

$$x_{2018} = x_{n+2} = x_n + \overline{\Delta x} \times 2 = 16\ 805 + 1\ 201 \times 2 = 19\ 207 \text{(件)}$$

简单算术平均法使用简便、灵活、迅速、花费较少,一般适用于短期或近期预测。当对预测值的精确度要求不高且预测时间较短时,常常使用这种方法。如果时间序列有特别大或特别小的不均衡数据,用简单算术平均数来代替预测值,其代表性会受到影响。

二、加权算术平均法

简单算术平均法将所有观察值无论远近在预测中一律同等看待,这并不符合市场发展的实际情况。实际上,近期观察值会有更多的变化趋势的信息,对预测对象影响较大;而远期的观察值所包括的信息较少,对预测对象影响较小。为克服简单算术平均法的这一缺点,可以根据观察值时间的远近赋予其不同的权数,近期观察值的权数可大些,远期观察值的权数可小些。然后用加权算术平均值作为下期预测值。

加权算术平均法就是为观察期内的每一个数据确定一个权数，并在此基础上，计算其加权算术平均值作为下一期的预测值。加权算术平均法的预测公式为

$$\overline{x_f} = \frac{x_1 f_1 + x_2 f_2 + \cdots + x_n f_n}{f_1 + f_2 + \cdots + f_n} = \frac{\sum_{i=1}^{n} x_i f_i}{\sum_{i=1}^{n} f_i} \quad (i = 1, 2, 3 \cdots, n)$$

式中 $\overline{x_f}$——加权算术平均值，即下一期的预测值；

x_i——观察期的数据；

f_i——观察期数据相对应的权数。

这里的权数体现了观察期内各数据对预测值的影响程度。

【例11-4】某商店2012—2016年的资料见表11-4，预测下一年的销售额。

表11-4 某商店2012—2016年销售额及权数　　　　　单位：万元

观察期	销售额 x_i	权数 f_i	$x_i f_i$
2012年	40	1	40
2013年	60	2	120
2014年	55	3	165
2015年	75	4	300
2016年	85	5	425
合计	315	15	1 050

简单算术平均值为

$$\overline{x} = \frac{315}{5} = 63 \text{（万元）}$$

加权算术平均值为

$$\overline{x_f} = \frac{1\ 050}{15} = 70 \text{（万元）}$$

很显然，用简单算术平均法求得的平均值作为预测值过低，不能反映商店销售额的发展变化趋势，而用加权算术平均法求得的平均值作为预测值效果较好。

运用加权算术平均法进行预测关键在于确定适当的权数，而权数的确定通常要凭借预测者的经验判断，但必须体现影响力大的观察值对应大的权数这一原则。一般来说，如果观察变量变化较大，则应加大近期观察值的权数，以抵消观察变量大幅度变动对预测结果的影响；如果观察变量变动幅度较小，则权数不必相差太大。

目前，对于权数的确定尚无统一的标准，完全凭预测者在对时间序列资料分析的基础上，做出主观的经验判断。

三、几何平均法

当预测对象逐期发展速度（环比速度）大致接近时，可采用几何平均法进行预测。设观察期内观察变量有 n 个观察值 x_1，x_2，…，x_n，则运用几何平均法进行预测的步骤如下。

（1）计算出一定观察期内时间序列的逐期发展速度。

$$v_i = \frac{x_i}{x_{i-1}} \quad i = 2, 3, \cdots, n$$

(2)利用逐期发展速度求几何平均值,作为预测期的发展速度。几何平均值有简单几何平均值和加权几何平均值之分。

简单几何平均值:
$$M_{简} = \sqrt[n-1]{v_2 \cdot v_3 \cdots v_n} = (v_2 \cdot v_3 \cdots v_n)^{\frac{1}{n-1}}$$

加权几何平均值:
$$M_{加} = \sqrt[\Sigma f_i]{v_2^{f_2} \cdot v_3^{f_3} \cdots v_n^{f_n}} = (v_2^{f_2} \cdot v_3^{f_3} \cdots v_n^{f_n})^{\frac{1}{\Sigma f_i}}$$

为便于计算,可取对数
$$\lg M_{简} = \frac{1}{n-1} \sum_{i=2}^{n} \lg v_i$$

$$\lg M_{加} = \frac{1}{\sum_{i=2}^{n} f_i} \sum_{i=2}^{n} (f_i \cdot \lg v_i)$$

将上式结果求反对数就可以得出几何平均值。

(3)以第 n 期的观察值 x_n 乘以预测期的发展速度 M 就可以得到第 $n+1$ 期的预测值:
$$x_{n+1} = x_n \cdot M$$

【例 11-5】某企业某种商品的销售额资料见表 11-5,试用几何平均法预测 2017 年的销售额。

表 11-5　某企业某种商品 2012—2016 年的销售额　　　　单位:万元

年份	销售额	环比速度 v_i	$\lg v_i$	f_i	$f_i \cdot \lg v_i$
2012	45.00	—	—		
2013	51.75	1.15	0.061	1	0.061
2014	60.55	1.17	0.068	2	0.136
2015	70.24	1.16	0.065	3	0.195
2016	84.29	1.20	0.079	4	0.316

$$M_{简} = \sqrt[4]{1.15 \times 1.17 \times 1.16 \times 1.20} = 1.17$$

$$M_{加} = \sqrt[1+2+3+4]{1.15^1 \times 1.17^2 \times 1.16^3 \times 1.20^4} = 1.18$$

也可用取对数的方法得出 M。

$$\lg M_{简} = \frac{1}{5-1} \sum_{2}^{5} \lg v_i = \frac{1}{4}(0.061 + 0.068 + 0.065 + 0.079) = 0.068$$

求反对数得
$$M_{简} = 1.17$$

$$\lg M_{加} = \frac{\sum_{2}^{5}(f_i \cdot \lg v_i)}{\sum_{2}^{5} f_i} = \frac{0.061 + 0.136 + 0.195 + 0.316}{1+2+3+4} = 0.071$$

求反对数得
$$M_{加} = 1.18$$

2017 年销售额的预测值为
$$x_{2017} = x_{2016} \cdot M_{简} = 84.29 \times 1.17 = 98.62\text{(万元)}$$

或
$$x_{2017} = x_{2016} \cdot M_{加} = 84.29 \times 1.18 = 99.46\text{(万元)}$$

第三节　移动平均预测法

移动平均预测法和指数平滑预测法都属于平滑预测法。平滑就是将历史统计数据中的随机因素加以过滤，消除统计数据的起伏波动状况，使不规则的线型大致规则化，以便把握事物发展的主流，突出和显现事物发展的方向和趋势。

平滑预测法的要点是探求历史统计数据的演变规律，并假定这种规律还会持续存在下去，然后根据这种演变规律来预测未来。

运用平滑预测法进行预测，必须具备以下条件：

第一，要拥有充分的历史统计数据，且它们之间的相互关系和发展趋势必须明确和稳定。

第二，数据资料要有连续性，即数据不可间断。

第三，未来的发展情况必须同过去和现在的情况相似，即影响时间序列数据变化的主要因素是相似的。

本节先来介绍移动平均预测法，下节介绍指数平滑预测法。

移动平均预测法是将观察期的数据，按时间先后顺序排列，然后由远及近，以一定的跨期进行移动平均，求得平均值。每次移动平均总是在上次移动平均的基础上，去掉一个最远期的数据，增加一个紧挨跨越期后的新数据，保持跨越期不变，每次只向前移动一步，逐项移动，滚动前移。这种不断"吐故纳新"、逐期移动平均的过程，称为移动平均预测法。

移动平均预测法有两个显著的特点：第一，对于较长观察期内，时间序列的观察值变动方向和程度不尽一致，呈现波动状态，或受随机因素影响比较明显时，移动平均预测法能够在消除不规则变动的同时，又对其波动有所反映。也就是说，移动平均预测法在反映现象变动方面是较敏感的。第二，移动平均预测法所需保留的观察值不必增加。因为随着移动，远期的观察值对预测值的确定就不重要了。这一点使得移动平均预测法可长期用于同一问题的连续研究，而无论延续多长时间，所保留的观察值的数目都是不必增加的，可增加近期的观察值，同时去掉远期的观察值。这无论是对手工计算还是计算机计算都是有益的。

移动平均预测法对于原观察期的时间序列数据进行移动平均，所求得的各移动平均值，不仅构成了新的时间序列，而且新的时间序列数据与原时间序列数据相比较，还具有明显的修匀效果。它既保留了原时间序列的趋势变动，而且还削弱了原时间序列的季节变动、周期变动和不规则变动的影响，因此在市场预测中得以广泛应用。

移动平均预测法适用于既有趋势变动又有起伏波动的时间序列的预测问题，也适用于有波动的季节变动现象的预测。其主要作用是消除随机因素引起的不规则变动对市场现象时间序列的影响。

移动平均预测法可分为简单移动平均法和加权移动平均法两类，而简单移动平均法又可细分为一次移动平均法和二次移动平均法。

一、一次移动平均法

（一）一次移动平均法原理

一次移动平均法，就是依次取时间序列的 n 个观察值予以平均，并依次向近期移动，得到一组平均数序列的方法。它是以 n 个观察值的平均值作为下期预测值的一种比较简单的预测方法。

其预测公式为

$$Y_{t+1} = M_t^{(1)} = \frac{1}{n}\sum_{i=t-n+1}^{t} x_i = \frac{x_t + x_{t-1} + \cdots + x_{t-n+1}}{n} \tag{11-1}$$

$$= \frac{x_{t-1} + x_{t-2} + \cdots + x_{t-n+1} + x_{t-n}}{n} + \frac{x_t - x_{t-n}}{n}$$

$$= M_{t-1}^{(1)} + \frac{x_t - x_{t-n}}{n}$$

所以有递推公式：

$$Y_{t+1} = M_t^{(1)} = M_{t-1}^{(1)} + \frac{x_t - x_{t-n}}{n}$$

式中 Y_{t+1} ——下一期的预测值；

$M_t^{(1)}$ ——第 t 期（即本期）的一次移动平均值；

$M_{t-1}^{(1)}$ ——第 $t-1$ 期的一次移动平均值；

x_i ——观察期的实际发生值；

n ——移动跨期。

从式（11-1）可以看出：$M_t^{(1)}$ 是第 t 期前（包括第 t 期）n 期的实际发生值的算术平均值。n 值越小，$M_t^{(1)}$ 包含的数据越少，对近期的变化趋势反映越明显，但对某些随机因素所引起的变化的剔除程度越差。当 $n=1$ 时，$M_t^{(1)}$ 就是当前期的实际发生值 x_t，即对原始数据没有进行平均；n 值越大，$M_t^{(1)}$ 中包含的其他各期的影响成分越大，对原始数据的修匀也越厉害，当 n 等于资料期数时，则一次移动平均值就是简单算术平均值。由此可见，使用一次移动平均法进行预测，其准确程度主要取决于移动跨期 n 选择得是否合理。预测者确定移动跨期的长短，一是要根据时间序列本身的特点；二是要根据研究问题的需要。如果时间序列的波动主要不是由随机因素引起的，而是现象本身的变化规律，这就需要预测值充分表现这种波动，因此要把跨期取得短些。这样既消除了一部分随机因素的影响，又表现了现象特有的变动规律。如果时间序列观察值的波动主要是由随机因素引起的，研究问题的目的是观察预测事物的长期趋势，则可以把跨期取长些。

概括起来，移动跨期 n 的取值原则如下。

（1）在资料期数较多时，n 可适当取大些，而资料期数较少时，n 值只能取小些。

（2）在历史资料具有比较明显的季节性变化或循环周期性变化时，移动跨期 n 应等于季节周期或循环周期。

（3）如果希望反映历史资料的长期变化趋势，则 n 应取大些；如果要求反映近期数据的变化趋势，则 n 应取小些。

（二）一次移动平均法应用举例

【例 11-6】已知某企业产品 1~12 月份销售额资料见表 11-6。试利用一次移动平均法预测该企业明年 1 月份的销售额，n 分别取 3 和 5。

表 11-6　某企业产品 1~12 月份销售额　　　　　　　　单位：万元

月份	1	2	3	4	5	6	7	8	9	10	11	12
销售额	240	252	246	232	258	240	238	248	230	240	256	236

解： 对历史数据做一次移动平均值计算，其结果见表 11-7。

表 11-7　一次移动平均值计算结果　　　　　　　　　　单位：万元

t	x_t	$M_t^{(1)}$ ($n=3$)	$M_t^{(1)}$ ($n=5$)
1	240	—	—
2	252	—	—
3	246	246.00	—
4	232	243.33	—
5	258	245.33	245.6
6	240	243.33	245.6
7	238	245.33	242.8
8	248	242.00	243.2
9	230	238.67	242.8
10	240	239.33	239.2
11	256	242.00	242.4
12	236	244.00	242.0

若将表 11-7 中的历史数据及所求得的移动平均值数列绘制成折线图，如图 11-1 所示。

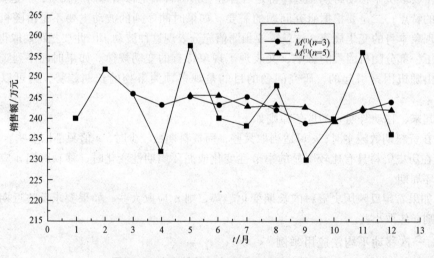

图 11-1　实际值与一次移动平均值比较图

由图 11-1 可见，通过移动平均值的运算，可以减弱原始数据的随机波动，使历史数据的随机波动得到平滑，并且 n 值越大，平滑程度越大。

当 $n=3$ 时，可得该产品明年 1 月份销售额的预测值为 244 万元；

当 $n=5$ 时，可得该产品明年 1 月份销售额的预测值为 242 万元。

【例 11-7】 对某商业企业季末库存进行预测，其资料见表 11-8。

表 11-8 某商业企业季末库存资料　　　　　　　　　　　　　单位：万元

观察期	观察值 x_t	$n=3$			$n=5$		
		$M_t^{(1)}$	Y_t	$\|e_t=Y_t-x_t\|$	$M_t^{(1)}$	Y_t	$\|e_t=Y_t-x_t\|$
1	10.6	—					
2	10.8	—	—				
3	11.1	10.83					
4	10.4	10.77	10.83	0.43		—	
5	11.2	10.90	10.77	0.43	10.82		
6	12.0	11.20	10.90	1.10	11.10	10.82	1.18
7	11.8	11.67	11.20	0.60	11.30	11.10	0.70
8	11.5	11.77	11.67	0.17	11.38	11.30	0.20
9	11.9	11.73	11.77	0.13	11.68	11.38	0.52
10	12.0	11.80	11.73	0.27	11.84	11.68	0.32
11	12.2	12.03	11.80	0.40	11.88	11.84	0.36
12	10.7	11.63	12.03	1.33	11.66	11.88	1.18
13	10.4	11.10	11.63	1.23	11.44	11.66	1.26
14	11.2	10.77	11.10	0.10	11.30	11.44	0.24
合计	—	—	—	6.19	—	—	5.96
平均	—	—	—	0.563	—	—	0.662

由表 11-8 中的观察资料可以看出，季末库存额总的来说无趋势变动。为了消除随机因素引起的不规则变动，对观察值做一次移动平均，并以移动平均值为依据预测库存额的未来变化。为了对比观察预测误差的大小，分别取跨期 $n=3$，$n=5$，计算结果见表 11-8。

当 $n=3$ 时，各期的一次移动平均值及各期的估计值分别为

$$Y_4 = M_3^{(1)} = \frac{x_3+x_2+x_1}{3} = \frac{11.1+10.8+10.6}{3} = 10.83$$

$$\vdots$$

$$Y_{14} = M_{13}^{(1)} = \frac{x_{13}+x_{12}+x_{11}}{3} = \frac{10.4+10.7+12.2}{3} = 11.1$$

各期的估计值与实际观察值的离差绝对值及平均绝对误差分别为

$$|e_4| = |Y_4 - x_4| = |10.38 - 10.4| = 0.43$$

$$\vdots$$

$$|e_{14}| = |Y_{14} - x_{14}| = |11.1 - 11.2| = 0.1$$

$$MAE = \frac{\sum |e_t|}{n} = \frac{6.19}{11} = 0.563 （万元）$$

同理，当 $n=5$ 时，各期的一次移动平均值、各期的估计值及各期的估计值与实际观察值的离差绝对值见表 11-8。

而平均绝对误差为

$$MAE = \frac{\sum |e_t|}{n} = \frac{5.96}{9} = 0.662 （万元）$$

由于 $n=5$ 时的平均绝对误差明显大于 $n=3$ 时的平均绝对误差，所以舍弃 $n=5$ 条件下的预测设想，确定采用 $n=3$ 时的结果进行预测。因此，下期季末库存额预测值为

$$Y_{15} = M_{14}^{(1)} = 10.77（万元）$$

从这个例子可以看出，一次移动平均法可以消除由于偶然因素引起的不规则变动，同时又保留了原时间序列的波动规律，而不像简单平均预测法那样，仅用若干个观察值的一个平均数作为预测值。另外，每一个移动平均值只需几个观察值就可计算，需要储存的数据很少。

但是一次移动平均法，显然也有其局限性。一方面，这种方法只能向未来预测一期；另一方面，对于有明显趋势变动的时间序列，一次移动平均法是不适合的，它只适用于基本呈水平型变动，又有些波动的时间序列，可以消除不规则变动的影响。

因此，一次移动平均法仅适用于历史数据呈水平不规则波动模式的经济变量的短期预测，对于下降或上升趋势明显的时间序列，不宜使用此方法进行预测，可考虑采用二次移动平均法。

二、二次移动平均法

（一）二次移动平均法原理

由于一次移动平均法对单调上升或单调下降的时间序列的预测，存在明显的滞后或超前偏差。因此，为了解决这个矛盾，就在一次移动平均法的基础上，建立了二次移动平均法。二次移动平均法是对一组时间序列数据先后进行两次移动平均，即在一次移动平均值的基础上，再进行第二次移动平均，并根据两次移动的平均值，通过建立预测模型进行预测。

二次移动平均值的计算公式为

$$M_t^{(2)} = \frac{1}{n}\sum M_t^{(1)} = \frac{M_t^{(1)} + M_{t-1}^{(1)} + \cdots + M_{t-n+1}^{(1)}}{n}$$

相应的递推公式为

$$M_t^{(2)} = M_{t-1}^{(2)} + \frac{M_t^{(1)} - M_{t-n}^{(1)}}{n}$$

二次移动平均法进行预测时，并不能直接用二次移动的平均值作为预测值，而是需要建立预测模型进行预测。二次移动平均法的预测模型为

$$Y_{t+T} = a_t + b_t \cdot T$$

其中

$$a_t = 2M_t^{(1)} - M_t^{(2)}$$

$$b_t = \frac{2}{n-1}[M_t^{(1)} - M_t^{(2)}]$$

式中　Y_{t+T}——第 $t+T$ 期的预测值；

　　　$M_t^{(1)}$——第 t 期的一次移动平均值；

　　　$M_t^{(2)}$——第 t 期的二次移动平均值；

　　　T——预测模型当前期（即 t 期）至需要预测的那一期的间隔期数；

　　　a_t、b_t——模型的两个参数。

这就是说，二次移动平均法的预测模型是一个线性的模型，其截距和斜率的确定，是以一次和二次移动平均值为依据的，且各期的截距、斜率是变化的。

（二）二次移动平均法应用举例

【例 11-8】对某地区某种商品的销售量进行预测，其资料和计算见表 11-9。

表 11-9　二次移动平均预测计算表　　　　　　　　　　　　单位：吨

期数 t	观察值 x_t	$n=3$ $M_t^{(1)}$	$n=3$ $M_t^{(2)}$	a_t	b_t	Y_t	$x_t - Y_t$	$(x_t - Y_t)^2$
1	10	—	—	—	—	—	—	—
2	12	—	—	—	—	—	—	—
3	17	13.00	—	—	—	—	—	—
4	20	16.33	—	—	—	—	—	—
5	22	19.66	16.33	22.99	3.33	—	—	—
6	27	23.00	19.66	26.34	3.34	26.32	0.68	0.4624
7	25	24.67	22.44	26.90	2.23	29.68	-4.68	21.9024
8	29	27.00	24.89	29.11	2.11	29.13	-0.13	0.0169
9	30	28.00	26.56	29.44	1.44	31.22	-1.22	1.4884
10	34	31.00	28.67	33.33	2.33	30.88	3.12	9.7344
11	33	32.33	33.44	34.22	1.89	35.66	-2.66	7.0756
12	37	34.67	32.67	36.67	2.00	36.11	0.89	0.7921
合计	—	—	—	—	—	—	—	41.4722

（1）计算表 11-9 中各期一次移动平均值。

$$M_3^{(1)} = \frac{x_3 + x_2 + x_1}{3} = \frac{17 + 12 + 10}{3} = 13.00$$

$$\vdots$$

$$M_5^{(1)} = \frac{x_5 + x_4 + x_3}{3} = \frac{22 + 20 + 17}{3} = 19.66$$

$$\vdots$$

$$M_{12}^{(1)} = \frac{x_{12} + x_{11} + x_{10}}{3} = \frac{37 + 33 + 34}{3} = 34.67$$

（2）计算二次移动平均值。

$$M_5^{(2)} = \frac{M_5^{(1)} + M_4^{(1)} + M_3^{(1)}}{3} = \frac{19.66 + 16.33 + 13.00}{3} = 16.33$$

$$\vdots$$

$$M_{12}^{(2)} = \frac{M_{12}^{(1)} + M_{11}^{(1)} + M_{10}^{(1)}}{3} = \frac{34.67 + 32.33 + 31.00}{3} = 32.67$$

（3）计算各期的截距和斜率 a_t、b_t 值。

$$a_5 = 2 M_5^{(1)} - M_5^{(2)} = 2 \times 19.66 - 16.33 = 22.99$$

$$\vdots$$

$$a_{12} = 2 M_{12}^{(1)} - M_{12}^{(2)} = 2 \times 34.67 - 32.67 = 36.67$$

$$b_5 = \frac{2}{n-1}(M_5^{(1)} - M_5^{(2)}) = 19.66 - 16.33 = 3.33$$

$$\vdots$$

$$b_{12} = \frac{2}{n-1}(M_{12}^{(1)} - M_{12}^{(2)}) = 34.67 - 32.67 = 2.00$$

(4) 计算观察期内各期的估计值。

$$Y_6 = a_5 + b_5 \times 1 = 22.99 + 3.33 \times 1 = 26.32$$
$$\vdots$$
$$Y_{12} = a_{11} + b_{11} \times 1 = 34.22 + 1.89 \times 1 = 36.11$$

(5) 应用预测模型计算预测期的预测值。

$$Y_{13} = a_{12} + b_{12} \times 1 = 36.67 + 2 \times 1 = 38.67$$
$$Y_{14} = a_{12} + b_{12} \times 2 = 36.67 + 2 \times 2 = 40.67$$
$$Y_{15} = a_{12} + b_{12} \times 3 = 36.67 + 2 \times 3 = 42.67$$

应该注意的是，观察期内各期估计值的 a_t、b_t 值不同。而在预测期各期预测值的 a_t、b_t 值是一致的，即最后一个观察期的 a_t、b_t 值。具体上例中，$a_{12} = 36.67$，$b_{12} = 2$。

(6) 计算预测误差。

标准差：

$$RMSE = \sqrt{\frac{1}{n}\sum(x_t - y_t)^2} = \sqrt{\frac{41.4722}{7}} = \sqrt{5.9246} = 2.434（吨）$$

预测误差为 2.434 吨，与实际观察值相比较较小，所以预测结果可以采纳。

由二次移动平均法的预测过程可以看出，对于具有明显上升（或下降）趋势的市场现象，二次移动平均法是很适用的，它不但可以用于短期预测，也可以用于近期预测。二次移动平均法比一次移动平均法的适用面更广，在实践中运用较多。

三、加权移动平均法

（一）加权移动平均法的原理

加权移动平均法是根据跨越期内时间序列数据资料的重要性不同，分别给予不同的权数，再按移动平均法原理，求出加权移动平均值，并以最后一期的加权移动平均值为基础进行预测的方法。

加权移动平均法与简单移动平均法（一次或二次移动平均法）的区别：简单移动平均法只反映一般的平均状态，不能体现出重点数据的作用，它将各期观察值等同对待是不够合理的；而加权移动平均法对时间序列数据具体分析、区别对待，分别给予不同程度的重视，因此，能较真实地反映时间序列长期发展趋势的规律。

加权移动平均法的关键是合理确定权数，而权数的确定是按照"近重远轻"的原则进行的，即越接近预测期的数据，越要赋予较大的权数，而越远离预测期的数据，则越要赋予较小的权数。至于近期权数大到什么程度，远期权数小到什么程度，完全取决于预测者个人的经验判断。但就一般情况而言，根据"近重远轻"原则设定权数时，使权数按时间序列由远及近逐期递增。例如，若时间序列数据变动幅度不大，可采用等差级数的形式：1，2，…，n，其公差为1；若时间序列数据变动幅度较大，可采用等比级数的形式：1，2，…，2^n，其公比为2；若时间序列数据波动不定，可视具体情况，分别给予不同的权数，并使其权数之和等于1，如 0.2，0.3，0.5 等。

加权移动平均法的预测公式为

$$Y_{t+1} = M_t^{(1)} = \frac{f_t x_t + f_{t-1} x_{t-1} + \cdots + f_{t-n+1} x_{t-n+1}}{f_t + f_{t-1} + \cdots + f_{t-n+1}}$$

加权因子 f 的选择是根据时间序列各数据的重要程度而定的，越重要者 f 值越大。

（二）加权移动平均法应用举例

若对例 11-7 分别按照由近到远的顺序给予权数 0.7，0.2，0.1，则各期的加权移动平均值见表 11-10。

表 11-10　加权移动平均法计算表　　　　　　　　　　　单位：万元

观察期	观察值 x_t	$n=3$ 加权 $M_t^{(1)}$	Y_t	$\lvert e_t = Y_t - x_t \rvert$
1	10.6	—	—	—
2	10.8	—	—	—
3	11.1	10.99	—	—
4	10.4	10.58	10.99	0.59
5	11.2	11.03	10.58	0.62
6	12.0	11.68	11.03	0.97
7	11.8	11.78	11.68	0.12
8	11.5	11.61	11.78	0.28
9	11.9	11.81	11.61	0.29
10	12.0	11.93	11.81	0.19
11	12.2	12.13	11.93	0.27
12	10.7	11.13	12.13	1.43
13	10.4	10.64	11.13	0.73
14	11.2	10.99	10.64	0.56
合计	—	—	—	6.05
平均	—	—	—	0.55

表 11-10 中：

$$Y_4 = M_3^{(1)} = \frac{f_3 x_3 + f_2 x_2 + f_1 x_1}{f_3 + f_2 + f_1} = \frac{0.7 \times 11.1 + 0.2 \times 10.8 + 0.1 \times 10.6}{0.7 + 0.2 + 0.1} = 10.99$$

$$\vdots$$

$$Y_{14} = M_{13}^{(1)} = \frac{f_3 x_{13} + f_2 x_{12} + f_1 x_{11}}{f_3 + f_2 + f_1} = \frac{0.7 \times 10.4 + 0.2 \times 10.7 + 0.1 \times 12.2}{0.7 + 0.2 + 0.1} = 10.64$$

$$Y_{15} = M_{14}^{(1)} = \frac{f_3 x_{14} + f_2 x_{13} + f_1 x_{12}}{f_3 + f_2 + f_1} = \frac{0.7 \times 11.2 + 0.2 \times 10.04 + 0.1 \times 10.7}{0.7 + 0.2 + 0.1} = 10.99$$

根据表 11-10 中计算数据，此问题的预测误差为

$$MAE = \frac{\sum \lvert e_t \rvert}{n} = \frac{6.05}{11} = 0.55 \text{（万元）}$$

可见，其误差小于用一次移动平均法计算的误差。这说明对于这个问题，用加权移动平

均法预测更符合实际。一般来说,加权移动平均法预测比简单移动平均法预测的精度要高一些。

加权移动平均法,不但可如上例与一次移动平均法结合应用,同样也可与二次移动平均法结合应用,即计算二次移动平均值时用加权移动平均。

第四节　指数平滑预测法

应用一次移动平均法、二次移动平均法和加权移动平均法,虽然能解决不少市场现象的预测问题,但至少在两个方面不能令预测者十分满意:一是计算一个移动平均值,必须储存几个观察期,也就是必须储存跨期各观察值,这就必然加大了市场预测的计算工作量;二是一次移动平均法、二次移动平均法,对市场现象时间序列最近几个观察值都给予了相同的权数,即对每个观察值都给予了$\frac{1}{n}$的权数。加权移动平均法虽然对最近n个观察值给予了不同的权数,但它对($t-n$)期的观察值是完全不予考虑的,即给予的权数为0。而指数平滑预测法则克服了上述不足,所得出的预测值更合理、更客观。

指数平滑预测法假设当前的发展趋势同样适用于未来。但我们都知道,未来绝不可能只是过去和现在的简单重复。因此,这种方法用于进行短期预测比较准确。用于中、长期预测时,除非预测对象的发展极其稳定,否则效果较差。另外在市场比较稳定的情况下,对于某些需求弹性和价格弹性较小的商品,使用此方法效果更为理想。这是在采用指数平滑预测法时必须加以注意的。

指数平滑预测法,实际上是一种特殊的加权移动平均法,其特殊点在于:其一,对离预测期最近的市场现象观察值,给予最大的权数,而对离预测期渐远的观察值给予了递减的权数,使市场预测值能够在不完全忽视远期观察值影响的情况下,又能敏感地反映市场现象变化,减少了市场预测误差。其二,对于同一市场现象连续计算其指数平滑值,对较早期的市场现象观察值不是一概不予考虑,而是给予递减的权数。市场现象观察值对预测值的影响,由近向远按等比级数减少,其级数首项是α,公比为$1-\alpha$。这种市场预测方法之所以被称为指数平滑预测法,是因为如若将市场现象观察值对预测值的影响,按等比级数绘成曲线,所呈现的是一条指数曲线,而并不是说这种预测方法的预测模型是指数形式。其三,指数平滑预测法中的α值,是一个可调节的权数值,且$0 \leq \alpha \leq 1$。指数平滑预测法中α值越小,市场现象观察值对预测值的影响自近向远越缓慢减弱;α值越大,市场现象观察值对预测值的影响自近向远越迅速减弱。预测者可以通过调整α的大小,来调节近期观察值和远期观察值对预测值的不同影响程度。

指数平滑预测法按其平滑的次数,分为一次指数平滑法、二次指数平滑法和三次指数平滑法。一般常用于时间序列数据既有长期趋势变动,又有季节波动的场合。

一、一次指数平滑法

(一)一次指数平滑法的原理

一次指数平滑法是以最后一期的一次指数平滑值为基础,确定市场预测值的一种特殊的加权平均法。

假设x_1, x_2, $\cdots$, x_n为时间序列观察期的实际观察值;当观察期的时间$t=1$, 2, $\cdots$, n时,

则 $S_1^{(1)}$, $S_2^{(1)}$, ..., $S_n^{(1)}$ 为 t 时间观察值的一次指数平滑值；α 为时间序列的平滑系数，且 $0 \leq \alpha \leq 1$。那么时间序列各观察值的一次指数平滑值公式为

$$S_t^{(1)} = \alpha x_t + (1-\alpha) S_{t-1}^{(1)} \tag{11-2}$$

即本期一次指数平滑值等于本期实际值 x_t 的 α 倍加上上期一次指数平滑值 $S_{t-1}^{(1)}$ 的 $(1-\alpha)$ 倍。对式（11-2）进一步改写，可得一次指数平滑法的递推公式为

$$S_t^{(1)} = S_{t-1}^{(1)} + \alpha [x_t - S_{t-1}^{(1)}] \tag{11-3}$$

即本期一次指数平滑值 $S_t^{(1)}$ 等于上期一次指数平滑值 $S_{t-1}^{(1)}$ 加上本期实际值与上期一次指数平滑值之差 $(x_t - S_{t-1}^{(1)})$ 的 α 倍。而一次指数平滑法的预测公式为

$$\hat{y}_{t+1} = S_t^{(1)} \tag{11-4}$$

即下一期预测值等于本期一次指数平滑值。若把一次指数平滑法的递推公式（11-3）代入式（11-4），则可得出一次指数平滑预测法的递推公式

$$\hat{y}_{t+1} = S_{t-1}^{(1)} + \alpha (x_t - S_{t-1}^{(1)}) = \hat{y}_t + \alpha (x_t - \hat{y}_t) \tag{11-5}$$

即下期预测值等于在本期预测值 $\hat{y}_t$ 的基础上，再加上本期实际值 x_t 与本期预测值 $\hat{y}_t$ 之差的 α 倍。由式（11-5）可知，当 $\alpha = 0$ 时，$\hat{y}_{t+1} = \hat{y}_t$，即下期的预测值等于本期的预测值，则下期预测值就不必考虑本期实际值 x_t 带来的影响因素的变化。当 $\alpha = 1$ 时，$\hat{y}_{t+1} = x_t$，即下期的预测值等于本期所发生的实际值，即当市场完全没有变化时，不用考虑各种因素在预测期的影响，下期的预测值就等于本期的实际值。当 $0 < \alpha < 1$ 时，指在大多数情况下，下期的预测值要考虑本期的预测值与本期的实际值两个方面的影响。

（二）一次指数平滑法的特点

将式（11-2）展开，有

$$S_t^{(1)} = \alpha x_t + (1-\alpha) S_{t-1}^{(1)}$$
$$S_{t-1}^{(1)} = \alpha x_{t-1} + (1-\alpha) S_{t-2}^{(1)}$$
$$\vdots$$
$$S_1^{(1)} = \alpha x_1 + (1-\alpha) S_0^{(1)}$$

将上列各式的 $S_1^{(1)}$ 代入 $S_2^{(1)}$，$S_2^{(1)}$ 代入 $S_3^{(1)}$，...，$S_{t-1}^{(1)}$ 代入 $S_t^{(1)}$，则有

$$S_t^{(1)} = \alpha x_t + (1-\alpha) [\alpha x_{t-1} + (1-\alpha) S_{t-2}^{(1)}]$$
$$= \alpha x_t + \alpha (1-\alpha) x_{t-1} + (1-\alpha)^2 [\alpha x_{t-2} + (1-\alpha) S_{t-3}^{(1)}]$$
$$= \alpha x_t + \alpha (1-\alpha) x_{t-1} + \alpha (1-\alpha)^2 x_{t-2} + \cdots + \alpha (1-\alpha)^{t-1} x_1 + (1-\alpha)^t S_0^{(1)}$$

因为 $(1-\alpha) < 1$，当 $t \to \infty$ 时，$(1-\alpha)^t \to 0$，则

$$S_t^{(1)} = \alpha x_t + \alpha (1-\alpha) x_{t-1} + \alpha (1-\alpha)^2 x_{t-2} + \cdots + \alpha (1-\alpha)^{t-1} x_1$$

可见，一次指数平滑法有如下特点。

（1）一次指数平滑法是以首项系数为 α、公比为 $(1-\alpha)$ 的等比数列作为权数的加权平均法。在平滑过程中，越接近预测期的权数越大，而越远离预测期的权数越小，体现了"近重远轻"的赋权原则。

（2）各权数之和为 1，即

$$\sum f_i = 1$$
$$\sum f_i = \alpha + \alpha(1-\alpha) + \alpha(1-\alpha)^2 + \cdots + \alpha(1-\alpha)^{t-1}$$

$$= \alpha \left[1 + (1-\alpha) + (1-\alpha^2) + \cdots + (1-\alpha)^{t-1} \right]$$

$$= \alpha \left[\frac{1-(1-\alpha)^t}{1-(1-\alpha)} \right]$$

$$= 1 - (1-\alpha)^t$$

因为 $0 \leqslant \alpha \leqslant 1$，当 $t \to \infty$ 时

$$\lim_{t \to \infty} \left[1 - (1-\alpha)^t \right] = 1$$

（3）在一次指数平滑法递推公式（11-5）中，令误差 $e_t = x_t - \hat{y}_t$，即下一期预测值等于本期预测值加本期误差值 e_t 的 α 倍，即

$$\hat{y}_{t+1} = \hat{y}_t + \alpha \cdot e_t$$

所以，一次指数平滑预测法的实质是：新的预测值（$\hat{y}_{t+1}$）是在原预测值（$\hat{y}_t$）的基础上，再对原预测误差（e_t）进行 α 倍的修正。

若 $\alpha = 0$，则 $\hat{y}_{t+1} = \hat{y}_t$ 或有 $S_t^{(1)} = S_{t-1}^{(1)}$。从一次指数平滑公式的角度来看，就是对前期的一次指数平滑值不用误差修正；从一次指数平滑模型的角度来看，即完全不相信上期市场现象的实际观察值 x_t。

若 $\alpha = 1$，则 $\hat{y}_{t+1} = \hat{y}_t + e_t$ 或有 $S_t^{(1)} = S_{t-1}^{(1)} + e_t$。从一次指数平滑公式的角度来看，就是用全部误差修正上期的平滑值；从一次指数平滑模型的角度来看，即完全相信上期市场现象的实际观察值 x_t。

若 $0 < \alpha < 1$，表示用部分误差修正前一期的一次指数平滑值。根据市场现象观察值的发展变化规律，选择适当的 α 值，使远期和近期市场现象的实际观察值，都对预测值产生合理的影响。

（4）一次指数平滑法的修正效果。与移动平均法一样，指数平滑法对时间序列数据也具有修匀作用，所不同的是：移动平均法的修匀效果取决于跨期 n 的大小，n 大则修匀效果明显；反之，则修匀效果就差些。而指数平滑法的修匀效果则取决于平滑系数 α 的大小，α 越小，则修匀效果越明显；反之，则修匀程度就越差。因此，可将指数平滑法看作一种滤波器，通过调整阈值 α 的大小，将原时间序列数据按时间顺序输入此滤波器，则此滤波器的输出即为原时间序列数据的指数平滑值。阈值 α 调得越小，则滤波能力越强，修匀效果越好；α 调得越大，则滤波能力越弱，修匀效果越差。

（5）一次指数平滑法在计算每一个平滑值时，只需用一个实际观察值和一个上期平滑值就可以了，它需要储存的数据量很小。对于一种被连续观察预测的市场现象来说，甚至只要保留一期实际观察值就可以进行预测。被保留的实际观察值用来表示最近期观察值对预测值的影响；被保留的上期平滑值用来表现以前各期观察值对市场预测的影响。一次指数平滑法的这种特点，无论是用手工计算还是用计算机计算，都省去了由于储存数据过多带来的不便，使得计算过程简便，计算工作量不会过大。

（三）平滑系数 α 的选择

在指数平滑预测法中，平滑系数 α 的选择尤为重要。α 取值的大小直接影响着在新的预测值中，新数据与原预测值各占的份额。α 值越大，则新数据所占的份额就越大，而原预测值所占的份额相应减少；α 值越小，则新数据所占的份额就越小，而原预测值所占的份额相应增大。因此，在短期预测时，如果希望能尽快地反映观察值的变化，这就要求提高 α 值；但另一方面若又希望能较好地排除季节波动对时间序列的干扰，借以平滑随机误差的影响，又要求降低 α 值。然而，鱼和熊掌不能兼得，对上述互相矛盾的要求，只能采取折中的办法予以探讨。

就一般而言，α 取值的大小主要取决于预测目的。如果指数平滑预测法的目的在于用新的指

数平滑的平均数来反映时间序列中所包含的长期趋势,则应取较小的 α 值,如取 α = 0.1~0.3。即可将季节波动的影响、不规则变动的影响大部分予以消除;如果指数平滑预测值的目的在于使新的平滑值能敏感地反映最新观察值的变化,则应取较大的 α 值,如取 α = 0.6~0.8,使预测模型的灵敏度得以提高,以便迅速地跟踪新观察值的变化。在实际应用中,指数平滑预测法也与移动平均预测法相似,也是通过几个不同的 α 值进行试算,看哪个预测误差小,就取哪个。

(四) 初始值的确定

一次指数平滑法除了选择合适的 α 值外,还要确定一次指数平滑法的初始值 $S_0^{(1)}$。初始值 $S_0^{(1)}$ 的确定一般由预测者根据个人经验主观指定或简单估算而定。当时间序列的数据资料较多时,如 $n \geq 10$,这时初始值对以后预测值的影响甚小,可直接选用第一期实际观察值作为初始值;反之,如果时间序列的数据资料较少,如 $n < 10$,则因初始值对以后预测值的影响较大,这时一般采用最初几期的实际值的算术平均数作为初始值。

(五) 一次指数平滑法应用举例

现仍以前面所用的某企业季末库存资料,用一次指数平滑法对其进行预测,并对不同 α 值情况的预测误差进行测算比较。

【例 11-9】对某企业季末库存进行预测,其资料和计算见表 11-11。

表 11-11 一次指数平滑计算表   单位:万元

观察期 t	观察值 x_t	α = 0.3			α = 0.5			α = 0.9		
		$S_t^{(1)}$	y_t	$\|e_t\|$	$S_t^{(1)}$	y_t	$\|e_t\|$	$S_t^{(1)}$	y_t	$\|e_t\|$
1	10.6	10.76	10.83	0.23	10.72	10.83	0.23	10.62	10.83	0.23
2	10.8	10.77	10.76	0.04	10.76	10.72	0.08	10.78	10.62	0.18
3	11.1	10.87	10.77	0.33	10.93	10.76	0.34	11.07	10.78	0.32
4	10.4	10.73	10.87	0.47	10.67	10.93	0.53	10.46	11.07	0.67
5	11.2	10.87	10.73	0.47	10.93	10.67	0.53	11.13	10.46	0.74
6	12.0	11.21	10.87	1.13	11.47	10.93	1.07	11.91	11.13	0.87
7	11.8	11.39	11.21	0.59	11.64	11.47	0.33	11.81	11.91	0.11
8	11.5	11.42	11.39	0.11	11.57	11.64	0.14	11.53	11.81	0.31
9	11.9	11.56	11.42	0.48	11.74	11.57	0.33	11.86	11.53	0.37
10	12.0	11.70	11.56	0.44	11.87	11.74	0.26	11.99	11.86	0.14
11	12.2	11.85	11.70	0.50	12.03	11.87	0.33	12.18	11.99	0.21
12	10.7	11.51	11.85	1.15	11.37	12.03	1.33	10.85	12.18	1.48
13	10.4	11.18	11.51	1.11	10.89	11.37	0.97	10.45	10.85	0.45
14	11.2	11.19	11.18	0.02	11.05	10.89	0.31	11.13	10.45	0.75
合计	—	—	—	7.07	—	—	6.78	—	—	6.83

在表 11-11 中,采用一次指数平滑法对某企业的季末商品库存额进行预测。

(1) 确定平滑系数 α 值,分别为 0.3、0.5、0.9。

(2) 确定一次指数平滑的初始值 $S_0^{(1)}$。

可采取将前三期库存额实际观察值简单平均的方法,即令

$$S_0^{(1)} = \frac{x_1 + x_2 + x_3}{3} = \frac{10.6 + 10.8 + 11.1}{3} = 10.83$$

(3) 计算各期的一次指数平滑值。

在表 11-11 中，用三种 α 值计算各期的一次指数平滑值。

当 α = 0.3 时
$$S_1^{(1)} = 0.3 \times 10.6 + (1-0.3) \times 10.83 = 10.76$$
$$S_2^{(1)} = 0.3 \times 10.8 + (1-0.3) \times 10.76 = 10.77$$
$$\vdots$$
$$S_{14}^{(1)} = 0.3 \times 11.2 + (1-0.7) \times 11.18 = 11.19$$

当 α = 0.5 时
$$S_1^{(1)} = 0.5 \times 10.6 + (1-0.5) \times 10.83 = 10.72$$
$$S_2^{(1)} = 0.5 \times 10.8 + (1-0.5) \times 10.72 = 10.76$$
$$\vdots$$
$$S_{14}^{(1)} = 0.5 \times 11.2 + (1-0.5) \times 10.89 = 11.05$$

当 α = 0.9 时
$$S_1^{(1)} = 0.9 \times 10.6 + (1-0.9) \times 10.83 = 10.62$$
$$S_2^{(1)} = 0.9 \times 10.8 + (1-0.9) \times 10.62 = 10.78$$
$$\vdots$$
$$S_{14}^{(1)} = 0.9 \times 11.2 + (1-0.9) \times 10.45 = 11.13$$

(4) 计算预测误差，比较误差大小。

①计算各 α 值的预测误差。

当 α = 0.3 时
$$|e_1| = |x_1 - y_1| = |10.6 - 10.83| = 0.23$$
$$|e_2| = |x_2 - y_2| = |10.8 - 10.76| = 0.04$$
$$\vdots$$
$$|e_{14}| = |x_{14} - y_{14}| = |11.2 - 11.18| = 0.02$$

当 α = 0.5 时
$$|e_1| = |x_1 - y_1| = |10.6 - 10.83| = 0.23$$
$$|e_2| = |x_2 - y_2| = |10.8 - 10.72| = 0.08$$
$$\vdots$$
$$|e_{14}| = |x_{14} - y_{14}| = |11.2 - 10.89| = 0.31$$

当 α = 0.9 时
$$|e_1| = |x_1 - y_1| = |10.6 - 10.83| = 0.23$$
$$|e_2| = |x_2 - y_2| = |10.8 - 10.62| = 0.18$$
$$\vdots$$
$$|e_{14}| = |x_{14} - y_{14}| = |11.2 - 10.45| = 0.75$$

②比较不同 α 值时的平均绝对误差。

当 α = 0.3 时
$$MAE = \frac{\sum |e_t|}{n} = \frac{7.07}{14} = 0.505$$

当 α = 0.5 时
$$MAE = \frac{\sum |e_t|}{n} = \frac{6.78}{14} = 0.477$$

当 α = 0.9 时
$$MAE = \frac{\sum |e_t|}{n} = \frac{6.83}{14} = 0.498$$

可见，当 α = 0.5 时，预测误差最小，故选择 α = 0.5 为一次指数平滑预测模型的平滑系数，其预测模型确定为

$$y_{t+1} = S_t^{(1)} = 0.5x_t + (1-0.5) S_{t-1}^{(1)}$$

需要注意的是，因为没有试算其他的 α 值，所以不能说明 $\alpha=0.5$ 是最佳平滑系数，只能说明在 $\alpha=0.3$，0.5，0.9 这三个值中是最好的。

（5）计算预测值。

$$y_{14+1} = S_{14}^{(1)} = 0.5x_{14} + 0.5 S_{13}^{(1)} = 0.5 \times 11.2 + 0.5 \times 10.89 = 11.045（万元）$$

故企业季末商品库存额的预测值为 11.045 万元。

一次指数平滑法只能向未来预测一期市场现象的表现，这在很多情况下造成了预测的局限性，不能满足市场预测的需要。此外，一次指数平滑预测模型中的第一个平滑值和平滑系数的确定也都是根据经验确定的，尚无严格的数学理论加以证明。从前例的测算中可以看出，一次指数平滑法对无明显趋势变动的市场现象进行预测是合适的，但对于有趋势变动的市场现象则不适合。当市场现象存在明显趋势时，无论 α 值取多大，其一次指数平滑值都会滞后于实际观察值。

可见，一次指数平滑法既具有明显的优点，也存在明显的不足。预测者在选用此方法时，必须充分利用它的优点，避免其不足对预测的限制和影响。对于一次指数平滑法中存在的不足，用多次指数平滑法是可以弥补的。

二、二次指数平滑法

（一）二次指数平滑法原理

与一次移动平均法类似，用一次指数平滑法进行预测时，也存在滞后偏差问题，因此也需要进行修正。其修正方法也与一次移动平均法相类似，即在一次指数平滑法的基础上，再进行第二次指数平滑，并根据一次移动平均、二次移动平均的最后一项的指数平滑值，建立直线趋势预测模型，并用之进行预测，这种方法称为二次指数平滑预测法。

二次指数平滑值的基本公式为

$$S_t^{(2)} = \alpha S_t^{(1)} + (1-\alpha) S_{t-1}^{(2)}$$

式中　$S_t^{(2)}$——第 t 期的二次指数平滑值；

$S_t^{(1)}$——第 t 期的一次指数平滑值；

$S_{t-1}^{(2)}$——第 $t-1$ 期的二次指数平滑值；

α——平滑系数，且 $0 \leq \alpha \leq 1$。

二次指数平滑法的预测模型为

$$\hat{y}_{t+T} = a_t + b_t T$$
$$a_t = 2S_t^{(1)} - S_t^{(2)}$$
$$b_t = \frac{\alpha}{1-\alpha}(S_t^{(1)} - S_t^{(2)})$$

式中　$\hat{y}_{t+T}$——第 $t+T$ 期的预测值；

t——预测模型所处的当前期；

T——预测模型所处的当前期与预测期之间的间隔期；

a_t、b_t——预测模型的待定系数。

平滑系数及初始值的确定与一次指数平滑法的确定方法相似。

（二）二次指数平滑法应用举例

【例 11-10】 现有某种商品人均年消费量的资料，用二次指数平滑法进行预测。选用不同的 α 值对一次、二次指数平滑值进行计算，取 $S_1^{(1)} = S_1^{(2)} = 214$。资料和计算见表 11-12、表 11-13 和

表 11-14。

表 11-12 $\alpha=0.3$ 时二次指数平滑值计算表　　　　　　　　单位：吨

观察期 t	观察值 x_t	$S_t^{(1)}$	$S_t^{(2)}$	a_t	b_t	y_t	$\|e_t\|+\|x_t-y_t\|$
1	214	214.0	214.0	—	—	—	—
2	219	215.5	214.5	216.5	0.43	—	—
3	226	218.7	215.7	221.7	1.29	216.9	9.1
4	232	222.7	217.8	227.6	2.09	222.9	9.1
5	251	231.2	221.8	240.6	4.03	229.7	21.3
6	254	238.0	226.7	249.3	4.84	244.6	9.4
7	256	243.4	231.7	255.1	5.01	254.1	1.9
合计	—	—	—	—	—	—	50.8

(1) 计算一次、二次指数平滑值。

表 11-12 中的一次指数平滑值计算：

$$S_t^{(1)} = \alpha x_t + (1-\alpha) S_{t-1}^{(1)}$$

$$S_1^{(1)} = 214.0$$

$$S_2^{(1)} = 0.3 \times 219 + 0.7 \times 214.0 = 215.5$$

$$\vdots$$

$$S_7^{(1)} = 0.3 \times 256 + 0.7 \times 238.0 = 243.4$$

表 11-12 中的二次指数平滑值计算：

$$S_t^{(2)} = \alpha S_t^{(1)} + (1-\alpha) S_{t-1}^{(2)}$$

$$S_1^{(2)} = 214.0$$

$$S_2^{(2)} = 0.3 \times 215.5 + 0.7 \times 214.0 = 214.5$$

$$\vdots$$

$$S_7^{(2)} = 0.3 \times 243.4 + 0.7 \times 226.7 = 231.7$$

(2) 计算各期的 a_t、b_t 值。

$$a_t = 2S_t^{(1)} - S_t^{(2)}$$

$$a_2 = 2 \times 215.5 - 214.5 = 216.5$$

$$\vdots$$

$$a_7 = 2 \times 243.3 - 231.7 = 255.1$$

$$b_t = \frac{\alpha}{(1-\alpha)}[S_t^{(1)} - S_t^{(2)}]$$

$$b_2 = \frac{0.3}{1-0.3}(215.5 - 214.5) = 0.43$$

$$\vdots$$

$$b_7 = \frac{0.3}{1-0.3}(243.4 - 231.7) = 5.01$$

(3) 计算各期的 y_t 值。

$$y_{t+1} = a_t + b_t \times 1$$

$$y_3 = a_2 + b_2 = 216.5 + 0.43 = 216.9$$
$$y_4 = a_3 + b_3 = 221.7 + 1.29 = 222.9$$
$$\vdots$$
$$y_7 = a_6 + b_6 = 249.3 + 4.84 = 254.1$$

（4）计算各期的预测误差$|e_t|$值。

$$|e_t| = |x_t - y_t|$$
$$|e_3| = |x_3 - y_3| = |226 - 216.9| = 9.1$$
$$|e_4| = |x_4 - y_4| = |232 - 222.9| = 9.1$$
$$\vdots$$
$$|e_7| = |x_7 - y_7| = |256 - 254.1| = 1.9$$

同理，分别取$\alpha = 0.5$和$\alpha = 0.9$计算上述各值，得到表11-13和表11-14。

表11-13　$\alpha = 0.5$时二次指数平滑值计算表　　　　　　　　　　单位：吨

观察期 t	观察值 x_t	$S_t^{(1)}$	$S_t^{(2)}$	a_t	b_t	y_t	$|e_t| = |x_t - y_t|$
1	214	214.0	214.0	—	—	—	—
2	219	216.5	215.3	217.7	1.2	—	—
3	226	221.3	218.3	224.3	3.0	218.9	7.1
4	232	226.6	222.4	230.8	4.2	227.3	4.7
5	251	238.8	230.6	247.0	8.2	235.0	16.0
6	254	246.4	238.5	254.3	7.9	255.2	1.2
7	256	251.2	244.9	257.5	6.3	262.2	6.2
合计	—	—	—	—	—	—	35.2

表11-14　$\alpha = 0.9$时二次指数平滑值计算表　　　　　　　　　　单位：吨

观察期 t	观察值 x_t	$S_t^{(1)}$	$S_t^{(2)}$	a_t	b_t	y_t	$|e_t| = |x_t - y_t|$
1	214	214.0	214.0	—	—	—	—
2	219	218.5	218.1	218.9	3.6	—	—
3	226	225.3	224.6	226.0	6.3	222.5	3.5
4	232	231.3	230.6	232.0	6.3	232.3	0.3
5	251	249.0	247.2	250.8	16.2	238.3	12.7
6	254	253.5	252.9	254.1	5.4	267.0	13.0
7	256	255.8	255.5	256.1	2.7	259.5	3.5
合计	—	—	—	—	—	—	33.0

（5）比较三种情况下的预测误差。在表11-12、表11-13、表11-14中，分别采用3个不同的α值测算二次指数平滑值和预测误差，要决定最终确立预测模型时采用哪个α值，就必须对不同α值时的预测误差加以比较。

当 $\alpha = 0.3$ 时,平均绝对误差:

$$MAE = \frac{50.8}{5} = 10.16$$

当 $\alpha = 0.5$ 时,平均绝对误差:

$$MAE = \frac{35.2}{5} = 7.04$$

当 $\alpha = 0.9$ 时,平均绝对误差:

$$MAE = \frac{33}{5} = 6.6$$

可见,当 $\alpha = 0.9$ 时,预测误差最小。由此建立二次指数平滑预测模型为

$$y_{t+T} = 256.1 + 2.7\,T$$

(6) 计算预测值。利用此预测模型对今后三年该商品的人均年消费量进行预测,其预测值为

$$y_{7+1} = 256.1 + 2.7 \times 1 = 258.8$$
$$y_{7+2} = 256.1 + 2.7 \times 2 = 261.5$$
$$y_{7+3} = 256.1 + 2.7 \times 3 = 264.2$$

从以上二次指数平滑的测算过程和结果,可以得出以下结论:

(1) 二次指数平滑法可以完成一次指数平滑法不能解决的带趋势变动的市场现象的预测。二次指数平滑法是一种线性趋势方程,预测模型中的参数,又是根据一次、二次指数平滑值计算出来的。在观察期内,二次指数平滑法以变化的斜率 b_t 和变化的截距 a_t 来反映市场现象的线性变动趋势;在预测期内,则用一个不变的斜率和截距,以一条直线预测市场现象的未来表现。由此可见,二次指数平滑法既有移动平均预测法的特点,又有趋势预测法的特点。

(2) 二次指数平滑法可用于一期以上预测值的计算。一次指数平滑法只能向未来预测一期,这给预测者带来了一些不便。而二次指数平滑预测模型,很好地解决了这个问题,它可以向未来预测两期以上的市场现象值。当然,在运用二次指数平滑法做两期以上的预测时,也和运用其他趋势预测法一样,要特别注意研究市场现象在预测期内有无新的变化特点,而不能仅仅依赖预测模型。只有当市场现象在预测期与实际观察期的变化规律基本一致时,用二次指数平滑法来做两期以上的预测才是比较有把握的;如果市场现象的实际情况有变化,则不能盲目地应用预测模型做多期预测。

(3) 二次指数平滑法与一次指数平滑法一样,也具有储存数据少的优点,给预测者带来了很大方便。

(4) 运用二次指数平滑法时,特别要注意具体问题具体分析,合理使用掌握的资料。

【例 11-11】 现有几年中我国人均购买消费品支出额资料,见表 11-15。

表 11-15 我国人均年购买消费品支出额资料   单位:千元

观察期	1	2	3	4	5	6	7
观察值	433.8	453.9	465.6	486.1	514.3	621.5	734.6

从表 11-15 中的资料可以看出,此现象具有明显的上升趋势,但前几年的上升幅度显然慢于后几年。若采用二次指数平滑法做预测,用同一个 α 值,不容易使预测值与实际值之间前后都拟合得很理想。又考虑到远期的观察值对预测值影响较小,所以在实际预测中可以从第四期资料开始使用,用二次指数平滑法对该现象进行预测。

二次指数平滑法适用于对具有线性趋势的数据进行处理分析,如果数据点的分布呈非线性趋势,二次指数平滑法就不适用了,必须采用三次指数平滑法。

三、三次指数平滑法

(一) 三次指数平滑法原理

三次指数平滑法是将二次指数平滑值进行第三次指数平滑,求取三次指数的平滑值,然后建立二次曲线预测模型,并根据这三次所求取的指数平滑值求解模型的参数。

三次指数平滑值的计算公式为

$$S_t^{(3)} = \alpha S_t^{(2)} + (1-\alpha) S_{t-1}^{(3)}$$

三次指数平滑法的预测模型为

$$\hat{y}_{t+T} = a_t + b_t \cdot T + c_t \cdot T^2$$

其中,

$$a_t = 3S_t^{(1)} - 3S_t^{(2)} + S_t^{(3)}$$

$$b_t = \frac{\alpha}{2(1-\alpha)^2}[(6-5\alpha)S_t^{(1)} - 2(5-4\alpha)S_t^{(2)} + (4-3\alpha)S_t^{(3)}]$$

$$c_t = \frac{\alpha^2}{2(1-\alpha)^2}(S_t^{(1)} - 2S_t^{(2)} + S_t^{(3)})$$

式中 a_t、b_t、c_t——三次指数平滑法的3个待定系数。

(二) 三次指数平滑法应用举例

【例11-12】 试利用表11-16所列数据计算该企业各年份销售额的指数平滑值,并预测该企业2017年和2018年的销售额。取 $\alpha = 0.5$,初始值 $S_1^{(3)} = S_1^{(2)} = S_1^{(1)} = 1\,997$。

表11-16 某企业销售额资料统计表　　　　　　　　　　单位:万元

年份	2005	2006	2007	2008	2009	2010	2011	2012	2013	2014	2015	2016
销售额	1 997	2 273	2 814	2 445	4 596	4 636	6 780	5 792	7 843	9 505	12 828	15 000

(1) 选择指数平滑的次数。以销售额为纵轴,时间为横轴画出销售额随时间的变化曲线,观察曲线的变化趋势,判断其是否存在曲率。若该曲线呈水平波动趋势,可用一次指数平滑法预测;若呈现线性趋势,可用二次指数平滑法预测;若有曲率,是非线性的,则选用三次指数平滑法预测。本例数据的曲线有曲率,是非线性的,故选用三次指数平滑法。

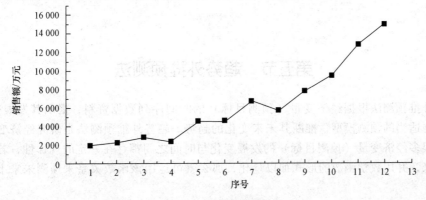

图11-2 销售额资料散点图

(2) 求指数平滑值，见表11-17。

表11-17　某企业销售额及一、二、三次指数平滑值计算表　　　单位：万元

年份	序号	x_t	$S_t^{(1)}$	$S_t^{(2)}$	$S_t^{(3)}$
2005	1	1 997	1 997.0	1 997.0	1 997.0
2006	2	2 273	2 135.0	2 066.0	2 031.5
2007	3	2 814	2 474.5	2 270.3	2 151.0
2008	4	2 445	2 459.8	2 365.0	2 258.0
2009	5	4 596	3 528.0	2 946.5	2 602.0
2010	6	4 636	4 082.0	3 514.3	3 058.3
2011	7	6 780	5 431.0	4 472.6	3 765.4
2012	8	5 792	5 611.5	5 642.0	4 403.7
2013	9	7 843	6 727.3	5 884.7	5 144.7
2014	10	9 505	8 116.1	7 694.8	6 419.5
2015	11	12 828	10 472.1	9 083.5	7 751.5
2016	12	15 000	12 736.0	10 909.7	9 330.6

(3) 求待定系数。

$$a_t = 3 \times 12\ 736 - 3 \times 10\ 909.7 + 9\ 930.6 = 15\ 409.5$$

$$b_t = \frac{0.5}{2(1-0.5)^2}[(6-5 \times 0.5) \times 12\ 736 - 2(5-4 \times 0.5)$$
$$\times 10\ 909.7 + (4-3 \times 0.5) \times 9\ 330.6] = 2\ 444.3$$

$$c_t = \frac{0.5^2}{2(1-0.5)^2}[12\ 736 - 2 \times 10\ 909.7 + 9\ 330.6] = 123.6$$

(4) 建立预测模型进行预测。将 a_t、b_t、c_t 代入预测公式得

$$y_{t+T} = 15\ 409.5 + 2\ 444.3T + 123.6T^2$$

则

$$Y_{2017} = 15\ 409.5 + 2\ 444.3 \times 1 + 123.6 \times 1^2 = 17\ 977.4\ (万元)$$
$$Y_{2018} = 15\ 409.5 + 2\ 444.3 \times 2 + 123.6 \times 2^2 = 20\ 792.5\ (万元)$$

三次指数平滑法几乎适用于所有的时间序列分析的应用问题。

第五节　趋势外推预测法

趋势外推预测法根据经济变量（预测目标）的时间序列数据资料，揭示其发展变化规律，并通过建立适当的预测模型，推断其未来变化的趋势。趋势外推预测法是研究经济变量与时间的关系。很多经济变量（预测目标）的发展变化与时间之间都存在一定的规律性，若能将其规律性找出来，并用数学函数的形式加以量化，那么就可运用该函数关系来预测未来市场的变化趋势。

运用趋势外推预测法有两个假设前提条件：一是决定过去预测目标发展的各种因素，在很

大程度上仍将决定其未来的发展;二是预测目标发展过程是渐进性的,而不是突变性的。满足上述假设前提条件的常见的趋势变化类型有直线、指数曲线、二次曲线、三次曲线等。本节主要介绍直线趋势外推法、指数趋势曲线法及曲线趋势外推法三种。

一、直线趋势外推法

直线趋势外推法是一种最简单的直线外推的方法。它适用于时间序列观察值数据呈直线上升或下降的情况,此时该经济变量的长期趋势就可用一直线来描述,并通过该直线趋势的向外延伸,估计其预测值。直线趋势外推法的关键是为已知的时间序列找到一条最佳的反映长期线性发展规律的拟合直线。

直线趋势外推法可分为直观法和拟合直线方程法两种。

(一) 直观法

直观法又称目测手画法,它是将时间序列观察值数据按时间先后在平面坐标图上一一标出,以横轴表示时间,纵轴表示某预测变量所描出的散点图,并根据散点走向,用目测徒手画出一条拟合程度最佳的直线,然后沿直线向外延伸,即可进行预测。

根据散点图,用目测徒手画出的拟合直线会因人而异,这就会形成若干条斜率不同的直线,用这些直线自然延伸所得的预测值也不一样。因此,随手画出的拟合直线是否是最佳的拟合直线,会直接影响预测精度。但直观法简便易行,不需要建立数学模型,也不需要进行复杂计算的优点也是很明显的,所以在市场预测中被广泛采用,并收到良好效果。

【例 11-13】某家用电器厂 2006—2016 年的利润额见表 11-18,试用直观法预测 2017 年和 2018 年的利润额。

表 11-18　某家用电器厂 2006—2016 年利润额　　　　　　　单位:万元

年份	2006	2007	2008	2009	2010	2011	2012	2013	2014	2015	2016
利润额	200	300	350	400	500	630	700	750	850	950	1 020

根据表 11-18 数据,横轴 x 表示年份,纵轴 y 表示利润额,绘制散点图并描出目测的拟合直线 AB,如图 11-3 所示。然后,过 2017 年、2018 年两点作垂线交 AB 线于 C、D 点,那么 C 点即为 2017 年预测值;D 点即为 2018 年的预测值。即

$$\hat{y}_{2017} = 1\,120\,(万元)$$

$$\hat{y}_{2018} = 1\,200\,(万元)$$

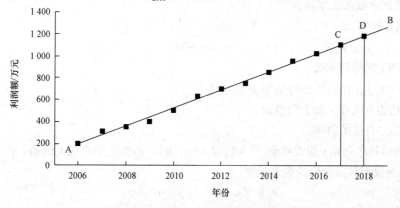

图 11-3　直观绘制拟合直线图

（二）拟合直线方程法

拟合直线方程法是根据时间序列数据的长期变动趋势，运用数理统计分析方法，确定待定参数，建立直线预测模型，并用其进行预测的一种定量预测分析方法。

1. 拟合直线方程法的原理

拟合直线方程法的原理是数学中的最小二乘法原理，它依据时间序列数据拟合一条直线形态的趋势线，使该直线上的预测值与实际观察值之间的离差平方和为最小。

假设，n 个时间序列观察值 (x_1, y_1)，(x_2, y_2)，…，(x_n, y_n) 在平面坐标上位置如图 11-4 所示。

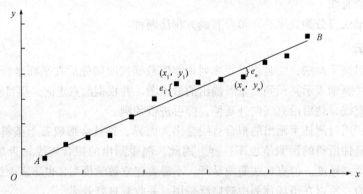

图 11-4 拟合直线方程法原理图

待求的拟合直线 AB，它使 n 个观察值对该直线的离差分别为 e_1，e_2，…，e_n。其中在直线 AB 上方一侧的离差为正离差，下方一侧的离差为负离差。如果简单地以离差代数和 $\sum_{i=1}^{n} e_i$ 的大小来反映该直线是否是最佳拟合直线，则可能出现正、负离差的相互抵消使离差代数和变小，甚至出现完全相抵消的情况，即 $\sum_{i=1}^{n} e_i \to 0$，这时的拟合直线并非无偏差估计。因此，为了避免正、负离差的相互抵消，应采用离差平方和 $\sum_{i=1}^{n} e_i^2$ 的大小来反映拟合直线的拟合效果。最小二乘法就是利用数学上微分求极值的原理，将离差平方和趋于最小时的拟合直线作为最佳的一条预测直线方程，从而提高预测精度。

2. 拟合直线方程法数学模型

拟合直线方程为

$$\hat{y}_t = a + bx$$

式中 $\hat{y}_t$——第 t 期的预测值；

  x——自变量，在直线趋势法中表示时间；

  a——趋势直线在 y 轴上的截距；

  b——趋势直线的斜率。

假设 y_i 为时间序列第 i 期观察值（$i = 1, 2, …, n$），$\hat{y}_i$ 为趋势直线上的第 i 期预测值，e_i 为第 i 个实际观察值与其预测值的离差。则

$$e_i = (y_i - \hat{y}_i) = y_i - a - bx_i$$

假设 Q 为总离差平方和，则

$$Q = \sum_{i=1}^{n} e_i^2 = \sum_{i=1}^{n} (y_i - \hat{y}_i)^2 = \sum_{i=1}^{n} (y_i - a - bx_i)^2$$

为使 Q 为最小值，可分别对 a、b 求偏导数，并令其为零。即

$$\frac{\partial Q}{\partial a} = \frac{\partial}{\partial a} \sum_{i=1}^{n} (y_i - a - bx_i)^2 = -2 \sum_{i=1}^{n} (y_i - a - bx_i) = 0$$

$$\frac{\partial Q}{\partial b} = \frac{\partial}{\partial b} \sum_{i=1}^{n} (y_i - a - bx_i)^2 = -2 \sum_{i=1}^{n} (y_i - a - bx_i) x_i = 0$$

整理后得标准方程组为

$$\begin{cases} \sum_{i=1}^{n} y_i = na + b \sum_{i=1}^{n} x_i \\ \sum_{i=1}^{n} x_i y_i = a \sum_{i=1}^{n} x_i + b \sum_{i=1}^{n} x_i^2 \end{cases}$$

求解标准方程组，得

$$\begin{cases} b = \dfrac{n \sum_{i=1}^{n} x_i y_i - \sum_{i=1}^{n} x_i \sum_{i=1}^{n} y_i}{n \sum_{i=1}^{n} x_i^2 - (\sum_{i=1}^{n} x_i)^2} \\ a = \bar{y} - b\bar{x} \end{cases}$$

在直线趋势外推法中，自变量 x 代表时间序列的时间编号。从直线趋势外推法的原理来讲，自变量 x 有多种编号方法，如可从 0 开始顺序编号，也可从 1 开始顺序编号，还可从任意一个自然数开始顺序编号。但当时间序列的数据数（n）为奇数时，取中间一期（$\frac{n+1}{2}$）的编号为 0，那么 x 的编号就构成了以 0 为中心的正、负数对称的顺序编号。如 $n = 9$ 年，$\frac{9+1}{2} = 5$，那么就可以编成 -4，-3，-2，-1，0，$+1$，$+2$，$+3$，$+4$。而当时间序列的数据数（n）为偶数时，取中间两期（$\frac{n}{2}+1$）、（$\frac{n}{2}$）的编号分别为 ± 1，其他期的编号分别为 ± 3，± 5，$\cdots$，（这是时间序列数据连续性的要求）。如 $n = 10$ 年，则各期的编号为：-9，-7，-5，-3，-1，$+1$，$+3$，$+5$，$+7$，$+9$。使每期之间的间隔为 2，这样就保证了数据的连续性变化。这种选取自变量编号的方法，在理论上是可行的，实际上又由于 $\sum x = 0$，从而达到了简化计算的目的。这时有

$$a = \frac{\sum_{i=1}^{n} y_i}{n} = \bar{y}$$

$$b = \frac{\sum_{i=1}^{n} x_i y_i}{\sum_{i=1}^{n} x_i^2}$$

3. 拟合直线方程预测法应用举例

【例 11-14】 某家用电器厂 2006—2016 年的利润额见表 11-19，试用拟合直线方程法预测 2017 年和 2018 年的利润额。

表 11-19　某家用电器厂 2006—2016 年利润额　　　　　　　　　单位：万元

年份	2006	2007	2008	2009	2010	2011	2012	2013	2014	2015	2016
利润额	200	300	350	400	500	630	700	750	850	950	1 020

（1）绘制时间序列数据的散点图。如图 11-5 所示，观察各散点的变化趋势，判断出可用直线方程法来拟合。

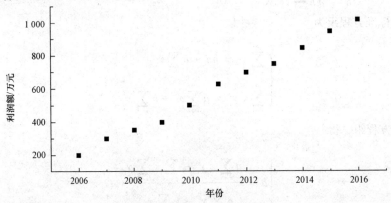

图 11-5　观察期时间序列散点图

（2）列表计算求待定系数所需要的数据资料（表 11-20、表 11-21）。

表 11-20　某家用电器厂 2006—2016 年利润额及拟合直线方程法计算表（1）
　　　　　　　　　　　　　　　　　　　　　　　　　　　　　　　　单位：万元

年份	利润额 y	x	x^2	xy	$\hat{y}$
2006	200	−5	25	−1 000	191.0
2007	300	−4	16	−1 200	273.7
2008	350	−3	9	−1 050	356.4
2009	400	−2	4	−800	439.1
2010	500	−1	1	−500	521.8
2011	630	0	0	0	604.5
2012	700	1	1	700	687.2
2013	750	2	4	1 500	769.9
2014	850	3	9	2 550	852.6
2015	950	4	16	3 800	935.3
2016	1 020	5	25	5 100	1 018.0
∑	6 650	0	110	9 100	—

表 11-20 是以 $\sum x = 0$ 来进行自变量 x 的编号，因此求得

$$\sum y = 6\,650, \sum x^2 = 110, \sum xy = 9\,100$$

表 11-21 是以 0，1，2，…，10 来进行自变量 x 的编号，并求得

$$\sum x = 55, \sum y = 6\,650, \sum x^2 = 385, \sum xy = 42\,350$$

表 11-21　某家用电器厂 2006—2016 年利润及拟合直线方程法计算表（2）单位：万元

年份	利润额 y	x	x^2	xy	$\hat{y}$
2006	200	0	0	0	191.0
2007	300	1	1	300	273.7
2008	350	2	4	700	356.4
2009	400	3	9	1 200	439.1
2010	500	4	16	2 000	521.8
2011	630	5	25	3 150	604.5
2012	700	6	36	4 200	687.2
2013	750	7	49	5 250	769.9
2014	850	8	64	6 800	852.6
2015	950	9	81	8 550	935.3
2016	1 020	10	100	10 200	1 018.0
$\sum$	6 650	55	385	42 350	—

（3）确定待定系数，建立预测模型。按表 11-20 给出的 x 编号方法，有

$$a = \frac{\sum y}{n} = \frac{6\ 650}{11} = 604.5$$

$$b = \frac{\sum xy}{\sum x^2} = \frac{9\ 100}{110} = 82.7$$

所以，直线方程为

$$\hat{y} = 604.5 + 82.7x \tag{11-6}$$

按表 11-21 给出的 x 编号方法，有

$$b = \frac{n\sum xy - \sum x \cdot \sum y}{n\sum x^2 - (\sum x)^2} = \frac{11 \times 42\ 350 - 55 \times 6\ 650}{11 \times 385 - 55^2} = 82.7$$

$$a = \frac{1}{n}(\sum y - b\sum x) = \frac{1}{11} \times (6\ 650 - 82.7 \times 55) = 191.0$$

所以，直线方程为

$$\hat{y} = 191.0 + 82.7x \tag{11-7}$$

（4）用拟合直线方程求预测值。按式（11-6）进行预测：

$$\hat{y}_{2017} = 604.5 + 82.7 \times 6 = 1\ 100.7\ （万元）$$

$$\hat{y}_{2018} = 604.5 + 82.7 \times 7 = 1\ 183.4\ （万元）$$

按式（11-7）进行预测

$$\hat{y}_{2017} = 191 + 82.7 \times 11 = 1\ 100.7\ （万元）$$

$$\hat{y}_{2018} = 191 + 82.7 \times 12 = 1\ 183.4\ （万元）$$

可见，由于两种时间序列编号不同，即 $x=0$ 的原点不同，所以两个直线方程式的截距不同，但斜率相同，两个拟合直线方程所求得的预测结果完全一样。

4. 拟合直线方程法特点

（1）直线趋势外推法只适用时间序列数据呈直线趋势的上升（或下降）变化。

（2）直线趋势外推法对时间序列数据，无论其远近如何都一律同等看待。

（3）用最小二乘法原理拟合的直线方程消除了不规则因子的影响，使趋势值（内插值与外推值）都落在拟合直线上，从而消除了不规则变动。

二、指数趋势曲线法

（一）指数趋势曲线法原理

指数趋势曲线法是指时间序列观察值的长期趋势呈指数曲线变化时，运用观察值的对数与最小二乘法原理求得预测模型的方法。指数趋势曲线法用于时间序列数据按指数曲线规律增减变化的场合。其数学模型为

$$y = ab^x \tag{11-8}$$

对式（11-8）两边取对数，有

$$\lg y = \lg a + x \lg b \tag{11-9}$$

令 $\lg y = y'$，$\lg a = a'$，$\lg b = b'$，有

$$y' = a' + b'x$$

运用前面学过的拟合直线方程，可求得

$$\lg a = \frac{\sum \lg y}{n} \tag{11-10}$$

$$\lg b = \frac{\sum x \cdot \lg y}{\sum x^2} \tag{11-11}$$

（二）指数趋势曲线法应用举例

【例 11-15】某公司 2004—2016 年商品销售额见表 11-22，试预测 2017 年的销售额。

表 11-22　某公司 2004—2016 年历年销售额统计表　　　　单位：万元

年份	2004	2005	2006	2007	2008	2009	2010	2011	2012	2013	2014	2015	2016
销售额	18	72	90	210	270	390	570	900	1 500	2 310	4 050	4 800	5 400

（1）描绘时间序列数据散点图。如图 11-6 所示，观察可知其变化趋势呈指数曲线规律变化。

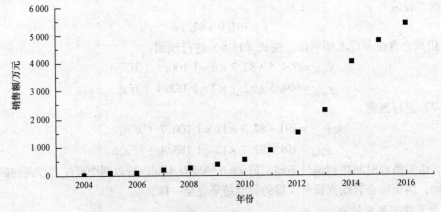

图 11-6　某公司 2004—2016 年商品销售额数据散点图

(2) 列表计算求解待定参数所需的数据。本例 $n=13$，所以 x 的编号为 -6，-5，-4，-3，-2，-1，0，1，2，3，4，5，6。根据拟合直线方程式（11-9），及其待定参数计算公式（11-10）和式（11-11），列表计算 $\sum \lg y$，$\sum x \cdot \lg y$，$\sum x^2$，并将计算结果填入表 11-23 中。

表 11-23　某公司 2004—2016 年销售额及其对数计算表　　　　单位：万元

观察期	销售额 y	x	x^2	$\lg y$	$x \cdot \lg y$	$\hat{y}$
2004	18	-6	36	1.255 3	-7.531 6	37.31
2005	72	-5	25	1.857 3	-9.286 7	58.52
2006	90	-4	16	1.954 2	-7.817 0	91.79
2007	210	-3	9	2.322 2	-6.966 7	143.98
2008	270	-2	4	2.431 4	-4.862 7	225.84
2009	390	-1	1	2.591 1	-2.591 1	354.24
2010	570	0	0	2.755 9	0	555.65
2011	900	1	1	2.954 2	2.954 2	871.57
2012	1 500	2	4	3.176 1	6.352 2	1 367.10
2013	2 310	3	9	3.363 6	10.090 8	2 144.37
2014	4 050	4	16	3.607 5	14.429 8	3 363.57
2015	4 800	5	25	3.681 2	18.406 8	5 275.94
2016	5 400	6	36	3.732 4	22.394 4	8 275.61
$\sum$	20 580	0	182	35.682 4	35.572 4	

(3) 建立预测模型，计算预测值。

$$\lg a = \frac{\sum \lg y}{n} = \frac{35.682\ 4}{13} = 2.744\ 8$$

$$\lg b = \frac{\sum x \cdot \lg y}{\sum x^2} = \frac{35.572\ 4}{182} = 0.195\ 5$$

所以预测模型为

$$\lg \hat{y} = \lg a + x \lg b = 2.744\ 8 + 0.195\ 5 x$$

$$\lg \hat{y}_{2017} = 2.744\ 8 + 0.195\ 5 \times 7 = 4.112\ 9$$

查反对数表有

$$\hat{y}_{2017} = 12\ 980.76 \text{（万元）}$$

即 2017 年销售额预测值为 12 980.76 万元。

三、曲线趋势外推法

在很多情况下，市场的供求关系受众多因素的影响，其变动趋势并非总是一条简单的直线方程，往往会呈现不同形态的曲线变动趋势。曲线趋势外推预测法是指根据时间序列数据资料的散点图的走向趋势，选择恰当的曲线方程，利用最小二乘法确定曲线方程的待定参数，建立曲线预测模型，并用它进行预测的方法。

假设曲线趋势外推预测模型为

$$\hat{y}_t = a + bx + cx^2 + dx^3 + ex^4 + \cdots$$

式中 $\hat{y}_t$——第 t 期某市场变量的预测值；

x——时间变量（自变量）。

(1) 当 $c = d = e = \cdots = 0$ 时，$\hat{y}_t = a + bx$，即为线性趋势外推预测模型；

(2) 当 $d = e = \cdots = 0$ 时，$\hat{y}_t = a + bx + cx^2$，即为二次曲线趋势外推预测模型；

(3) 当 $e = \cdots = 0$ 时，$\hat{y}_t = a + bx + cx^2 + dx^3$，即为三次曲线趋势外推预测模型。

对于第（1）种线性趋势外推预测模型，已在前面做过详细分析，这里仅研究第（2）种二次曲线趋势外推预测模型和第（3）种三次曲线趋势外推预测模型。

（一）二次曲线趋势外推法

二次曲线趋势外推法是研究时间序列观察值数据随时间变动呈现一种由高到低再升高（或由低到高再降低）的趋势变化的曲线外推预测方法。由于时间序列观察值的散点图呈抛物线形状，二次曲线趋势外推法也被称为二次抛物线预测模型。

1. 二次曲线趋势外推法预测模型

二次曲线趋势外推法预测模型为

$$\hat{y}_t = a + bx + cx^2$$

式中 a、b、c——待定参数。

(1) 当 $a > 0$，$b > 0$，$c > 0$ 时，二次曲线开口向上，有最低点，曲线呈正增长趋势；

(2) 当 $a > 0$，$b < 0$，$c > 0$ 时，二次曲线开口向上，有最低点，曲线呈负增长趋势；

(3) 当 $a > 0$，$b > 0$，$c < 0$ 时，二次曲线开口向下，有最高点，曲线呈正增长趋势；

(4) 当 $a > 0$，$b < 0$，$c < 0$ 时，二次曲线开口向下，有最高点，曲线呈负增长趋势。

用最小二乘法确定待定参数 a、b、c：

$$e_i = y_i - \hat{y}_i = y_i - a - bx_i - cx_i^2$$

$$Q = \sum_{i=1}^{n} e_i^2 = \sum_{i=1}^{n} (y_i - a - bx_i - cx_i^2)^2 \tag{11-12}$$

式中 y_i——第 i 期的时间序列观察值；

$\hat{y}_i$——第 i 期的预测值，$i = 1, 2, \cdots, n$；

e_i——第 i 期的离差；

Q——离差平方和。

利用高等数学的求极值原理，对式（11-12）分别求 $\dfrac{\partial Q}{\partial a}$、$\dfrac{\partial Q}{\partial b}$、$\dfrac{\partial Q}{\partial c}$，并令其等于零，则

$$\frac{\partial Q}{\partial a} = \frac{\partial}{\partial a} \sum_{i=1}^{n} (y_i - a - bx_i - cx_i^2)^2 = -2 \sum_{i=1}^{n} (y_i - a - bx_i - cx_i^2) = 0$$

即

$$\sum_{i=1}^{n} y_i = na + b \sum_{i=1}^{n} x_i + c \sum_{i=1}^{n} x_i^2 \tag{11-13}$$

$$\frac{\partial Q}{\partial b} = \frac{\partial}{\partial b} \sum_{i=1}^{n} (y_i - a - bx_i - cx_i^2)^2 = -2 \sum_{i=1}^{n} (y_i - a - bx_i - cx_i^2) x_i = 0$$

即
$$\sum_{i=1}^{n} x_i y_i = a \sum_{i=1}^{n} x_i + b \sum_{i=1}^{n} x_i^2 + c \sum_{i=1}^{n} x_i^3 \tag{11-14}$$

$$\frac{\partial Q}{\partial c} = \frac{\partial}{\partial c} \sum_{i=1}^{n} (y_i - a - bx_i - cx_i^2)^2 = -2 \sum_{i=1}^{n} (y_i - a - bx_i - cx_i^2) x_i^2 = 0$$

即
$$\sum_{i=1}^{n} x_i^2 y_i = a \sum_{i=1}^{n} x_i^2 + b \sum_{i=1}^{n} x_i^3 + c \sum_{i=1}^{n} x_i^4 \tag{11-15}$$

将式（11-13）、式（11-14）和式（11-15）联立成方程组，得

$$\begin{cases} \sum_{i=1}^{n} y_i = na + b \sum_{i=1}^{n} x_i + c \sum_{i=1}^{n} x_i^2 \\ \sum_{i=1}^{n} x_i y_i = a \sum_{i=1}^{n} x_i + b \sum_{i=1}^{n} x_i^2 + c \sum_{i=1}^{n} x_i^3 \\ \sum_{i=1}^{n} x_i^2 y_i = a \sum_{i=1}^{n} x_i^2 + b \sum_{i=1}^{n} x_i^3 + c \sum_{i=1}^{n} x_i^4 \end{cases} \tag{11-16}$$

将市场现象实际观察值 y 和观察期序列号 x 等有关数据代入联立方程组求解，即可求得 a、b、c 三个参数值。由于 x 是表示时间序列观察期自变量的编号，如同拟合直线方程法一样，可适当选取时间编号，使 $\sum x = 0$，则可使计算过程得以简化。为此，将时间序列中间项设为时间原点，则有 $\sum x = 0$，$\sum x^3 = 0$，$\sum x^5 = 0$，…，式（11-16）可简化为

$$\begin{cases} \sum_{i=1}^{n} y_i = na + c \sum_{i=1}^{n} x_i^2 \\ \sum_{i=1}^{n} x_i y_i = b \sum_{i=1}^{n} x_i^2 \\ \sum_{i=1}^{n} x_i^2 y_i = a \sum_{i=1}^{n} x_i^2 + c \sum_{i=1}^{n} x_i^4 \end{cases}$$

解得

$$a = \frac{\sum x^4 \cdot \sum y - \sum x^2 \cdot \sum x^2 y}{n \sum x^4 - (\sum x^2)^2} \tag{11-17}$$

$$b = \frac{\sum xy}{\sum x^2} \tag{11-18}$$

$$c = \frac{n \sum x^2 y - \sum x^2 \cdot \sum y}{n \sum x^4 - (\sum x^2)^2} \tag{11-19}$$

2. 二次曲线外推法应用举例

【例 11-16】某公司 2008—2016 年的商品销售收入见表 11-24，试预测该公司 2017 年的销售收入。

表 11-24　某公司 2008—2016 年商品销售收入　　　　　　　　　　　　单位：万元

年份	2008	2009	2010	2011	2012	2013	2014	2015	2016
销售收入 y	545	641	764	923	1 107	1 322	1 568	1 836	2 140

（1）绘制散点图。将 2008—2016 年商品销售收入描绘在图 11-7 中，并观察其变化趋势。

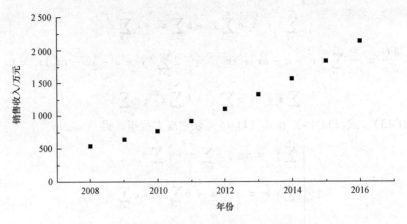

图 11-7 观察值二次曲线散点图

（2）根据观察值的散点图的变化趋势确定其属于二次曲线变化后，列表计算二次曲线待定参数所需的数据。计算结果见表 11-25。

表 11-25 某公司 2008—2016 年商品销售收入及有关数据计算　　单位：万元

年份	x	销售量 y	x^2	x^4	xy	$x^2 y$	$\hat{y}$	$(y-\hat{y})$
2008	-4	545	16	256	-2 180	8 720	543.89	1.23
2009	-3	641	9	81	-1 923	5 769	640.73	0.07
2010	-2	764	4	16	-1 528	3 056	766.91	8.47
2011	-1	923	1	1	-923	923	922.43	0.32
2012	0	1 107	0	0	0	0	1 107.29	0.08
2013	1	1 322	1	1	1 322	1 322	1 321.49	0.26
2014	2	1 568	4	16	3 136	6 272	1 565.03	8.82
2015	3	1 836	9	81	5 508	16 524	1 837.91	3.65
2016	4	2 140	16	256	8 560	34 240	2 140.13	0.02
∑	0	10 846	60	708	11 972	76 826	—	22.92

（3）计算待定参数，建立预测模型。利用表 11-25 中的数据，代入式（11-17）、式（11-18）、式（11-19），有

$$a = \frac{\sum x^4 \cdot \sum y - \sum x^2 \cdot \sum x^2 y}{n \sum x^4 - (\sum x^2)^2} = \frac{708 \times 10\,846 - 60 \times 76\,826}{9 \times 708 - 60^2} = 1\,107.29$$

$$b = \frac{\sum xy}{\sum x^2} = \frac{11\,972}{60} = 199.53$$

$$c = \frac{n \sum x^2 y - \sum x^2 \cdot \sum y}{n \sum x^4 - (\sum x^2)^2} = \frac{9 \times 76\,826 - 60 \times 10\,846}{9 \times 708 - 60^2} = 14.67$$

所以，二次曲线趋势外推预测模型为

$$\hat{y}_t = 1\,107.29 + 199.53x + 14.67x^2 \tag{11-20}$$

(4) 计算点估计值与区间估计。当 $x=5$ 时，代入式（11-20），有
$$\hat{y}_{2017} = 1\,107.29 + 199.53x + 14.67x^2 = 1\,107.29 + 199.53 \times 5 + 14.67 \times 5^2 = 2\,471.89$$

如果将 $x = -4,\ -3,\ -2,\ -1,\ 0,\ 1,\ 2,\ 3,\ 4$ 分别代入式（11-20），可求得二次曲线预测模型的内插值 $\hat{y}$，并计算标准误差：

$$S_e = \sqrt{\frac{\sum(y-\hat{y})^2}{n-m-1}} = \sqrt{\frac{22.92}{9-2-1}} = 1.95$$

当取显著水平 $\alpha = 0.05$、自由度 $n-m-1 = 9-2-1 = 6$ 时，查 t 分布表得临界值

$$t_{(0.025,6)} = 2.447$$

区间估计为

$$\hat{y}_{2017} \pm t_{(\frac{\alpha}{2},n-m-1)} \cdot S_e \cdot \sqrt{1+\frac{1}{n}}$$

$$= 2\,471.89 \pm 2.447 \times 1.95 \times \sqrt{1+\frac{1}{9}}$$

$$= 2\,471.89 \pm 5.03$$

即预测区间估计为 2 466.86 万 ~ 2 476.92 万元。

二次曲线趋势外推法适用于时间序列数据呈抛物线形状上升或下降，且曲线仅有一个极点（极大值或极小值）的情况下使用。

（二）三次曲线趋势外推法

1. 三次曲线趋势外推法预测模型

三次曲线趋势外推法是指时间序列观察期资料的趋势变化中，呈现由低到高后再下降又上升的趋势变化曲线，即具有三次曲线状态时所运用的预测方法。

三次曲线趋势外推预测模型为

$$\hat{y}_t = a + bx + cx^2 + dx^3 \tag{11-21}$$

同二次曲线趋势外推法一样，三次曲线趋势外推法预测模型待定参数 a、b、c、d 的确定也是运用最小二乘法原理，使离差平方和 Q 取得最小值，再用高等数学的求极值原理，令 $\frac{\partial Q}{\partial a}$、$\frac{\partial Q}{\partial b}$、$\frac{\partial Q}{\partial c}$、$\frac{\partial Q}{\partial d}$ 分别等于零，可得三次曲线预测模型参数估计标准联立方程组。

当时间序列自变量 x 的编号采用 $1, 2, \cdots, n$ 时，

$$\begin{cases} \sum y = na + b\sum x + c\sum x^2 + d\sum x^3 \\ \sum xy = a\sum x + b\sum x^2 + c\sum x^3 + d\sum x^4 \\ \sum x^2 y = a\sum x^2 + b\sum x^3 + c\sum x^4 + d\sum x^5 \\ \sum x^3 y = a\sum x^3 + b\sum x^4 + c\sum x^5 + d\sum x^6 \end{cases}$$

当时间序列自变量 x 的编号采用 $\cdots, -3, -1, 0, 1, 2, 3, \cdots$ 时，$\sum x = 0$，$\sum x^3 = 0$，$\sum x^5 = 0$，则有

$$\begin{cases} \sum y = na + c\sum x^2 \\ \sum xy = b\sum x^2 + d\sum x^4 \\ \sum x^2 y = a\sum x^2 + c\sum x^4 \\ \sum x^3 y = b\sum x^4 + d\sum x^6 \end{cases} \tag{11-22}$$

根据时间序列观察期数据资料，列表分别计算 $\sum x^2$，$\sum x^4$，$\sum x^6$，$\sum y$，$\sum xy$，$\sum x^2 y$，$\sum x^3 y$，并将计算结果代入式（11-22），即可求解待定参数 a、b、c、d，再代入式（11-21）就可确定三次曲线法预测模型。

2. 三次曲线趋势外推法应用举例

【例 11-17】某公司 2004—2016 年商品销售额见表 11-26，试预测 2017 年的销售额。

表 11-26　销售额资料及三次曲线预测趋势法有关数据计算表　　　　单位：万元

年份	x	销售额 y	x^2	x^3	x^4	x^6	xy	$x^2 y$	$x^3 y$	$\hat{y}$	$(y-\hat{y})^2$
2004	-6	150	36	-216	1 296	46 656	-900	5 400	-32 400	133.81	262.18
2005	-5	165	25	-125	625	15 625	-825	4 125	-20 625	175.38	107.24
2006	-4	180	16	-64	256	4 096	-720	2 880	-11 520	202.44	503.55
2007	-3	210	9	-27	81	729	-630	1 890	-5 670	217.43	55.80
2008	-2	225	4	-8	16	64	-450	900	-1 800	222.95	4.22
2009	-1	240	1	-1	1	1	-240	240	-240	221.37	347.08
2010	0	240	0	0	0	0	0	0	0	215.25	612.79
2011	1	210	1	1	1	1	210	210	210	207.05	8.73
2012	2	195	4	8	16	64	390	780	1 560	199.28	18.28
2013	3	165	9	27	81	729	495	1 484	4 455	194.42	865.24
2014	4	195	16	64	256	4 096	780	3 120	12 480	194.96	0.002
2015	5	210	25	125	625	15 625	1 050	5 250	26 250	203.4	43.56
2016	6	225	36	216	1 296	46 656	1 350	8 100	48 600	222.24	7.62
Σ	0	2 610	182	0	4 550	134 342	510	34 380	21 300	2 609.98	2 836.29

（1）绘制散点图。将时间序列观察期资料绘在坐标图上，观察其发展趋势是否具有三次曲线变化规律，如图 11-8 所示。

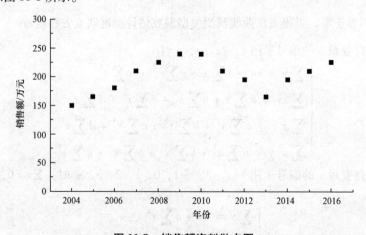

图 11-8　销售额资料散点图

（2）列表计算求解待定参数有关的数据资料，见表 11-26。
（3）利用式（11-22）联立方程组求解待定参数。

$$\begin{cases} 2\,610 = 13a + 182c \\ 510 = 182b + 4\,550d \\ 34\,380 = 182a + 4\,550c \\ 21\,300 = 4\,550b + 134\,342d \end{cases}$$

解得

$$\begin{cases} a = 215.873\,8 \\ b = -7.578 \\ c = -1.078\,921 \\ d = 0.415\,2 \end{cases}$$

所以，三次曲线趋势外推预测模型为

$$\hat{y}_t = 215.873\,8 - 7.578x - 1.078\,921x^2 + 0.415\,2x^3$$

所以，2017 年商品销售额预测值为

$$\hat{y}_{2017} = 215.873\,8 - 7.578 \times 7 - 1.078\,921 \times 7^2 + 0.415\,2 \times 7^3 = 252.38 （万元）$$

计算标准误差

$$S_e = \sqrt{\frac{\sum(y - \hat{y})^2}{n - m - 1}} = \sqrt{\frac{2\,836.29}{13 - 3 - 1}} = 17.752\,3$$

当 $\alpha = 0.05$，自由度 $n - m - 1 = 9$ 时，查 t 分布表得临界值

$$t_{(0.025,9)} = 2.262$$

则 2017 年商品销售额的区间估计为

$$\hat{y}_{2017} \pm t_{(\frac{\alpha}{2}, n-m-1)} \cdot S_e \sqrt{1 + \frac{1}{n}} = 252.38 \pm 2.262 \times 17.752\,3 \times \sqrt{1 + \frac{1}{13}} = 252.38 \pm 41.69$$

所以，预测区间估计值为 210.69 万 ~ 294.07 万元。

第六节　季节变动预测法

一、季节变动与季节变动模型

季节变动是市场现象时间序列较普遍存在的一种变动规律。季节变动是指某些市场现象的时间序列，由于受自然气候、生产条件、生活习惯等因素的影响，在若干年中每一年随季节的变化都呈现出的周期性变动。例如，某些商品的生产，如水果、蔬菜等鲜活商品，受自然气候变化影响，形成该类商品的市场供应量的季节性变动；某些商品的销售，如 T 恤衫、毛衣、羽绒服等，受自然气候变化的影响，形成该类商品需求量的季节性变动；某些商品的需求量，如节日商品、礼品性商品等，受传统民间节日的影响，其销售量呈现明显的季节变动。与此同时，市场的商品价格受供求关系的影响也常会呈现季节性变动。对这些市场现象中客观存在的季节变动进行分析研究，可以掌握其季节变动规律，并根据市场现象过去的季节变动规律，对其预测期内的季节变动值做出预测。

市场现象时间序列的季节变动一般表现得比较复杂，多数情况下并非表现为单纯的季节变动。有些市场现象时间序列表现为以季节变动为主，同时含有不规则变动因素；有些市场现象时间序列则表现为季节变动、长期趋势变动和不规则变动混合在一起。各种市场现象季节变动的特点也各不相同。市场现象的复杂性要求预测者根据需要，采用不同的预测模型和方法，对其进

行分析研究和预测。

研究市场现象季节变动，所收集的市场现象时间序列资料一般必须是以月（或季）为单位时间；为研究某市场现象的季节变动规律，必须至少具有 3 年或 3 年以上的市场现象各月（或季）的资料。

研究市场现象季节变动和对其进行预测的方法，是由市场现象季节变动的特点决定的。季节变动的主要特点是，每年均会重复出现，各年同月（或季）具有相同的变动方向，变动幅度一般相差不大。若将这种逐年各期重复出现的季节变动的方向和幅度加以归纳，则形成季节变动模型。季节变动模型，反映的是市场现象时间序列在一年内季节变动的典型状况，或称为其季节变动的代表性水平。季节变动模型由一套指标组成，若市场现象时间序列的资料以月为时间单位，则季节变动模型由 12 个指标组成；若市场现象时间序列的资料以季为时间单位，则季节变动模型由 4 个指标组成。季节变动模型的指标有两种：一种是以相对数表示的季节比率；一种是以绝对数表示的季节变差。

（一）季节比率

季节比率也称为季节指数或季节系数。季节比率是以相对数形式表现的季节变动指标，一般用百分数或系数表示。季节比率根据市场现象时间序列中所含变动规律种类的不同，其指标计算的公式也会有所不同。

对于不含长期趋势变动的市场现象时间序列的季节变动，测算季节比率的公式为

$$季节比率 = \frac{各月（或季）实际观察值}{月（或季）平均值}$$

对于既含季节变动又含长期趋势变动的市场现象时间序列，测算季节比率的公式为

$$季节比率 = \frac{各月（或季）实际观察值}{月（或季）趋势值}$$

市场现象时间序列全年 12 个月的季节比率之和应为 1 200%，4 个季度的季节比率之和为 400%，其全年 12 个月或 4 个季度的季节比率平均值为 100%。季节比率指标所反映的是市场现象时间序列中各月（或各季）的实际观察值，围绕季节比率平均值 100% 上下波动的状况。季节比率值偏离 100% 的程度大，说明季节变动的幅度大；季节比率值偏离 100% 的程度小，说明市场现象季节变动的幅度小。

（二）季节变差

季节变差是以绝对数表现的季节变动指标，其计量单位与市场现象时间序列实际观察值的计量单位相同。季节变差根据市场现象时间序列中所含变动规律的种类不同，其指标计算的公式也会有所不同。

对于不含长期趋势变动的市场现象时间序列的季节变动，测算季节变差的公式为

$$季节变差 = 各月（或季）实际观察值 - 月（或季）平均值$$

对于既含季节变动又含长期趋势变动的市场现象时间序列，季节变差的计算公式为

$$季节变差 = 各月（或季）实际观察值 - 月（或季）趋势值$$

在实际研究市场现象季节变动规律时，不是根据某一年 12 个月或 4 个季度的实际观察值，而是根据 3~5 年市场现象实际各月（或季）的时间序列资料。这是因为只根据市场现象实际观察值一两年的各月（或季）时间序列资料，会带有较大的偶然性，谈不上是季节变动的一般规律。若只用一两年资料计算的季节变动模型就对市场做预测，其结果也是不可靠的。因此，必须根据市场现象 3~5 年的时间序列各月（或季）的资料，来建立季节变动模型，减少偶然性，客观地反映市场现象的季节变动规律。由于这种原因，上述季节比率和季节变差的测算公式，就应

进一步改写为能应用多年资料计算的公式。其季节比率计算公式应为

$$季节比率 = \frac{同月（或季）实际观察值的平均值}{总平均值}$$

或

$$季节比率 = \frac{同月（或季）实际观察值的平均值}{趋势值}$$

其季节变差的计算公式应为

$$季节变差 = 同月（或季）实际观察值的平均值 - 总平均值$$

或

$$季节变差 = 同月（或季）实际观察值的平均值 - 趋势值$$

在市场预测的实践中，对市场现象时间序列以季节比率指标还是以季节变差指标来反映，或是用季节比率和季节变差指标结合来反映其季节变动，必须根据时间序列的变动特点和研究问题的需要来确定。下面分别就几种不同的情况，来说明市场现象季节变动的预测过程。

二、无趋势变动市场现象的季节变动预测

对于不含长期趋势变动，只含季节变动的市场现象时间序列，一般采用季节水平模型对其进行预测。季节水平模型预测法，是先直接对市场现象时间序列中各年同月（或季）的实际观察值加以平均，再将各年同月（或季）平均数与各年时间序列总平均数进行比较，即求出季节比率，或将各年同月（或季）平均数与时间序列各年总平均数相减，即求出季节变差，并在此基础上对市场现象的季节变动做出预测。

【例 11-18】现有某企业商品销售量 4 年按月份统计的资料，用季节水平模型，对其季节变动规律进行描述，并对该商品销售量做预测。其资料和计算见表 11-27。

表 11-27 季节水平预测模型计算表　　　　　　　　　　　单位：吨

年月	第一年	第二年	第三年	第四年	合计	同月平均	季节比率/%	季节变差
1	23	30	18	22	93	23.25	19.1	-98.45
2	33	37	20	32	122	30.50	25.1	-91.2
3	69	59	92	102	322	80.50	66.2	-41.2
4	91	120	139	155	505	126.25	103.7	4.55
5	192	311	324	372	1 199	299.75	246.3	178.05
6	348	334	343	324	1 349	337.25	277.1	215.55
7	254	270	271	290	1 085	271.25	222.8	149.55
8	122	122	193	153	590	147.50	121.2	25.8
9	59	70	62	77	268	67.00	55.1	-54.7
10	34	33	27	17	111	27.75	22.8	-93.95
11	19	23	17	37	96	24.00	19.7	-97.7

续表

年 月	第一年	第二年	第三年	第四年	合计	同月平均	季节比率/%	季节变差
12	27	16	13	46	102	25.50	20.9	-96.2
合计	1 271	1 425	1 519	1 627	5 842	1 460.5	1 200.0	—
平均	105.9	118.8	126.6	135.6	486.9	121.7	100.0	—

表 11-27 中的数据计算如下。

(1) 求各年同月的平均数。求各年同月的平均数，即将 4 年中各年同一月份的实际销售量加以平均。

$$1\text{月份平均销售量} = \frac{23+30+18+22}{4} = 23.25 \text{（吨）}$$

$$\vdots$$

$$12\text{月份平均销售量} = \frac{27+16+13+46}{4} = 25.50 \text{（吨）}$$

(2) 求时间序列 4 年全部数据的总平均数。根据 4 年 48 个月的实际销售量资料，计算出总平均数。根据表 11-27 中数据，总平均数有三种测算方法：

$$\text{总平均数} = \frac{5\ 842}{48} = 121.7 \text{（吨）}$$

或

$$\text{总平均数} = \frac{1\ 460.5}{12} = 121.7 \text{（吨）}$$

或

$$\text{总平均数} = \frac{486.9}{4} = 121.7 \text{（吨）}$$

(3) 求各月季节比率和季节变差。计算各月季节比率的公式为

$$\text{季节比率} = \frac{\text{各年同月平均数}}{\text{总平均数}}$$

根据表 11-27 中数据，各月季节比率为

$$1\text{月份季节比率} = \frac{23.25}{121.7} = 19.1\%$$

$$\vdots$$

$$12\text{月份季节比率} = \frac{25.50}{121.7} = 20.9\%$$

计算各月季节变差的公式为

$$\text{季节变差} = \text{各年同月平均数} - \text{总平均数}$$

根据表 11-27 中数据计算各月季节变差为

$$1\text{月份季节变差} = 23.25 - 121.7 = -98.45 \text{（吨）}$$

$$\vdots$$

$$12\text{月份季节变差} = 25.5 - 121.7 = -96.2 \text{（吨）}$$

所计算出的各月季节比率，说明各年同月平均销售量水平比总水平高或低的程度，或各月销售量比全年平均月销售量高或低的程度。所计算出的各月季节变差说明各月销售量较全年平均销售量多或少的数量。这两种反映季节变动的指标所建立的预测模型，都可以用来说明该现象的季节变动规律。

若将所计算出的各月季节比率绘成图形（图 11-9），可十分清楚地观察到该商品销售量季节变动的规律。

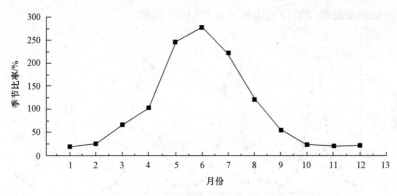

图 11-9 季节比率折线图

由图 11-9 结合表 11-27 可明显看出，该商品的销售量明显很高的 5、6、7 这三个月，其季节比率大于 100% 的程度也就很高，季节变差大于零的程度很高。而销售量明显很低的 1、2、10、11、12 这 5 个月，其季节比率小于 100% 的程度很高，季节变差小于零的程度很高。这种季节变动规律不是根据某一年的时间序列资料得出的，而是根据 4 年的各月实际观察值的分析和测算得出的，具有较强的代表性。

（4）对市场现象进行预测。根据季节比率或季节变差，对下年各月销售量进行预测。其预测结果见表 11-28。

表 11-28　下一年的销售量预测值　　　　　　　　　　单位：吨

月份	1	2	3	4	5	6	7	8	9	10	11	12
季节比率预测	25.9	34.0	89.8	140.6	333.9	375.7	302.1	164.3	74.7	30.9	26.7	28.3
季节变差预测	37.2	44.4	94.4	140.2	313.7	351.2	285.2	161.4	80.9	41.7	37.9	39.4

表 11-28 中，分别用季节比率和季节变差对下一年各月的销售量做出的预测。其中

季节比率预测值 = 上年的月平均值 × 各月季节比率

则

1 月份预测值 = 135.6 × 19.1% = 25.9（吨）

$$\vdots$$

12 月份预测值 = 135.6 × 20.9% = 28.3（吨）

季节变差预测值 = 上年的月平均值 + 各月季节变差

则

1 月份预测值 = 135.6 − 98.45 = 37.2（吨）

$$\vdots$$

12 月份预测值 = 135.6 − 96.2 = 39.4（吨）

以上对无趋势变动市场现象用季节水平模型法进行了分析研究和预测。从这个分析和预测过程来看，它是以计算市场现象时间序列的平均值为基础，即以各年同月平均值和全部数据平

均为基础,以季节比率和季节变差为模型对市场现象进行预测的。这种方法只适用于无趋势变动市场现象季节变动的预测。若将前面所分析的市场现象 4 年各月的时间序列资料绘制成图形进行观察,则对现象的变动规律看得更清楚,如图 11-10 所示。

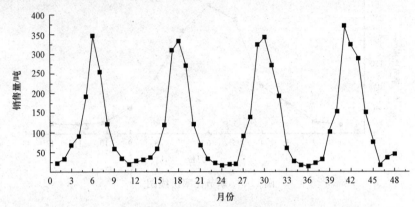

图 11-10　4 年的销售量折线图

由图 11-10 可以看出,该市场现象的季节变动在 4 年中每年都重复出现,其每年季节变动的幅度和规律也大致相同,这其中不含趋势变动。对于这种变动规律的市场现象,采用季节水平模型,找出现象在几年内反复出现的季节变动典型水平,就可对现象未来的状况做出预测。

大量的市场现象在具有季节变动的同时,还包含长期趋势变动,对此则必须采取另外的季节变动方法加以研究。

三、含趋势变动市场现象的季节变动预测

在大量含季节变动明显的市场现象中,单纯表现为季节变动的只是少数情况,大部分市场现象的季节变动是与长期趋势变动交织在一起的。对这些市场现象在研究其季节变动的同时,还必须要考虑其长期趋势变动,即采用含趋势变动市场现象季节变动预测模型,将现象的季节变动和长期趋势变动同时加以测定,并且将市场现象的两种变动规律联系起来对其未来表现进行预测。由于这类预测模型虽然也反映市场现象的长期趋势变动规律,但它还是以研究市场现象的季节变动为主,所以将它作为季节变动预测模型的一种形式。含趋势变动市场现象季节变动规律也不尽相同,在研究时可采取不同的具体方法。

（一）季节性迭加趋势预测模型

若所研究和预测的市场现象时间序列,既有季节变动又有趋势变动,其每年都出现的季节变动的变动幅度,并不随市场现象的趋势变动而加大时,需要采取季节性迭加趋势预测模型进行研究和预测。

季节性迭加趋势预测模型为

$$\widehat{Y}_t = a + bt + \overline{d}_i$$

式中　$a + bt$——现象趋势值部分;

　　　a、b——趋势方程参数;

　　　t——时间序列观察期序号;

　　　$\overline{d}_i$——平均季节变差。

【例 11-19】已知某商品零售额资料,见表 11-29,试预测下一年各月份的零售额。

表 11-29　某商品零售额资料　　　　　　　　　　　　　单位：亿元

	一月	二月	三月	四月	五月	六月	七月	八月	九月	十月	十一月	十二月
一年	168.7	158.4	126.5	130.7	133.8	134.4	128.2	129.7	143.7	142.6	154.0	174.3
二年	193.0	158.7	145.3	146.8	149.8	148.0	140.4	140.2	156.6	161.0	174.2	199.5
三年	215.7	156.0	165.3	161.8	163.9	163.2	152.8	151.1	167.1	171.0	182.8	220.0
四年	220.5	198.5	181.4	177.4	179.2	177.3	165.5	167.2	183.4	185.0	208.1	249.6

先将时间序列各值绘成折线图（图 11-11）。观察图形可知，该现象不仅有明显的季节变动，还含有一定的上升趋势，各年季节变动的程度基本相同，因此需要采用季节性迭加趋势模型进行预测。

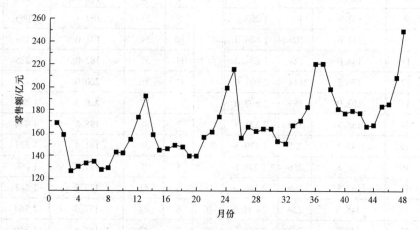

图 11-11　4 年商品零售额折线图

（1）建立趋势变动模型。由图 11-11 可知，该现象适合用季节性迭加趋势模型，来综合反映和预测其长期趋势变动和季节变动。这就必须根据时间序列资料，测定其趋势值和季节变动程度。其趋势值的测定是采用最小二乘法求直线趋势方程参数 a、b 的公式；其季节变动程度和规律用平均季节变差来反映。求趋势方程的资料和数据见表 11-30。

根据表 11-30 中有关数据，利用最小二乘法标准方程

$$\begin{cases} \sum Y_t = na + b\sum t \\ \sum Y_t t = a\sum t + b\sum t^2 \end{cases}$$

代入数据得

$$\begin{cases} 8\,001.9 = 48a + 1\,176b \\ 207\,835.1 = 1\,176a + 38\,024b \end{cases}$$

解得

$$\begin{cases} a = 135.353\,7 \\ b = 1.279\,7 \end{cases}$$

故趋势直线方程为

$$\hat{Y}_t = 135.353\,7 + 1.279\,7\,t$$

表 11-30 建立趋势变动模型计算表　　　　　单位：亿元

年	月	序号 t	实际值 Y_t	t^2	tY_t	年	月	序号 t	实际值 Y_t	t^2	tY_t
第一年	1	1	168.7	1	168.7	第三年	1	25	215.7	625	5 392.5
	2	2	158.4	4	316.8		2	26	156.0	676	4 056.0
	3	3	126.5	9	379.5		3	27	165.3	729	4 463.1
	4	4	130.7	16	522.8		4	28	161.8	784	4 530.4
	5	5	133.8	25	669.0		5	29	163.9	841	4 753.1
	6	6	134.4	36	806.4		6	30	163.2	900	4 896.0
	7	7	128.2	49	897.4		7	31	152.8	961	4 736.8
	8	8	129.7	64	1 037.6		8	32	151.1	1 024	4 835.2
	9	9	143.7	81	1 293.3		9	33	167.1	1 089	5 514.3
	10	10	142.6	100	1 426.0		10	34	171.0	1 156	5 814.0
	11	11	154.0	121	1 694.0		11	35	182.8	1 225	6 398.0
	12	12	174.3	144	2 091.6		12	36	220.0	1 296	7 920.0
第二年	1	13	193.0	169	2 509.0	第四年	1	37	220.5	1 369	8 158.5
	2	14	158.7	196	2 221.8		2	38	198.5	1 444	7 543.0
	3	15	145.3	225	2 179.5		3	39	181.4	1 521	7 074.6
	4	16	146.8	256	2 348.8		4	40	177.4	1 600	7 096.0
	5	17	149.8	289	2 546.6		5	41	179.2	1 681	7 347.2
	6	18	148.0	324	2 664.0		6	42	177.3	1 764	7 446.6
	7	19	140.0	361	2 660.0		7	43	165.5	1 849	7 116.5
	8	20	140.2	400	2 804.0		8	44	167.2	1 936	7 356.8
	9	21	156.6	441	3 288.6		9	45	183.4	2 025	8 253.0
	10	22	161.0	484	3 542.0		10	46	185.0	2 116	8 510.0
	11	23	174.2	529	4 006.6		11	47	208.1	2 209	9 780.7
	12	24	199.5	576	4 788.0		12	48	249.6	2 304	11 980.8
合计								1 176	8 001.9	38 024	207 835.1

（2）计算各期季节变差。根据直线趋势方程可求出4年各观察期的48个趋势值，并可求出实际值与趋势值之差，即季节变差。再将季节变差平均化，将平均季节变差作为季节变动典型水平，反映季节变动规律。其计算结果见表11-31。

表 11-31 中，趋势值 $\hat{Y}_t$ 是根据前面确定出的趋势方程计算出来的，即

$$\hat{Y}_t = 135.353\ 7 + 1.279\ 7\ t$$

则

$$\hat{Y}_1 = 135.353\ 7 + 1.279\ 7 \times 1 = 136.63\ （亿元）$$

$$\vdots$$

$$\hat{Y}_{12} = 135.353\ 7 + 1.279\ 7 \times 12 = 150.71\ （亿元）$$

$$\vdots$$

$$\hat{Y}_{24} = 135.3537 + 1.2797 \times 24 = 166.07 \text{（亿元）}$$
$$\vdots$$
$$\hat{Y}_{36} = 135.3537 + 1.2797 \times 36 = 181.42 \text{（亿元）}$$
$$\vdots$$
$$\hat{Y}_{48} = 135.3537 + 1.2797 \times 48 = 196.78 \text{（亿元）}$$

表 11-31 季节变差计算表　　　　　　　　　　　　　单位：亿元

年	月	实际值 Y_t	趋势值 $\hat{Y}_t$	季节变差 d_t	年	月	实际值 Y_t	趋势值 $\hat{Y}_t$	季节变差 d_t
第一年	1	168.7	136.63	32.07	第三年	1	215.7	167.35	48.35
	2	158.4	137.91	20.49		2	156.0	168.63	-12.63
	3	126.5	139.19	-12.69		3	165.3	169.91	-4.61
	4	130.7	140.47	-9.77		4	161.8	171.19	-9.39
	5	133.8	141.75	-7.95		5	163.9	172.46	-8.56
	6	134.4	143.03	-8.63		6	163.2	173.74	-10.54
	7	128.2	144.31	-16.11		7	152.8	175.02	-22.22
	8	129.7	145.59	-15.89		8	151.1	176.30	-25.20
	9	143.7	146.87	-3.17		9	167.1	177.58	-10.48
	10	142.6	148.15	-55.55		10	171.0	178.86	-7.86
	11	154.0	149.43	4.57		11	182.8	180.14	2.66
	12	174.3	150.71	23.59		12	220.0	181.42	38.57
第二年	1	193.0	151.98	41.01	第四年	1	220.5	182.70	37.79
	2	158.7	153.27	5.43		2	198.5	183.98	14.52
	3	145.3	154.55	-9.25		3	181.4	185.26	-3.86
	4	146.8	155.83	-9.03		4	177.4	186.54	-9.14
	5	149.8	157.11	-7.31		5	179.2	187.82	-8.62
	6	148.0	158.39	-10.38		6	177.3	189.10	-11.8
	7	140.0	159.67	-19.67		7	165.5	190.38	-24.88
	8	140.2	160.95	-20.75		8	167.2	191.66	-24.46
	9	156.6	162.23	-5.63		9	183.4	192.94	-9.54
	10	161.0	163.51	-2.51		10	185.0	194.22	-9.22
	11	174.2	164.79	9.41		11	208.1	195.50	12.60
	12	199.5	166.07	33.43		12	249.6	196.78	52.82

表 11-31 中季节变差是市场现象实际观察值与趋势值之差，其公式为
$$d_t = Y_t - \hat{Y}_t$$
则
$$d_1 = 168.7 - 136.63 = 32.07 \text{（亿元）}$$
$$\vdots$$
$$d_{12} = 174.3 - 150.71 = 23.59 \text{（亿元）}$$
$$\vdots$$

$$d_{24} = 199.5 - 166.07 = 33.43 \text{（亿元）}$$
$$\vdots$$
$$d_{36} = 220.0 - 181.42 = 52.82 \text{（亿元）}$$
$$\vdots$$
$$d_{48} = 249.6 - 196.78 = 52.82 \text{（亿元）}$$

为了从 4 年季节变差资料中，找到市场现象季节变差的典型水平，发现季节变动规律，必须计算平均季节变差，即将各年同月的季节变差平均化。其计算公式为

$$\overline{d_i} = \frac{d_i + d_{i+T} + \cdots + d_{i+(m-1)T}}{m} \quad (i = 1, 2, 3, \cdots, T)$$

式中 $\overline{d_i}$——平均季节变差；

T——季节变动周期，月资料 $T=12$，季资料 $T=4$；

m——资料年数。

根据公式计算各年同月季节变差平均值为

$$\overline{d_1} = \frac{d_1 + d_{13} + d_{25} + d_{37}}{4} = \frac{32.07 + 41.01 + 48.35 + 37.79}{4} = 39.81 \text{（亿元）}$$
$$\vdots$$
$$\overline{d_{12}} = \frac{d_{12} + d_{24} + d_{36} + d_{48}}{4} = \frac{23.59 + 33.43 + 38.57 + 52.82}{4} = 37.10 \text{（亿元）}$$

各月份的平均季节变差见表 11-32。

表 11-32　各月份的平均季节变差　　　　　　　　　　　　　单位：亿元

月份 i	$\overline{d_i}$	月份 i	$\overline{d_i}$	月份 i	$\overline{d_i}$
1	39.81	5	-8.11	9	-7.21
2	6.96	6	-10.34	10	-6.28
3	-7.60	7	-20.78	11	7.31
4	-9.33	8	-21.57	12	37.10

（3）建立季节迭加预测模型，并进行预测。根据直线趋势方程和平均季节变差，此市场现象的预测模型为

$$\widehat{Y}_t = a + bt + \overline{d_i} = 135.3537 + 1.2797\,t + \overline{d_i}$$

依此预测模型，商品零售额下一年各月的预测值计算结果见表 11-33。

表 11-33　季节迭加趋势模型预测值表　　　　　　　　　　　单位：亿元

月份	t	预测值 $\widehat{Y}_t$	月份	t	预测值 $\widehat{Y}_t$
1	49	237.8690	7	55	185.0172
2	50	206.2987	8	56	185.4469
3	51	193.0184	9	57	201.0866
4	52	192.5681	10	58	203.2963
5	53	195.0678	11	59	218.1660
6	54	194.1174	12	60	249.2357

表 11-33 中各预测值的计算过程为

$$\hat{Y}_{49} = 135.3537 + 1.2797 \times 49 + 39.81 = 237.8690 \text{（亿元）}$$

$$\vdots$$

$$\hat{Y}_{60} = 135.3537 + 1.2797 \times 60 + 37.10 = 249.2357 \text{（亿元）}$$

（二）季节性交乘趋势预测模型

有些市场现象时间序列，既存在明显的季节变动，又含有长期趋势变动，而且时间序列的季节变动幅度随现象的趋势变动而加大。对于这样的市场现象，在预测时必须采用季节性交乘趋势预测模型。

季节性交乘趋势预测模型为

$$\hat{Y}_t = (a + bt)\overline{f}_i$$

式中 $\hat{Y}_t$——预测值；

$a + bt$——趋势值部分；

a、b——趋势直线参数；

t——时间序列观察其序号；

$\overline{f}_i$——平均季节比率。

显然，季节交乘趋势预测模型，既能反映市场现象的长期趋势变动，又能反映其季节变动。其中，市场现象的趋势变动规律用直线方程来描述，现象的季节变动规律用平均季节比率来反映。

【例 11-20】 现有某种产品 3 年销售量按月份统计的资料，见表 11-34，试预测下半年各月销售量。

（1）绘制折线图，如图 11-12 所示，观察其季节变动和趋势变动的状况。

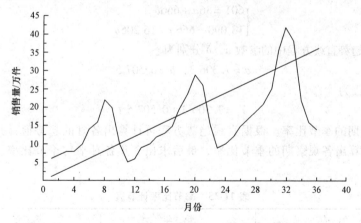

图 11-12 3 年按月份统计的产品销售量的折线图

图 11-12 中的变动情况显示，该现象既有明显的每年都出现的季节变动，也含明显的趋势变动，而且现象季节变动的幅度随趋势值增加而加大，用季节交乘趋势预测模型对它进行预测是适合的。

（2）建立趋势模型。在季节交乘趋势模型中，其趋势部分仍然采用最小二乘法建立直线方程。最小二乘法的标准方程为

$$\begin{cases} \sum Y_t = na + b\sum t \\ \sum Y_t t = a\sum t + b\sum t^2 \end{cases}$$

根据市场现象 3 年的实际观察值，建立直线方程，其资料和计算见表 11-34。

表 11-34　季节交乘模型趋势方程计算表　　　　　　　　　单位：万件

序号 t	实际值 Y_t	t^2	$Y_t t$	序号 t	实际值 Y_t	t^2	$Y_t t$	序号 t	实际值 Y_t	t^2	$Y_t t$
1	6	1	6	13	9	169	117	25	12	625	300
2	7	4	14	14	10	196	140	26	15	676	390
3	8	9	24	15	12	225	180	27	17	729	459
4	8	16	32	16	13	256	208	28	19	784	532
5	10	25	50	17	15	289	255	29	21	841	609
6	14	36	84	18	20	324	360	30	25	900	750
7	16	49	112	19	24	361	456	31	36	961	1 116
8	22	64	176	20	29	400	580	32	42	1 024	1 344
9	20	81	180	21	26	441	546	33	38	1 089	1 254
10	10	100	100	22	15	484	330	34	22	1 156	748
11	5	121	55	23	9	529	207	35	16	1 225	560
12	6	144	72	24	10	576	240	36	14	1 296	504
合计								666	601	16 206	13 090

将表 11-34 中计算的相关数据，代入标准方程中，有

$$\begin{cases} 601 = 36a + 666b \\ 13\,090 = 666a + 16\,206b \end{cases}$$

由此计算出趋势直线方程中的参数 a、b 分别为

$$a = 7.306\,3，b = 0.507\,5$$

趋势直线方程为

$$\hat{Y}_t = 7.306\,3 + 0.507\,5\,t$$

（3）计算各期的季节比率。根据直线趋势方程可计算出各月的趋势值，并可根据实际观察值与趋势值计算出各观察期的季节比率，最后求出 3 年各月平均季节比率，其计算结果见表 11-35。

表 11-35　季节比率计算表

月	第一年			第二年			第三年			$\bar{f}_i$
	Y_t	$\hat{Y}_t$	$f_t = \dfrac{Y_t}{\hat{Y}_t}$	Y_t	$\hat{Y}_t$	$f_t = \dfrac{Y_t}{\hat{Y}_t}$	Y_t	$\hat{Y}_t$	$f_t = \dfrac{Y_t}{\hat{Y}_t}$	
1	6	7.8	0.77	9	13.9	0.65	12	19.9	0.60	0.67
2	7	8.3	0.84	10	14.4	0.69	15	20.5	0.73	0.75
3	8	8.8	0.90	12	14.9	0.80	17	21.0	0.81	0.84
4	8	9.3	0.86	13	15.4	0.84	19	21.5	0.88	0.86
5	10	9.8	1.02	15	15.9	0.94	21	22.0	0.95	0.97

续表

月	第一年			第二年			第三年			$\bar{f}_i$
	Y_t	$\hat{Y}_t$	$f_t=\dfrac{Y_t}{\hat{Y}_t}$	Y_t	$\hat{Y}_t$	$f_t=\dfrac{Y_t}{\hat{Y}_t}$	Y_t	$\hat{Y}_t$	$f_t=\dfrac{Y_t}{\hat{Y}_t}$	
6	14	10.3	1.35	20	16.4	1.21	25	22.5	1.11	1.22
7	16	10.8	1.48	24	16.9	1.42	36	23.0	1.56	1.49
8	22	11.3	1.94	29	17.4	1.67	42	23.5	1.78	1.79
9	20	11.8	1.69	26	17.9	1.45	38	24.0	1.58	1.57
10	10	12.3	0.81	15	18.4	0.81	22	24.5	0.89	0.83
11	5	12.8	0.39	9	18.9	0.47	16	25.0	0.64	0.50
12	6	13.3	0.45	10	19.4	0.51	14	25.5	0.54	0.50

表 11-35 中，各期趋势值是根据趋势方程计算出来的，即

$$\hat{Y}_t = 7.3063 + 0.5075\,t$$

则

$$\hat{Y}_1 = 7.3063 + 0.5075 \times 1 = 7.8（万件）$$

$$\vdots$$

$$\hat{Y}_{12} = 7.3063 + 0.5075 \times 12 = 13.3（万件）$$

$$\vdots$$

$$\hat{Y}_{24} = 7.3063 + 0.5075 \times 24 = 19.4（万件）$$

$$\vdots$$

$$\hat{Y}_{36} = 7.3063 + 0.5075 \times 36 = 25.5（万件）$$

表 11-35 中，季节比率是市场现象各期实际观察值与趋势值之比，其公式为

$$f_t = \frac{Y_t}{\hat{Y}_t}$$

则

$$f_1 = \frac{Y_1}{\hat{Y}_1} = \frac{6}{7.8} = 0.77$$

$$\vdots$$

$$f_{12} = \frac{Y_{12}}{\hat{Y}_{12}} = \frac{6}{13.3} = 0.45$$

$$\vdots$$

$$f_{24} = \frac{Y_{24}}{\hat{Y}_{24}} = \frac{10}{19.4} = 0.51$$

$$\vdots$$

$$f_{36} = \frac{Y_{36}}{\hat{Y}_{36}} = \frac{14}{25.5} = 0.54$$

表 11-35 中，平均季节比率 $\bar{f}_i$ 的计算公式为

$$\overline{f}_i = \frac{f_i + f_{i+T} + \cdots + f_{i+(m-1)T}}{m}$$

式中 $\overline{f}_i$——平均季节比率；

T——季节变动周期；

m——资料年数；

$i = 1, 2, 3, \cdots, T$。

根据平均季节比率公式计算，得

$$\overline{f}_1 = \frac{f_1 + f_{1+12} + f_{1+2\times12}}{3} = \frac{0.77 + 0.65 + 0.60}{3} = 0.67$$

$$\vdots$$

$$\overline{f}_{12} = \frac{f_{12} + f_{12+12} + f_{12+2\times12}}{3} = \frac{0.45 + 0.51 + 0.54}{3} = 0.5$$

（4）建立季节预测模型并进行预测。根据趋势方程和平均季节比率建立预测模型为

$$\widehat{Y}_t = (7.3063 + 0.575\,t) \cdot \overline{f}_i$$

应用预测模型对下年各月销售量进行预测，计算结果见表 11-36。

表 11-36　季节交乘趋势模型预测值表　　　　　　单位：万件

月份	t	预测值 $\widehat{Y}_t$	月份	t	预测值 $\widehat{Y}_t$
1	37	17.476	7	43	43.402
2	38	19.943	8	44	53.049
3	39	22.763	9	45	47.326
4	40	23.741	10	46	25.441
5	41	27.270	11	47	15.579
6	42	34.981	12	48	15.833

表 11-36 中预测值的计算过程为

$$\widehat{Y}_{37} = (7.3063 + 0.5075 \times 37) \times 0.67 = 17.476 \text{（万件）}$$

$$\vdots$$

$$\widehat{Y}_{48} = (7.3063 + 0.5075 \times 48) \times 0.55 = 15.833 \text{（万件）}$$

四、比重预测法

（一）比重预测法原理

有时按月或按季度收集了几年或十几年的历史统计数据，数据点比较多，应用趋势外推法计算量比较大。所以为了减少计算量，可以先按年建立预测模型，进行年销售量或需求量的预测，然后求出历史上各月在年销售量或需求量中所占的比重，最后利用数年的月比重平均值决定预测期各月的预测值，这种方法称为比重预测法。

（二）比重预测法应用举例

【例 11-21】某商店 2008—2016 年各月 T 恤衫的销售量见表 11-37。试预测 2017 年各月 T 恤衫的销售量。

第十一章 时间序列预测法

表 11-37　某商店 2008—2016 年各月 T 恤衫的销售量　　　　　　单位：万件

年份 月份	2008	2009	2010	2011	2012	2013	2014	2015	2016
1	9	10	9	10	8	12	10	16	15
2	11	13	15	20	18	17	20	20	23
3	30	31	33	45	43	43	41	58	66
4	48	50	52	58	62	55	64	90	91
5	105	108	110	134	156	111	148	139	140
6	179	180	185	180	174	225	230	235	253
7	210	218	215	208	189	227	203	240	198
8	90	92	95	90	100	93	127	89	96
9	35	37	40	40	46	53	41	42	78
10	14	13	14	13	21	24	23	23	50
11	9	10	13	10	14	13	16	16	25
12	8	8	9	10	19	14	17	17	19
合计	748	770	790	818	850	887	935	985	1 054

（1）收集、整理历史统计数据，见表 11-37。
（2）计算每年各月份在年销售量中所占比重，见表 11-38。

表 11-38　各月在年销售量中所占比重

年份 月份	2008	2009	2010	2011	2012	2013	2014	2015	2016	比重 平均值
1	0.012	0.013	0.011	0.012	0.009	0.014	0.011	0.016	0.014	0.012
2	0.015	0.017	0.019	0.020	0.020	0.019	0.021	0.020	0.022	0.019
3	0.040	0.040	0.042	0.055	0.051	0.048	0.044	0.059	0.063	0.049
4	0.064	0.065	0.066	0.071	0.073	0.062	0.068	0.091	0.083	0.072
5	0.140	0.140	0.140	0.164	0.184	0.125	0.158	0.141	0.133	0.147
6	0.239	0.234	0.234	0.220	0.205	0.254	0.246	0.234	0.240	0.234
7	0.281	0.283	0.272	0.254	0.222	0.256	0.217	0.244	0.188	0.246
8	0.120	0.119	0.120	0.110	0.117	0.105	0.136	0.090	0.091	0.112
9	0.047	0.048	0.051	0.049	0.054	0.060	0.044	0.043	0.074	0.052
10	0.019	0.017	0.018	0.016	0.025	0.027	0.025	0.023	0.047	0.024
11	0.012	0.013	0.016	0.012	0.016	0.015	0.017	0.016	0.024	0.016
12	0.011	0.010	0.011	0.012	0.022	0.016	0.013	0.017	0.018	0.014

（3）计算各年相同月份销售量比重平均值，结果见表 11-38 中最后一列。
（4）建立年预测模型，并预测 2017 年的年销售量。
应用最小二乘法，对称选取时间序号，使 $\sum t = 0$。则

$$a = \frac{\sum y}{n} = \frac{7\,837}{9} = 870.78$$

$$b = \frac{\sum y \cdot t}{\sum t^2} = \frac{(-4) \times 748 + (-3) \times 770 + \cdots + 4 \times 1\,054}{(-4)^2 + (-3)^2 + \cdots + 3^2 + 4^2} = 37.13$$

所以 $Y_t = a_t + b_t \cdot T = 870.78 + 37.13T$

$Y_{2017} = 870.78 + 37.13 \times 5 = 1\,056.43$（万件）

（5）计算2017年各月份销售量预测值。

1月：$1\,056.43 \times 0.012 = 12.68$； 2月：$1\,056.43 \times 0.019 = 20.07$；
3月：$1\,056.43 \times 0.049 = 51.77$； 4月：$1\,056.43 \times 0.072 = 76.06$；
5月：$1\,056.43 \times 0.147 = 155.30$； 6月：$1\,056.43 \times 0.235 = 248.26$；
7月：$1\,056.43 \times 0.247 = 260.94$； 8月：$1\,056.43 \times 0.112 = 118.32$；
9月：$1\,056.43 \times 0.052 = 54.93$； 10月：$1\,056.43 \times 0.024 = 25.35$；
11月：$1\,056.43 \times 0.016 = 16.90$； 12月：$1\,056.43 \times 0.014 = 14.79$。

本章小结

时间序列预测方法是市场预测方法中一种经常采用的定量分析方法，它是把某一经济变量的实际观察值按时间先后顺序依次排列，构成一组统计的时间序列，然后运用某种数学方法建立模型，使其向外延伸，来预测该经济变量未来发展变化趋势和变化规律的一种预测技术。

移动平均预测法是将观察期的数据，按时间先后顺序排列，然后由远及近，以一定的跨期进行移动平均，求得平均值。每次移动平均总是在上次移动平均的基础上，去掉一个最远期的数据，增加一个紧挨跨期后面的新数据，保持跨期不变，每次只向前移动一步，逐项移动，滚动前移。它可分为简单移动平均法和加权移动平均法两类，其中简单移动平均法又可细分为一次移动平均法和二次移动平均法等。

指数平滑预测法是对移动平均预测法加以发展的一种特殊加权移动平均法。它可分为一次指数平滑法、二次指数平滑法和三次指数平滑法三种。移动平均预测法和指数平滑预测法一般用于时间序列数据资料既有长期趋势变动又有波动的场合。

趋势外推预测法根据经济变量的时间序列数据资料，揭示其发展变化规律，并通过建立适当的预测模型，推断其未来变化的趋势。趋势外推预测法是研究经济变量与时间的关系。很多经济变量的发展变化与时间之间都存在一定的规律性，若能将其规律性找出来，并用数学函数的形式加以量化，那么就可运用函数关系来预测未来市场的变化趋势。

运用趋势外推预测法有两个假设前提条件：一是决定过去预测目标发展的各因素，在很大程度上仍将决定其未来的发展；二是预测目标发展过程是渐进性的，而不是突变性的。满足上述假设前提条件常见的趋势变化类型有直线趋势的外推法、指数趋势曲线、二次曲线趋势外推法、三次曲线趋势外推法等。

季节变动预测法是指市场经济变量在一年内是以季节的循环周期为特征变动的，可通过计算销售量或需求量的季节指标来达到预测目的的一种方法。它首先要判断时间序列观察期数据是否呈季节性波动，然后考虑它是否还受长期趋势变动和随机变动的影响等。一般分两种研究，即无趋势变动市场现象的季节变动预测和含趋势变动市场现象的季节变动预测。

复习思考题

1. 试比较算术平均预测法、几何平均预测法、加权平均预测法的应用范围。
2. 一次移动平均法、二次移动平均法的模型有哪些不同？在实际应用中应注意什么？
3. 二次指数平滑法和二次移动平均法有何异同点？
4. 某电动车2006—2016年的销售量见表11-39，试用一次指数平滑法预测2017年电动车的销售量（$\alpha = 0.3$）。

表 11-39　某电动车2006—2016年的销售量　　　　　　　　单位：万台

年份	2006	2007	2008	2009	2010	2011	2012	2013	2014	2015	2016
销量	26	28	30	23.6	33	36.2	24	46	60	75	90

5. 某产品月库存量见表11-40，当 $n=5$ 时，试用二次移动平均法预测第15期、第16期的库存量。

表 11-40　某产品月库存量资料　　　　　　　　单位：吨

期数	1	2	3	4	5	6	7	8	9	10	11	12	13	14
库存量	320	364	384	448	376	396	412	406	476	452	462	442	518	546

6. 某商品2014—2016年各季度销售量见表11-41，若2017年计划销售量为3 000箱，试用季节变动预测法预测2017年各季度的销售量。

表 11-41　某商品2014—2016年各季度销售量　　　　　　　　单位：箱

年份	第一季度	第二季度	第三季度	第四季度
2014	190	617	1 570	580
2015	363	1 070	1 750	960
2016	380	1 300	1 580	740

第十二章
回归分析预测法

★ 知识目标

通过本章的学习，了解运用回归分析预测法的条件和预测的程序；正确理解回归分析预测法的含义和特点；掌握一元线性回归分析预测法、多元线性回归分析预测法及非线性回归分析预测法的原理及应用。

★ 能力目标

通过本章的学习，培养灵活运用各种回归分析预测法处理市场信息、解决实际问题、准确预测市场趋势的能力。

★ 引导案例

销售额与广告媒体的关系

某 VCD 连锁店非常想知道在电视台做广告与在广播电台做广告哪种媒体更有效。其收集了连锁店各个商店的每月销售额（万元）和每月用在以上两种媒体的广告支出，通过多元线性回归分析，了解到每种媒体上的广告支出额对销售额的影响情况，得出了广播电台的广告形式带来的成本效益更高。因此，及时调整了促销策略，在市场竞争中赢得了较好的市场占有率。

在现实经济生活中，经济现象之间客观地存在着各种各样的有机联系，一种经济现象的存在和发展变化必然受与之相联系的其他现象存在和发展变化的制约与影响。回归分析预测法就是从各种经济现象之间的相互关系出发，通过对与预测对象有联系的现象变动趋势的分析，推算预测对象未来状态数量表现的一种预测方法。

第一节 回归分析概述

一、"回归"的含义

"回归"最初是遗传学中的一个名词,是由英国生物学家、统计学家高尔登(Galton,1822—1911)首先提出来的。他在研究人类的身高时,发现高个子父母的子女身高有低于其父母身高的趋势;而矮个子父母的子女身高往往有高于其父母身高的趋势。从整个发展趋势来看,高个子回归于人口的平均身高,而矮个子则从另一方向回归于人口的平均身高。"回归"这一名词,从此便一直为生物学和统计学所沿用。

回归的现代含义与过去不大相同。一般来说,回归分析是研究自变量与因变量之间的关系的分析方法,其目的在于根据已知自变量来估计和预测因变量的总平均值。例如,农作物亩产量对施肥量、降雨量和气温有着依存关系,通过对这种依存关系的分析,在已知有关施肥量、降雨量和气温信息的条件下,可以预测农作物的平均亩产量。

二、回归分析与相关分析

1. 相关关系的概念

现实世界中,每一事物的运动都是和它周围的事物相互联系、相互影响着的。因此,反映客观事物运动的各种变量之间也就存在着一定的关系。人们通过实践发现,变量之间的关系可以分成函数关系和相关关系两类。

(1)函数关系反映着现象之间存在着严格的依存关系。这种关系中,对于某一变量的每一个数值,都有另一个变量的确定值与之相对应,并且这种关系可以用一个数学表达式反映出来。例如,圆的面积对于半径的依存关系,正方形的面积对于边长的依存关系等。

(2)相关关系反映着现象之间存在着非严格的、不确定的依存关系。这种依存关系有两个显著的特点:一是现象之间确实存在数量上的客观内在关系。表现在一个现象发生数量上的变化,要影响另一个现象也相应地发生数量上的变化。例如,劳动生产率的提高会影响成本的降低。二是现象之间数量依存关系不是确定的,具有一定的随机性。表现在给定自变量的一个数值,因变量会有若干个数值与之对应,并且因变量总是遵循一定规律围绕这些数值的平均数上下波动。其原因是影响因变量发生变化的因素不止一个。例如,影响工业总产值的因素除了职工人数外,还有固定资产总值、流动资金和耗电量等。

2. 回归分析与相关分析的区别与联系

回归分析与相关分析均为研究及测度两个或两个以上变量之间关系的方法。相关分析,是研究两个或两个以上随机变量之间相互依存关系的密切程度。直线相关时用相关系数表示,曲线相关时用相关指数表示,多元相关时用复相关系数表示。回归分析,是研究某一随机变量(因变量)与其他一个或几个普通变量(自变量)之间的数量变动的关系。由回归分析求出的关系式,称为回归模型。

回归分析与相关分析的区别是,相关分析研究的都是随机变量,并且不分自变量与因变量;回归分析研究的变量要定出自变量与因变量,并且自变量是确定的普通变量,因变量是随机变量。这两种分析的联系是,它们是研究现象之间相互依存关系的两个不可分割的方面。在实际工作中,一般先进行相关分析,由相关系数或相关指数的大小决定是否需要进行回归分析,在相关分析的基础上必须结合回归模型,以便进行推算、预测。

相关分析与回归分析的主要作用是：①通过对数量关系的研究分析，深入认识现象之间的相互依存关系；②通过回归模型进行预测和预报；③通过对比检查，补充缺少的资料。

三、回归模型的种类

1. 一元回归模型和多元回归模型

根据回归模型中自变量的多少进行分类，回归模型可分为一元回归模型和多元回归模型。一元回归模型是根据某一因变量与一个自变量之间的相关关系建立的模型。例如，根据耐用消费品销售量对居民货币收入的相关关系建立的回归模型。多元回归模型是根据某一因变量与两个或两个以上自变量之间的相关关系建立的模型。例如，根据农作物产量对施肥量、降雨量和气温的相关关系建立的回归模型。

2. 线性回归模型和非线性回归模型

根据回归模型是否存在线性相关的关系进行分类，回归模型可分为线性回归模型和非线性回归模型。在线性回归模型中，因变量与自变量的关系是呈直线型的。例如，耐用消费品的销售量与居民货币收入的关系，基本上呈线性变化关系，则其回归模型就称为线性回归模型。在非线性回归模型中，因变量与自变量的关系是呈曲线形的。例如，某商店的商品流通费用率与销售额的变化关系是呈双曲线型，则其回归模型就称为非线性回归模型。非线性回归分析通常可化为线性回归来处理，称为非线性回归分析的线性化。

本书研究的回归模型如图 12-1 所示。

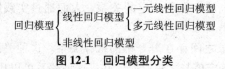

图 12-1　回归模型分类

四、回归分析预测法的应用条件

回归分析预测法是一种实用价值很高的预测方法，但必须在一定条件下应用。应用回归分析预测法，要具备以下几方面的基本条件。

1. 市场现象的因变量与自变量之间存在相关关系

市场现象的因变量和自变量之间的依存关系，必须是相关关系，才适合用回归分析预测法，建立回归模型，以自变量的变化来预测因变量的变化。对于不相关的各种市场现象变量就不适合用回归分析预测法。

2. 市场现象的因变量与自变量之间必须是高度相关

应用回归分析预测法，不仅要求被研究的市场现象之间确实存在相关关系，而且还要求自变量与因变量之间的相关关系是密切的关系，即高度相关。存在相关关系的市场现象并不一定都是高度相关的，回归分析预测法只适用于预测存在高度相关的市场现象，对于相关程度不高的市场现象，一般认为进行回归分析无实际意义。因为只有高度相关的现象之间，才存在一定的变化规律，才有可能将这种规律用回归模型加以反映。

回归分析预测法的这个要求，在实际预测中表现为：对与因变量具有高度相关关系的因素都必须选为自变量，对与因变量不具有或只有低度相关关系的因素都不选为自变量。要做到这一点，必须对市场现象各因素做深入细致的分析，要从多方面对影响因素进行分析，通过各种检验方法进行检验，在回归模型中，决不遗漏一个高度相关的影响因素，也决不误选一个低度相关或不相关的影响因素。

3. 要具备市场现象自变量和因变量的数据资料

应用回归分析预测法，最终目的是预测因变量的数值。要想求得因变量值就必须要具备自变量的值，不但要求具有确定回归模型方程所需的自变量和因变量的实际观察值，而且还要能够取得预测期内的自变量值，这是求得因变量预测值的基本条件之一。预测者在应用这种预测法时，必须要考虑到自变量各期的观察值，特别是自变量在预测期的值是否能够比较顺利地取得，是否能够取得比较准确的数值。如果不具备这种条件，就无法达到回归分析预测的最终目的。

回归分析预测法的这几个应用条件，是互相联系的，不能将它们割裂开来理解。

五、回归分析预测法的一般程序

回归分析预测法尽管在形式上千差万别、各种各样，但是就回归预测的实质来说，它们有共同点。因此，根据这些共同点可以把回归预测分析的步骤概括如下。

1. 确立相关因素

相关因素的确定，这是回归分析的基础。因为只有当各因素存在着相关关系时，才可用回归分析进行预测。如果各因素不存在相关关系，或关系不重要，相关性不大，那就不能用此方法了。因此，相关变量选择的准确与否会直接影响回归预测结果的准确性。

2. 建立数学模型

根据已知的数据资料，找出变量之间相关关系的类型，并选择与其最为吻合的数学模型，代入已知数据并经过数学运算，求得有关的系数，从而建立起预测的数学模型。建立数学模型对市场预测工作来说十分重要。

3. 检验和评价数学模型

建立的数学模型是否正确，还必须用一套数理统计方法来加以检验，并测量其误差大小和精确程度。如不正确，则要重新建模或对原模型进行修正。

4. 运用数学模型进行预测

数学模型经检验后如果正确，即可用所建的数学模型进行预测和控制了。

必须指出，回归预测虽然是一种科学的定量预测方法，但决不能把预测过程看成是简单的数学运算，特别对经济预测来说，必须结合定性的分析来判断和推测未来市场的变化情况。另外，回归预测模型的适用对象必须是对象本身确实内含某种规律性，从而用回归方程能把这种规律性表示出来。如果研究对象无内在规律可循，那么也就无法进行回归预测了。

第二节　一元线性回归分析法

一元线性回归分析法，是在观察两个变量之间相互依存的线性关系形态后，借助回归分析预测法推导出该变量之间的线性回归方程式，以此来描述两个变量之间的变化规律，并运用该回归方程对市场的发展变化趋势或状态进行预测和控制。

一、一元线性回归模型

如果影响预测对象的主要因素只有一个，并且影响因素与预测对象之间呈线性关系，那么可采用简单的一元线性回归分析法。设一元线性回归方程为

$$\hat{y}_i = a + bx_i$$

则实际值为

$$y_i = a + bx_i + e_i$$

式中 x_i——自变量；

y_i——因变量；

$\hat{y}_i$——y_i 的回归值（或称估计值）；

e_i——随机扰动项；

a、b——回归系数，a 是直线在 y 轴上的截距，b 是斜率。

二、最小二乘法求解回归系数

最小二乘法就是从过去若干期实际资料中，找到一条有倾向性的趋势直线——回归直线，使回归直线到实际资料各点间的距离平方和最短，即偏差的自乘之和最小。用最小二乘法所找出的倾向性回归直线，最能代表实际资料的变动趋势，因而可作为预测之用。

偏差平方和为

$$Q = \sum_{i=1}^{n} e_i^2 = \sum_{i=1}^{n} (y_i - \hat{y}_i)^2 = \sum_{i=1}^{n} (y_i - a - bx_i)^2$$

式中 y_i——第 i 期（$i = 1, 2, \cdots, n$）的实际统计数据；

$\hat{y}_i$——第 i 期预测值；

e_i——y_i 与 $\hat{y}_i$ 的偏差；

Q——偏差平方和；

n——资料期数（数据点数）。

为使 Q 的值为最小，对 Q 表达式中的 a、b 分别求偏导数，并令其偏导数为零。即

$$\frac{\partial Q}{\partial a} = -2 \sum_{i=1}^{n} (y_i - a - bx_i) = 0$$

$$\frac{\partial Q}{\partial b} = -2 \sum_{i=1}^{n} (y_i - a - bx_i)x_i = 0$$

化成标准方程组为

$$\begin{cases} \sum_{i=1}^{n} y_i = na + b \sum_{i=1}^{n} x_i \\ \sum_{i=1}^{n} x_i y_i = a \sum_{i=1}^{n} x_i + b \sum_{i=1}^{n} x_i^2 \end{cases}$$

解得

$$\begin{cases} b = \dfrac{n \sum_{i=1}^{n} x_i y_i - \sum_{i=1}^{n} x_i \sum_{i=1}^{n} y_i}{n \sum_{i=1}^{n} x_i^2 - \left(\sum_{i=1}^{n} x_i \right)^2} \\ a = \bar{y} - b\bar{x} \end{cases}$$

得到一元线性回归预测模型

$$\hat{y} = a + bx$$

回归模型中的系数 b 反映了 x 变化一个单位对 y 的影响程度，即反映了影响因素 x 对预测对象 y 的影响大小和方向。b 值大，表示 x 对 y 的影响大；b 值小，表示 x 对 y 的影响小。b 为正，

表示 x 对 y 是正影响；b 为负，表示 x 对 y 是负影响。

三、回归模型检验

运用最小二乘法估计回归系数 a 和 b 后，就确定了一元线性回归模型。但若使用的数据资料不同，或数据资料数量多少不同，则求得的回归系数 a 和 b 就不同，一元线性回归模型也就不同。因此，在运用一元线性回归模型进行预测之前，还要借助数理统计方法对所建立的回归模型的可靠性进行检验。其内容包括以下几个方面。

（一）方差分析

在一元线性回归模型中，观察值 y_i 的数值大小是上下波动的，一般不会正好落在回归直线上，这种波动现象称为误差。产生误差的原因有两个：一是受自变量本身变动的影响，即 x 取值不同的原因是造成 y 变动的结果；二是受其他随机干扰因素的影响，包括一元线性回归模型中没有包括的其他自变量的影响、观察误差的影响等。为了分析这两方面的影响，需要对回归模型中因变量 y 的离差平方和进行分析，其目的是检验自变量 x 对因变量 y 的变异是否有显著的线性相关影响，以此判别回归效果的好坏。

对于 n 组观察值 (x_i, y_i)，$i=1, 2, \cdots, n$，n 个因变量 y 观察值的偏差的大小记为 S_T^2。$S_T^2 = \sum_{i=1}^{n}(y_i - \bar{y})^2$，反映了观察值的总离差，称为总离差平方和；$S_R^2 = \sum_{i=1}^{n}(\hat{y}_i - \bar{y})^2$，反映了回归直线引起的偏差，称为回归离差平方和；$S_E^2 = \sum_{i=1}^{n}(y_i - \hat{y}_i)^2$，反映了随机因素引起的偏差，称为随机离差平方和（也称为剩余离差平方和或残差平方和）。

由于 $S_T^2 = \sum_{i=1}^{n}(y_i - \bar{y})^2$，对于 n 组观察值 (x_i, y_i)，$i=1, 2, \cdots, n$，有

$$S_T^2 = \sum (y_i - \bar{y})^2 = \sum [(y_i - \hat{y}_i) + (\hat{y}_i - \bar{y})]^2$$
$$= \sum (y_i - \hat{y}_i)^2 + \sum (\hat{y}_i - \bar{y})^2 + 2\sum (y_i - \hat{y}_i)(\hat{y}_i - \bar{y})$$

经数理统计证明，其中交叉项等于零，因此，总离差平方和可以分解为回归平方和、剩余离差平方和两部分，即

$$\sum (y_i - \bar{y})^2 = \sum (\hat{y}_i - \bar{y})^2 + \sum (y_i - \hat{y}_i)^2$$
$$S_T^2 = S_R^2 + S_E^2$$

即总离差平方和 S_T^2 由回归离差平方和 S_R^2 与随机离差平方和 S_E^2 两部分构成。其中，$S_T^2 = \sum (y_i - \bar{y})^2$ 是 n 个观察值 $y_1, y_2, \cdots, y_n$ 对其平均值 $\bar{y}$ 的离差平方和，它的大小反映了 n 个因变量观察值的分散程度；$S_R^2 = \sum (\hat{y}_i - \bar{y})^2$ 是 n 个因变量回归值 $\hat{y}_1, \hat{y}_2, \cdots, \hat{y}_n$ 对其平均值的离差平方和，它的大小反映了 n 个因变量回归值的分散程度；$S_E^2 = \sum (y_i - \hat{y}_i)^2$ 是对应于每个因变量观察值 y_i 与其回归值 $\hat{y}_i$ 的离差平方和，它的大小反映了除自变量 x_i 之外其他随机因素对 y_i 的影响程度。

对于观察值 (x_i, y_i)，$i=1, 2, \cdots, n$，可用表 12-1 的方差分析表来计算 S_T^2、S_R^2 和 S_E^2。

表 12-1 中

$$L_{xy} = \sum (x_i - \bar{x})(y_i - \bar{y}) = \sum x_i y_i - \frac{\sum x_i \sum y_i}{n} \tag{12-1}$$

表 12-1　方差分析表

离差来源	平方和	自由度
回归（因素 x）	$S_R^2 = \sum (\hat{y}_i - \bar{y})^2 = \dfrac{L_{xy}^2}{L_{xx}}$	m
剩余（随机因素）	$S_E^2 = \sum (y_i - \hat{y}_i)^2 = L_{yy} - \dfrac{L_{xy}^2}{L_{xx}}$	$n - m - 1$
总计	$S_T^2 = \sum (y_i - \bar{y})^2 = L_{yy}$	$n - 1$

其推导过程为

$$\begin{aligned}
L_{xy} &= \sum (x_i - \bar{x})(y_i - \bar{y}) \\
&= \sum (x_i y_i - \bar{x} y_i - x_i \bar{y} + \bar{x}\bar{y}) \\
&= \sum x_i y_i - \frac{\sum x_i}{n} \cdot \sum y_i - \sum x_i \cdot \frac{\sum y_i}{n} + n \cdot \frac{\sum x_i}{n} \cdot \frac{\sum y_i}{n} \\
&= \sum x_i y_i - \frac{\sum x_i \cdot \sum y_i}{n}
\end{aligned}$$

同理

$$L_{xx} = \sum (x_i - \bar{x})^2 = \sum x_i^2 - \frac{(\sum x_i)^2}{n} \tag{12-2}$$

$$L_{yy} = \sum (y_i - \bar{y})^2 = \sum y_i^2 - \frac{(\sum y_i)^2}{n} \tag{12-3}$$

（二）标准误差分析

标准误差是指实际观察值分布在回归直线周围的离散程度的统计量，其数值大小等于剩余离差平方和的均方根值。即

$$s = \sqrt{\frac{S_E^2}{n - m - 1}} = \sqrt{\frac{\sum (y_i - \hat{y}_i)^2}{n - m - 1}}$$

s 越大，观察值对回归直线的离散程度也越大；反之亦然。当 $s/\bar{y} < 15\%$ 时，回归方程用于预测的精度令人满意；反之，则精度不能令人满意。

（三）相关分析

1. 相关系数的计算方法

相关分析是指通过相关系数 R 反映自变量 x 与因变量 y 之间的线性相关关系的强弱程度。相关系数 R 的计算方法有两种。

（1）平方根法。即

$$R^2 = \frac{S_R^2}{S_T^2} = 1 - \frac{S_E^2}{S_T^2} = \frac{\sum (\hat{y}_i - \bar{y})^2}{\sum (y_i - \bar{y})^2} = 1 - \frac{\sum (y_i - \hat{y}_i)^2}{\sum (y_i - \bar{y})^2}$$

则相关系数的计算公式为

$$R = \sqrt{\frac{\sum (\hat{y}_i - \bar{y})^2}{\sum (y_i - \bar{y})^2}} = \sqrt{1 - \frac{\sum (y_i - \hat{y}_i)^2}{\sum (y_i - \bar{y})^2}} \quad (0 \leq R^2 \leq 1)$$

（2）积差法。即

$$R^2 = \frac{\sum (\hat{y}_i - \bar{y})^2}{\sum (y_i - \bar{y})^2} = \frac{\sum (a + bx_i - a - b\bar{x})^2}{\sum (y_i - \bar{y})^2} = \frac{b^2 \sum (x_i - \bar{x})^2}{\sum (y_i - \bar{y})^2} \tag{12-4}$$

其中

$$b = \frac{n \sum x_i y_i - \sum x_i \sum y_i}{n \sum x_i^2 - (\sum x_i)^2} = \frac{L_{xy}}{L_{xx}} = \frac{\sum (x_i - \bar{x})(y_i - \bar{y})}{\sum (x_i - \bar{x})^2}$$

代入式（12-4）得

$$R^2 = \left[\frac{\sum (x_i - \bar{x})(y_i - \bar{y})}{\sum (x_i - \bar{x})^2}\right]^2 \cdot \frac{\sum (x_i - \bar{x})^2}{\sum (y_i - \bar{y})^2} = \frac{[\sum (x_i - \bar{x})(y_i - \bar{y})]^2}{\sum (x_i - \bar{x})^2 \sum (y_i - \bar{y})^2}$$

所以

$$R = \frac{\sum (x_i - \bar{x})(y_i - \bar{y})}{\sqrt{\sum (x_i - \bar{x})^2} \sqrt{\sum (y_i - \bar{y})^2}} \tag{12-5}$$

由于根据积差法定义的相关系数不需要先求回归模型的剩余变差，可以直接从样本数据中计算得到，所以在实际工作中用得较为广泛。但用积差法计算相关系数计算量比较大，因此，根据方差公式（12-1）、式（12-2）和式（12-3）可将式（12-5）简化为

$$R = \frac{n \sum x_i y_i - \sum x_i \sum y_i}{\sqrt{n \sum x_i^2 - (\sum x_i)^2} \sqrt{n \sum y_i^2 - (\sum y_i)^2}}$$

2. 相关系数的取值

由上面可以看出，相关系数的取值范围为 $-1 \leq R \leq 1$。相关系数为正值表示两变量之间为正相关；相关系数为负值表示两变量之间为负相关。相关系数的绝对值的大小表示相关程度的高低。

（1）当 $|R| = 1$ 时，称两变量完全线性相关，这时回归直线经过所有观察点；
（2）当 $0.7 \leq |R| < 1$ 时，表明两变量间有高度线性相关关系；
（3）当 $0.3 \leq |R| < 0.7$ 时，表明两变量间有中度线性相关关系；
（4）当 $0 < |R| < 0.3$ 时，表明两变量间有低度线性相关关系；
（5）当 $|R| = 0$，表明两变量为完全不相关。此时回归直线平行于 x 轴，不管 x 如何变化，因变量 y 都不发生变化。

（四）显著性检验

一元线性回归分析显著性检验分为相关系数显著性检验与回归模型显著性检验。

1. 相关系数显著性检验

相关系数是一元线性回归模型中用来衡量两个变量之间相关程度的指标。一般来说，$|R|$ 越大，说明两个变量之间的相关关系越密切。但 $|R|$ 大到什么程度时，方能认为两变量之间的相关关系是显著的，回归模型用来预测是有意义的？这个问题，对于不同的观测值，或不同组数的观测值，按照不同数值的显著性水平，衡量的标准是不同的。相关系数检验法的步骤如下。

(1) 计算相关系数 R。

(2) 选择检验的显著性水平 α。通常 α 取 5% 或 10%，其意义是指利用局部资料计算的相关系数来说明总体客观相关系数，其出错的概率是 5% 或 10%，其置信度 $(1-\alpha)$ 是 95% 或 90%。

(3) 从相关系数临界值表中查出临界值 r_c。

(4) 做出判断。若 $|R| \geq r_c$，表明两变量之间线性相关关系显著，检验通过，建立的回归模型可以用来预测；反之，若 $|R| < r_c$，表明两变量之间线性相关关系不显著，检验不能通过，这时的回归模型不能用来预测，应进一步分析原因，重新建立回归模型或对回归模型进行处理。

2. 回归模型显著性检验

回归模型显著性检验利用方差分析结果，在考虑各自的自由度前提下的回归离差平方和 S_R^2 与剩余离差平方和 S_E^2 的比值，称为 F 统计量。即

$$F = \frac{S_R^2/m}{S_E^2/(n-m-1)} \tag{12-6}$$

将计算得到的 F 值与查 F 分布表得到的临界值 F_c 进行比较，以判断回归方程是否具有显著性。其检验步骤如下。

(1) 按式（12-6）计算 F 值。

(2) 选择显著性水平 α。

(3) 根据 α 以及分子（m）和分母（$n-m-1$）的自由度，查 F 分布表的临界值 F_c。

(4) 做出判断。若 $F > F_c(\alpha, m, n-m-1)$，则认为回归预测模型具有显著水平，说明自变量 x 的变化足够解释因变量 y 的变化，从总体上看所建立的回归模型是有效的；反之，若 $F \leq F_c(\alpha, m, n-m-1)$，则认为回归预测模型达不到应有显著水平，自变量 x 的变化不足以说明因变量 y 的变化，从总体上看所建立的回归模型无效，模型不能用于预测。

四、预测区间估计

回归预测模型通过显著性检验后，就可以用于预测了。在一元线性回归模型中，对于自变量 x 的一个给定值 x_0，代入 $y = a + bx$，就可以求得一个对应的回归预测值 $\hat{y}_0$，称为点估计值。但在实践应用中，预测目标的实际值往往不是刚好就等于预测值，两者之间总会产生或大或小的偏差，如果仅仅根据点估计值的计算结果做出预测结论，难免出现错误。因此，不但要预测出 y 的点估计值，而且还要给出 y 的预测区间。所谓预测区间，是指在一定的显著性水平上，应用数理统计方法确定因变量预测值可能的区间范围。

若只要求对因变量预测置信区间做近似估计，则可利用预测点估计值 $\hat{y}_0$ 和回归分析的标准差 s，做出以下不同置信度的结论。

(1) 当置信度为 68.3% 时，预测值 $\hat{y}_0$ 的近似置信区间为

$$[\hat{y}_0 - s, \hat{y}_0 + s]$$

(2) 当置信度为 95.4% 时，预测值 $\hat{y}_0$ 的近似置信区间为

$$[\hat{y}_0 - 2s, \hat{y}_0 + 2s]$$

(3) 当置信度为 99.7% 时，预测值 $\hat{y}_0$ 的近似置信区间为

$$[\hat{y}_0 - 3s, \hat{y}_0 + 3s]$$

五、应用举例

【例 12-1】某企业某产品 2010—2016 年广告支出以及该产品销售收入资料见表 12-2，如果

2017 年广告支出达到 40 万元，试预测同时期内该产品的销售额。

表 12-2 调查资料数据和回归计算数据表   单位：万元

年份	广告支出 x_i	销售额 y_i	$x_i - \bar{x}$	$y_i - \bar{y}$	$(x_i - \bar{x})(y_i - \bar{y})$	$(x_i - \bar{x})^2$	$(y_i - \bar{y})^2$
2010	5	100	−10	−86	860	100	7 396
2011	10	120	−5	−66	330	25	4 356
2012	12	150	−3	−36	108	9	1 296
2013	15	180	0	−6	0	0	36
2014	18	200	3	14	42	9	196
2015	20	250	5	64	320	25	4 096
2016	25	300	10	114	1 140	100	12 996
∑	105	1 300	0	0	2 800	268	30 372

（1）绘制散点图，建立数学模型。根据表 12-2 的资料数据，绘散点图，如图 12-2 所示，粗略判断各散点之间能用直线进行拟合，说明 x、y 两个变量之间具有线性相关关系，可以用一元线性回归模型来描述两个变量的因果关系，即

$$\hat{y} = a + bx \tag{12-7}$$

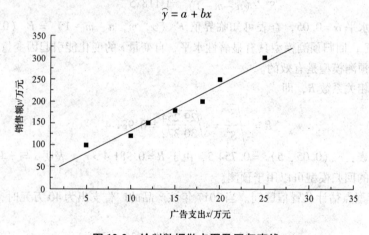

图 12-2 绘制数据散点图及回归直线

（2）计算平均值。

$$\bar{x} = \frac{\sum x_i}{n} = \frac{105}{7} = 15$$

$$\bar{y} = \frac{\sum y_i}{n} = \frac{1\,300}{7} = 186$$

（3）计算回归系数，确定预测模型。根据最小二乘法公式得到

$$b = \frac{\sum (x_i - \bar{x})(y_i - \bar{y})}{\sum (x_i - \bar{x})^2} = \frac{2\,800}{268} = 10$$

$$a = \bar{y} - b\bar{x} = 186 - 10 \times 15 = 36$$

将所求的 a、b 值代入式（12-7），得到所求的一元线性回归预测模型为

$$\hat{y} = a + bx = 36 + 10x$$

(4) 预测模型的检验。由已知条件得到

$$L_{xy} = \sum (x_i - \bar{x})(y_i - \bar{y}) = \sum x_i y_i - \frac{\sum x_i \cdot \sum y_i}{n} = 2\,800$$

$$L_{xx} = \sum (x_i - \bar{x})^2 = \sum x_i^2 - \frac{(\sum x_i)^2}{n} = 268$$

$$L_{yy} = \sum (y_i - \bar{y})^2 = \sum y_i^2 - \frac{(\sum y_i)^2}{n} = 30\,372$$

$$S_R^2 = \sum (\hat{y}_i - \bar{y})^2 = \frac{L_{xy}^2}{L_{xx}} = \frac{2\,800^2}{268} = 29\,254 \quad 自由度\ m = 1$$

$$S_E^2 = \sum (y_i - \hat{y}_i)^2 = L_{yy} - \frac{L_{xy}^2}{L_{xx}} = 30\,372 - 29\,254 = 1\,118 \quad 自由度\ n - m - 1 = 7 - 1 - 1 = 5$$

$$S_T^2 = S_R^2 + S_E^2 = 29\,254 + 1\,118 = 30\,372 \quad 自由度\ n - 1 = 7 - 1 = 6$$

计算 F 统计量，即

$$F = \frac{S_R^2 / m}{S_E^2 / (n - m - 1)} = \frac{29\,254/1}{1\,118/5} = 130.8$$

选择显著性水平 $\alpha = 0.05$，查表可知临界值 $F_c(\alpha, m, n - m - 1) = F_c(0.05, 1, 5) = 6.61$。由于 $F > F_c$，回归预测模型具有显著性水平，自变量 x 的变化能引起因变量 y 的显著变化，所以建立的回归预测模型是有效的。

也可以计算相关系数 R，即

$$R = \sqrt{\frac{S_R^2}{S_T^2}} = \sqrt{\frac{29\,254}{30\,372}} = 0.981\,4$$

查相关系数表：$r_c(0.05, 5) = 0.754\,5$，由于 $R = 0.981\,4 > r_c$，表明 x 与 y 具有高度线性相关关系，所建立的回归模型可以用于预测。

(5) 预测模型点估计及置信区间。当 2017 年该产品的广告支出为 40 万元时，相应的该产品的销售额为

$$\hat{y}_0 = 36 + 10x = 36 + 10 \times 40 = 436（万元）$$

其标准误差

$$s = \sqrt{\frac{S_E^2}{n - m - 1}} = \sqrt{\frac{1\,118}{7 - 1 - 1}} = 15$$

当置信度为 95.45% 时，预测值 y_0 的置信区间为

$$[\hat{y}_0 - 2s, \hat{y}_0 + 2s] = [436 - 2 \times 15, 436 + 2 \times 15] = [406, 466]$$

即当 2017 年该产品的广告支出为 40 万元时，相应该产品销售额在 406 万～466 万元的概率为 95.4%。

(6) 综合分析做出判断和估计。根据上面的定量分析计算，综合考虑其他因素，最后将销售额定为 430 万元左右。

【例 12-2】某地区人均收入与耐用消费品销售情况见表 12-3，请根据人均收入的变化来预测耐用品的销售额。

第十二章 回归分析预测法

表 12-3 调查数据和回归计算数据表

年份	序号	人均月收入 x_i（千元）	销售总额 y_i（十万元）	计算栏（十万元）			
				$x_i y_i$	x_i^2	y_i^2	$\hat{y}_i$
2008	1	1.5	4.8	7.20	2.25	23.04	4.65
2009	2	1.8	5.7	10.26	3.24	32.49	5.53
2010	3	2.4	7.0	16.80	5.76	49.00	7.29
2011	4	3.0	8.3	24.90	9.00	68.89	9.05
2012	5	3.5	10.9	38.15	12.25	118.81	10.51
2013	6	3.9	12.4	48.36	15.21	153.76	11.69
2014	7	4.4	13.1	57.64	19.36	171.61	13.15
2015	8	4.8	13.6	65.28	23.04	184.96	14.32
2016	9	5.0	15.3	76.50	25.00	234.09	14.91
Σ	—	30.3	91.1	345.09	115.11	1 036.65	91.10

根据预测目标很容易知道耐用品的年销售额为因变量，人均收入为自变量。因此有

$$\begin{cases} b = \dfrac{n\sum\limits_{i=1}^{n} x_i y_i - \sum\limits_{i=1}^{n} x_i \sum\limits_{i=1}^{n} y_i}{n\sum\limits_{i=1}^{n} x_i^2 - \left(\sum\limits_{i=1}^{n} x_i\right)^2} = \dfrac{9 \times 345.09 - 30.3 \times 91.1}{9 \times 115.11 - 30.3^2} = 2.930\ 3 \\ a = \bar{y} - b\bar{x} = \dfrac{91.1}{9} - 2.930\ 3 \times \dfrac{30.3}{9} = 0.256\ 8 \end{cases}$$

于是所求得的一元线性回归预测方程为

$$\hat{y}_i = 0.256\ 8 + 2.930\ 3 x_i$$

相关系数

$$R = \dfrac{\sum\limits_{i=1}^{n} x_i y_i - n \cdot \bar{x} \cdot \bar{y}}{\sqrt{\sum x_i^2 - n \cdot \bar{x}^2} \cdot \sqrt{\sum y_i^2 - n \cdot \bar{y}^2}}$$

$$= \dfrac{345.09 - 9 \times \dfrac{30.3}{9} \times \dfrac{91.1}{9}}{\sqrt{115.11 - 9 \times \left(\dfrac{30.3}{9}\right)^2} \cdot \sqrt{1\ 036.65 - 9 \times \left(\dfrac{91.1}{9}\right)^2}} = 0.864$$

说明 x 与 y 有很强的正相关关系，可以预测。

预测 2017 年当人均收入为 5 600 元时，该耐用消费品销售额的预测值为

$$\hat{y}_{2017} = 0.256\ 8 + 2.930\ 3 \times 5.6 = 16.67（十万元）$$

$$s = \sqrt{\dfrac{\sum\limits_{i=1}^{n}(y_i - \hat{y}_i)^2}{n - 2}} = 0.78$$

所以预测区间为：16.67 ± (2 × 0.78)，即预测值在（15.11，18.23）范围内的概率为 95.45%。

第三节 多元线性回归分析法

如果所要预测的经济变量的变化是几个重要因素共同作用的结果，这时就需要选取几个自变量来建立回归方程，这就是多元回归问题。多元回归分析实际上只是一元回归分析的合理延伸，两者的基本原理和方法是完全一致的，其差别就在于计算上的简繁。多元回归中最简单的就是含两个自变量的二元线性回归。

一、二元线性回归预测模型

如果总体中因变量 y 与 x_1 和 x_2 两个自变量在统计意义上有相关关系，且为线性关系，则预测公式为

$$\hat{y}_i = a + b_1 x_{1i} + b_2 x_{2i}$$

式中的回归系数可由最小二乘法确定。

$$Q = \sum e_i^2 = \sum (y_i - a - b_1 x_{1i} - b_2 x_{2i})^2$$

$$\frac{\partial Q}{\partial a} = -2 \sum (y_i - a - b_1 x_{1i} - b_2 x_{2i}) = 0$$

$$\frac{\partial Q}{\partial b_1} = -2 \sum (y_i - a - b_1 x_{1i} - b_2 x_{2i}) x_{1i} = 0$$

$$\frac{\partial Q}{\partial b_2} = -2 \sum (y_i - a - b_1 x_{1i} - b_2 x_{2i}) x_{2i} = 0$$

整理后得正规方程组

$$\begin{cases} \sum y_i = na + b_1 \sum x_{1i} + b_2 \sum x_{2i} \\ \sum x_{1i} y_i = a \sum x_{1i} + b_1 \sum x_{1i}^2 + b_2 \sum x_{1i} x_{2i} \\ \sum x_{2i} y_i = a \sum x_{2i} + b_1 \sum x_{1i} x_{2i} + b_2 \sum x_{2i}^2 \end{cases} \quad (12\text{-}8)$$

解这个方程组就可求得参数 a、b_1、b_2 的值，即可得到

回归方程
$$\hat{y}_i = a + b_1 x_{1i} + b_2 x_{2i}$$

标准离差
$$s = \sqrt{\frac{\sum_{i=1}^{n}(y_i - \hat{y}_i)^2}{n-3}}$$

复相关系数
$$R = \sqrt{1 - \frac{\sum(y_i - \hat{y}_i)^2}{\sum(y_i - \bar{y})^2}}$$

【例 12-3】 设某国每年小麦出口量的增长率 y 和该年小麦产量的增长率 x_1 及出口税率 x_2 有线性关系，其 2007—2016 年的样本数据见表 12-4，求样本的回归方程并预测 2017 年的小麦出口量增长率。

将表 12-4 中数据代入正规方程得

$$\begin{cases} 110 = 10a + 104 b_1 + 27 b_2 \\ 1\ 282 = 104a + 1\ 500 b_1 + 279 b_2 \\ 256 = 27a + 279 b_1 + 89 b_2 \end{cases}$$

表 12-4　调查数据及回归计算数据表

年份	出口增长率 y	产量增长率 x_1	出口税率 x_2	$x_1 y$	$x_2 y$	$x_1 x_2$	x_1^2	x_2^2	y^2	$\hat{y}_i$	$(y_i - \hat{y}_i)^2$	$(y_i - \bar{y})^2$
2007	4	2	5	8	20	10	4	25	16	2.549	2.105	49
2008	9	1	2	9	18	2	1	4	81	9.763	0.582	4
2009	12	5	1	60	12	5	25	1	144	13.55	2.403	1
2010	16	8	1	128	16	8	64	1	256	14.507	2.229	25
2011	10	14	3	140	30	42	196	9	100	11.399	1.957	1
2012	5	7	4	35	20	28	49	16	25	6.655	2.739	36
2013	18	16	2	288	36	32	256	4	324	14.548	11.916	49
2014	14	20	2	280	28	40	400	4	196	15.824	3.327	9
2015	12	12	3	144	36	36	144	9	144	10.761	1.535	1
2016	10	19	4	190	40	76	361	16	100	10.483	0.233	1
∑	110	104	27	1 282	256	279	1 500	89	1 386	110.039	29.026	176

解这个方程组得

$$\begin{cases} a = 14.466 \\ b_1 = 0.319 \\ b_2 = -2.511 \end{cases}$$

所以，回归预测方程为

$$\hat{y} = 14.466 + 0.319 x_1 - 2.511 x_2$$

$b_1 > 0$，$b_2 < 0$，就说明了随着小麦产量增长率的提高，小麦出口量的增长率也提高，而随着出口税率的提高，小麦出口量的增长率是下降的。

$$R = \sqrt{1 - \frac{\sum (y_i - \hat{y}_i)^2}{\sum (y_i - \bar{y})^2}} = \sqrt{1 - \frac{29.026}{176}} = \sqrt{0.835} = 0.91$$

$$s = \sqrt{\frac{\sum_{i=1}^{n}(y_i - \hat{y}_i)^2}{n - 3}} = \sqrt{\frac{29.026}{7}} = \sqrt{4.1466} = 2.03$$

预测 2017 年当产量增长率 $x_1 = 10$，出口税率 $x_2 = 3$ 时，出口增长率为

$$\begin{aligned} \hat{y}_{2017} &= 14.466 + 0.319 x_1 - 2.511 x_2 \\ &= 14.466 + 0.319 \times 10 - 2.511 \times 3 \\ &= 10.123 \end{aligned}$$

所以，预测区间为

$$\hat{y} \pm 2s = 10.123 \pm 2 \times 2.03$$

即预测值在（6.063，14.183）范围内的概率为 95.45%。

二、多元线性回归预测模型

同样的方法，可以得出三元线性回归预测模型

$$\hat{y}_i = a + b_1 x_{1i} + b_2 x_{2i} + b_3 x_{3i}$$

其中 a，b_1，b_2，b_3 可由下列正规方程组解出

$$\begin{cases} \sum y_i = na + b_1 \sum x_{1i} + b_2 \sum x_{2i} + b_3 \sum x_{3i} \\ \sum x_{1i} y_i = a \sum x_{1i} + b_1 \sum x_{1i}^2 + b_2 \sum x_{1i} x_{2i} + b_3 \sum x_{1i} x_{3i} \\ \sum x_{2i} y_i = a \sum x_{2i} + b_1 \sum x_{1i} x_{2i} + b_2 \sum x_{2i}^2 + b_3 \sum x_{2i} x_{3i} \\ \sum x_{3i} y_i = a \sum x_{3i} + b_1 \sum x_{1i} x_{3i} + b_2 \sum x_{2i} x_{3i} + b_3 \sum x_{3i}^2 \end{cases}$$

同理，对于 m 个自变量的回归预测模型

$$\hat{y}_i = a + b_1 x_{1i} + b_2 x_{2i} + b_3 x_{3i} + \cdots + b_m x_{mi}$$

其中的参数 a、b_1、b_2、b_3、$\cdots$、b_m 可由下列正规方程组解出。

$$\begin{cases} \sum y_i = na + b_1 \sum x_{1i} + b_2 \sum x_{2i} + b_3 \sum x_{3i} + \cdots + b_m \sum x_{mi} \\ \sum x_{1i} y_i = a \sum x_{1i} + b_1 \sum x_{1i}^2 + b_2 \sum x_{1i} x_{2i} + b_3 \sum x_{1i} x_{3i} + \cdots + b_m \sum x_{1i} x_{mi} \\ \sum x_{2i} y_i = a \sum x_{2i} + b_1 \sum x_{1i} x_{2i} + b_2 \sum x_{2i}^2 + b_3 \sum x_{2i} x_{3i} + \cdots + b_m \sum x_{2i} x_{mi} \\ \quad\quad\quad\quad\quad\quad\quad\quad\quad\quad \vdots \\ \sum x_{mi} y_i = a \sum x_{mi} + b_1 \sum x_{1i} x_{mi} + b_2 \sum x_{2i} x_{mi} + b_3 \sum x_{3i} x_{mi} + \cdots + b_m \sum x_{mi}^2 \end{cases}$$

标准离差　　　　　$s = \sqrt{\dfrac{\sum_{i=1}^{n}(y_i - \hat{y}_i)^2}{n - m - 1}}$　　（m 为自变量的个数）

复相关系数　　　　$R = \sqrt{1 - \dfrac{\sum(y_i - \hat{y}_i)^2}{\sum(y_i - \bar{y})^2}}$

对于自变量超过 3 个时，可利用计算机来求解参数。

第四节　非线性回归分析法

在进行相关关系的回归分析时，常遇到的问题是因变量和自变量间的关系并不是线性模型，而是曲线型。这时通常采用变量代换法将非线性模式线性化，然后按照线性模式的方法处理。

一、常用的可化为线性回归的非线性回归模型

1. 双曲线

方程：

$$y = a + \frac{b}{x}$$

作变量代换：

$$x' = \frac{1}{x}$$

变换后的线性方程：

$$y = a + bx'$$

2. 幂函数

方程：

$$y = ax^b$$

取对数：
$$\ln y = \ln a + b\ln x$$

作变量代换：
$$x' = \ln x \qquad y' = \ln y \qquad a' = \ln a$$

变换后的线性方程：
$$y' = a' + bx'$$

3. 对数曲线

方程：
$$y = a + b\ln x$$

作变量代换：
$$x' = \ln x$$

变换后的线性方程：
$$y = a + bx'$$

4. 指数曲线

方程：
$$y = ab^x$$

取对数：
$$\ln y = \ln a + \ln b \cdot x$$

作变量代换：
$$y' = \ln y \qquad a' = \ln a \qquad b' = \ln b$$

变换后的线性方程：
$$y' = a' + b'x$$

5. 倒指数曲线

方程：
$$y = ae^{\frac{1}{x}}$$

取对数：
$$\ln y = \ln a + b \cdot \frac{1}{x} \ln e$$

作变量代换：
$$x' = \frac{1}{x} \qquad y' = \ln y \qquad a' = \ln a$$

变换后的线性方程：
$$y' = a' + bx'$$

6. S 形曲线

方程：
$$y = \frac{1}{a + be^{-x}}$$

取倒数：
$$\frac{1}{y} = a + be^{-x}$$

作变量代换：
$$x' = e^{-x} \qquad y' = \frac{1}{y}$$

变换后的线性方程：

$$y' = a + bx'$$

二、应用举例

【例12-4】 某商店各个时期的商品流通费水平和商品零售额呈双曲函数模型，数据见表12-5。试预测下期的流通费水平（如果商品零售额为28万元）。

表12-5 调查数据及回归计算数据表

商品零售额 x/万元	商品流通费水平 y/%	$x' = \dfrac{1}{x}$	$(x')^2$	yx'
9.5	6.0	0.105	0.011 03	0.63
11.5	4.6	0.087	0.007 56	0.40
13.5	4.0	0.074	0.005 49	0.30
15.5	3.2	0.065	0.004 16	0.21
17.5	2.8	0.057	0.003 27	0.16
19.5	2.5	0.051	0.002 63	0.13
21.5	2.4	0.047	0.002 16	0.11
23.5	2.3	0.043	0.001 81	0.10
25.5	2.2	0.039	0.001 54	0.09
27.5	2.1	0.036	0.001 32	0.08
$\sum$	32.1	0.604	0.040 97	2.21

解：双曲线预测模型

$$\hat{y} = a + \frac{b}{x}$$

令

$$x' = \frac{1}{x}$$

则

$$\hat{y} = a + bx'$$

根据一元线性回归模型求出参数 a、b：

$$b = \frac{n\sum x'y - \sum x' \sum y}{n\sum (x')^2 - (\sum x')^2} = \frac{10 \times 2.21 - 0.604 \times 32.1}{10 \times 0.040\ 97 - (0.604)^2} = 60.4$$

$$a = \bar{y} - b \cdot \overline{x'} = \frac{32.1}{10} - 60.4 \times \frac{0.604}{10} = -0.437\ 7$$

则

$$\hat{y} = -0.437\ 7 + 60.4 x'$$

所以

$$\hat{y} = -0.437\ 7 + 60.4\ \frac{1}{x}$$

当商品零售额为28万元时，流通费水平为

$$\hat{y} = -0.437\ 7 + 60.4\ \frac{1}{x} = -0.437\ 7 + 60.4 \times \frac{1}{28} = 1.72\%$$

【例12-5】 某厂产品产量与成本相关资料见表12-6，若该厂10月份的产量为13吨，预计其成本将会达到什么水平。

表 12-6　调查数据及回归计算数据表

月份	产量 x/吨	成本 y/元·吨$^{-1}$	x^2	$y' = \ln y$	$(y')^2$	xy'	xy
1	10.00	545.60	100.00	2.736 9	7.490 6	27.369	5 456
2	10.25	525.20	105.06	2.720 3	7.400 0	27.883	5 383.3
3	10.50	521.56	110.25	2.717 3	7.383 7	28.532	5 476.38
4	10.75	505.20	115.56	2.703 5	7.308 9	29.063	5 430.9
5	11.00	498.49	121.00	2.697 7	7.277 6	29.675	5 438.39
6	11.25	484.20	126.56	2.685 0	7.209 2	30.206	5 447.25
7	11.50	476.22	132.25	2.677 8	7.170 6	30.795	5 476.53
8	11.75	461.20	138.06	2.663 9	7.096 6	31.301	5 419.1
9	12.00	451.71	144.00	2.654 9	7.048 5	31.859	5 420.52
$\sum$	99	—	1 092.7	24.257 3	65.386	266.68	48 993.37

从表 12-6 中可以看出，该厂产量是逐月上升的，而成本是逐月下降的，产量与成本之间是负相关关系，但成本降低的程度并不是随着产量的增加而均匀地变化的。逐期的产量是按等差（0.25）增加的，但成本是按等比（0.97）下降的。因此，该回归模型不能采用一元线性回归模型，而应选择指数模型。即

$$\hat{y} = ab^x$$
$$\ln \hat{y} = \ln a + (\ln b) x$$
$$y' = a' + b'x$$

$$b' = \frac{n\sum xy' - \sum x \sum y'}{n\sum x^2 - (\sum x)^2} = \frac{9 \times 266.68 - 99 \times 24.257\ 3}{9 \times 1\ 092.74 - (99.0)^2} = -0.039\ 4$$

$$a' = \overline{y'} - b' \cdot \overline{x} = \frac{24.257\ 3}{9} - (-0.039\ 4) \times \frac{99.0}{9} = 3.128\ 7$$

所以

$$y' = a' + b'x = 3.128\ 7 - 0.039\ 4x$$
$$\ln \hat{y} = \ln a + (\ln b) x = 3.128\ 7 - 0.039\ 4x$$

取 e 指数

$$\hat{y} = e^{3.128\ 7 - 0.039\ 4x} = 1\ 344.93\ (0.913)^x$$
$$s = 3.582\ 5\ (元/吨)$$

如果建立一元线性回归模型则预测方程为

$$\begin{cases} b = \dfrac{n\sum\limits_{i=1}^{n} x_i y_i - \sum\limits_{i=1}^{n} x_i \sum\limits_{i=1}^{n} y_i}{n\sum\limits_{i=1}^{n} x_i^2 - (\sum\limits_{i=1}^{n} x_i)^2} = \dfrac{9 \times 48\ 993.37 - 99 \times 4\ 469.38}{9 \times 1\ 092.7 - (99.0)^2} = -71.974\ 3 \\ a = \overline{y} - b\overline{x} = \dfrac{4\ 469.38}{9} - (-71.974\ 3) \times \dfrac{99}{9} = 1\ 287.215\ 1 \end{cases}$$

$$\hat{y} = 1\ 287.215\ 1 - 71.974\ 3x$$
$$s = 14.463\ 0\ (元/吨)$$

由此可见,在该例中用线性回归的效果远不如指数曲线回归效果好。实际上,从问题本身的实际意义也可以看出单位产品成本不可能随着产量的增加而按线性趋势一味地降低下去,那将会出现当产量增加到一定数量时,成本变成零的不合理现象。因此,线性回归对该问题不是合理的模型,而应采用指数模型。

若该厂 10 月份产量为 13 吨,则可求得成本的预测值为

$$\hat{y} = 1\,344.93\,(0.913)^x = 1\,344.93 \times (0.913)^{13} = 416.93\,(元/吨)$$

本章小结

回归分析是研究自变量与因变量之间的关系的一种方法。其目的在于根据已知自变量来估计预测因变量的数值。

相关分析与回归分析是两个既有区别又有联系的基本概念,相关分析是研究两个或两个以上随机变量之间相互关系的密切程度,不表示它们的相关形式。回归分析是研究某因变量与一个或多个自变量之间的数量变动关系。二者的区别:相关分析研究的都是随机变量,并且不分自变量和因变量;回归分析研究的变量要定出自变量和因变量,并且自变量是确定的普通变量,因变量是随机变量。二者的联系:它们是研究现象之间相互依存关系的两个不可分割的方面。在实际工作中,一般先进行相关分析,由相关系数的大小决定是否需要进行回归分析,在相关分析的基础上必须结合回归模型,以便进行推算、预测。

回归模型的种类,根据回归模型自变量的多少可分为一元回归模型和多元回归模型;根据回归模型是否存在线性相关的关系可分为线性回归模型和非线性回归模型。

一元线性回归模型的预测过程包括:①列出回归模型;②求解回归系数 a、b;③显著性检验(包括相关系数显著性检验和回归模型显著性检验);④进行预测(包括点估计和区间估计)。

多元线性回归模型的预测过程包括:①建立多元线性回归预测模型;②求解回归参数;③进行显著性检验;④进行点估计和区间估计。

非线性回归模型的预测过程包括:①通过画图或进行曲线配合判断变量模型的类型,选用最合适的曲线模型;②通过变量代换将非线性模型变为线性模型;③针对变换后的线性模型,利用最小二乘法估计模型回归系数;④进行显著性检验;⑤将变量代回原模型,进行点估计和区间估计。

复习思考题

1. 一元线性回归分析法和多元线性回归分析法在什么情况下使用?
2. 相关系数 R 的取值表明变量之间有什么关系?
3. 如何计算标准误差?如何运用它进行区间估计?
4. 已知观察期数据资料见表 12-7。

表 12-7 观察期数据资料

x	2	3	5	6	7	9	10	12
y	6	8	11	14	16	19	22	25

求:
(1) 建立一元线性回归预测模型;
(2) 计算相关系数 R;
(3) 计算标准误差 s。

第十三章

马尔柯夫预测法

★ 知识目标

通过本章的学习，了解马尔柯夫预测法的提出；正确理解状态及状态转移的概念；掌握马尔柯夫预测模型的建立；熟练掌握市场占有率预测的应用；熟悉期望利润预测的应用。

★ 能力目标

通过本章的学习，培养通过建立动态的预测模型来进行市场占有率的预测和期望利润预测的能力。

★ 引导案例

青蛙下一时刻将在何处

在经济现象中存在着一种"无后效性"，即"系统在每一时刻的状态仅仅取决于前一时刻的状态"。

有一个很形象的例子来形容这一现象。池塘里有三张荷叶，编号为 1，2，3，假设有只青蛙在荷叶上随机地跳来跳去，在初始时刻 t_0，它在第 2 张荷叶上；在时刻 t_1，它可能跳到第 1 张或第 3 张荷叶上，也可能在原地不动。人们把青蛙在某个时刻所在的荷叶称为青蛙所处的状态。这样，青蛙在未来处于什么状态，只与它现在所处的状态有关，与它以前所处的状态无关。这种性质就是所谓的"无后效性"，具备这个性质的离散性随机过程，称为马尔柯夫链。

马尔柯夫（A. A. Markov）是俄国数学家，他所提出的数学方法已被广泛地运用于天文、气象预报，在 20 世纪 80 年代又被引入经济管理和预测中。马尔柯夫预测法是应用概率论中马尔柯夫链的理论和方法来研究分析有关经济现象变化规律并借此预测未来状况的一种预测方法。

第一节　马尔柯夫预测法概述

所谓巴尔柯夫链，就是一种随机时间序列，它在将来取什么值，只与它现在的取值有关，而与它过去取什么值无关，既无后效性（系统在每一时刻的状态仅仅取决于前一时刻的状态）。

马尔柯夫链的理论和方法是从研究对象在不同时刻的状态入手，考虑并描述状态之间发生转移的可能性以及研究对象所有的变化过程，在此基础上对所研究对象未来的发展状态进行预测。下面先介绍相关的基本概念。

一、状态

如前面"引导案例"说的，青蛙所在的那张荷叶，称为青蛙所处的状态。在经济系统的研究中，一种经济现象在某一时刻 t 所出现的某种结果，就是该系统在时间 t 所处的状态。依所研究的现象及预测目标的不同，状态的划分可有不同的表现形式。例如，在市场预测中，可把销售状况划分为"畅销""一般""滞销"三种状态；或把企业的经营状况划分为"盈利""亏损"两种状态等。

通常，人们把随机运动系统的随机变量 X 在时刻 t 所处的状态 i 表示为

$$X_t = E_i \ (i = 1, 2, \cdots, n; \ t = 1, 2, \cdots)$$

二、状态转移概率

由一种状态转变到另一种状态的过程称为状态转移，由于状态转移是随机的，因此，必须用概率来描述状态转移可能性的大小。由状态 E_i 转移到状态 E_j 的概率，称为从 i 到 j 的转移概率，记为

$$p_{ij} = p \ (E_i \rightarrow E_j)$$

【例 13-1】 某地区有甲、乙、丙三家食品厂生产同一种食品，有 1 000 个用户（或购货点），假定在研究期间无新用户加入也无老用户退出，只有用户的转移。已知 2016 年 5 月份有 500 户是甲厂的顾客；400 户是乙厂的顾客；100 户是丙厂的顾客。6 月份，甲厂有 400 户原来的顾客，上月的顾客有 50 户转入乙厂，50 户转入丙厂；乙厂有 300 户原来的顾客，上月的顾客有 20 户转入甲厂，80 户转入丙厂；丙厂有 80 户原来的顾客，上月的顾客有 10 户转入甲厂，10 户转入乙厂。试计算其状态转移概率。

解：由题意得 6 月份顾客转移情况，见表 13-1。

表 13-1　6 月份顾客转移情况

从＼到	甲	乙	丙	合计
甲	400	50	50	500
乙	20	300	80	400
丙	10	10	80	100
合计	430	360	210	1 000

于是

$$p_{11} = \frac{400}{500} = 0.8, \quad p_{12} = \frac{50}{500} = 0.1, \quad p_{13} = \frac{50}{500} = 0.1$$

$$p_{21} = \frac{20}{400} = 0.05, \quad p_{22} = \frac{300}{400} = 0.75, \quad p_{23} = \frac{80}{400} = 0.2$$

$$p_{31} = \frac{10}{100} = 0.1, \quad p_{32} = \frac{10}{100} = 0.1, \quad p_{33} = \frac{80}{100} = 0.8$$

三、状态转移概率矩阵

从例 13-1 看到，状态转移概率具有如下特征：

$$0 \leqslant p_{ij} \leqslant 1 \quad i, j = 1, 2, \cdots, N$$

$$\sum_{j=1}^{N} p_{ij} = 1 \quad i = 1, 2, \cdots, N$$

并且，在一定的条件下，系统只能处在 E_1，E_2，$\cdots$，E_N 这 N 个状态中，而且每次只能处在一个状态中，那么每一个状态都有 N 个转向（包括转向自身）。则第 i 种状态的转移概率共有 N 个，即 p_{i1}，p_{i2}，$\cdots$，p_{iN} ($i = 1, 2, \cdots, N$)。如果把 p_{ij} 作为矩阵的第 i 行，那么 N 个状态（$j = 1, 2, \cdots, N$）共有 N 行，其构成的矩阵

$$\boldsymbol{P} = \begin{bmatrix} p_{11} & p_{12} & \cdots & p_{1N} \\ p_{21} & p_{22} & \cdots & p_{2N} \\ \vdots & \vdots & \vdots & \vdots \\ p_{N1} & p_{N2} & \cdots & p_{NN} \end{bmatrix}$$

称为状态转移概率矩阵。

状态转移概率矩阵完全描述了所研究对象的变化过程。上述矩阵为一步转移概率矩阵。对于多步转移概率矩阵，可按如下定义给出。

若系统在时刻 t_0 处于状态 i，经过 n 步转移，在时刻 t_n 处于状态 j。那么，对这种转移的可能性的数量描述称为 n 步转移概率，记为 $p_{ij}(n)$。

令

$$\boldsymbol{P}(n) = \begin{bmatrix} p_{11}(n) & p_{12}(n) & \cdots & p_{1N}(n) \\ p_{21}(n) & p_{22}(n) & \cdots & p_{2N}(n) \\ \vdots & \vdots & \vdots & \vdots \\ p_{N1}(n) & p_{N2}(n) & \cdots & p_{NN}(n) \end{bmatrix}$$

则称 $\boldsymbol{P}(n)$ 为 n 步转移概率矩阵。

特别是当 $n = 2$ 时，$p_{ij}(2)$ 为二步转移概率，$\boldsymbol{P}(2)$ 为二步转移概率矩阵。二步转移概率矩阵可由一步转移概率矩阵求出：

$$p_{ij}(2) = \sum_{k=1}^{N} p_{ik} p_{kj} \quad k = 1, 2, \cdots, N$$

即系统从状态 i 出发，经二步转移到状态 j 的概率等于系统从状态 i 出发经一步转移到状态 k ($k = 1, 2, \cdots, N$)，然后从状态 k 转移到状态 j 的概率总和。

有

$$\boldsymbol{P}(2) = \begin{bmatrix} p_{11}(2) & p_{12}(2) & \cdots & p_{1N}(2) \\ p_{21}(2) & p_{22}(2) & \cdots & p_{2N}(2) \\ \vdots & \vdots & \vdots & \vdots \\ p_{N1}(2) & p_{N2}(2) & \cdots & p_{NN}(2) \end{bmatrix}$$

$$= \begin{bmatrix} \sum_{k=1}^{N} p_{1k}p_{k1} & \sum_{k=1}^{N} p_{1k}p_{k2} & \cdots & \sum_{k=1}^{N} p_{1k}p_{kN} \\ \sum_{k=1}^{N} p_{2k}p_{k1} & \sum_{k=1}^{N} p_{2k}p_{k2} & \cdots & \sum_{k=1}^{N} p_{2k}p_{kN} \\ \vdots & \vdots & \vdots & \vdots \\ \sum_{k=1}^{N} p_{Nk}p_{k1} & \sum_{k=1}^{N} p_{Nk}p_{k2} & \cdots & \sum_{k=1}^{N} p_{Nk}p_{kN} \end{bmatrix}$$

$$= \begin{bmatrix} p_{11} & p_{12} & \cdots & p_{1N} \\ p_{21} & p_{22} & \cdots & p_{2N} \\ \vdots & \vdots & \vdots & \vdots \\ p_{N1} & p_{N2} & \cdots & p_{NN} \end{bmatrix} \cdot \begin{bmatrix} p_{11} & p_{12} & \cdots & p_{1N} \\ p_{21} & p_{22} & \cdots & p_{2N} \\ \vdots & \vdots & \vdots & \vdots \\ p_{N1} & p_{N2} & \cdots & p_{NN} \end{bmatrix}$$

$$= \begin{bmatrix} p_{11} & p_{12} & \cdots & p_{1N} \\ p_{21} & p_{22} & \cdots & p_{2N} \\ \vdots & \vdots & \vdots & \vdots \\ p_{N1} & p_{N2} & \cdots & p_{NN} \end{bmatrix}^{2} = P^{2}$$

同理，对于 n 步转移概率有

$$p_{ij}(n) = \sum_{k=1}^{N} p_{ik}(n-1) p_{kj}$$

$$P(n) = P(n-1) P = P^{n}$$

并且，n 步转移概率与一步转移概率一样，具有以下性质：

(1) $0 \leq p_{ij}(n) \leq 1$ （$i, j = 1, 2, \cdots, N$）。

(2) $\sum_{j=1}^{N} p_{ij}(n) = 1$ （$i = 1, 2, \cdots, N$）。

第二节　马尔柯夫预测法的最简单类型

马尔柯夫预测法在现实经济生活中有着广泛的用途。通过运用马尔柯夫链的方法来建立预测模型，就可以预测下一期最可能出现的状态，还可以进行市场占有率预测和期望利润预测，从而形成相应的预测方法。

本节先介绍马尔柯夫预测法的最简单类型，即预测下一期最可能出现的状态，可按以下步骤来完成。

（1）划分预测对象所出现的状态。从预测目的出发，并考虑决策者的需要来划分现象所处的状态。

（2）计算初始概率。在实际问题中，分析历史资料所得到的状态概率称为初始概率。设有 N 个状态 $E_1, E_2, \cdots, E_N$。观察了 M 个时期，其中状态 E_i（$i = 1, 2, \cdots, N$）共出现了 M_i 次。有

$$f_i = M_i / M$$

f_i 就是 E_i 出现的频率,用它近似表示 E_i 状态的概率,即 $f_i \approx p_i$ ($i=1,2,\cdots,N$)。

(3) 计算状态转移概率。仍然以频率近似地表示概率来进行计算。首先计算由 E_i 状态转移到 E_j 状态的频率 $f(E_i \to E_j)$。从第二步知道 E_i 出现了 M_i 次,接着从 M_i 个 E_i 出发,计算下一步转移到 E_j 状态的个数 M_{ij},于是得到

$$f(E_i \to E_j) = M_{ij}/M_i$$

并使

$$f(E_i \to E_j) \approx p_{ij}$$

(4) 根据转移概率进行预测。由上一步可得状态转移概率矩阵 **P**。如果目前预测对象处于状态 E_i,这时 p_{ij} 就描述目前状态 E_i 在未来将转向状态 E_j ($j=1,2,\cdots,N$) 的可能性。按最大可能性作为选择的原则,选择($p_{i1},p_{i2},\cdots,p_{iN}$)中最大者为预测结果。

【例 13-2】某商店在最近 20 个月的商品销售量统计记录见表 13-2。试预测第 21 个月的商品销售情况。

表 13-2　商品销售量统计表　　　　　　　　单位:千件

时间 t	1	2	3	4	5	6	7	8	9	10	11	12	13	14	15	16	17	18	19	20
销售量	40	45	80	120	110	38	40	50	62	90	110	130	140	120	55	70	45	80	110	120

解:依马尔柯夫预测法步骤进行预测。
(1) 划分状态。以盈利状况为标准选取:
①销售量<60 千件,属滞销;
② 60 千件≤销售量≤100 千件,属一般;
③销售量>100 千件,属畅销。
(2) 计算初始概率。由表 13-2 可以看出:
处于滞销状态的有

$$M_1 = 7$$

处于一般状态的有

$$M_2 = 5$$

处于畅销状态的有

$$M_3 = 8$$

(3) 计算状态转移概率矩阵。在计算转移概率时,最后一个数据不参加计算,因为它究竟转移到哪个状态尚不清楚。
由表 13-2 可得

$$M_{11} = 3, M_{12} = 4, M_{13} = 0$$
$$M_{21} = 1, M_{22} = 1, M_{23} = 3$$
$$M_{31} = 2, M_{32} = 0, M_{33} = 5$$

从而

$$p_{11} = 3/7, p_{12} = 4/7, p_{13} = 0/7$$
$$p_{21} = 1/5, p_{22} = 1/5, p_{23} = 3/5$$
$$p_{31} = 2/7, p_{32} = 0/7, p_{33} = 5/7$$

所以

$$\boldsymbol{P} = \begin{bmatrix} 3/7 & 4/7 & 0 \\ 1/5 & 1/5 & 3/5 \\ 2/7 & 0 & 5/7 \end{bmatrix}$$

(4) 预测第 21 个月的销售情况。由于第 20 个月的销售量属于畅销状态,而经由一次转移到达三种状态的概率分别是

$$p_{31} = 2/7, \quad p_{32} = 0, \quad p_{33} = 5/7$$

即

$$p_{33} > p_{31} > p_{32}$$

因此,第 21 个月超过 100 千件的可能性最大,即预测第 21 个月的销售状态是"畅销"。

第三节 市场占有率预测

企业的产品在市场销售总额中各占一定的比例,如何通过现有的市场占有率和转移概率来预测企业在其后时期的市场占有率,这对企业正确定位、制订相应政策和发展战略都有着重大的意义。

从前面的讨论看到,马尔柯夫预测法的基本原理是:本期市场占有率仅取决于上期市场占有率及转移概率。如果假设市场的发展变化只与当前市场条件有关,没有新的竞争者加入,也没有旧的竞争者退出,顾客阵容保持不变,顾客在不同品牌之间流动的概率也保持不变,这样就可用马尔柯夫预测法对市场占有率进行预测了。

一、马尔柯夫预测模型

设系统在 $k=0$ 时所处的初始状态 $S^{(0)} = (p_1^{(0)}, p_2^{(0)}, \cdots, p_N^{(0)})$ 为已知,经过 k 步转移后处在 $S^{(k)} = (p_1^{(k)}, p_2^{(k)}, \cdots, p_N^{(k)})$ 状态,且有 $p_i^{(k)} \geq 0, \sum_{i=1}^{N} p_i^{(k)} = 1$。则马尔柯夫预测模型为

$$p_i^{(k)} = \sum_{i=1}^{N} p_i^{(k-1)} p_{ij} \quad k = 1, 2, \cdots$$

用向量表示为

$$S^{(k)} = S^{(k-1)} P = \cdots = S^{(0)} P^k$$

写成矩阵形式为

$$S^{(k)} = (p_1^k, p_2^{(k)}, \cdots, p_N^{(k)}) = (p_1^{(k-1)}, p_2^{(k-1)}, \cdots, p_N^{(k-1)}) \begin{bmatrix} p_{11} & p_{12} & \cdots & p_{1N} \\ p_{21} & p_{22} & \cdots & p_{2N} \\ \cdots & \cdots & \cdots & \cdots \\ p_{N1} & p_{N2} & \cdots & p_{NN} \end{bmatrix}$$

$$= (p_1^{(0)}, p_0^{(0)}, \cdots, p_N^{(0)}) \begin{bmatrix} p_{11} & p_{12} & \cdots & p_{1N} \\ p_{21} & p_{22} & \cdots & p_{2N} \\ \cdots & \cdots & \cdots & \cdots \\ p_{N1} & p_{N2} & \cdots & p_{NN} \end{bmatrix}^k$$

即第 k 期的市场占有率等于初始占有率与 k 步转移概率矩阵的乘积。

二、稳定状态

从预测角度来考虑一个预测系统,当然不希望系统的变化永无休止地发展下去,而希望经过一个较长时间后系统能处于一个稳定的状态。所谓稳定的状态就是顾客(或用户)的流动对市场占有率将不起影响;即各厂丧失的顾客(或用户)与争取到的顾客(或用户)相抵消。这

时的市场占有率, 称为稳定状态的市场占有率或终极市场占有率。现在的问题是当系统处于稳定状态时, 如何求出稳定状态的概率。

当系统处于稳定状态时, 有 $S^{(n)} = S^{(n-1)}$, 即系统第 n 期的状态概率与 $n-1$ 期状态概率相等, 且有

$$\sum_{i=1}^{N} p_i^{(n)} = 1$$

由马尔柯夫预测模型得

$$S^{(n)} = S^{(n-1)} P$$

于是有

$$S^{(n)} = S^{(n)} P$$

写成矩阵形式

$$(p_1^{(n)}, p_2^{(n)}, \cdots, p_N^{(n)}) = (p_1^{(n)}, p_2^{(n)}, \cdots, p_N^{(n)}) \begin{bmatrix} p_{11} & p_{12} & \cdots & p_{1N} \\ p_{21} & p_{22} & \cdots & p_{2N} \\ \vdots & \vdots & \vdots & \vdots \\ p_{N1} & p_{N2} & \cdots & p_{NN} \end{bmatrix}$$

将上式展开, 得

$$\begin{cases} p_1^{(n)} = p_1^{(n)} p_{11} + p_2^{(n)} p_{21} + \cdots + p_N^{(n)} p_{N1} \\ p_2^{(n)} = p_1^{(n)} p_{12} + p_2^{(n)} p_{22} + \cdots + p_N^{(n)} p_{N2} \\ \vdots \\ p_N^{(n)} = p_1^{(n)} p_{1N} + p_2^{(n)} p_{2N} + \cdots + p_N^{(n)} p_{NN} \end{cases}$$

该方程组有 N 个未知量 $p_1^{(n)}, p_2^{(n)}, \cdots, p_N^{(n)}$, 但它们不是独立的, 还有一个约束条件

$$p_1^{(n)} + p_2^{(n)} + \cdots + p_N^{(n)} = 1$$

为此, 可将以上方程组中消去一个方程, 不妨就消去第 N 个方程, 加上约束条件, 并移项整理后, 可得新的方程组

$$\begin{cases} (p_{11}-1) p_1^{(n)} + p_{21} p_2^{(n)} + \cdots + p_{N1} p_N^{(n)} = 0 \\ p_{12} p_1^{(n)} + (p_{22}-1) p_2^{(n)} + \cdots + p_{N2} p_N^{(n)} = 0 \\ \cdots \\ p_1^{(n)} + p_2^{(n)} + \cdots + p_N^{(n)} = 1 \end{cases}$$

写成矩阵形式为

$$\begin{bmatrix} (p_{11}-1) & p_{21} & \cdots & p_{N1} \\ p_{12} & (p_{22}-1) & \cdots & p_{N2} \\ \vdots & \vdots & \vdots & \vdots \\ 1 & 1 & \cdots & 1 \end{bmatrix} \begin{bmatrix} p_1^{(n)} \\ p_2^{(n)} \\ \vdots \\ p_N^{(n)} \end{bmatrix} = \begin{bmatrix} 0 \\ 0 \\ \vdots \\ 1 \end{bmatrix}$$

若记

$$P_1 = \begin{bmatrix} (p_{11}-1) & p_{21} & \cdots & p_{N1} \\ p_{12} & (p_{22}-1) & \cdots & p_{N2} \\ \vdots & \vdots & \vdots & \vdots \\ 1 & 1 & \cdots & 1 \end{bmatrix}, \quad B = \begin{bmatrix} 0 \\ 0 \\ \vdots \\ 1 \end{bmatrix}$$

则有
$$P_1 [S'^{(n)}]^T = B$$

用 P_1 的逆矩阵 $P_1^{(-1)}$ 左乘上式，可得
$$[S'^{(n)}]^T = P_1^{(-1)} B \qquad (13\text{-}1)$$

则
$$S^{(n)} = B^T (P_1^{(-1)})^T$$

这就是所求的稳定状态的概率。

三、应用举例

【例 13-3】已知市场上有 A、B、C 三种牌子的 MP3 播放器，其 3 月份的市场占有率分别为 30%、40%、30%，且已知转移概率矩阵为

$$P = \begin{bmatrix} 0.6 & 0.2 & 0.2 \\ 0.1 & 0.7 & 0.2 \\ 0.1 & 0.1 & 0.8 \end{bmatrix}$$

试求：
（1）4 月份与 5 月份的市场占有率；
（2）预测稳定状态的市场占有率。

解：（1）4 月份市场占有率。

$$S^{(1)} = S^{(0)} P = (0.3 \quad 0.4 \quad 0.3) \begin{bmatrix} 0.6 & 0.2 & 0.2 \\ 0.1 & 0.7 & 0.2 \\ 0.1 & 0.1 & 0.8 \end{bmatrix} = (0.25 \quad 0.37 \quad 0.38)$$

计算结果表明，4 月份 A、B、C 三个牌号 MP3 播放器的市场占有率分别为 25%、37% 和 38%，与 3 月份比较 A、B 两个牌号的 MP3 播放器的市场占有率下降了，只有 C 牌号的市场占有率提高了。

5 月份市场占有率：

$$S^{(2)} = S^{(0)} P^2 = S^{(1)} P = (0.25 \quad 0.37 \quad 0.38) \begin{bmatrix} 0.6 & 0.2 & 0.2 \\ 0.1 & 0.7 & 0.2 \\ 0.1 & 0.1 & 0.8 \end{bmatrix} = (0.225 \quad 0.347 \quad 0.428)$$

此结果表示，5 月份 A、B、C 三个牌号的 MP3 的市场占有率分别是 22.5%、34.7% 和 42.8%。A、B 的市场占有率继续下降，C 的市场占有率继续提高。

（2）稳定状态的市场占有率。当系统处于稳定状态时，有 $S^{(n)} = S^{(n-1)}$。由马尔柯夫预测模型

$$S^{(n)} = S^{(n-1)} P$$

可得

即
$$S^{(n)} = S^{(n)} P$$

$$(p_1^{(n)} \quad p_2^{(n)} \quad p_3^{(n)}) = (p_1^{(n)} \quad p_2^{(n)} \quad p_3^{(n)}) \begin{bmatrix} 0.6 & 0.2 & 0.2 \\ 0.1 & 0.7 & 0.2 \\ 0.1 & 0.1 & 0.8 \end{bmatrix}$$

于是得线性方程组

$$\begin{cases} p_1^{(n)} = 0.6p_1^{(n)} + 0.1p_2^{(n)} + 0.1p_3^{(n)} \\ p_2^{(n)} = 0.2p_1^{(n)} + 0.7p_2^{(n)} + 0.1p_3^{(n)} \\ p_3^{(n)} = 0.2p_1^{(n)} + 0.2p_2^{(n)} + 0.8p_3^{(n)} \end{cases}$$

再加上约束条件

$$p_1^{(n)} + p_2^{(n)} + p_3^{(n)} = 1$$

解得

$$\begin{cases} p_1^{(n)} = 0.2 \\ p_2^{(n)} = 0.3 \\ p_3^{(n)} = 0.5 \end{cases}$$

上述结果表明，如果 A、B、C 三种牌号 MP3 播放器的市场占有率按照目前转移概率发展下去，经过一段时间流动达到稳定状态后，A、B 两种牌号 MP3 播放器的市场占有率，将从最初的 30% 和 40% 分别下降到 20% 和 30%，而 C 牌 MP3 播放器的市场占有率，将从原来的 30% 增加到 50%。因此 A、B 两种牌号 MP3 播放器的生产企业如不采取措施，将会出现十分不利的被动局面，所以必须立即着手研究市场占有率下降的内外原因，采取有效的措施以阻止其市场占有率的下降，改变目前的被动局面。

【例 13-4】 设某地区有甲、乙、丙三家企业，生产同一种产品，共同供应 1 000 家用户，各用户在各企业间自由选购，但不超出这三家企业，也无新的用户。假定在 10 月月末经过市场调查得知，甲、乙、丙三家企业拥有的用户分别是：250、300、450 户，11 月份用户可能的流动情况见表 13-3。

表 13-3　11 月份用户可能的流动情况

从＼到	甲	乙	丙	Σ
甲	230	10	10	250
乙	20	250	30	300
丙	30	10	410	450

现要求根据这些市场调查资料分析预测 11、12 两个月三家企业市场用户各自的拥有量和市场占有率及稳定状态的市场占有率。

解：第一步，根据调查资料，确定初始状态概率向量，此例三家企业的初始状态概率向量为

$$\begin{aligned} \boldsymbol{S}^{(0)} &= (p_1^{(0)} \quad p_2^{(0)} \quad p_3^{(0)}) \\ &= (250/1\,000 \quad 300/1\,000 \quad 450/1\,000) \\ &= (0.25 \quad 0.3 \quad 0.45) \end{aligned}$$

第二步，根据市场调查情况，确定一步转移概率矩阵。此例由用户可能流动情况调查表 13-3 可知，其一步转移概率矩阵为

$$\boldsymbol{P} = \begin{bmatrix} 230/250 & 10/250 & 10/250 \\ 20/300 & 250/300 & 30/300 \\ 30/450 & 10/450 & 410/450 \end{bmatrix} = \begin{bmatrix} 0.92 & 0.04 & 0.04 \\ 0.067 & 0.833 & 0.1 \\ 0.067 & 0.022 & 0.911 \end{bmatrix}$$

矩阵中每一行的元素，代表着各企业保持和失去用户的概率。如第一行为甲企业保持用户的概率是 0.92，而失去用户的概率是 0.04 + 0.04 = 0.08。

第三步，利用马尔柯夫预测模型进行预测。此例，由马尔柯夫预测模型可知，11 月份三家企业的市场占有率为

$$S^{(1)} = \begin{pmatrix} p_1^{(1)} & p_2^{(1)} & p_3^{(1)} \end{pmatrix} = S^{(0)}P$$

$$= \begin{pmatrix} 0.25 & 0.3 & 0.45 \end{pmatrix} \begin{bmatrix} 0.92 & 0.04 & 0.04 \\ 0.067 & 0.833 & 0.1 \\ 0.067 & 0.022 & 0.911 \end{bmatrix}$$

$$= \begin{pmatrix} 0.28 & 0.27 & 0.45 \end{pmatrix}$$

11月份三家企业市场用户拥有量分别为

甲：$1\,000 \times 0.28 = 280$（户）

乙：$1\,000 \times 0.27 = 270$（户）

丙：$1\,000 \times 0.45 = 450$（户）

假如12月份用户的流动情况与11月份相同，则12月份三家企业市场占有率为

$$S^{(2)} = \begin{pmatrix} p_1^{(2)} & p_2^{(2)} & p_3^{(2)} \end{pmatrix} = S^{(0)}P^2 = S^{(1)}P$$

$$= \begin{pmatrix} 0.28 & 0.27 & 0.45 \end{pmatrix} \begin{bmatrix} 0.92 & 0.04 & 0.04 \\ 0.067 & 0.833 & 0.1 \\ 0.067 & 0.022 & 0.911 \end{bmatrix}$$

$$= \begin{pmatrix} 0.306 & 0.246 & 0.448 \end{pmatrix}$$

12月份三家企业市场用户拥有量分别为

甲：$1\,000 \times 0.306 = 306$（户）

乙：$1\,000 \times 0.246 = 246$（户）

丙：$1\,000 \times 0.448 = 448$（户）

现在，假定该产品用户的流动情况按上述方向继续变化下去，求三个企业的该种产品市场占有的稳定状态概率。

由前面推导的 $\left[S'^{(n)}\right]^T = P_1^{(-1)}B$ 公式，可求得其稳定状态概率为

$$\left[S'^{(n)}\right]^T = \begin{bmatrix} p_1^{(n)} \\ p_2^{(n)} \\ p_3^{(n)} \end{bmatrix} = \begin{bmatrix} (p_{11}-1) & p_{21} & p_{31} \\ p_{12} & (p_{22}-1) & p_{23} \\ 1 & 1 & 1 \end{bmatrix}^{-1} \begin{bmatrix} 0 \\ 0 \\ 1 \end{bmatrix}$$

$$= \begin{bmatrix} 0.92-1 & 0.067 & 0.067 \\ 0.04 & 0.833-1 & 0.022 \\ 1 & 1 & 1 \end{bmatrix}^{-1} \begin{bmatrix} 0 \\ 0 \\ 1 \end{bmatrix}$$

$$= \begin{bmatrix} -6.802\,7 & 0 & 0.455\,7 \\ -0.647\,8 & -5.291\,0 & 0.159\,8 \\ 7.450\,5 & 5.291\,0 & 0.384\,4 \end{bmatrix} \begin{bmatrix} 0 \\ 0 \\ 1 \end{bmatrix}$$

$$= \begin{bmatrix} 0.455\,7 \\ 0.159\,8 \\ 0.384\,4 \end{bmatrix}$$

上述结果表明，当达到稳定状态时，甲、乙、丙三家企业的市场占有率分别为45.6%、16.0%、38.44%。

第四节 期望利润预测

在企业的经营管理中，除了需要摸清销路的变化情况外，还要对利润的变化进行预测。所谓期望利润预测是指产品在销售状态发生转移时对利润变化的预测。由此可见，要预测期望利润，除了必须掌握产品销售状态转移的转移概率矩阵（即产品由畅销转变为畅销或滞销，由滞销转变为畅销或滞销的概率）外，还必须有产品销售状况转移后所带来的利润。在实际预测中，首先必须确定所谓畅销和滞销的数量界限，然后才能设法分析销路的转移以及由此带来的利润变化。

在期望利润预测中，产品销售状态的转移可视为马尔柯夫链，则由此带来的利润也必将发生转变。这种随马尔柯夫链的状态转移所赋予的利润转变，称为带利润的马尔柯夫链。

设产品销售状态的一次转移概率矩阵为

$$P = \begin{bmatrix} p_{11} & p_{12} \\ p_{21} & p_{22} \end{bmatrix}$$

式中 p_{11}——由畅销仍保持畅销的概率；
  p_{12}——由畅销转变为滞销的概率；
  p_{21}——由滞销转变为畅销的概率；
  p_{22}——由滞销仍保持滞销的概率。

相对应的利润矩阵为

$$R = \begin{bmatrix} r_{11} & r_{12} \\ r_{21} & r_{22} \end{bmatrix}$$

式中 r_{11}——由畅销仍保持畅销所带来的累计利润；
  r_{12}——由畅销转变为滞销所带来的累计利润；
  r_{21}——由滞销转变为畅销所带来的累计利润；
  r_{22}——由滞销仍保持滞销所带来的累计利润。

$r_{ij} > 0$，表示盈利；$r_{ij} < 0$，表示亏损；$r_{ij} = 0$，表示不盈不亏。

若在某时刻通过以往资料求得的销售状态转移概率矩阵为 P，相应的利润矩阵为 R，则经一次转移的期望利润或称即时期望利润为

$$V_i^{(1)} = r_{i1} p_{i1} + r_{i2} p_{i2} = \sum_{j=1}^{2} r_{ij} p_{ij} \quad (i = 1,2) \tag{13-2}$$

式（13-2）中，当 $i = 1$ 时，表示当本期处于畅销时的期望利润；当 $i = 2$ 时，表示当本期处于滞销时的期望利润。

经二次转移的期望利润为

$$V_i^{(2)} = [V_1^{(1)} + r_{i1}]p_{i1} + [V_2^{(1)} + r_{i2}]p_{i2} = \sum_{j=1}^{2}[r_{ij} + V_j^{(2-1)}]p_{ij}$$

经 k 次转移后的期望利润递推公式为

$$V_i^{(k)} = (r_{i1} + V_1^{(k-1)})p_{i1} + (r_{i2} + V_2^{(k-1)})p_{i2}$$
$$= \sum_{j=1}^{2}(r_{ij} + V_j^{(k-1)})p_{ij} \quad (i = 1,2)$$

在实际应用中，当 $k = 1$ 时，规定 $V_1^{(0)} = V_0^{(0)} = 0$。并称一次转移的期望利润为即时期望利润，

记为
$$V_i^{(1)} = q_i \quad (i=1,2)$$

所以有
$$V_i^{(k)} = q_i + \sum_{j=1}^{2} p_{ij} V_j^{(k-1)}$$

用矩阵表示则为
$$V(k) = V(1) + PV(k-1)$$

【例 13-5】已知某企业产品的销路概率转移情况及利润转移情况见表 13-4 和表 13-5。

表 13-4 销路概率转移表

从状态 \ 概率 \ 到状态	畅销 1	滞销 2
畅销 1	0.4	0.6
滞销 2	0.3	0.7

表 13-5 利润转移表　　　　　　　　　　单位：百万元

从状态 \ 概率 \ 到状态	畅销 1	滞销 2
畅销 1	5	1
滞销 2	1	−1

试求：
（1）该企业即时期望利润；
（2）3 个月后该企业的期望利润。

解：由已知得状态转移概率矩阵

$$P = \begin{bmatrix} 0.4 & 0.6 \\ 0.3 & 0.7 \end{bmatrix}$$

状态转移利润矩阵：

$$R = \begin{bmatrix} 5 & 1 \\ 1 & -1 \end{bmatrix}$$

（1）即时期望利润：

$$V_i^{(1)} = r_{i1}p_{i1} + r_{i2}p_{i2} = \sum_{j=1}^{2} r_{ij} p_{ij}$$

$$V_1^{(1)} = r_{11}p_{11} + r_{12}p_{12} = 0.4 \times 5 + 0.6 \times 1 = 2.6$$

$$V_2^{(1)} = r_{21}p_{21} + r_{22}p_{22} = 0.3 \times 1 + 0.7 \times (-1) = -0.4$$

用矩阵表示

$$V(1) = \begin{bmatrix} 2.6 \\ -0.4 \end{bmatrix}$$

即当本月处于畅销时，下一个月可期望获得利润 260 万元；当本月处于滞销时，下个月期望亏损 40 万元。

(2) 当 $k=2$ 时,有

$$V_i^{(2)} = q_i + \sum_{j=1}^{2} p_{ij} V_j^{(1)}$$

将上述数值代入可得

$$V_1^{(2)} = q_1 + \sum_{j=1}^{2} p_{1j} V_j^{(1)}$$
$$= 2.6 + [0.4 \times 2.6 + 0.6 \times (-0.4)]$$
$$= 3.4$$

$$V_2^{(2)} = q_2 + \sum_{j=1}^{2} p_{2j} V_j^{(1)}$$
$$= -0.4 + [0.3 \times 2.6 + 0.7 \times (-0.4)]$$
$$= 0.1$$

用矩阵表示

$$\boldsymbol{V}(2) = \boldsymbol{V}(1) + \boldsymbol{P}\boldsymbol{V}(1)$$

$$\boldsymbol{V}(2) = \begin{bmatrix} 2.6 \\ -0.4 \end{bmatrix} + \begin{bmatrix} 0.4 & 0.6 \\ 0.3 & 0.7 \end{bmatrix} \begin{bmatrix} 2.6 \\ -0.4 \end{bmatrix}$$

$$\boldsymbol{V}(2) = \begin{bmatrix} 3.4 \\ 0.1 \end{bmatrix}$$

(3) 当 $k=3$ 时,有

$$V_i^{(3)} = q_i + \sum_{j=1}^{2} p_{ij} V_j^{(2)}$$

将上述数值代入可得

$$V_1^{(3)} = q_1 + \sum_{j=1}^{2} p_{1j} V_j^{(2)}$$
$$= 2.6 + [0.4 \times 3.4 + 0.6 \times 0.1]$$
$$= 4.02$$

$$V_2^{(3)} = q_2 + \sum_{j=1}^{2} p_{2j} V_j^{(2)}$$
$$= -0.4 + [0.3 \times 3.4 + 0.7 \times 0.1]$$
$$= 0.69$$

用矩阵表示

$$\boldsymbol{V}(3) = \boldsymbol{V}(1) + \boldsymbol{P}\boldsymbol{V}(2)$$

$$\boldsymbol{V}(3) = \begin{bmatrix} 2.6 \\ -0.4 \end{bmatrix} + \begin{bmatrix} 0.4 & 0.6 \\ 0.3 & 0.7 \end{bmatrix} \begin{bmatrix} 3.4 \\ 0.1 \end{bmatrix}$$

$$\boldsymbol{V}(3) = \begin{bmatrix} 4.02 \\ 0.69 \end{bmatrix}$$

即当本月处于畅销时,预计3个月后可期望获利402万元;当本月处于滞销时,3个月后可期望获利69万元。

【例 13-6】某公司经营的信息服务业务分兴旺与清淡两状态,两状态各期的转移概率见表 13-6,两种状态的利润情况见表 13-7,试预测近一、二、三月后的利润期望值。

表 13-6 状态转移概率表

概率 从状态 \ 到状态	兴旺 1	清淡 2
兴旺 1	0.7	0.3
清淡 2	0.2	0.8

表 13-7 利润转移表　　　　　　　　　　　　　　单位：万元

概率 从状态 \ 到状态	兴旺 1	清淡 2
兴旺 1	20	3
清淡 2	10	-6

解：根据资料

状态转移概率矩阵　　$P = \begin{bmatrix} 0.7 & 0.3 \\ 0.2 & 0.8 \end{bmatrix}$

状态转移利润矩阵　　$R = \begin{bmatrix} 20 & 3 \\ 10 & -6 \end{bmatrix}$

(1) 即时期望利润：

$$V_i^{(1)} = r_{i1}p_{i1} + r_{i2}p_{i2} = \sum_{j=1}^{2} r_{ij}p_{ij}$$

$$V_1^{(1)} = r_{11}p_{11} + r_{12}p_{12} = 20 \times 0.7 + 3 \times 0.3 = 14.9$$

$$V_2^{(1)} = r_{21}p_{21} + r_{22}p_{22} = 10 \times 0.2 + (-6) \times 0.8 = -2.8$$

用矩阵表示

$$V(1) = \begin{bmatrix} 14.9 \\ -2.8 \end{bmatrix}$$

即当本月处于兴旺时，下一个月可期望获得利润 14.9 万元。当本月处于清淡时，下个月期望亏损 2.8 万元。

(2) 当 $k = 2$ 时，有

$$V_1^{(2)} = q_i + \sum_{j=1}^{2} p_{1j}V_j^{(1)}$$

将上述数值代入可得

$$V_1^{(2)} = q_1 + \sum_{j=1}^{2} p_{1j}V_j^{(1)}$$
$$= 14.9 + [0.7 \times 14.9 + 0.3 \times (-2.8)]$$
$$= 24.49$$

$$V_2^{(2)} = q_2 + \sum_{j=1}^{2} p_{2j}V_j^{(1)}$$
$$= -2.8 + [0.2 \times 14.9 + 0.8 \times (-2.8)]$$
$$= -2.06$$

用矩阵表示

$$V(2) = V(1) + PV(1)$$

$$V(2) = \begin{bmatrix} 14.9 \\ -2.8 \end{bmatrix} + \begin{bmatrix} 0.7 & 0.3 \\ 0.2 & 0.8 \end{bmatrix} \begin{bmatrix} 14.9 \\ -2.8 \end{bmatrix}$$

$$V(2) = \begin{bmatrix} 24.49 \\ -2.06 \end{bmatrix}$$

即当本月处于兴旺时，第二个月可期望获得利润 24.49 万元；当本月处于清淡时，第二个月期望亏损 2.06 万元。

(3) 当 $k=3$ 时，有

$$V_i^{(3)} = q_i + \sum_{j=1}^{2} p_{ij} V_j^{(2)}$$

将上述数值代入可得

$$\begin{aligned} V_1^{(3)} &= q_1 + \sum_{j=1}^{2} p_{1j} V_j^{(2)} \\ &= 14.9 + [0.7 \times 24.49 + 0.3 \times (-2.06)] \\ &= 31.425 \end{aligned}$$

$$\begin{aligned} V_2^{(3)} &= q_2 + \sum_{j=1}^{2} p_{2j} V_j^{(2)} \\ &= -2.8 + [0.2 \times 24.49 + 0.8 \times (-2.06)] \\ &= 0.45 \end{aligned}$$

用矩阵表示

$$V(3) = V(1) + PV(2)$$

$$V(3) = \begin{bmatrix} 14.9 \\ -2.8 \end{bmatrix} + \begin{bmatrix} 0.7 & 0.3 \\ 0.2 & 0.8 \end{bmatrix} \begin{bmatrix} 24.49 \\ -2.06 \end{bmatrix}$$

$$V(3) = \begin{bmatrix} 31.425 \\ 0.45 \end{bmatrix}$$

即当本月处于兴旺时，预计 3 个月后可期望获利 31.425 万元；当本月处于清淡时，3 个月后可期望获利 0.45 万元。

本章小结

马尔柯夫预测法是应用概率论中马尔柯夫链的理论和方法来研究分析有关经济现象变化规律并借此预测未来状况的一种预测方法。所谓马尔柯夫链，就是一种随机时间序列，它在将来取什么值，只与它现在的取值有关，而与它过去取什么值无关，即无后效性（系统在每一时刻的状态仅仅取决于前一时刻的状态）。

马尔柯夫链的理论和方法是从研究对象在不同时刻的状态入手，考察并描述状态之间发生转移的可能性以及研究对象所有的变化过程，在此基础上对所研究对象未来的发展状态进行预测。

马尔柯夫链预测法的最简单类型是预测下一期最可能出现的状态。可按以下步骤来完成：①划分预测对象所出现的状态；②计算初始概率；③计算状态转移概率；④根据转移概率进行预测。按最大可能性作为选择的原则，选择 $(p_{i1}, p_{i2}, \cdots, p_{iN})$ 中最大者为预测结果。

马尔柯夫预测法的基本原理是：本期市场占有率仅取决于上期市场占有率及转移概率。第 k

期的市场占有率等于初始占有率与 k 步转移概率矩阵的乘积。

如果市场的顾客（或用户）流动趋向长期稳定下去，则经过一段时期以后的市场占有率，将会出现稳定的状态。这时的市场占有率，称为稳定状态的市场占有率或终极市场占有率。据此可进行长期市场占有率预测。

期望利润预测是指对产品在市场上销售状态可能发生转变时带来的收益转变的预测，销售状态的转移可视为马尔柯夫链。根据已知的状态转移矩阵和利润矩阵对未来的利润进行预测，即期望利润预测法。

复习思考题

1. 对于竞争激烈、经常有企业加入或退出的产品，适合用马尔柯夫预测法吗？为什么？
2. 如果不同品牌之间，消费者的流动缺乏规律性，适合用马尔柯夫预测法吗？为什么？
3. 某产品每月的市场销售状态分为畅销、滞销两种，6年来24个季度的状态见表13-8。试求状态转移的一步和二步转移矩阵。

表13-8　某产品各月的销售状态

季度	1	2	3	4	5	6	7	8	9	10	11	12
状态	畅	畅	滞	畅	滞	滞	畅	畅	畅	滞	畅	滞
季度	13	14	15	16	17	18	19	20	21	22	23	24
状态	畅	畅	滞	滞	畅	畅	滞	畅	滞	畅	畅	畅

4. 三家企业生产同种商品，已知在当地它们的当月市场占有份额为 (0.4　0.3　0.3)，且已知状态转移概率矩阵为

$$P = \begin{bmatrix} 0.5 & 0.25 & 0.25 \\ 0.4 & 0.3 & 0.3 \\ 0.6 & 0.2 & 0.2 \end{bmatrix}$$

求两个月后，它们的市场占有率及终极市场占有率。

5. 某种商品的销售状态转移矩阵及状态转移利润矩阵分别为

$$P = \begin{bmatrix} 0.5 & 0.5 \\ 0.2 & 0.8 \end{bmatrix} \quad R = \begin{bmatrix} 8 & 3 \\ 5 & -2 \end{bmatrix}$$

求即时期望利润和二步转移期望利润。

参考文献

[1] 魏炳麒. 市场调查与预测 [M]. 大连：东北财经大学出版社，2013.
[2] 秦宗槐，高道友，李光伟. 市场调查与预测 [M]. 2版. 北京：电子工业出版社，2013.
[3] 蔡建平. 孩之宝玩具国内市场营销体系创新研究 [D]. 大连：大连海事大学，2014.
[4] 黄静. 市场调查与预测 [M]. 北京：清华大学出版社，2014.
[5] 宁秀君. 市场调查与预测 [M]. 北京：化学工业出版社，2013.
[6] 陈宏威. 市场调查与预测 [M]. 北京：电子工业出版社，2013.
[7] 龚江辉. 商业调查实务 [M]. 北京：经济科学出版社，2000.
[8] 胡健颖. 抽样调查的理论、方法和应用 [M]. 北京：北京大学出版社，2000.
[9] [美] 卡尔·迈克丹尼尔. 当代市场调研 [M]. 范秀成，译. 北京：机械工业出版社，2000.
[10] [澳] 艾德·弗瑞斯特. 网上市场调查 [M]. 北京：机械工业出版社，2002.
[11] [英] 维克托·迈尔-舍恩伯格，[英] 肯尼思·库克耶. 大数据时代 [M]. 盛杨燕，周涛，译. 杭州：浙江人民出版社，2012.
[12] 柯惠新，于立宏. 市场调查与分析 [M]. 北京：中国统计出版社，2000.
[13] [美] 阿尔文·C. 伯恩斯，罗纳德·F. 布什. 营销调研 [M]. 梅清豪，等，译. 北京：中国人民大学出版社，2001.
[14] [美] 西摩·萨德曼，等. 营销调研 [M]. 宋学宝，等，译. 北京：华夏出版社，2004.
[15] 陈宏威，等. 市场营销理论与实务 [M]. 2版. 北京：清华大学出版社，2017.
[16] 马连福. 现代市场调查与预测 [M]. 5版. 北京：首都经贸大学出版社，2016.
[17] 辛玲，龚曙明，等. 市场调查与预测 [M]. 2版. 北京：清华大学出版社，2014.
[18] 陈友玲. 市场调查预测与决策 [M]. 北京：机械工业出版社，2008.
[19] 胡祖光，等. 市场调研预测学：原理、方法和应用 [M]. 杭州：浙江大学出版社，2001.
[20] 王玉波，等. 市场调查与预测 [M]. 3版. 南京：南京大学出版社，2012.
[21] 蒋萍. 市场调查 [M]. 上海：格致出版社，上海人民出版社，2009.
[22] 黎娟，等. 市场调查与预测 [M]. 西安：西北工业大学出版社，2014.
[23] [美] 帕拉苏拉曼，等. 市场调研 [M]. 王佳芥，等，译. 北京：中国市场出版社，2009.
[24] 欧阳卓飞. 市场营销调研 [M]. 北京：清华大学出版社，2006.
[25] 周思琴，刘红霞. 市场调查与预测 [M]. 北京：科学出版社，2005.
[26] 韩德昌，等. 市场调查与市场预测 [M]. 天津：天津大学出版社，2004.
[27] 陈殿阁. 市场调查与预测 [M]. 北京：清华大学出版社，北京交通大学出版社，2004.
[28] 闫秀荣. 市场调查与市场预测 [M]. 3版. 上海：上海财经大学出版社，2016.

[29] 郭凤兰. 市场调查与预测[M]. 重庆：重庆大学出版社，2006.
[30] 魏颖，岁磊. 市场调查与市场预测[M]. 北京：经济科学出版社，2010.
[31] 梁金华，郑媛媛. 市场调查与预测[M]. 北京：清华大学出版社，2004.
[32] 庄贵军. 市场调查与预测[M]. 北京：北京大学出版社，2007.
[33] 廖进球，李志强. 市场调查与预测[M]. 长沙：湖南大学出版社，2004.
[34] 郭秀颖. 市场调查与预测[M]. 哈尔滨：哈尔滨工程大学出版社，2009.
[35] 袁方. 社会研究方法教程[M]. 北京：北京大学出版社，1997.
[36] 林红菱. 市场调查与市场预测[M]. 北京：机械工业出版社，2009.
[37] 林根祥，吴晔. 市场调查与预测[M]. 武汉：武汉理工大学出版社，2005.
[38] 刘利兰. 市场调查与预测[M]. 北京：经济科学出版社，2001.
[39] 张明立. 市场调查与预测[M]. 哈尔滨：哈尔滨工业大学出版社，2003.
[40] 暴奉贤，陈宏立. 经济预测与决策方法[M]. 广州：暨南大学出版社，2005
[41] 许以洪，等. 市场调查与预测[M]. 2版. 北京：机械工业出版社，2015.
[42] 吕国荣，曹永福. 向唐太宗学管理[M]. 武汉：湖北人民出版社，2009.
[43] 张灿鹏，等. 市场调查与分析预测[M]. 2版. 北京：清华大学出版社，2013.
[44] 宋鸿兵. 货币战争2：金权天下[M]. 北京：中华工商联合出版社，2009.